Rechnungslegung und Grundsätze
der Abschlußprüfung in Großbritannien und Deutschland
- Ein Vergleich -

Accounting and Auditing Standards
and Principles in the United Kingdom and Germany
- A Comparison -

Rechnungslegung und Grundsätze der Abschlußprüfung in Großbritannien und Deutschland
- Ein Vergleich -

Accounting and Auditing Standards and Principles in the United Kingdom and Germany
- A Comparison -

von
Terry Hopcroft B.Sc. FCA

Herausgegeben von
Price Waterhouse GmbH
Wirtschaftsprüfungsgesellschaft

IDW-VERLAG GMBH
Düsseldorf 1995

Gesamtherstellung: Bercker Graphischer Betrieb GmbH, Kevelaer

Die Deutsche Bibliothek – CIP-Einheitsaufnahme

Hopcroft, Terry:
Rechnungslegung und Grundsätze der Abschlussprüfung in Grossbritannien und Deutschland : ein Vergleich = Accounting and auditing standards and principles in the United Kingdom and Germany – A Comparison / von Terry Hopcroft. Hrsg. von Price Waterhouse GmbH. – Düsseldorf : IDW-Verl., 1995
ISBN 3-8021-0620-2

ISBN 3-8021-0620-2

INHALTSVERZEICHNIS

INDEX

Page

Seite

Seite

ANHÄNGE

Page

APPENDICES

VORWORT

Gegenwärtige Vorschläge zur Harmonisierung der Notierungsvorschriften der Börsen innerhalb Europas, die, sollten sie eingeführt werden, einer Gesellschaft gestatten würden, bei Notierung an einer europäischen Börse automatisch an jeder anderen europäischen Börse eine Notierung zu erreichen, richten die Aufmerksamkeit wieder auf das Bedürfnis nach einer übergreifenden Struktur für die Vergleichbarkeit der Jahresabschlüsse.

Trotz der Versuche zur Harmonisierung durch die Vierte, Siebente und Achte EG-Richtlinien in den 80er Jahren verbleibt ein allgemeiner Mangel der Vergleichbarkeit der Jahresabschlüsse in Europa, den die Richtlinien nicht beheben konnten.

Ein Hauptgrund für dieses Scheitern war die Tatsache, daß eine große Anzahl von Wahlmöglichkeiten in den Direktiven verankert wurde, um die Anerkennung in den Mitgliedsstaaten zu erleichtern. Zudem gab es keine Richtlinien für eine Zahl wichtiger Rechnungslegungsprobleme. Daraus folgten zwangsläufig viele unterschiedliche Interpretationen der Regelungen der Direktiven in den einzelnen Mitgliedsstaaten. Als Konsequenz daraus verbleiben wesentliche Unterschiede in den Rechnungslegungsgrundsätzen innerhalb der Union.

Dieses Buch, das die einzelnen Rechnungslegungsregeln in Großbritannien und in Deutschland vergleicht, soll diese Unterschiede deutlich machen.

Um die Gründe für die Differenzen zu verstehen, ist es notwendig zu erkennen, daß diese teilweise aus einem grundlegend anderen Verständnis vom Ziel und Zweck von Jahresabschlüssen herrühren.

Dazu sind vier grundlegende Unterschiede in der Betrachtung darzustellen:

(1) Die Auslegung des Begriffs True and fair view

Das seit langem bestehende angelsächsische Prinzip, daß Jahresabschlüsse einen true and fair view vermitteln müssen, wurde 1986 in das deutsche Recht durch eine Änderung des deutschen Handelsgesetzbuches (HGB) eingeführt. Das Verständnis darüber, was ein den tatsächlichen Verhältnissen entsprechendes Bild oder ein true and fair view ist, ist in Großbritannien und Deutschland sehr verschieden.

§ 264(2) des deutschen Handelsgesetzbuches verlangt, daß der Jahresabschluß der Kapitalgesellschaft unter Beachtung der Grundsätze ordnungsmäßiger Buchführung (GoB) ein den tatsächlichen Verhältnissen entsprechendes Bild der Vermögens-, Finanz- und Ertragslage der Gesellschaft zu vermitteln hat. Die Grundsätze ordnungsmäßiger Buchführung sind im Gesetz nicht definiert, sondern werden grund-

PREFACE

Current proposals to harmonise the Stock Exchange listing requirements within Europe, which, if implemented, would enable a company listed on one European Stock Exchange to automatically obtain a listing on any other European Stock Exchange, once again focuses attention on the need for a common framework for comparability of financial accounting.

However, despite the attempted harmonisation through the EU 4th, 7th and 8th Directives during the 1980s, there still remains a general lack of comparability of financial statements in Europe, since the Directives failed to completely achieve this objective.

A major cause of this failure was the fact that it was necessary to introduce a large number of options into the Directives in order for them to be accepted by all member countries in the first place. Further, there was no specific guidance for a number of important accounting problems. Thus, inevitably, there were many different interpretations of the provisions of the Directives in the individual member states. Consequently, there remain significant differences in accounting principles within the Union.

This book, which compares in detail the accounting rules in the UK and Germany, clearly demonstrates these differences.

To appreciate the reasons for the difference, however, it is important to understand that they derive in part from a fundamentally different understanding as to the purpose of financial statements.

There are four fundamental differences in approach:

(1) Interpretation of true and fair view

The long established Anglo Saxon requirement that financial statements should show a true and fair view was formally introduced into German law through an amendment to the German Commercial Code ("HGB") in 1986. However, the understanding of true and fair view in the UK and Germany is quite different.

§ 264(2) of the German Commercial Code requires that a company's financial statements should show a true and fair view in accordance with general accepted accounting principles ("GoB"). GoB is not formally defined by law, but is generally understood to be fundamentally influenced by the purpose of accounts, and derives from statute, (particularly the Third book of the German Commercial Code), case

sätzlich vom Zweck des Jahresabschlusses bestimmt und leiten sich aus dem Gesetz (insbesondere dem Dritten Buch des Handelsgesetzbuches), der Rechtsprechung, der Rechnungslegungstheorie, Stellungnahmen des Instituts der Wirtschaftsprüfer als auch aus der Praxis ab, wie sie in diversen Kommentaren beschrieben wird. Ein allgemeines deutsches Grundprinzip ist, daß der Jahresabschluß zum Zweck des Schutzes der Gesellschaft und ihrer Gläubiger aufgestellt werden muß. Daraus folgt das Vorsichtsprinzip und das Prinzip, daß alle voraussichtlichen Risiken, die bis zum Bilanzstichtag entstanden sind, berücksichtigt werden müssen, während Gewinne nur erfaßt werden dürfen, wenn sie realisiert wurden. Stille Reserven sind in Deutschland unter bestimmten Bedingungen zulässig und werden vielfach sogar gefördert.

In Großbritannien verlangt das Gesetz die Aufstellung von Jahresabschlüssen, die unter Beachtung der gesetzlichen Vorschriften (insbesondere in den Companies Acts) ein den tatsächlichen Verhältnissen entsprechendes Bild vermitteln. Die Rechnungslegungsgrundsätze in Großbritannien sind jedoch stärker beeinflußt durch den Grundsatz, daß die Gewinn- und Verlustrechnung die Leistung einer Gesellschaft in einem gegebenen Geschäftsjahr richtig wiederspiegelt.

Zudem ist die Generalnorm der Vermittlung eines den tatsächlichen Verhältnissen entsprechenden Bildes im Gesellschaftsrecht fest verankert. Verhindert unter bestimmten (seltenen) Umständen eine Vorschrift des Companies Act oder eines Bilanzierungsstandards die Vermittlung eines den tatsächlichen Verhältnissen entsprechenden Bildes, kommt der Generalnorm des true and fair view vorrangige Bedeutung zu.

Gemäß § 264(2) HGB sind zusätzliche Angaben zu machen, wenn bestimmte Umstände dazu führen, daß der Jahresabschluß unter Beachtung der Grundsätze ordnungsmäßiger Buchführung kein den tatsächlichen Verhältnissen entsprechendes Bild vermittelt.

(2) Rechnungslegungsstandards

Das Gesellschaftsrecht sowohl in Großbritannien als auch in Deutschland enthält bestimmte grundlegende Bewertungs- und Ausweisvorschriften. Im Gegensatz zu Deutschland wurde in Großbritannien durch den Companies Act 1989 das Konzept der Rechnungslegungsstandards als verbindliche Erklärungen zu Rechnungslegungsfragen in das Recht eingebracht und eine Körperschaft mit gesetzlicher Verantwortung für die Aufstellung und die Einhaltung von Rechnungslegungsstandards geschaffen.

law, accounting theory, pronouncements of the Institute of Wirtschaftsprüfer (German qualified Accountants), as well as accounting practice as described in the various accounting commentaries. A general fundamental principle is that accounts should be prepared for the protection of the company and its creditors. Thus, prudence, and the principle that provision should be made for all anticipated risks that occur up until the balance sheet date, whilst profit should not be recognised unless realised, are fundamental. Inner reserves are, under certain circumstances, permitted, and indeed encouraged, in Germany.

In the UK, the law also requires that companies prepare financial statements that show a true and fair view and are prepared in accordance with the law (principally the Companies Acts). However, accounting principles in the UK are more generally driven by the principle that the profit and loss account should fairly reflect the performance of a company in any financial period.

Further, in the UK, the overriding requirement to show a true and fair view is ingrained in company law. In (rare) special circumstances where a provision of the Companies Acts or Accounting Standard would not give a true and fair view, then the overriding requirement to show a true and fair view prevails.

In Germany in accordance with § 264(2) HGB, if special circumstances result in financial statements not showing a true and fair view in accordance with GoB, then additional disclosure is required.

(2) Accounting standards

Company law in both the UK and Germany contains certain basic accounting principles of valuation and disclosure. However,in contrast to Germany, the 1989 Companies Act in the UK formally introduced into law the concept of Accounting Standards, as authorative statements on accounting, and a body was established with legal responsibility for setting and enforcing standards.

Es gibt derzeit in Großbritannien eine große Anzahl von offiziellen Rechnungslegungsstandards, die ausführliche Bewertungs- und Ausweisvorschriften zu bestimmten Sachverhalten enthalten und bindend sind. Die in Deutschland überwiegend Anwendung findende Rechnungslegungstheorie, in der aus einer Vielzahl von Gesetzen und GoB's die Bilanzierung und Bewertung bestimmter Sachverhalte abgeleitet wird, hat in Großbritannien relativ wenig Gewicht.

Vergleichbar mit den britischen Standards sind die relativ wenigen Stellungsnahmen des Instituts der Wirtschaftsprüfer, die außerdem keinen gesetzlichen Status haben, sondern nur eine herrschende Meinung beschreiben. Eine Nichtbeachtung dieser Stellungnahmen würde in einem Haftungsfall sehr sorgfältig untersucht werden, die Einhaltung ist jedoch nicht unbedingt verbindlich. In Deutschland wird bei der Lösung von Rechnungslegungsproblemen der Kommentierung in zahlreichen Kommentaren hoher Wert beigemessen.

(3) Beziehung zwischen der Handelsbilanz und der Steuerbilanz

Ein grundlegender Unterschied in der Zweckbestimmung des Jahresabschlusses ist das Ausmaß, in dem die Handelsbilanz mit der Steuerbilanz verflochten ist. In Großbritannien werden handelsrechtliche Jahresabschlüsse in erster Linie zur Vermittlung eines den tatsächlichen Verhältnissen entsprechenden Bildes aufgestellt. Am handelsrechtlichen Jahresabschluß werden dann, falls notwendig, Anpassungen für die Erstellung eines steuerrechtlichen Abschlusses vorgenommen. Es ist nicht üblich oder sogar verboten, daß diese steuerrechtlichen Anpassungen im handelsrechtlichen Abschluß ihren Niederschlag finden.

In Deutschland ist, im Gegensatz dazu, der steuerrechtliche Abschluß stark mit dem handelsrechtlichen verknüpft. Erstens gilt als allgemeiner Grundsatz (mit bestimmten festgelegten Ausnahmen), daß der steuerrechtliche Abschluß aus dem handelsrechtlichen Abschluß abgeleitet wird - das sogenannte Maßgeblichkeitsprinzip. Zweitens ist von weit größerer praktischer Bedeutung, daß bestimmte (spezifische) steuerliche Wertberichtigungen zunächst im handelsrechtlichen Abschluß Anwendung finden müssen - das sogenannte umgekehrte Maßgeblichkeitsprinzip um steuerlich anerkannt zu werden. Beispiele solcher Wertberichtigungen umfassen die Verwendung degressiver Abschreib-ungsmethoden und den Aufbau stiller Reserven (ins-besondere bestimmte erhöhte Abschreibungen).

Daher beeinflußt, im Gegensatz zu Großbritannien, der steuerliche Abschluß den handelsrechtlichen Abschluß unmittelbar.

There are now in the UK a large number of formal accounting standards which prescribe detailed accounting and disclosure requirements and are mandatory. Accounting theory carries relatively little weight.

This contrasts with the relatively few pronouncements of the German Institute of Wirtschaftsprüfer which further, have no legal status, rather merely the status of being prevailing opinion. Non-compliance would be carefully examined in a legal compensation situation, but they are not mandatory. In Germany, accounting theory in the various commentaries is, in practice, attributed considerable weight.

(3) Relationship between financial accounts and tax accounts

A fundamental difference in the purpose of financial statements is the extent to which the financial accounts are linked to the tax accounts. In the UK, financial accounts are required fundamentally to show a true and fair view. If applicable, out of book adjustments are made to the financial accounts for the purposes of the tax accounts. It is not normal or required, and usually not permitted, for these tax adjustments to be recorded in the financial accounts.

In Germany, on the other hand, the tax accounts are closely linked to the financial accounts. Firstly as a general rule (and with certain defined exceptions), the tax accounts are derived from the financial accounts - the so-called "authorative" principle. Secondly, and of more practical importance, in order to claim certain (specific) tax allowances, they must be recorded in the financial statements - the so-called "reverse authority" principle. Examples of such tax allowances include the use of reducing balance depreciation rates and the building of tax free reserves (including, in particular, special accelerated depreciation).

Thus, in Germany, in contrast to the UK, the tax accounts directly infuience the financial accounts.

(4) Unternehmen, die nicht verpflichtet sind, einen Abschluß nach den true and fair Grundsätzen aufzustellen

Es gibt wesentliche Unterschiede zwischen Deutschland und Großbritannien hinsichtlich der Frage, welche Unternehmen Jahresabschlüsse erstellen müssen, die den Grundsätzen des true and fair view folgen müssen.

In Großbritannien müssen im allgemeinen nur Kapitalgesellschaften und Limited Partnerships Jahresabschlüsse erstellen, die ein den tatsächlichen Verhältnissen entsprechendes Bild vermitteln (es sei denn, sie sind von sehr kleiner Größe). Gleichwohl müssen alle Jahresabschlüsse, die nach den Grundsätzen des true and fair aufgestellt sind, auch die entsprechenden Vorschriften der Rechnungslegungsstandards einhalten.

Im Gegensatz dazu gibt es in Deutschland vereinfachte Bewertungs- und Ausweisvorschriften für Personengesellschaften, die, solange sie eine bestimmte Größe nicht erreichen, Jahresabschlüsse, die den true and fair view Regeln entsprechen, nicht aufstellen müssen (z.B. muß eine Personengesellschaft keinen Anhang erstellen). Dieses Zugeständnis ist von besonderer Bedeutung aufgrund der Vorherrschaft von beschränkt haftenden Personengesellschaften (GmbH & Co KG), die gegenwärtig noch immer den gleichen Vorschriften wie andere Personengesellschaften unterliegen, wenn sie nicht relativ groß sind.

Dieses Buch stellt einen ausführlichen Vergleich zwischen den Bilanzierungs-, Bewertungs- und Ausweisvorschriften in Großbritannien und in Deutschland dar.

Der Zweck ist im besonderen ein Vergleich der Rechnungslegungs- und Ausweispflichten in jedem der beiden Länder. Entsprechend werden für Großbritannien die Vorschriften des Gesellschaftsrechts und der Rechnungslegungsstandards beschrieben. Dem werden die deutschen Vorschriften des Handels- und Gesellschaftsrechts und der Stellungnahmen des Instituts der Wirtschaftsprüfer gegenübergestellt.

Eine tiefere Untersuchung der Rechnungslegungstheorie wurde hier absichtlich vermieden. Ein Hauptgrund dafür ist, daß viele Probleme der Bilanzierung und Bewertung bestehen, die durch die gesetzlichen Vorschriften und die offiziellen Verlautbarungen nicht abgedeckt werden und daher in der Regel der Beurteilung desjenigen, der den Jahresabschluß erstellt, überlassen sind. Da in der deutschen Praxis diesen Grundsätzen ordnungsmäßiger Buchführung ein hoher Wert beigemessen wird, sollten sich die Leser im Zweifelsfall der gründlichen Darstellung in den Kommentaren bedienen.

(4) Businesses not required to prepare accounts which show a true and fair view

There are important differences between UK and German law in the extent to which businesses are required to prepare accounts that show a true and fair view.

In the UK, whilst in general (unless they are very small) only incorporated companies and limited partnerships are required by law to prepare accounts which show a true and fair view, nevertheless all financial statements that are designed to show a true and fair view must comply with the accounting standards.

In Germany, on the other hand, there are reduced accounting rules, both in terms of valuation and disclosure, for unincorporated businesses, which, unless they are relatively large, are not required to prepare accounts that show a true and fair view (an unincorporated business, for example, is not required to prepare notes to the accounts). This concession is of particular relevance because of the prevalence in Germany of limited partnerships (GmbH and Co KG) which are currently still subject to the same accounting rules as other unincorporated businesses, provided they are not relatively large.

This book provides a detailed comparision of the accounting valuation and disclosure rules of the UK and Germany.

The purpose, in particular, is to compare the accounting and disclosure requirements in each country. Thus, for the UK, the book sets out the requirements of company law, and of accounting standards. For Germany, it sets out the requirements of company law and the pronouncements of the Institute of Wirtschaftsprüfer.

However, the book purposefully avoids further analysis of accounting theory. A main reason for this is to highlight areas of accounting and disclosure which are not dealt with in the law and in official Institute pronouncements, and which, therefore, are left to the judgement of the preparer of the accounts within the framework of the purpose thereof. Since, in Germany, considerable weight is, in practice, attached to generally accepted accounting principles ("GoB"), readers wishing for a deeper analysis of particular accounting issues should refer to the various commentaries.

Dieses Buch bezieht sich auf die derzeit gültigen Vorschriften, doch der Leser sollte sich bewußt sein, daß sich Rechnungslegungsvorschriften in einem Zustand ständigen Wandels und ständiger Verbesserung befinden. Zur Information wurden daher auch Entwürfe zu Rechnungslegungsstandards einbezogen, die, sollten sie eingeführt werden, Einfluß auf die gegenwärtige Bilanzierungs- und Bewertungspraxis haben. Rechnungslegungsstandards sind, solange sie nicht offiziell als solche bestätigt worden sind, nur Entwürfe und entsprechend nicht verbindlich.

Der Text des Buches enthält zahlreiche Referenzen zu den Gesetzestexten, Rechnungslegungsstandards und -verlautbarungen.

Bestimmte Wirtschaftszweige (Banken und Versicherungsunternehmen) müssen weitere Vorschriften einhalten. Zusätzlich werden von der Börse in Großbritannien weitere Angaben gefordert. Andere Wirtschaftszweige haben bestimmte Rechnungslegungsregeln für einzelne Gebiete - z.B. Rentenfonds, Wohlfahrtsvereine, Gesellschaften, die in Großbritannien unter dem Financial Services Act 1986 gegründet worden sind, Öl- und Gasgesellschaften, Bausparkassen etc. Es ist nicht das Ziel dieses Buches, diese spezifischen Vorschriften näher zu beleuchten.

Das Buch ist gedacht als praktische Hilfe für Bilanzanalytiker, multinationale Konzerne, Beteiligungsgesellschaften und andere Gesellschaften, die sich mit grenzüberschreitenden Investitionen befassen, einschließlich deren Berater (Finanzberater, Bankiers, Wirtschaftsprüfer und Rechtsanwälte).

Ebenso kann es auch englischen Chartered Accountants und deutschen Wirtschaftsprüfern, die für die Berufsexamina des jeweils anderen Landes studieren, von großem Nutzen sein.

Die Zweisprachigkeit des Buches mit der synoptischen Gegenüberstellung von Englisch und Deutsch soll dem Leser das Verständnis weiterhin erleichtern.

Mit Blick auf diese Ziele, wurde das Buch in vier Teile geteilt:

Der erste Abschnitt befaßt sich mit den Rechnungslegungs-, Ausweis- und Erläuterungsvorschriften für ein Einzelunternehmen.

Der zweite Abschnitt widmet sich bestimmten Rechnungslegungsvorschriften im Zusammenhang mit der Aufstellung von Konzernabschlüssen in Großbritannien und Deutschland. Andere Berichtspflichten für Gruppenabschlüsse sind zusammen mit den Bilanzierungs- und Offenlegungsvorschriften für das Einzelunternehmen im ersten Abschnitt enthalten.

Whilst the book is based on the rules currently in force, the reader should be aware that accounting pronouncements are in a continuing state of change or refinement. Thus, for information, draft accounting standards are also included, since, if implemented, they would have an impact on the current accounting and disclosure requirements. However, it must be appreciated that unless and until they are implemented as full accounting standards, they should be understood as draft only, and not mandatory.

The text of the book also includes detailed references to the law and to the accounting standards and pronouncements.

Certain industries - for example banks and insurance companies - are required to comply with more specific rules. Additionally, the Stock Exchange in the UK imposes further disclosure obligations. Other industries also have particular accounting rules in certain respects - for example pension funds, charities, companies registered (in the UK) under the Financial Services Act 1986, oil and gas companies, building societies etc. It is not the purpose of this book to consider these additional requirements further.

The book is intended to be of practical use to financial analysts, multinational corporations, investment firms and others connected with cross border investment, including their advisers - corporate financiers, bankers, auditors, and lawyers.

It will also be of assistance to English chartered accountants and German Wirtschaftsprüfer studying for the dual national accounting qualification.

It is intended that the dual language of this book with its synoptic presentation of the English and German texts will further assist the understanding of reader.

With these aims, the book has been divided into four sections:

The first section of the book is devoted to the accounting principle and disclosure requirements for a single undertaking.

The second section of the book is devoted to particular accounting rules in connection with the preparation of consolidated financial statements in the UK and Germany. Other disclosure requirements for group accounts are described in the first section, within the accounting and disclosure rules for single entity accounts.

Der dritte Abschnitt beschreibt die Aufstellungs- und Veröffentlichungsanforderungen für Jahresabschlüsse (einschließlich der Konzernabschlüsse und anderer Berichte) für die verschiedenen Unternehmensformen in den beiden Ländern, einschließlich zulässiger Befreiungen für kleine und mittelgroße Unternehmen.

Schließlich beschreibt der vierte Abschnitt die Grundsätze der Abschlußprüfung und grundlegende Prüfungsprinzipien in den beiden Ländern.

Das Buch ist als Nachschlagewerk für den Leser geschrieben worden. Daher werden bestimmte Vorschriften (zum Beispiel die Unterschiede in der Rechnungslegung zwischen Kapital- und Personengesellschaften, oder die Definition einer kleinen Gesellschaft) in jedem relevanten Abschnitt wiederholt, um den Leser das Verständnis zu erleichtern.

Die Inhalte dieses Buches sind für die Information des Lesers gedacht. Obwohl jede Sorgfalt aufgewendet wurde, um Genauigkeit zu erreichen, ist es möglich, daß die Informationen in dieser Schrift nicht umfassend sind oder Informationen, die für einen bestimmten Leser relevant sind, weggelassen wurden. Leser sollten nicht auf der Grundlage dieses Buches handeln, ohne professionellen Rat einzuholen.

Terry Hopcroft B.Sc.(Econ), FCA
London/Berlin, September 1994

The third section of the book describes the preparation and publicity requirements for financial statements (including consolidated financial statements) and other reports, for the various types of enterprise in the two countries, including permissable exemptions, for, inter alia, small- and medium-sized undertakings.

Finally, the fourth section describes the audit requirements and basic auditing principles in the two countries.

The book has been written so as to provide a ready reference to the reader. Thus certain requirements (for example the accounting differences between incorporated and unincorporated companies, or the definition of small company) are repeated in each relevant section to facilitate the reader.

The contents of this book is designed for the information of readers. Whilst every effort has been made to ensure accuracy, information contained in this publication may not be comprehensive or may have been omitted which may be relevant to a particular reader. Recipients should not act on the basis of this book without seeking professional advice.

Terry Hopcroft B.Sc.(Econ), FCA
London/Berlin, September 1994

Abkürzungsverzeichnis / Abbreviations

	Deutsch/German	Englisch/English
AG	Aktiengesellschaft	Public company
AktG	Aktiengesetz	Public company law
GmbH	Gesellschaft mit beschränkter Haftung	Limited liability company
GmbHG	GmbH Gesetz	Limited liability company law
HGB	Handelsgesetzbuch	Commercial Code
PublG	Publizitätsgesetz	Publicity law
KG auf Akt	Kommanditgesellschaft auf Aktien	Partnership limited by shares
GoB	Grundsätze ordnungsmäßiger Buchführung	Generally accepted accounting principles
GAAP		Generally accepted accounting principles
EStG	Einkommensteuergesetz	Income tax law
EStR	Einkommensteuerrichtlinien	Income tax law guidelines
EU	Europäische Union	European Union
CA 1985		Companies Act 1985
SSAP		Statement of Standard Accounting Practice
ED		Exposure Draft
FRS		Financial Reporting Standard
plc		Public limited liability company
IDW	Institut der Wirtschaftsprüfer	Institute of Wirtschaftsprüfer
ASC		Accounting Standards Committee
UITF		Urgent Issues Task Force
ASB		Accounting Standards Board
HFA	Stellungnehmen des Hauptfachausschuß	Statements of Position of the Major Issues Committee
SABI	Stellungnahmen des Sonderausschusses Bilanzrichtlinien-Gesetz	Statements of Position of the Special Committee for the Commercial Code
FRED		Financial Reporting Exposure Draft
SOP		Statement of Principles
UK		United Kingdom
§		Paragraph
Sch		Schedule
SAS		Statement of Auditing Standards
EGHGB	Einführungsgesetz zum Handelsgesetzbuch	Implementation law to the Commercial Code
Art	Artikel	Article
i. d. F.	in der Fassung	
d. h.	das heißt	i.e.
ICAEW		Institute of Chartered Accountants in England and Wales
AKW	Arbeitskreis Weltbilanz des IDW	
FG	Fachgutachten	Statement
AS		Auditing Guidelines

I RECHNUNGSLEGUNGSGRUNDSÄTZE UND ERLÄUTERUNGSVORSCHRIFTEN

1. Grundlegende Rechnungslegungs- und Bewertungsvorschriften im Einzelabschluss

1.1. Darstellung eines den tatsächlichen Verhältnissen entsprechenden Bildes

1.1.1. *Kapitalgesellschaften*

Grossbritannien

Alle Kapitalgesellschaften - einschließlich der Public limited liability companies (Plc), Private limited liability companies (Limited) und unbeschränkt haftender Kapitalgesellschaften - müssen einen Jahresabschluß aufstellen, der mit dem Gesetz (insbesondere Schedules 4 und 4A, CA 1985) in Einklang steht (§§ 226(1)(3), 227(1)(3) CA 1985) und ein den tatsächlichen Verhältnissen entsprechendes Bild vermittelt (§ 226 (2) CA 1985).

Ist, unter besonderen Umständen, die Erfüllung einer Vorschrift des Companies Act mit der Pflicht, ein den tatsächlichen Verhältnissen entsprechendes Bild zu vermitteln, unvereinbar, dann ist vom Companies Act insoweit abzuweichen, daß ein solches Bild vermittelt werden kann ("The true and fair override") (§§ 226(5), 227(6) CA 1985).

In Fällen, in denen sich auf den True and fair override berufen wird, ist klar und eindeutig anzugeben (UITF 7):

(i) Die normalerweise durch den Companies Act vorgeschriebene Bilanzierungsmethode und eine Beschreibung der tatsächlich angewandten Methode;

(ii) Eine Erklärung, warum die vorgeschriebene Bilanzierung ein den tatsächlichen Verhältnissen entsprechendes Bild nicht vermittelt;

(iii) Eine Beschreibung und Quantifizierung, inwieweit sich der Jahresabschluß aufgrund der Abweichung geändert hat.

Deutschland

Kapitalgesellschaften - einschließlich Aktiengesellschaften (AG); Kommanditgesellschaften auf Aktien (KGaA); und Gesellschaften mit beschränkter Haftung (GmbH) - müssen eine Bilanz und eine Gewinn- und Verlustrechnung zusammen mit einem Anhang aufstellen (§ 264(1) HGB), die unter Beachtung der Grundsätze ordnungsmäßiger Buchführung (GoB) ein den tatsächlichen Verhältnissen entsprechendes Bild vermitteln (§ 264(2) HGB).

Führen besondere Umstände dazu, daß der Jahresabschluß ein den tatsächlichen Verhältnissen entsprechendes Bild nicht vermittelt, so sind im Anhang zusätzliche Angaben zu machen (§ 264(2) HGB).

1.1.2. *Partnerships, deren Teilhaber alle Kapitalgesellschaften sind*

Partnerships, bei denen jeder Teilhaber entweder (i) eine Kapitalgesellschaft oder (ii) eine Personengesellschaft, deren Mitglieder alle Kapitalgesellschaften sind, ist, müssen Jahresabschlüsse so aufstellen, als wären sie Kapitalgesellschaften, d.h. die gesetzlichen Vorschriften (insbesondere Schedules 4 und 4A CA 1985) befolgen und ein den tatsächlichen Verhältnissen entsprechendes Bild vermitteln (§ 4(1) PUCAR 1993).

I ACCOUNTING REQUIREMENTS, PRINCIPLES AND DISCLOSURE REQUIREMENTS

1. Basic Accounting and Valuation Principles

1.1. Requirement to prepare accounts which show a true and fair view

1.1.1. *Incorporated Companies*

UK

All incorporated companies - comprising public limited liability companies (Plc), private limited liability companies (Limited) and unlimited companies - are required to prepared accounts which comply with the law (particularly Schedules 4 and 4A, CA 1985) (§§ 226(1)(3), 227(1)(3) CA 1985) and which show a true and fair view (§ 226(2) CA 1985).

If, in special circumstances, compliance with a provision of the Companies Act is inconsistent with the requirement to show a true and fair view, then should depart from the Companies Act to the extent necessary to give a true and fair view ("The true and fair view override.") (§§ 226(5), 227(6) CA 1985).

In cases where the true and fair view override is invoked, should include clearly and unambiguously (UITF 7):

(i) a statement of the treatment which the Companies Act would normally require, and a description of the treatment adopted;

(ii) a statement as to why the treatment prescribed would not give a true and fair view;

(iii) a description, and quantification, of how the position in the accounts is different as a result of the departure.

GERMANY

Incorporated companies - including public limited companies (AG); partnerships limited by shares (KGaA); and private limited liability companies (GmbH) - are required to prepare a balance sheet, profit and loss account, together with notes to the accounts (§ 264(1) HGB), which, in compliance with required accounting principles, present a true and fair view (§ 264(2) HGB).

If special circumstances result in the financial statements not showing a true and fair view, then additional disclosure is required in the notes to the accounts (§ 264(2) HGB).

1.1.2. *Partnerships where each partner is a limited company*

UK

Partnerships where each partner is either (i) a limited company or (ii) an unlimited company each of whose members is a limited company, are required to prepare accounts as if they were limited companies. ie which comply with the law (particularly Schedules 4 and 4A, CA 1985) and which show a true and fair view (§ 4(1) PUCAR 1993).

Sie sind von dieser Vorschrift befreit, wenn der Jahresabschluß des Partnerships in den Konzernabschluß eines anderen Unternehmens mit Sitz in der EU einbezogen worden ist, der nach den Regeln der Siebten EU-Richtlinie aufgestellt und geprüft worden ist (§ 7(1) PUCAR 1993).

1.1.3. *Andere Personengesellschaften*

Das Gesetz macht keine Vorschriften wie Personengesellschaften - einschließlich General Partnerships, Joint Ventures, Niederlassungen ausländischer Unternehmen und Einzelkaufleute - Jahresabschlüsse aufstellen sollen. Wird jedoch ein Jahresabschluß aufgestellt, der ein den tatsächlichen Verhältnissen entsprechendes Bild vermitteln soll, dann sollte dieser mit allen Verlautbarungen in Einklang stehen, die durch den ASB und seinen Vorgänger, den ASC, herausgegeben wurden.

Eine Personengesellschaft - einschließlich Offener Handelsgesellschaften (OHG), Kommanditgesellschaften (KG), Kommanditgesellschaften, bei denen der Komplementär eine GmbH ist (GmbH & Co. KG), Gesellschaften bürgerlichen Rechts (GbR oder BGB-Gesellschaften), Niederlassungen ausländischer Unternehmen und Einzelkaufleute - muß eine Bilanz (§ 242(1) HGB) und eine Gewinn- und Verlustrechnung (§ 242(2) HGB) nach den Grundsätzen ordnungsmäßiger Buchführung (GoB) aufstellen.

1. 2. Die Grundlage der Vermittlung eines den tatsächlichen Verhältnissen entsprechenden Bildes und die Grundsätze ordnungsmäßiger Buchführung (GoB)

Die Aufstellung von Jahresabschlüssen, die ein den tatsächlichen Verhältnissen entsprechendes Bild vermitteln, erfordert für Kapitalgesellschaften die Übereinstimmung mit dem Gesetz und für alle Unternehmen die Übereinstimmung mit allen Financial Reporting Standards ("FRS"), Consensus Pronouncements, die durch die Urgent Issues Task Force ("UITF") herausgegeben werden und Statements of Standard Accounting Practice ("SSAP"), die durch den Accounting Standards Board ("ASB") herausgegeben wurden.

Die Übereinstimmung mit anderen Verlautbarungen des ASB und seines Vorgängers, des Accounting Standards Committee ("ASC") sind freiwillig, werden jedoch als gute Rechnungslegungspraxis betrachtet.

Grundsätze ordnungsmäßiger Buchführung (GoB) sind nicht umfassend festgeschrieben, können aber aus dem Gesetz abgeleitet werden, insbesondere aus dem Dritten Buch des Handelsgesetzbuches (HGB) (d.h. §§ 238 - 263 für alle Kaufleute, zusammen mit den zusätzlichen Vorschriften des §§ 264 - 289 für Kapitalgesellschaften, und §§ 290 - 315 für Konzernabschlüsse) sowie aus der Rechtssprechung, Rechnungslegungstheorie, Stellungnahmen des Instituts der Wirtschaftsprüfer (IdW) und aus der Bilanzierungspraxis, wie sie in den verschiedenen Kommentaren beschrieben wird.

Aktiengesellschaften (AG) müssen außerdem unter anderem mit § 58, § 150, § 152, § 158 und § 160 AktG übereinstimmen. Gesellschaften mit beschränkter Haftung (GmbH) müssen außerdem die Vorschriften des § 29 und § 42 GmbHG erfüllen.

1.3. Rechnungslegungsstandards und -verlautbarungen

Der Companies Act 1989 brachte eine gesetzliche Anerkennung von Rechnungslegungsstandards in den Companies Act 1985 ein (§ 256 CA 1985).

Rechnungslegungsstandards sind verbindliche Verlautbarungen darüber, wie bestimmte Geschäftsvorfälle und andere Ereignisse im Jahresabschluß wiedergespiegelt werden sollten. Dementsprechend wird die Übereinstimmung mit den Rechnungslegungsstandards üblicherweise notwendig sein, um ein den tatsächlichen Verhältnissen entsprechendes Bild zu vermitteln.

Es gibt keine spezifische gesetzliche Anerkennung von Rechnungslegungsstandards im deutschen Gesetzeswerk.

However, they are exempt from this requirement if the partnerships' accounts have been consolidated into the group accounts of another undertaking registered in the EU, whose group accounts have been prepared and audited in accordance with the Seventh EU Directive (§ 7(1) PUCAR 1993).

1.1.3. *Other unincorporated businesses*

The law does not prescribe how other unincorporated businesses - including general partnerships, joint ventures, branches of foreign corporations and sole proprietorships - should prepare accounts. However, accounts issued which are designed to show a true and fair view should comply with all statements issued by the ASB and its predecessor the ASC.

Unincorporated businesses - including partnerships (OHG), limited partnerships (KG), limited partnerships where the general partner is a limited liability company (GmbH & Co. KG), civil law partnerships (BGB entities), branches of foreign corporations, and sole traders - must prepare financial statements, comprising a balance sheet (§ 242(1) HGB) and a profit and loss account (§ 242(2) HGB), in accordance with generally accepted accounting principles.

1.2. Basis of true and fair view and of generally accepted accounting principles ("GoB")

Preparation of accounts which show a true and fair view requires, for companies, compliance with the law, and for all businesses, compliance with all Financial Reporting Standards ("FRS"), Consensus Pronouncements issued by the Urgent Issues Task Force ("UITF") and Statements of Standard Accounting Practice ("SSAP") as issued by the Accounting Standards Board ("ASB").

Generally accepted accounting principles ("GoB") are not comprehensively codified but are derived from statute (particularly the third book of the Commercial Code (HGB) (i.e. §§ 238 - 263 for all businesses, together with the additional provisions of §§ 264 - 289 for incorporated companies, and §§ 290 - 315 for consolidated accounts) and case law, accounting theory, pronouncements of the Institute of Wirtschaftsprüfer ("IDW"), as well as accounting practice (as described in the various accounting commentaries.)

Compliance with other pronouncements of the ASB and its predecessor, the Accounting Standards Committee ("ASC") is not mandatory, but can be considered as good accounting practice.

Public limited companies (AG) are also required to comply, inter alia, with the disclosure requirements of § 58, § 150, § 152, § 158 and § 160 AktG. Private limited liability companies GmbH are required to comply, inter alia, with the requirements of § 29 and § 42 GmbHG.

1.3. Accounting standards and pronouncements

The 1989 Companies Act introduced into the Companies Act 1985 specific legal recognition of accounting standards (§ 256 CA 1985).

Accounting standards are authoritive statements of how particular types of transactions and other events should be reflected in the financial statements and accordingly compliance with accounting standards will normally be necessary to show a true and fair view.

There is no specific legal recognition of accounting standards in German law.

Unter besonderen Umständen kann die Pflicht, ein den tatsächlichen Verhältnissen entsprechendes Bild zu vermitteln, ein Abweichen von den Rechnungslegungsstandards verlangen. In diesen Fällen sollte von den Vorschriften des Rechnungslegungsstandards so weit abgewichen werden, wie für die Vermittlung eines den tatsächlichen Verhältnissen entsprechenden Bildes notwendig ist. Einzelheiten jeder wesentlichen Abweichung von einem Rechnungslegungsstandard, die Gründe dafür und die finanziellen Auswirkungen sind im Jahresabschluß anzugeben, es sei denn, diese Angaben könnten irreführend wirken (UITF 7/§ 36a Sch 4 CA 1985).

Die Verantwortlichkeit für die Herausgabe und Durchsetzung von Standards in Großbritannien liegt beim Financial Reporting Council, das auch die Gesamtverantwortlichkeit für die folgenden Körperschaften hat:

(1) Accounting Standards Board ("ASB"):
Es ist verantwortlich für die Entwicklung, Herausgabe und Zurücknahme von Rechnungslegungsstandards.

(2) Urgent Issues Task Force ("UITF"):
Ihre Hauptrolle liegt in der Unterstützung des ASB in Gebieten, für die es Rechnungslegungsstandards oder Vorschriften im Companies Act gibt, zu denen sich aber unbefriedigende oder widersprüchliche Interpretationen entwickelt haben oder sich zu entwickeln scheinen.

(3) Financial Reporting Review Panel:
Es untersucht Jahresabschlüsse daraufhin, ob die Vorschriften des Companies Act, einschließlich der Vorschrift, daß der Jahresabschluß (unter Befolgung der Rechnungslegungsstandards) ein den tatsächlichen Verhältnissen entsprechendes Bild zu vermitteln hat, verletzt worden sind.

Die nachstehenden Arten von Rechnungslegungsstandards existieren zur Zeit:

1.3.1. *Financial Reporting Standards (FRS)*

FRS werden durch das Accounting Standards Board (ASB) als verbindliche Verlautbarungen zur Rechnungslegungspraxis herausgegeben.

Sie werden als Bestandteil der allgemeinen Praxis angesehen, die die Grundlage für die Bestimmung der Prinzipien der Vermittlung eines den tatsächlichen Verhältnissen entsprechenden Bildes bildet.

Sie müssen von allen qualifizierten Chartered Accountants, die für Jahresabschlüsse verantwortlich sind, beachtet werden.

Die Pflicht zur Verabschiedung, zur Änderung und zum Widerruf von Gesetzen obliegt dem deutschen Parlament.

Das Institut der Wirtschaftsprüfer hat die Verantwortung für die Herausgabe von Stellungnahmen zu Problemen der Rechnungslegung, um die einheitliche Anwendung und Auslegung des Gesetzes durch den Wirtschaftsprüfer sicherzustellen.

Das Institut der Wirtschaftsprüfer hat eine Anzahl von Stellungnahmen herausgebracht. Diese haben keinen rechtsverbindlichen Status in Deutschland und stellen auch keine Grundsätze ordnungsmäßiger Buchführung dar. Dessen ungeachtet haben sie jedoch den Status einer herrschenden Meinung. Sie sind durch alle Wirtschaftsprüfer zu befolgen. Eine Nichtbeachtung durch einen deutschen Wirtschaftsprüfer kann bei Rechtsstreitigkeiten weitreichende Konsequenzen haben. Die Stellungnahmen umfassen im einzelnen:

The requirement to give a true and fair view may, exceptionally, in special circumstances require a departure from accounting standards. If so, then the requirements of the accounting standard should be departed from to the extent necessary to give a true and fair view. Particulars of any material departure from an accounting standard and the reasons for it, and the financial effects thereof, unless this would be misleading, should be disclosed in the financial statements (UITF 7/§ 36A Sch 4 CA 1985).

Responsibility in the UK for setting and enforcing accounting standards lies with the Financial Reporting Council which has overall responsibility for the following bodies:

(1) The Accounting Standards Board ("ASB"): which is responsible for developing, issuing and withdrawing Accounting Standards.

(2) Urgent Issues Task Force ("UITF"): whose main role is to assist the ASB in areas where an accounting standard or Companies Act provision exists, but where unsatisfactory or conflicting interpretations have developed or seem likely to develop.

(3) Financial Reporting Review Panel: which enquires into annual financial statements where it appears that the requirements of the Companies Act, including the requirement that financial statements should show a true and fair view (including compliance with accounting standards), might have been breached.

The following types of accounting standard are currently in issue.

Responsibility for determining, changing or withdrawing accounting legislation lies with German Parliament.

The Institute of Wirtschaftsprüfer takes responsibility for issuing accounting pronouncements, in order to ensure the uniform application and interpretation of the law by Wirtschaftsprüfer.

1.3.1. *Financial Reporting Standards (FRS)*

FRS's are issued by the Accounting Standards Board (ASB) as being authoritive statements on accounting practice.

They are considered to be part of the general practice that forms the basis for determining what constitutes "true and fair view."

They must be observed by all qualified chartered accountants having responsibility for financial statements.

The Institute of Wirtschaftsprüfer has issued a number of pronouncements. They have no legal status in Germany, and they do not of themselves constitute GoB. Nevertheless, they have the status of prevailing opinion. They should be observed by all Wirtschaftsprüfer. Non-compliance by a Wirtschaftsprüfer could have far reaching consequences in any legal situation. They comprise:

Sie sind auf alle Jahresabschlüsse anzuwenden, die ein den tatsächlichen Verhältnissen entsprechendes Bild vermitteln sollen.

Wesentliche Abweichungen von den FRS's und der entsprechende finanzielle Effekt müssen im Jahresabschluß angegeben und erläutert werden.

Es ist nicht notwendig, eine solche wesentliche Abweichung im Bestätigungsvermerk anzugeben, falls der Wirtschaftsprüfer zustimmt und die Abweichung angemessen erläutert ist.

1.3.2. *Statements of Standard Accounting Practice (SSAP)*

SSAPs wurden herausgegeben durch das Accounting Standards Committee (ASC).

Sie wurden nachträglich durch das Accounting Standards Board (ASB) übernommen und erhielten dadurch den Status von Rechnungslegungsstandards im Sinne des Companies Act 1985.

1.3.3. *Urgent Issues Task Force (UITF) Consensus Pronouncements*

Sie werden durch die Urgent Issues Task Force (UITF) herausgegeben.

Sie sind auf alle Jahresabschlüsse anzuwenden, die ein den tatsächlichen Verhältnissen entsprechendes Bild vermitteln sollen.

Die folgenden Verlautbarungen sind ebenfalls von Einfluß, aber nicht verbindlich:

1.3.4. *Financial Reporting Exposure Draft (FRED)*

FRED, die durch das ASB herausgegeben werden, sind Entwürfe zu FRS.

1.3.5. *Statement of Principles (SOP)*

SOP werden durch das ASB herausgegeben.

Sie stellen keine Rechnungslegungsstandards dar.

Sie beschreiben die Konzepte, die der Aufstellung von Jahresabschlüssen für außenstehende Nutzer zugrunde liegen.

(i) Stellungnahmen des Hauptfachausschusses ("HFA").

(ii) Stellungnahmen des Sonderausschusses Bilanzrichtlinien-Gesetz ("SABI").

(iii) Eine Anzahl von Verlautbarungen für bestimmte Wirtschaftszweige.

Diese Verlautbarungen sind auf Jahresabschlüsse von Personen- und von Kapitalgesellschaften anwendbar.

Da sie selbst keine Grundsätze ordnungsmäßiger Buchführung darstellen, ist es nicht notwendig, im Jahresabschluß oder im Bestätigungsvermerk auf wesentliche Abweichungen hinzuweisen.

Das IdW veröffentlicht Entwürfe zu Stellungnahmen der diversen Fachausschüsse.

(i) Statements of Position of the Major Issues Committee ("HFA").

(ii) Statements of Position of the Special Committee for the Commercial Code ("SABI").

(iii) A range of specific industry-related accounting statements.

They are applicable for all financial statements whose purpose is to give a true and fair view.

These statements are applicable to financial statements prepared by both incorporated companies and unincorporated businesses.

Significant departures from FRS's and their financial effects should be disclosed and explained in the financial statements.

However, since they do not themselves constitute GoB, it is not necessary to refer to significant departures either in the financial statements or in the audit opinion.

It is not necessary to refer to a significant departure in the audit opinion if the auditor concurs and if adequately disclosed.

1.3.2. *Statements of Standard Accounting Practice (SSAP)*

SSAP's were issued by the Accounting Standards Committee (ASC).

They were subsequently adopted by the Accounting Standards Board (ASB), thus giving the SSAPs the status of accounting standards within the meaning of the Companies Act 1985.

1.3.3. *Urgent Issues Task Force (UITF) Consensus Pronouncements*

UITF pronouncements are issued by the Urgent Issues Task Force (UITF).

They should be applied in all financial statements intended to give a true and fair view.

The following are also influential but not mandatory:

1.3.4. *Financial Reporting Exposure Draft (FRED)*

FREDs, which are issued by the ASB, comprise draft FRS's.

Draft statements are also issued by the IdW.

1.3.5. *Statement of Principles (SOP)*

SOPs are issued by the ASB.

They do not of themselves constitute accounting standards.

Rather, they set out the concepts that underlie the preparation of financial statements for external users.

1.3.6. *Discussion drafts*

Discussion drafts werden durch das ASB herausgegeben.

Sie stellen Arbeitsgrundlagen für die Diskussion von einzelnen Themen dar, sobald sie einen entsprechenden Entwicklungsstand erreicht haben.

1.3.7. *Exposure Drafts (ED)*

ED wurden durch das ASC herausgegeben und sind Entwürfe zu SSAP.

1.3.8. *Statements of Recommended Practice (SORP)*

SORP wurden ursprünglich durch das Accounting Standards Committee herausgegeben.

Sie unterstützen die Formung der Bilanzierungspraxis in einem bestimmten Gebiet, sind aber nicht verbindlich.

1.3.9. *Weitere Bilanzierungsliteratur*

Da die verschiedenen Verlautbarungen des ASB und des ASC das gesamte Feld der Bilanzierung umfassend abdecken, hat die übrige Literatur kaum praktische Bedeutung in Großbritannien.

Die Rechtssprechung, Rechnungslegungstheorie und Bilanzierungspraxis, so wie sie in den verschiedenen Kommentaren beschrieben wird, sind für die Bestimmung der Grundsätze ordnungsmäßiger Buchführung von erheblicher Bedeutung.

1.4. Unterschiede in den Bewertungsgrundsätzen von Personengesellschaften im Vergleich zu Kapitalgesellschaften

Es gibt keine gesetzlichen Bewertungsvorschriften für Personengesellschaften (außer für Partnerships, deren Teilhaber Kapitalgesellschaften sind). Wenn jedoch Personengesellschaften Jahresabschlüsse aufstellen, die ein den tatsächlichen Verhältnissen entsprechendes Bild vermitteln sollen, dann müssen diese grundsätzlich nach den gleichen Bewertungsvorschriften wie die von Kapitalgesellschaften aufgestellt werden.

Die verbindlichen Bewertungsvorschriften für Kapitalgesellschaften sind umfassender als jene für Personengesellschaften.

Die wichtigsten Unterschiede zwischen den Bewertungsvorschriften für alle Kaufleute, Personen- und Kapitalgesellschaften, (beschrieben in §§ 252 bis 256 HGB) und den zusätzlichen spezifischeren Bewertungsgrundsätzen für Kapitalgesellschaften (§§ 264 bis 288 HGB) sind folgende:

Gemäß § 253 HGB sind die Gegenstände des Anlagevermögens zu Anschaffungs- oder Herstellungskosten, vermindert um planmäßige Abschreibungen anzusetzen, bei Gegenstände des Umlaufvermögens und gegebenenfalls um Abchreibungen zur Anpassung an den niedrigeren Börsen- oder Marktpreis zu berichtigen.

Eine Personengesellschaft darf zusätzlich Abschreibungen auf Gegenstände des Anlage- und des Umlaufvermögens auf der Grundlage vernünftiger kaufmännischer Beurteilung vornehmen (wie festgelegt in § 253(4) HGB). Eine Kapitalgesellschaft darf dies nicht (§ 279(1) HGB).

1.3.6. *Discussion drafts*

Discussion drafts are issued by the ASB.

They represent working drafts for discussion on individual topics as they reach appropriate stages of development.

1.3.7. *Exposure Drafts (ED)*

EDs were issued by the ASC, and comprise of draft SSAPs.

1.3.8. *Statements of Recommended Practice (SORP)*

SORPs were originally issued by the Accounting Standards Committee.

They help to define accounting practice in a particular area or sector but are not mandatory.

1.3.9. *Other accounting literature*

Because of the extensive coverage of the various pronouncements, of the ASB and the ASC, other accounting literature takes on little practical importance in the UK.

Case law, accounting theory and accounting practice as described in the various commentaries are influential in the determination of GoB in Germany.

1.4. Main differences in valuation accounting principles of unincorporated businesses as compared with incorporated companies

The law does not prescribe valuation accounting principles for unincorporated businesses (except for partnerships where each partner is a limited company.) However, unincorporated businesses that prepare accounts designed to show a true and fair view are basically subject to the same valuation accounting principles as for incorporated companies.

The required valuation accounting principles for incorporated companies are more extensive than for unincorporated businesses.

The most important differences between the basic valuation principles for all businesses, both unincorporated and incorporated (per §§ 252 to 256 HGB), and the additional more specific valuation principles for incorporated companies (§§ 264 to 288 HGB) are as follows:

§ 253 HGB requires that fixed and current assets should be stated at cost reduced by systematic depreciation for fixed assets and to quoted or market price, if lower, for current assets.

An unincorporated business may also make a provision against fixed assets or current assets, within the framework of sound business judgement (§ 253 (4) HGB). An incorporated company may not (§ 279(1) HGB).

Eine Personengesellschaft darf Abschreibungen für vorübergehende Wertminderungen von Anlagegegenständen vornehmen (§ 253(2) HGB). Eine Kapitalgesellschaft darf eine solche Abschreibung nur für langfristige Finanzanlagen vornehmen, nicht jedoch für immaterielle Vermögensgegenstände und Sachanlagen (§ 279(1) HGB).

Eine Personengesellschaft darf gemäß § 254 HGB zusätzliche steuerrechtliche Abschreibungen in Anspruch nehmen. Eine Kapitalgesellschaft kann steuerrechtliche Abschreibungen nur dann in Anspruch nehmen, wenn Bedingung für die steuerliche Anerkennung ist, daß der Wertansatz auch in der Handelsbilanz beibehalten wird (§ 279(2) HGB).

Wegen des sogenannten umgekehrten Maßgeblichkeitsprinzips (§ 5(1) S2 EStG), nach dem Bewertungsprinzipien in der Handelsbilanz angewandt werden müssen, um in der Steuerbilanz anerkannt zu werden, sind die obigen Vorschriften nur von geringer praktischer Relevanz.

Im Gegensatz zu einer Personengesellschaft (§ 253 (5) HGB) ist es einer Kapitalgesellschaft nicht gestattet, Wertberichtigungen für dauernde Wertminderungen von Anlagegegenständen (§ 253(2) HGB) oder Wertberichtigungen auf das Umlaufvermögen einschließlich solcher, die gemäß § 253(3) HGB nach vernünftiger kaufmännischer Beurteilung wegen zukünftiger Wertschwankungen notwendig sind, beizubehalten, wenn die Gründe für die Wertberichtigung nicht mehr länger bestehen (§ 280 HGB).

Es gibt jedoch eine bedeutende praktische Ausnahme, bei der solche Wertberichtigungen beibehalten werden dürfen. Dies ist der Fall, wenn der niedrigere Wert für steuerliche Zwecke beibehalten werden kann und wenn Voraussetzung für die Beibehaltung ist, daß der niedrigere Wertansatz auch in der Bilanz beibehalten wird (§ 280(2) HGB). In diesem Fall ist es erforderlich, die aus steuerlichen Gründen nicht vorgenommenen Zuschreibungen anzugeben (§ 280(3) HGB). Unter praktischen Gesichtspunkten ist die Vorschrift zur Wiederherstellung des ursprünglichen Wertansatzes für Kapitalgesellschaften ohne große Bedeutung.

1.5. Beziehung zwischen Handels- und Steuerbilanz

In Großbritannien muß die Kapitalgesellschaft einen Jahresabschluß aufstellen, der ein den tatsächlichen Verhältnissen entsprechendes Bild vermittelt. Im allgemeinen werden für Steuerzwecke Anpassungen an die Handelsbilanz vorgenommen. Es ist nicht üblich oder gefordert, daß diese Anpassungen im Jahresabschluß erfaßt oder angegeben werden.

In Deutschland gilt die grundsätzliche Regel, daß alle Wertansätze in der Steuerbilanz von den Wertansätzen in der Handelsbilanz abgeleitet werden ("Maßgeblichkeitsprinzip") (§ 5(1) S.1 EStG).

Daraus folgt, daß, wenn ein Vermögensgegenstand oder eine Schuld auf eine bestimmte Weise in der Handelsbilanz bilanziert werden muß, diese Methode auch in der Steuerbilanz Anwendung finden muß.

An unincorporated business is permitted to make provision for temporary diminution in value of fixed assets per § 253(2) HGB. However, an incorporated company may only make such a provision in respect of long-term financial assets, not for tangible and intangible fixed assets (§ 279(1) HGB).

An unincorporated business may make provision for tax allowed depreciation, per § 254 HGB. An incorporated company may only make provision for depreciation for tax purposes where tax recognition is dependent upon it being booked in the statutory financial statements (§ 279(2) HGB) .

However, because of the reverse authority principle (§ 5(1) S2 EStG), under which accounting principles must be adopted in the statutory financial statements for them to be accepted in the tax accounts, this distinction is of little practical relevance.

Unlike an unincorporated business (§ 253(5) HGB), an incorporated company is not permitted to retain provisions for permanent diminution value of fixed assets, (§ 253(2) HGB) or provisions against current assets, including provisions considered necessary based upon sound business judgement for future valuations (§ 253(3) HGB), where the reasons for the provision no longer exist (§ 280 HGB).

There is, however, an important practical exception since such provisions may be retained if the lower valuation can be maintained in the tax accounts with the prerequisite for its retention that the lower value is also retained in the financial statements (§ 280(2) HGB). In this case, it is only necessary to disclose the effect of reversals not made for tax reasons (§ 280(3) HGB). Thus, in practical terms, the requirement to reinstate original values for incorporated companies is of less significance.

1.5. Relationship between statutory financial statements and tax accounts

In the UK, an incorporated company is required to prepare financial statements which show a true and fair view. Generally, adjustments are made to the statutory financial statements for the purpose of the tax return. It is not normal or required for these adjustments to be recorded or shown in the financial statements.

In Germany, as a general rule the accounting principles in the tax accounts are derived from the statutory financial statements - the so-called authoritative principle (§ 5(1) S.1 EStG).

Thus, generally where an asset or liability is required to be accounted for in a certain way in the statutory financial statements, this method must also be used for the tax accounts.

Es gibt jedoch Ausnahmen von dieser allgemeinen Regel. Ist zum Beispiel nach dem HGB ein Bewertungswahlrecht für einen Vermögensgegenstand in der Handelsbilanz vorgegeben, dann ist dieser Gegenstand nach dieser Bewertungsmethode in der Steuerbilanz aktivierungspflichtig.

Im Gegensatz dazu, gestattet das HGB ein Passivierungswahlrecht für eine Verbindlichkeit, dann ist die Passivierung dieser Verbindlichkeit in der Steuerbilanz verboten.

Soweit das Steuerrecht spezifische Bewertungsvorschriften enthält (§ 6 bis § 7k EStG), ersetzen diese die handelsrechtlichen Bewertungsvorschriften in der Steuerbilanz (§ 5(6) EStG). Demzufolge ist das Maßgeblichkeitsprinzip von begrenzter Bedeutung.

Von weitaus größerer Bedeutung ist jedoch das Prinzip der umgekehrten Maßgeblichkeit, da die steuerlichen Vorschriften in der Handelsbilanz Anwendung finden müssen, um steuerlich anerkannt zu werden und bestimmte Wertberichtigungen in Anspruch genommen werden können (§ 5(1) S. 2 EStG). Beispiele dafür sind die Nutzung degressiver Abschreibung und der Aufbau steuerfreier Rücklagen.

Aus diesem Grund ist die Steuerbilanz, als Konsequenz des Prinzips der umgekehrten Maßgeblichkeit, nach wie vor stark von der Handelsbilanz abhängig.

Das Institut der Wirtschaftsprüfer ist der Ansicht (HFA Verlautbarung), daß steuerliche Vorschriften allein die Grundsätze ordnungsmäßiger Buchführung nicht bestimmen und daß die handelsrechtliche Rechnungslegung den steuerlichen Vorschriften nur soweit folgen sollte, wie das die handelsrechtlichen Vorschriften zulassen. Insbesondere ist das Institut der Ansicht, daß bestimmte steuerliche Wertberichtigungen außerhalb des Maßgeblichkeitprinzips stehen und daß, wenn sie ungerechtfertigterweise angesetzt werden (und die Auswirkung wesentlich ist), der Jahresabschluß ein den tatsächlichen Verhältnissen entsprechendes Bild nicht vermittelt, auch mit der Konsequenz, daß die Wertberichtigung nun in der Steuerbilanz nicht mehr zulässig ist.

Bei folgenden Beispielen wird der Grundsatz durchbrochen:

(i) eine Wertberichtigung darf nur aufgelöst werden, wenn der Grund dafür nicht mehr länger besteht (§ 249(3) HGB);

(ii) Jubiläumsrückstellungen sind zu bilden (Die steuerlichen Vorschriften sind in den vergangenen Jahren geändert worden. Diese Rückstellung ist in der Steuerbilanz nur gestattet, wenn eine schriftliche, gesetzliche Verpflichtung dazu besteht.);

However, there are exceptions to this general rule. For example where a choice in accounting principle for an asset is permitted by the HGB in the statutory financial statements, for tax accounts purposes this accounting principle is compulsory.

In contrast, where a choice of accounting principle for a liability is permitted by the HGB in the statutory financial statements, then the provision is not permitted in the tax accounts.

As far as the tax laws contain specific accounting principles (§ 6 to § 7k EStG), they override the HGB accounting principles for the purpose of the tax accounts (§ 5(6) EstG). Accordingly the authoritative principle is less important.

Much more important is the principle of reverse authority under which, in order to claim certain specific tax allowances, the tax accounting principles must be adopted in the statutory financial statements for them to be accepted in the tax accounts (§ 5(1) S. 2 EStG). Examples of such tax allowances include the use of reducing balance depreciation, and the building of tax-free reserves.

For this reason, as a result of the principle of reverse authority the tax accounts directly influence the statutory financial statements.

Nevertheless, the Institute of Wirtschaftsprüfer is of the opinion (HFA clarification) that tax rules alone do not determine GoB, and that financial accounting may only follow the tax rules insofar as this is permitted by the laws on financial accounting. In particular, it has taken the view that certain special tax rules are outside the general authoritative principle, and that, accordingly, if they are incorrectly provided (and the effect is material), then the financial statements do not show a true and fair view, notwithstanding the fact that provision is not permitted in the tax accounts.

Consequently:

(i) a provision may only be released if the reason for it no longer exists (§ 249(3) HGB);

(ii) special anniversary bonus provisions should be provided (Tax rules have alternated in recent years, and currently such provisions are only permitted in the tax accounts if a written legal obligation exists.);

(iii) Eine Rückstellung für Umweltaltlasten ist zu bilden, wenn eine klare und bekannte Verpflichtung besteht. (Die aktuellen steuerrechtlichen Vorschriften erlauben nur eine Rückstellung in der Steuerbilanz, wenn durch die zuständigen Behörden eine offizielle Auflage erteilt worden ist).

Unter diesen Umständen ist es nicht akzeptabel, den steuerrechtlichen Vorschriften zu folgen und anstatt dessen eine Angabe gemäß § 264(2) HGB hinsichtlich einer Abweichung von einem den tatsächlichen Verhältnissen entsprechenden Bildes im Anhang zu machen.

1.6. Grundlegende Rechnungslegungskonzepte und -prinzipien

Es gilt die Vermutung, daß die folgenden vier Bilanzierungsgrundsätze (Grundlegende, dem Jahresabschluß unterliegende Annahmen) beachtet worden sind. Ist dies nicht der Fall, dann ist jede Differenz anzugeben. Abweichungen von diesen Grundsätzen sind nur zulässig, um dem vorrangigen Ziel, ein den tatsächlichen Verhältnissen entsprechendes Bild zu vermitteln, zu entsprechen (SSAP 2/§ 15 Sch 4 CA 1985).

Die allgemeinen Rechnungslegungsgrundsätze sind in § 252(1) HGB enthalten. Sie sind nachfolgend beschrieben. Von diesen darf nur in begründeten Ausnahmefällen abgewichen werden (§ 252(2) HGB).

Grundsatz der Unternehmensfortführung:

Es wird angenommen, daß ein Unternehmen seine Geschäftstätigkeit bis in vorhersehbare Zeit fortführen wird (SSAP 2/§ 10 Sch 4 CA 1985).

Bei der Bewertung ist von der Fortführung der Unternehmenstätigkeit auszugehen, sofern dem nicht tatsächliche oder rechtliche Gegebenheiten entgegenstehen (§ 252(1) Nr. 2 HGB).

Periodenabgrenzung:

Erträge und Aufwendungen werden gesammelt, einander zugeordnet und in der Gewinn- und Verlustrechnung des Geschäftsjahres erfaßt, in dem sie angefallen sind (SSAP 2/§ 13 Sch 4 CA 1985).

Aufwendungen und Erträge des Geschäftsjahres sind unabhängig von den Zeitpunkten der entsprechenden Zahlungen im Jahresabschluß zu berücksichtigen (§ 252(1) Nr. 5 HGB).

Bewertungstetigkeit:

Bilanzierungsgrundsätze sind stetig innerhalb des Jahresabschlusses und von einem Geschäftsjahr zum nächsten anzuwenden (SSAP 2/§ 11 Sch 4 CA 1985).

Die auf den vorhergehenden Jahresabschluß angewandten Bewertungsmethoden sollen beibehalten werden (§ 252(1) Nr. 6 HGB).

Es muß angemerkt werden, daß dieses Prinzip nicht die gleiche Bedeutung für Personen und für Kapitalgesellschaften hat, da das Gesetz Personengesellschaften gewisse zusätzliche Wertberichtigungen unter bestimmten Umständen gestattet - z.B. Abschreibungen aufgrund vernünftiger kaufmännischer Beurteilung (§ 253(4) HGB).

Bei allen Gesellschaften, deren Jahresabschluß ein den tatsächlichen Verhältnissen entsprechendes Bild vermitteln soll, ist einer Änderung in den Bilanzierungsgrundsätzen durch die Anpassung der Vorjahreszahlen Rechnung zu tragen. Die Vorjahreszahlen sind neu zu berechnen und die Eröffnungsbilanzrücklagen entsprechend anzupassen (FRS 3).

Kapitalgesellschaften müssen Abweichungen von Bilanzierungs- und Bewertungsmethoden angeben und begründen sowie deren Einfluß auf die Vermögens-, Finanz- und Ertragslage gesondert darstellen (§ 284(2) Nr. 3 HGB).

(iii) an environmental liability provision should be provided if a clear and known obligation exists. (Current tax rules only permit a provision in the tax accounts if a formal judgement has been issued by the authorities responsible).

It is not appropriate in these circumstances to follow the tax accounting rules and merely make reference in the notes to the accounts to a departure from true and fair view, per § 264(2) HGB.

1.6. Fundamental accounting concepts and principles

There is a presumption that the following four fundamental accounting concepts (the broad assumptions which underline financial statements) have been observed. If not, any difference must be disclosed. Departure from these principles is only permitted if required to comply with overriding aim of giving a true and fair view (SSAP 2/§ 15 Sch 4 CA 1985).

The fundamental accounting principles are set out in § 252(1) HGB. These are described below and they may only be disregarded in justifiable exceptional circumstances (§ 252(2) HGB).

Going Concern:

Assumes that an enterprise will continue in business for the foreseeable future (SSAP 2/§ 10 Sch 4 CA 1985).

Valuation should assume an enterprise is a going concern, except where this is factually or legally not the case (§ 252(1) No. 2 HGB).

Accruals:

Revenue and costs are accrued, matched and dealt with in the profit and loss account of the period to which they relate (SSAP 2/§ 13 Sch 4 CA 1985).

Income and expenditure of the financial year must be taken up in the financial statements regardless of the point of time of the related payments (§ 252(1) No. 5 HGB).

Consistency:

Accounting policies should be applied consistently within the same accounts and from one period to the next (SSAP 2/§ 11 Sch 4 CA 1985).

Valuation methods applied in preceding period financial statements should be retained (§ 252(1) No. 6 HGB).

(It should be noted, however, that since the law allows unincorporated businesses under specific circumstances to make additional provisions - e.g. depreciation based upon sound business judgement (§ 253(5) HGB) - this does not have the same importance for unincorporated businesses as for incorporated companies.)

For all companies whose accounts are designed to show a true and fair view, a change of accounting policy should be accounted for as a prior year adjustment. Comparative figures should be restated and opening reserves adjusted accordingly (FRS 3).

For incorporated companies, changes in accounting and valuation methods should be disclosed, together with their effect on the net worth, financial position and results (§ 284(2) No. 3 HGB).

Vorsicht:

Erträge und Gewinne sind erst zum Zeitpunkt der Realisierung zu erfassen. Rückstellungen sind für drohende Verluste zu bilden (SSAP 2/§ 12 Sch 4 CA 1985).

Alle vorhersehbaren Risiken und Verluste, die bis zum Abschlußstichtag entstanden sind, sind zu berücksichtigen (sogenanntes Imparitätsprinzip) (§ 252(1) Nr. 4 HGB).

Gewinne sind nur zu berücksichtigen, wenn sie am Abschlußstichtag realisiert sind - (das sogenannte Realisationsprinzip) (§ 252(1) Nr. 4 HGB).

Ist das Prinzip der Periodenabgrenzung mit dem Vorsichtsprinzip unvereinbar, dann hat das letztere Vorrang (SSAP 2).

Im Zweifel hat das Vorsichtsprinzip Vorrang vor dem Prinzip der Bewertungsstetigkeit.

Bilanzidentität:

Korrekturen früherer Perioden (entstanden aus der Änderung von Bewertungsmethoden oder aus der Korrektur von Fehlern) werden vorgenommen, indem der Jahresabschluß des Vorjahres neu berechnet wird und die Eröffnungsbilanzsalden der Rücklagen entsprechend angepaßt werden (FRS 3).

Die Wertansätze in der Eröffnungsbilanz müssen mit der Schlußbilanz des vorhergehenden Geschäftsjahres übereinstimmen (§ 252(1) HGB).

Mit dieser Ausnahme sollten die Wertansätze in der Eröffnungsbilanz des Geschäftsjahres mit denen in der Schlußbilanz des Vorjahres übereinstimmen.

Einzelbewertung:

Jeder Vermögensgegenstand und jede Verbindlichkeit ist einzeln zu bewerten (§ 14 Sch 4 CA 1985).

Jeder Vermögensgegenstand und jede Verbindlichkeit ist einzeln zu bewerten (§ 252(1) Nr. 3 HGB) (unter bestimmten Umständen sind vereinfachte Bewertungsmethoden zulässig, z.B. Gruppen- und Festwert für Vorräte).

Saldierungsverbot:

Die Saldierung von Vermögensgegenständen und Schulden oder von Erträgen und Aufwendungen ist verboten (§ 5 Sch 4 CA 1985).

Vermögensgegenstände dürfen nicht mit Schulden, Erträge nicht mit Aufwendungen verrechnet werden (Saldierungsverbot) (§ 246(2) HGB).

True and fair view:

Der Jahresabschluß hat ein den tatsächlichen Verhältnissen entsprechendes Bild zu vermitteln.

Der Jahresabschluß muß klar und übersichtlich sein (§ 243(2) HGB).

Anschaffungskostenprinzip:

Historische Kosten sind die übliche Basis für die Bewertung.

Historische Kosten bilden die Grundlage für die Bewertung und dürfen nicht überschritten werden (§ 253(1) HGB).

Es sind jedoch auch die folgenden Alternativen zulässig (§ 16, 31 Sch 4 CA 1985):

(i) Immaterielle Vermögensgegenstände, die kein Geschäfts- oder Firmenwert sind, dürfen zu ihren current cost angesetzt werden.

Prudence:

Revenue and profits are not anticipated but recognised in the profit and loss account only when realised. Provision is made for all liabilities (expenses and losses) (SSAP 2/§ 12 Sch 4 CA 1985).

All anticipated risks which may occur up to the balance sheet date shall be recognised (the so called imparity principle) (§ 252(1) No. 4 HGB).

Profits may only be recognised if realised at the balance sheet date (the so-called realisation principle) (§ 252(1) No. 4 HGB).

Where the accruals' concept is inconsistent with the prudence concept, the latter prevails (SSAP 2).

In doubt, the prudence principle takes precedence over the consistency principle.

Continuity:

Prior year adjustments arising from changes in accounting policies (or from correction of accounting errors) should be accounted for by restating the prior year financial statements and adjusting opening reserves (FRS 3).

With these exceptions, amounts included in the opening balance sheet should agree with the closing balance sheet.

Amounts included in the opening balance sheet must agree to the closing balance sheet of the preceding year (§ 252(1) No. 1 HGB).

Item by Item valuation:

Each individual asset or liability should be determined separately (§ 14 Sch 4 CA 1985).

Each asset and each obligation must be valued on an item by item basis (§ 252(1) No. 3 HGB) (although simplified valuation procedures are permitted in certain instances e.g. combined and fixed valuation methods for inventory).

Offsetting prohibited:

Offsetting of assets and liabilities or income and expenditure is prohibited (§ 5 Sch 4 CA 1985).

Offsetting of assets and liabilities or income and expenditure is prohibited (§ 246(2) HGB).

True and fair view:

Financial statements should show a true and fair view.

Financial statements must be clear and well set out (§ 243(2) HGB).

Historical cost concept:

Historical cost accounting is the normal basis for valuation.

However, the following alternative rules are also permissable (§ 16, 31 Sch 4 CA 1985):

(i) Intangible fixed assets, other than goodwill, may be included at their current cost.

Historical cost is the basis for valuation and may never be exceeded (§ 253(1) HGB).

(ii) Gegenstände des Sachanlagevermögens dürfen zu ihrem Marktwert angesetzt werden, der entweder zum Zeitpunkt der letzten Neubewertung oder als current cost ermittelt worden ist.

(iii) Finanzanlagen dürfen angesetzt werden zu einem Marktwert, der bei der letzten Neu-bewertung ermittelt wurde, oder einem Marktwert, der nach den Umständen angemessen erscheint.

(iv) Wertpapiere des Umlaufvermögens dürfen zu ihren current cost angesetzt werden.

(v) Vorräte dürfen zu ihren current cost angesetzt werden.

Der Gewinn oder Verlust aus dem Abgang von Vermögensgegenständen ist in der Gewinn- und Verlustrechnung der Periode, in der der Abgang stattfindet, als Differenz zwischen dem Nettoverkaufserlös und dem Restbuchwert zu erfassen, unabhängig davon, ob der Vermögensgegenstand zu historischen Kosten (abzüglich von Wertberichtigungen) oder zum Zeitwert angesetzt war (FRS 2).

Der Gewinn oder Verlust aus dem Abgang eines Vermögensgegenstandes ist in der Gewinn- und Verlustrechnung der Periode, in der der Abgang stattfindet, als Differenz zwischen dem Nettoverkaufserlös und dem Restbuchwert zu erfassen.

(ii) Tangible fixed assets may be included at a market value determined either as at the date of their most recent valuation, or at their current cost.

(iii) Fixed asset investments may be included either at a market value determined at the date of their most recent valuation, or at a market value determined on any basis appropriate to the circumstances.

(iv) Current asset investments may be included at their current cost.

(v) Stocks may be included at their current cost.

The profit or loss on the disposal of an asset should be accounted for in the profit and loss account of the period in which the disposal occurs as the difference between the net sales proceeds and the net book amount, whether carried at historical cost (less any provisions made) or at a valuation (FRS 2).

The profit or loss on the disposal of an asset should be accounted for in the profit and loss account of the period in which the disposal occurs as the difference between the net sales proceeds and the net book amount.

I RECHNUNGSLEGUNGSGRUNDSÄTZE UND ERLÄUTERUNGSVORSCHRIFTEN

2. Allgemeine Gliederungsvorschriften

2.1. Personengesellschaften

Großbritannien:

Es gibt keine gesetzlichen Vorschriften wie Personengesellschaften (außer Partnerships, deren-Teilhaber alle Kapitalgesellschaften sind) Jahresabschlüsse erstellen sollen. Abschlüsse, die ein den tatsächlichen Verhältnissen entsprechendes Bild vermitteln sollen, müssen mit den Gliederungs- und Ausweisvorschriften der Erklärungen, die vom ASB oder seinem Vorgänger, dem ASC, herausgegeben wurden, übereinstimmen.

Deutschland:

Die grundlegenden Gliederungsprinzipien für Personengesellschaften sind im HGB grob definiert.

Personengesellschaften haben einen Abschluß zu erstellen, der alle Vermögensgegenstände, Schulden, Rechnungsabgrenzungsposten, Erträge und Aufwendungen enthält (es sei denn, gesetzliche Vorschriften verlangen etwas anderes) (§ 246(1) HGB).

Der Jahresabschluß muß klar und übersichtlich sein (§ 243(2) HGB).

In der Bilanz sind das Anlage- und das Umlaufvermögen, das Eigenkapital, die Schulden sowie die Rechnungsabgrenzungsposten gesondert auszuweisen und hinreichend aufzugliedern (§ 247(1) HGB).

Beim Anlagevermögen sind nur die Gegenstände auszuweisen, die bestimmt sind, dauernd dem Geschäftsbetrieb zu dienen (§ 247(2) HGB).

Die Bilanz darf einen Sonderposten mit Rücklageanteil enthalten, der nach Maßgabe des Steuerrechts aufzulösen ist (§ 247(3) HGB).

Existieren wesentliche aktivische oder passivische Salden mit Gesellschaftern, dann sind diese getrennt auszuweisen (HFA 2/1993).

Eine Beteiligung einer Personengesellschaft an einer Kapitalgesellschaft, die wiederum voll haftender Gesellschafter dieser Personengesellschaft ist, ist getrennt auszuweisen und zu beschreiben. Der Nennwert der Beteiligung ist anzugeben (HFA 2/1993).

2.2. Kapitalgesellschaften

Großbritannien:

Die Gliederung der Bilanz und der Gewinn- und Verlustrechnung der Kapitalgesellschaft muß den Anforderungen von Schedule 4 CA 1985 (§ 228(1) CA 1985) entsprechen, erweitert um zusätzliche Informationen, die für die Vermittlung eines den tatsächlichen Verhältnissen entsprechenden Bildes notwendig sind (§ 228(4)(5) CA 1985).

Deutschland:

Für Kapitalgesellschaften sind spezifische Gliederungsprinzipien im HGB definiert sowohl für die Bilanz (§ 266 HGB) als auch für die Gewinn- und Verlustrechnung (§ 275 HGB).

Siehe Anhang II - Bilanz
Siehe Anhang III und V - Gewinn- und Verlustrechnung.

I ACCOUNTING REQUIREMENTS, PRINCIPLES AND DISCLOSURE REQUIREMENTS

2. Basic Classification Principles

2.1. Unincorporated businesses

UK

The law does not prescribe how unincorporated businesses should prepare accounts, (except for partnerships where each partner is a limited company). However, accounts issued which are designed to show a true and fair view should comply with all the classification and disclosure requirements of statements issued by the ASB or its predecessor the ASC.

GERMANY

The basic classification principles for unincorporated businesses are loosely defined by the HGB.

Unincorporated businesses should prepare financial statements which include all assets, liabilities, prepaid expenses, deferred income, revenues and expenses (unless legal provisions require otherwise) (§ 246(1) HGB).

The financial statements should be clear and well laid out (§ 243(2) HGB).

In the balance sheet fixed and current assets, equity capital, liabilities, prepaid expenses and deferred income must be shown separately and adequately analysed (§ 247(1) HGB).

Fixed assets should include only those assets that are required for long-term use in the business (§ 247(2) HGB).

The balance sheet may include under liabilities a Special account with reserve characteristics, which must be released in accordance with the tax regulations (§ 247(3) HGB).

If significant, debtor and creditor balances with shareholders should be shown separately (HFA 2/1993).

An investment of an incorporated business in a limited liability company which is itself an unlimited shareholder in that unincorporated business should be shown separately, and described as such. The nominal value of the investment should be disclosed (HFA 2/1993).

2.2. Incorporated companies

UK

For incorporated companies, the classification of the balance sheet and profit and loss account should comply with the requirements of Schedule 4 CA 1985 (§ 228(1) CA 1985), amended to provide such additional information as may be necessary to show a true and fair view (§ 228(4)(5) CA 1985).

GERMANY

For incorporated companies specific classification rules are defined in the HGB for both the balance sheet (§ 266 HGB) and the profit and loss account. (§ 275 HGB)

See appendix II - balance sheet
See appendices III and V - profit and loss account.

Jede Abweichung muß angegeben und begründet werden (§ 228(6) CA 1985).

Die Gliederungsvorschriften für die Gewinn- und Verlustrechnung werden durch FRS 3 ergänzt.

Siehe Anhang I - Bilanz
Siehe Anhang III und IV - Gewinn- und Verlustrechnungen

Dieses Gliederungsschema muß beibehalten werden mit Ausnahmen für besondere Umstände. Jede Abweichung muß angegeben und begründet werden (§ 265(1) HGB).

2.3. Kleine und mittelgroße Unternehmen

Kleine Kapitalgesellschaften dürfen eine Bilanz in verkürzter Form bei weniger Erläuterungspflichten aufstellen (§ 246 CA 1985/Part I Sch 8 CA 1985 - siehe Anhang III).

Eine Gesellschaft gilt als von kleiner oder mittlerer Größe, wenn sie zwei der drei folgenden Kriterien im Geschäftsjahr und im vorhergehenden Geschäftsjahr erfüllt (§ 247 CA 1985):

	Klein	Mittelgroß
Umsätze	≤ £ 2.8 Mio	≤ £ 11.2 Mio
Bilanzsumme	≤ £ 1.4 Mio	≤ £ 5.6 Mio
Durchschnitts-anzahl der Arbeitnehmer	≤ 50	≤ 250

Im ersten Geschäftsjahr einer Gesellschaft sind diese Kriterien am ersten Abschlußstichtag anzuwenden (§ 247(1) CA 1985).

Public companies und alle Gesellschaften, in denen eine Public company Gesellschafter ist, können nicht befreit werden (§ 246(3) CA 1985).

Kleine Kapitalgesellschaften dürfen eine Bilanz in verkürzter Form und mit weniger Pflichtangaben aufstellen (§§ 266(1), 274a HGB).

Kleine und mittelgroße Gesellschaften können bestimmte Erleichterungen in Bezug auf das Gliederungsformat der Gewinn- und Verlustrechung in Anspruch nehmen. Insbesondere dürfen sie in der Gewinn- und Verlustrechnung nur ein Rohergebnis ohne einzelne Untergliederung der bestimmenden Faktoren ausweisen. Kleine Gesellschaften brauchen außerordentliche Aufwendungen und Erträge nicht erläutern (§ 276 HGB).

Eine Gesellschaft gilt als von kleiner oder mittlerer Größe, wenn zwei der drei folgenden Bedingungen im Geschäftsjahr und im vorhergehenden Geschäftsjahr erfüllt wurden (§ 267(1)(2)(4) HGB):

	Klein	Mittelgroß
Umsätze	≤ DM 10,62 Mio	≤ DM 42,48 Mio
Bilanzsumme	≤ DM 5,31 Mio	≤ DM 21,24 Mio
Durchschnitts-anzahl der Arbeitnehmer	≤ 50	≤ 250

Werden Gesellschaften zusammengelegt, neu strukturiert oder neu gegründet, dann sind die obigen Kriterien zum ersten Bilanzstichtag anzuwenden (§ 267(4) HGB).

Gesellschaften, deren Wertpapiere an der Börse notiert oder im Freiverkehr gehandelt werden, werden immer als große Gesellschaften angesehen (§ 267(3) HGB).

2.4. Große Personengesellschaften

Jahresabschlüsse, die erstellt sind, um ein den tatsächlichen Verhältnissen entsprechendes Bild zu vermitteln, müssen allen Vorschriften in der Verlautbarung, die durch den ASB oder seinen Vorgänger, das ASC, herausgegeben wurden, entsprechen.

Für große Personengesellschaften sind die Gliederungs- und Ausweisvorschriften der §§ 265, 266, 268 - 275, 277, 278, 281, und 282 HGB anzuwenden (§ 5(1) PublG).

Any departure must be disclosed and justified (§ 228 (6) CA 1985)

The profit and loss account classification requirements are supplemented by FRS 3.

See appendix I - balance sheet
See appendices III and IV - profit and loss account

These forms of presentation must be retained except in exceptional cases because of special circumstances. Any changes must be disclosed and justified (§ 265(1) HGB).

2.3. Small and medium-sized companies

Small companies may prepare the balance sheet in shortened form and with fewer disclosure requirements (§ 246 CA 1985/Part I Sch 8 CA 1985).

Small companies may prepare the balance sheet in shortened form and with fewer disclosure requirements (§§ 266(1), 274a HGB).

Small and medium-size companies have certain dispensations regarding the form of presentation of the profit and loss account. In particular, in the profit and loss account, they need only show gross results, without individual breakdown and small companies are not required to explain extraordinary items (§ 276 HGB).

A company qualifies as small or medium-sized in a financial year if it meets any two of the following three conditions in both that financial year and in the preceding year (§ 247 CA 1985):

	Small	Medium
Turnover	≤ £2.8 m	≤ £11.2 m
Gross assets	≤ £1.4 m	≤ £5.6 m
Average number of employees	≤ 50	≤ 250

A company qualifies as small or medium-sized in a financial year if it meets any two of the following three conditions in both that financial year and in the preceding year (§ 267(1),(2),(4) HGB):

	Small	Medium
Sales	≤ DM 10.62 m	≤ DM 42.48 m
Gross assets	≤ DM 5.31 m	≤ DM 21.24 m
Average number of employees	≤ 50	≤ 250

In a company's first financial year, these criteria are applied at the first balance sheet date (§ 247(1) CA 1985).

However, when companies are merged, restructured, or newly formed, the above criteria are applied for the first balance sheet date (§ 267(4) HGB).

Public companies, and companies in which any shareholders are public companies are not entitled to these exemptions (§ 246(3) CA 1985).

Quoted companies or those traded over the counter are always deemed to be large companies (§ 267(3) HGB).

2.4. Large unincorporated businesses

Accounts which are designed to show a true and fair view should comply with all the classification and disclosure requirements of statements issued by the ASB or its predecessor the ASC.

For large unincorporated companies, the accounts should include the classification and disclosure requirements of §§ 265, 266, 268 - 275, 277, 278, 281, and 282 HGB (§ 5(1) PublG).

Ist die Gesellschaft kein Einzelkaufmann und keine Offene Handelsgesellschaft, dann ist auch ein Anhang zu erstellen, der unter anderem die Angaben nach den §§ 284, 285 Nr 1 -5, 7 - 13, 286 und 287 HGB enthält (§ 5(2) PublG).

Eine Personengesellschaft gilt als groß, wenn sie zwei der drei nachstehenden Merkmale zum Abschlußstichtag und zu den zwei folgenden Abschlußstichtagen erreicht (§ 1 PublG):

Umsätze:	> DM 250 Millionen
Bilanzsumme:	> DM 125 Millionen
Durchschnittszahl der Arbeitnehmer:	> 5000

2.5. Format der Gewinn- und Verlustrechnung

Kapitalgesellschaften müssen die Gewinn- und Verlustrechnung im folgenden Format (§§ 1 (b), 8 Sch 4 CA 1985) darstellen:

(1) Gesamtkostenformat;

(2) Umsatzkostenformat.

Die in Sch 4 CA 1985 bezeichneten Posten müssen in der angegebenen Reihenfolge ausgewiesen werden.

Ungeachtet des gewählten Formats sollte dieses um zusätzliche Posten so ergänzt werden, daß es die folgenden Positionen separat in der Gewinn- und Verlustrechnung ausweist (FRS 3):

(i) Ergebnis der fortbestehenden Geschäftsbereiche (einschließlich des Ergebnisses aus Unternehmenskäufen);

(ii) Ergebnis aus aufgegebenen Geschäftsbereichen.

Die Aufteilung zwischen fortbestehenden, akquirierten und aufgegebenen Geschäftsbereichen muß in der Gewinn- und Verlustrechnung für das Betriebsergebnis erfolgen. Mindestens die Umsätze und das Betriebsergebnis sind für jede der Positionen auszuweisen. Die anderen gesetzlich vorgeschriebenen Gliederungspunkte der Gewinn- und Verlustrechnung sind auf ähnliche Art entweder in der Gewinn-und Verlustrechnung oder im Anhang zu untergliedern (FRS 3).

Ein Geschäftsbereich ist als aufgegeben zu betrachten, wenn die Schließung, Beendigung oder der Verkauf entweder drei Monate nach Beginn des neuen Geschäftsjahres oder zu dem Datum, an dem der Jahresabschluß genehmigt wird, vollendet ist (FRS 3).

Kapitalgesellschaften müssen ihre Gewinn- und Verlustrechnung in Staffelform darstellen und dabei eines der folgenden Methoden anwenden (§ 275(1) HGB):

(1) Gesamtkostenverfahren;

(2) Umsatzkostenverfahren.

Die in § 275(2),(3) HGB (siehe Anhang III und V) bezeichneten Posten sind in der angebenen Reihenfolge gesondert auszuweisen (§ 275(1) HGB).

Es gibt keine Vorschrift, nach der zwischen Ergebnissen aus fortbestehenden und aufgegebenen Geschäftsbereichen zu unterscheiden ist.

If neither a sole proprietor nor unlimited partnership, it should also prepare notes to the accounts which include the requirements of §§ 284, 285 No. 1 -5, 7 - 13, 286 and 287 HGB (§ 5(2) PublG).

An unincorporated business is large if at its year end and for the two following year ends it achieves two of the following three criteria (§ 1 PublG):

Annual turnover:	> DM 250 million
Balance sheet total:	> DM 125 million
Average number of employees:	> 5000

2.5. Profit and loss account format

Incorporated companies must present the profit and loss account in either (§§ 1(b), 8 Sch 4 CA 1985):

(1) type of expenditure format, or

(2) operational (cost of sales) format.

The headings which are listed in Sch 4 CA 1985 must be presented in the prescribed order.

However, whichever format is chosen, additional headings should be included so as to show separately within of the profit and loss account the following items (FRS 3):

(i) results of continuing operations (including the results of acquisitions);

(ii) results of discontinued operations.

The analysis between continuing operations, acquisitions and discontinued operations should be disclosed in the profit and loss account at the level of operating profit. As a minimum, turnover and operating profit for each should be shown in the profit and loss account. The other statutory profit and loss account headings should be similarly analysed, either in the profit and loss account or in the notes to the accounts (FRS 3).

Operations should be classified as discontinued when the closure, termination or disposal is completed before the earlier of three months after the commencement of the subsequent period and the date on which the financial statements are approved. (FRS 3)

For incorporated companies, the profit and loss account must be presented in vertical form following either (§ 275(1) HGB):

(1) the method of total costs/type of expenditure method, or

(2) cost of sales/operational method.

The headings listed in §§ 275(2), (3) HGB (see appendices III and V) must be presented separately and in the prescribed order (§ 275(1) HGB).

There is no requirement to distinguish between results from continuing operations and discontinued operations.

Nur die Ergebnisse der Geschäftstätigkeit bis zum Bilanzstichtag sind im Ergebnis aus aufgegebenen Geschäftsbereichen auszuweisen. Geschäftstätigkeit in der nachfolgenden Periode ist in dieser Periode zu berücksichtigen und, falls wesentlich, als aufgegebener Geschäftsbereich zu kennzeichnen. Erträge und Aufwendungen, die mit einem nicht abgeschlossenen Verkauf zusammenhängen, sind in der Kategorie fortbestehender Geschäftsbereich auszuweisen (FRS 3).

Die folgenden außergewöhnlichen Posten sind unter dem Ergebnis aus gewöhnlicher Geschäftstätigkeit vor Zinsen auszuweisen und fortbestehenden oder aufgegebenen Geschäftsbereichen zuzuordnen (FRS 3):

(i) Gewinn oder Verlust aus dem Verkauf oder der Liquidation eines Geschäftsbereiches.

(ii) Aufwendungen für die grundlegende Reorganisation oder Restrukturierung.

(iii) Gewinne oder Verluste aus dem Verkauf von Sachanlagen.

Außer diesen drei Positionen sind alle anderen außergewöhnlichen Posten unter den Gliederungspunkten auszuweisen, zu denen sie gehören, und fortbestehenden oder aufgegebenen Geschäftsbereichen zuzuordnen. Der Betrag jedes außergewöhnlichen Postens ist, zusammen mit einer passenden Beschreibung, anzugeben.

In Deutschland gibt es keine Unterscheidung zwischen außerordentlichen und außergewöhnlichen Posten (§ 275 HGB).

(i) Außerordentliche Posten.

Kapitalgesellschaften müssen außerordentliche Posten in der Gewinn- und Verlustrechnung brutto nach dem Ergebnis aus gewöhnlicher Geschäftstätigkeit und vor Steuern ausweisen (§ 275 HGB).

Die Gliederung und Bezeichnungen sind anzupassen, wenn dies durch die besondere Natur des Geschäfts der Gesellschaft erforderlich ist (§ 3 Sch 4 CA 1985).

Gliederung und Bezeichnung der Posten sind zu ändern, wenn dies wegen Besonderheiten der Kapitalgesellschaft zur Aufstellung eines klaren und übersichtlichen Jahresabschlusses erforderlich ist (§ 265 (6) HGB).

Eine weitere Untergliederung ist zulässig (§ 265 (5) HGB).

Neue Posten dürfen ebenfalls hinzugefügt werden (§ 265(5) HGB).

Zusammenfassungen von Posten sind zulässig, wenn dies die Vermittlung eines den tatsächlichen Verhältnissen entsprechenden Bildes nicht stört (§ 265(7) Nr. 1 HGB) oder dadurch die Klarheit der Darstellung vergrößert wird, wobei eine Aufgliederung in den Anhang aufgenommen werden sollte (§ 265 (7) Nr. 2 HGB).

Only the results of operations up to the balance sheet date should be included in discontinued operations. Operations in the subsequent period should be included in the results of that period, separately classified as discontinued if material. Any income and costs associated with a disposal that has not been completed are to be included in the continuing category (FRS 3).

The following exceptional items should be shown separately on the face of the profit and loss account after operating profit and before interest, and attributed to continued or discontinued operations as appropriate (FRS 3):

(i) Profits or losses on the sale or termination of an operation.

(ii) Costs of a fundamental reorganisation or restructuring.

(iii) Profits or losses on the disposal of fixed assets.

Except for these three items, all other exceptional items should be included under the classification headings to which they relate, and attributed to continuing or discontinued operations as appropriate. The amount of each exceptional item, together with an appropriate description, should be disclosed.

There is no distinction in Germany between extraordinary items and exceptional items (§ 275 HGB).

(i) extraordinary items.

Incorporated companies should disclose extraordinary items separately in the profit and loss account, gross of tax, after results from ordinary activities and before taxation (§ 275 HGB).

The classifications and headings should be adapted where the special nature of the company's business requires it (§ 3 Sch 4 CA 1985).

The classification and description of the prescribed headings must be changed if this is necessary because of the special features of the company in order for the financial statements to be clear and understandable (§ 265(6) HGB).

Subclassifications are permissable (§ 265(5) HGB).

New classifications are also permissable (§ 265(5) HGB).

Combinations of accounts are also permitted if they do not distort the true and fair view (§ 265 (7) No. 1 HGB) or if the clarity of presentation is thereby improved in which case a breakdown should be given in the notes to the accounts (§ 265 (7) No. 2 HGB).

2.6. Zusätzliche Pflichtangaben

Kapitalgesellschaften müssen außerdem ausweisen (FRS 3):

(i) Einen Vermerk über Gewinne und Verluste bei Zugrundelegung der historische Anschaffungskosten.

Eine Darstellung der Gewinn- und Verlustrechnung, bei der das Jahresergebnis so ausgewiesen wird, als ob keine Neubewertungen von wesentlichen Ausmaßen vorgenommen worden wären.

(ii) Eine Zusammenstellung (Statement) sämtlicher realisierter Gewinne und Verluste.

Diese schließen das Jahresergebnis ein, zusammen mit allen anderen Bewegungen in den Rücklagen, insoweit sie realisierte Gewinne oder Verluste darstellen, die Anteilseignern zuzuordnen sind.

(iii) Bewegungen in den Eigenkapitalpositionen.

2.7. Erfassung von realisierten Gewinnen und Verlusten

Alle realisierten Gewinne und Verluste sind in der Gewinn- und Verlustrechnung oder in der Zusammenstellung sämtlicher realisierter Gewinne und Verluste zu erfassen. Gewinne und Verluste dürfen in der Gewinn- und Verlustrechnung nur dann nicht erfaßt werden, wenn die Verrechnung mit den Rücklagen eindeutig zulässig oder geboten ist (FRS 3).

Alle realisierten Gewinne und Verluste sind in der Gewinn- und Verlustrechnung auszuweisen.

2.8. Gliederung von Jahresabschlüssen, die mehr als einen Geschäftszweig umfassen

Die Gliederung und Bezeichnungen sind anzupassen, wenn dies durch die besondere Natur des Geschäfts der Gesellschaft erforderlich wird (§ 3 Sch 4 CA 1985).

Sind mehrere Geschäftszweige vorhanden und bedingt dies die Gliederung des Jahresabschlusses nach verschiedenen Gliederungsvorschriften, so ist der Jahresabschluß nach der für einen Geschäftszweig vorgeschriebenen Gliederung aufzustellen und nach der für die anderen Geschäftszweige vorgeschriebenen Gliederung zu erweitern. Die Erweiterungen sind im Anhang zu beschreiben und zu begründen (§ 265 (4) HGB).

2.9. Vorjahreszahlen

Vorjahreszahlen sind für alle Unternehmen anzugeben (FRS 3/§§ 4(1), 58(2) Sch 4 CA 1985).

Für Kapitalgesellschaften sind Vorjahreszahlen anzugeben (§ 265(2) HGB).

Für Personengesellschaften sind Vorjahreszahlen nicht gefordert (außer für große Personengesellschaften) (§ 5(1) PublG).

2.6. Other disclosure requirements

Companies are also required to show (FRS 3):

(i) A note of historical cost profits and losses.

A memorandum restatement of the profit and loss account, adjusting the reported result to show it as if no revaluations had been made, wherever the difference is material.

(ii) A statement of total recognised gains and losses.

Includes the result for the period, together with all other movements on reserves in so far as they represent recognised gains or losses attributable to shareholders.

(iii) Movements in Shareholders' Funds.

2.7. Recognised gains and losses

All recognised gains and losses should be included in the profit and loss account or statement of total recognised gains and losses. Gains and losses may be excluded from the profit and loss account only if specifically permitted or required to be taken direct to reserves (FRS 3).

All recognised gains and losses should be included in the profit and loss account.

2.8. Classification in accounts comprising more than one industry

The classifications and headings should be adapted where the special nature of the company's business require it (§ 3 Sch 4 CA 1985).

If the business covers several industries, if this would require a different classification in the financial statements according to different rules of presentation, then the financial statements should be prepared in accordance with the classification prescribed for one industry, and extended to include the heading prescribed for the other industries, which should be described and justified in the notes to the accounts (§ 265(4) HGB).

2.9. Comparative figures

Comparative figures are required for all businesses. (FRS 3/§§ 4(1), 58(2) Sch 4 CA 1985)

For incorporated companies, comparative figures are required (§ 265(2) HGB) .

Comparative figures are not required for unincorporated businesses, (except for large unincorporated businesses) (§ 5(1) PublG).

Vorjahreszahlen für fortbestehende Geschäftsbereiche dürfen nur das Ergebnis von Geschäftsbereichen umfassen, die im Geschäftsjahr fortgesetzt werden (d.h. sie können, zum Beispiel, Ergebnisse von Geschäftsbereichen beinhalten, die im vergangenen Geschäftsjahr erworben wurden) (FRS 3).

Vergleichszahlen für aufgegebene Geschäftsbereiche enthalten das Ergebnis von Geschäftsbereichen, die im Geschäftsjahr aufgegeben wurden, zusammen mit dem Ergebnis von Geschäftsbereichen, die bereits im letzten Jahr aufgegeben wurden (FRS 3).

Vorjahreszahlen müssen nicht angegeben werden für (§ 58(3) CA 1985):

- Bewegungen im Anlagevermögen;
- Bewegungen in den Rücklagen und Rückstellungen;
- Einzelne Beteiligungen über 10 %;
- Darlehen etc. an Direktoren und andere leitende Mitarbeiter der Gesellschaft;
- Erwerbsvorgänge aus dem vorhergehenden Geschäftsjahr.

Comparative figures for results arising from continuing operations should include only the results of those operations which are continuing in the current year (i.e. they may, for example, include results shown as arising from acquisitions in the previous year) (FRS 3).

Comparative figures for results arising from discontinued operations should include results of operations discontinued in the current year, together with previous year's results arising from discontinued operations (FRS 3).

Comparative figures need not be shown for (§ 58(3) CA 1985):

- movements in fixed assets;
- movements in reserves and provisions;

- particulars of holdings greater than 10%;
- loans etc. to directors and officers;

- acquisitions made in the previous year.

I RECHNUNGSLEGUNGSGRUNDSÄTZE UND ERLÄUTERUNGSVORSCHRIFTEN

3. Sachanlagevermögen

3.1. Einleitung

Großbritannien:

Die Rechnungslegungsvorschriften für Gegenstände des Sachanlagevermögens sind im Companies Act 1985 festgelegt. Gegenwärtig existiert ein Rechnungslegungsstandard für Abschreibungen, jedoch keiner für Sachanlagen. Einige der Vorschriften des ED 51, der nicht verbindlich ist, sind ebenfalls nachstehend beschrieben.

3.2. Definitionen

Großbritannien:

Ein Gegenstand des Sachanlagevermögens ist definiert als:

(i) ein Gegenstand, der für die Nutzung in der Produktion oder der Ausführung von Lieferungen und Dienstleistungen, für die Vermietung oder für Verwaltungszwecke bestimmt ist (dies schließt auch die Gegenstände ein, die für die Reparatur und Instandhaltung dieser Gegenstände gedacht sind) (ED 51);

(ii) bei dem die Absicht der dauernden Nutzung besteht (ED 51/§ 262(1) CA 1985);

(iii) und der nicht zum Wiederverkauf bestimmt ist (ED 51).

Ein Gegenstand des Sachanlagevermögens ist zu aktivieren, wenn durch seine Anschaffung oder Herstellung Kosten verursacht worden sind und es wahrscheinlich ist, daß er in Zukunft wirtschaftlichen Nutzen haben wird (ED 51).

Deutschland:

Die Gegenstände des Anlagevermögens sind definiert als:

(i) Gegenstände, die bestimmt sind, dem Geschäftsbetrieb dauernd zu dienen (§ 247 (2) HGB).

3.3. Bewertungsgrundlagen

Großbritannien:

Vermögensgegenstände des Anlagevermögens sind zu Anschaffungs- oder Herstellungskosten zu bewerten (sie können aber auch mit dem Zeitwert angesetzt werden), vermindert um Abschreibungen und Berichtigungen für dauernde Wertminderung (§§ 17, 18, 31 Sch 4 CA 1985/ED 51).

Deutschland:

Vermögensgegenstände des Anlagevermögens sind zu Anschaffungskosten oder Herstellungskosten anzusetzen (§ 253(1) HGB), vermindert um zugehörige planmäßige Abschreibungen bzw. außerplanmäßige Abschreibungen bei dauernden Wertminderungen (§ 253(2) HGB).

I ACCOUNTING REQUIREMENTS, PRINCIPLES AND DISCLOSURE REQUIREMENTS

3. Tangible Fixed Assets

3.1. Introduction

The accounting requirements in respect of fixed assets are prescribed in the Companies' Act 1985. There is an accounting standard for depreciation but currently no accounting standard for fixed assets. Some of the requirements of ED51, which is not mandatory, are also described below.

3.2. Definition

A fixed asset is defined as:

(i) an asset held for use in the production or supply of goods and services, for rental, or for administrative purposes (this may include items held for maintenance or repair of such assets) (ED 51);

(ii) where there is the intention for use on a continuing basis (ED 51/§ 262(1) CA 1985);

(iii) and the asset is not intended for resale (ED 51).

A fixed asset should be recognised if it has a cost and if it is probable that there is future economic benefit (ED 51).

Fixed assets are defined as:

(i) only such assets as are required for long term use in the business (§ 247 (2) HGB).

3.3. Basis of accounting

Fixed assets should be stated at purchase price or production cost (fixed assets may also be stated at valuation), less any related provisions for depreciation and for permanent diminution in value (§§ 17, 18,31 Sch 4 CA 1985/ED 51).

Fixed assets should be stated at purchase or manufacturing cost (§ 253(1) HGB), less any related systematic and exceptional depreciation for permanent diminution in value (§ 253(2) HGB).

3.4. Anschaffungskosten

Anschaffungskosten beinhalten den geleisteten Kaufpreis und alle Nebenkosten, die mit dem Erwerb in Zusammenhang stehen (§ 26 Sch 4 CA 1985).

Anschaffungskosten sind die Aufwendungen, die geleistet werden, um einen Vermögensgegenstand zu erwerben und ihn in einen betriebsbereiten Zustand zu versetzen, soweit sie dem spezifischen Vermögensgegenstand zugeordnet werden können. Sie enthalten auch Nebenkosten und nachträgliche Herstellungskosten, vermindert um Preisminderungen (§ 255(1) HGB).

3.5. Herstellungskosten

Herstellungskosten beinhalten (ED 51/§ 26 Sch 4 CA 1985):

(i) Materialkosten;

(ii) Aufwendungen, die dem Unternehmen entstehen und die den Herstellungskosten dieses Vermögensgegenstandes direkt zuzuordnen sind.

Herstellungskosten dürfen folgende Kosten enthalten, soweit sie auf den Herstellungszeitraum entfallen (ED 51/§ 26 Sch 4 CA 1985):

(iii) einen angemessenen Teil der Kosten, die der Herstellung des Vermögensgegenstandes indirekt zuzuordnen sind;

(iv) Zinsen auf Fremdkapital, das der Finanzierung der Herstellung des Vermögensgegenstandes dient (§ 26 Sch 4 CA 1985).

Falls zutreffend, ist die Tatsache, daß Zinsen aktiviert worden sind wie auch deren Höhe anzugeben (§ 26 Sch 4 CA 1985).

Werden Zinsen aktiviert, ist der effektive Zinssatz zu verwenden. Kalkulatorische Eigenkapitalzinsen sind nicht zu aktivieren (ED 51).

Herstellungskosten sind die Aufwendungen, die für die Herstellung, Erweiterung oder eine über seinen ursprünglichen Zustand hinausgehende wesentliche Verbesserung eines Vermögensgegenstandes entstehen, und beinhalten (§ 255(2) HGB):

(i) Materialkosten;

(ii) Fertigungskosten und Sonderkosten der Fertigung.

Herstellungskosten dürfen auch enthalten (§ 255(2) HGB):

(iii) angemessene Teile der Materialgemeinkosten, notwendige Fertigungsgemeinkosten und Abschreibungen auf das Anlagevermögen, soweit sie dem Fertigungsprozeß zugeordnet werden können (es muß beachtet werden, daß diese Aufwendungen in der Steuerbilanz angesetzt werden müssen) (Abschnitt 33 EStR);

(iv) Kosten der allgemeinen Verwaltung, soweit sie mit der Produktion in Zusammenhang stehen;

(v) Zinsen für Fremdkapital, das zur Finanzierung der Herstellung eines Vermögensgegenstandes verwendet wird, soweit sie für den Produktionszeitraum anfallen (§ 255(3) HGB).

Kapitalgesellschaften haben anzugeben, ob Zinsen auf Fremdkapital in den Herstellungskosten aktiviert worden sind (§ 284(2) Nr. 5 HGB).

3.4. Purchase price

Purchase price should include the price paid and any expenses incidental to its acquisition (§ 26 Sch 4 CA 1985).

Purchase cost should comprise expenditure required to acquire an asset and put it in usable condition, to the extent that it can be allocated to the specific asset. Purchase cost also includes incidental expenses, and purchase costs incurred subsequently, less price reductions (§ 255(1) HGB).

3.5. Manufacturing cost

Production cost should include (ED 51/§ 26 Sch 4 CA 1985):

(i) raw materials and consumables used:

(ii) costs incurred by the company which are directly attributable to the production cost of that asset.

Production costs may include the following to the extent that they relate to the period of production (ED 51/§ 26 Sch 4 CA 1985):

(iii) a reasonable proportion of costs incurred by the company indirectly attributable to the production of the asset;

(iv) interest on capital borrowed to finance the production of the asset (§ 26 Sch 4 CA 1985).

If so, the fact that interest has been capitalised, and its amount, should be disclosed (§ 26 Sch 4 CA 1985).

If borrowing costs are capitalised, should use the actual rate incurred. Notional borrowing costs should not be capitalised (ED 51).

Manufacturing cost comprises expenditure incurred to manufacture, enlarge, or improve an asset significantly beyond its original state and should include (§ 255(2) HGB):

(i) raw materials;

(ii) production costs and special costs of production.

Manufacturing costs may also include (§ 255(2) HGB):

(iii) an appropriate proportion of materials overheads, necessary production overheads, and depreciation of manufacturing fixed assets to the extent that they relate to the manufacturing process (However, it should be noted that these must be capitalised in the tax accounts (Abs 33 EStR));

(iv) costs of general administration to the extent that it relates to production;

(v) interest on loan capital used to finance the production of an asset, to the extent that it is incurred during the period of production (§ 255(3) HGB).

Incorporated companies should disclose if interest on loan capital is included in manufacturing costs (§ 284(2) No. 5 HGB).

3.6. Abgrenzung von Herstellungs- und Instandhaltungsaufwand

Die Aufwendungen für Verbesserungen an einem Gegenstand des Sachanlagevermögens sind zu aktivieren. Kosten, die im Zusammenhang mit einer Sachanlage nach seinem ursprünglichen Kauf oder seiner Herstellung entstehen, sind nur zu aktivieren, wenn eine Erhöhung des zukünftigen Nutzens aus dem bestehenden Vermögensgegenstand erwartet wird (ED 51).

Beispiele für zukünftigen Nutzen sind:

(i) eine wesentliche Verlängerung der Nutzungsdauer des Vermögensgegenstandes über die Nutzungsdauer hinaus, die durch Reparaturen und Instandhaltung erreicht werden kann;

(ii) eine Erhöhung der Kapazität;

(iii) eine wesentliche Verbesserung in der Qualität der Erzeugnisse, oder eine Verringerung der zuvor geschätzten Betriebskosten;

(iv) eine wesentliche Erhöhung des Marktwertes des Vermögensgegenstandes.

Arbeiten an Gebäuden, die der Anpassung an die Bedürfnisse des Unternehmens dienen, gelten oft als aktivierungspflichtige Verbesserungsaufwendungen.

Aufwendungen, auf die die Merkmale von Herstellungskosten nicht zutreffen, sind aufwandswirksam zu erfassen.

Um als aktivierungsfähiger Herstellungsaufwand anerkannt zu werden, müssen die Aufwendungen den Vermögensgegenstand wesentlich über seinen ursprünglichen Zustand hinaus verbessern oder erweitern (§ 255(2) HGB).

Im allgemeinen muß dafür eine der vier nachstehenden Tatbestände für den entsprechenden Vermögensgegenstand erfüllt sein:

(i) eine Generalüberholung oder eine Wiederherstellung;

(ii) eine Veränderung im Zweck seines Gebrauchs (Wesensveränderung);

(iii) eine Erweiterung oder Substanzmehrung;

(iv) eine wesentliche Verbesserung über den ursprünglichen Zustand hinaus.

Aufwendungen, die die Merkmale von Herstellungskosten nicht erfüllen, sind als Reparatur- oder Instandhaltungskosten aufwandswirksam zu erfassen.

Reparaturkosten an Gebäuden sind insoweit zu aktivieren, als sie bei der Bestimmung des Kaufpreises Berücksichtigung fanden. Anderenfalls sind Reparaturkosten nicht zu aktivieren.

3.7. Andere Faktoren

Die Aktivierung von Aufwendungen (ED 51):

(i) sollte keine Aufwendungen betreffen, die aus unproduktiver Fertigung entstehen (Leerkosten);

(ii) sollte nicht beginnen, bevor eine hohe Wahrscheinlichkeit besteht, daß das Projekt verwirklicht werden wird und daß es erfolgreich abgeschlossen werden kann;

Aufwendungen für die mangelnde Auslastung von Kapazitäten sind nicht zu aktivieren. Ein Unternehmen soll Kosten auf der Basis einer Normalbeschäftigung ermitteln und aktivieren (HFA 5/1991).

3.6. Distinction between construction expenditure and maintenance expenditure

Expenditure on improvements to a fixed asset should be capitalised. However, costs incurred in relation to a fixed asset after its initial purchase or manufacture should be capitalised only to the extent that there is an increase expected in future benefits from the existing asset (ED 51).

To qualify as construction expenditure which should be capitalised, expenditure incurred should enlarge or improve an asset significantly beyond its original state (§ 255(2) HGB).

Examples of future benefits include:

(i) a significant prolongation of the fixed assets useful life beyond that conferred by repairs and maintenance;

(ii) an increase in its capacity;

(iii) a substantial improvement in the quality of output, or a reduction in previously assessed operating costs;

(iv) a substantial increase in the open market value of the fixed asset.

Adaptation works to buildings carried out to meet a businesses' requirements will often qualify for capitalisation as enhancement costs.

Expenditure which does not meet the criteria of construction expenditure should be written off.

In general, this requires that one of the following four conditions are fulfilled in respect of the asset concerned:

(i) a general overhaul, or a remanufacture;

(ii) a change in the purpose of its use;

(iii) an enlargement or expansion;

(iv) improvement significantly beyond its original state.

Expenditure which does not meet the criteria of construction expenditure should be written off as repair or maintenance expenditure.

Repair costs to buildings should be capitalised to the extent that they were taken into account in determining the purchase price. Otherwise repair costs should not be capitalised.

3.7. Other factors

Capitalisation of cost (ED 51):

(i) should not include inefficiencies in production cost;

(ii) should not commence until there is a reasonable probability that the project will be undertaken, or has been undertaken, and is expected to be successfully completed;

Costs of underutilisation of capacity should not be capitalised and a business should only capitalise a normal level of production (HFA 5/1991) .

(iii) sollte enden, wenn der Vermögensgegenstand genutzt wird oder für eine solche Nutzung bereit steht.

Sachanlagen dürfen, wenn ihr Gesamtwert für das Unternehmen von nachrangiger Bedeutung ist, mit einer gleichbleibenden Menge und einem gleichbleibenden Wert angesetzt werden, sofern ihr Bestand in seiner Größe, seinem Wert und seiner Zusammensetzung nur geringen Veränderungen unterliegt (§ 25 Sch 4 CA 1985).

Sachanlagen dürfen, wenn ihr Gesamtwert für das Unternehmen von nachrangiger Bedeutung ist, mit einer gleichbleibenden Menge und einem gleichbleibenden Wert angesetzt werden, sofern ihr Bestand in seiner Größe, seinem Wert und seiner Zusammensetzung nur geringen Veränderungen unterliegt. Jedoch ist in der Regel alle drei Jahre eine körperliche Bestandsaufnahme durchzuführen (§ 240(3) HGB).

3.8. Alternative Rechnungslegungsregeln

Vermögensgegenstände des Anlagevermögens dürfen, getrennt nach Anlagegruppen, zu Zeitwerten angesetzt werden (§ 31 Sch 4 CA 1985).

Der Zeitwert sollte dem Marktwert entsprechen oder, falls dieser nicht zu ermitteln ist, dem abgeschriebenen Wiederbeschaffungswert. Zeitwerte sollten mindestens alle fünf Jahre neu festgestellt werden (ED 51/§ 31 Sch 4 CA 1985).

Werden Gegenstände des Anlagevermögens mit ihren Zeitwerten angesetzt, dann sind die Zeitpunkte und die Beträge der Neubewertungen anzugeben. Für Gegenstände, die im Geschäftsjahr neu bewertet wurden, ist der Name und die Qualifikation des Sachverständigen und die Grundlage der Neubewertung anzugeben (§ 43 Sch 4 CA 1985).

Entstehende Erträge aus der Neubewertung von Gegenständen des Anlagevermögens sind in eine Neubewertungsrücklage einzustellen. Wertberichtigungen für dauernde Wertminderungen sind in der Gewinn- und Verlustrechung zu erfassen und ein gleich hoher Betrag ist aus der Neubewertungsrücklage in die Gewinnrücklage zu übertragen. Eine Übertragung aus der Neubewertungsrücklage in die Gewinnrücklage darf ebenfalls stattfinden (ED 51/ § 34 Sch 4 CA 1985):

(i) in Höhe der Differenz zwischen der Abschreibung, die auf den historischen Anschaffungskosten beruht und der Abschreibung, der der Zeitwert zugrunde liegt und

(ii) beim Abgang des Vermögensgegenstandes.

Gegenstände des Anlagevermögens dürfen auch zu current cost angesetzt werden (§ 31 Sch 4 CA 1985).

Vermögensgegenstände des Sachanlagevermögens dürfen nicht höher als zu Anschaffungs- oder Herstellungskosten bewertet werden (§ 253(1) HGB).

(iii) should cease when a fixed asset starts to be used in, or is available for use in, commercial production.

Fixed assets may be stated at a fixed quantity and value if not material and their quantity value and composition are not subject to material variation (§ 25 Sch 4 CA 1985).

Fixed assets may be stated at a fixed quantity and value if not material and their quantity value and composition are not subject to material variation. However, as a general rule, a physical inventory should be undertaken every three years (§ 240(3) HGB).

3.8. Alternative accounting rules

Fixed assets, for each class of asset, may be included at valuation (§ 31 Sch 4 CA 1985).

Fixed assets may not be revalued above purchase or manfacturing cost (§ 253(1) HGB).

Valuation should be open market value on an existing use basis, or, if not practicable, depreciated net replacement cost. Valuations should be re-appraised at least every five years (ED 51/§ 31 Sch 4 CA 1985).

Where fixed assets are shown at valuation, they should show the years and respective amounts of each valuation and, for assets valued during the year show the valuer name or qualification and the basis of valuation (§ 43 Sch 4 CA 1985).

Surpluses on revaluation of fixed assets should be credited to a revaluation reserve. Provision for permanent diminution in value should be charged to the profit and loss account and an equivalent amount transferred from revaluation reserve to profit and loss account reserve. A transfer from revaluation reserve to profit and loss account reserve may also be made (ED 51/§ 34 Sch 4 CA 1985):

(i) for the difference between depreciation based on historical cost and depreciation based upon valuation, and

(ii) on disposal of the fixed asset.

Fixed assets may also be included at current cost (§ 31 Sch 4 CA 1985).

3.9. Ausweisvorschriften

Kapitalgesellschaften haben Sachanlagen wie folgt zu gliedern (§ 8 Sch 4 CA 1985):

- Land und Gebäude;
- Technische Anlagen und Maschinen;
- Einbauten, Ausstattung, Werkzeuge und Anlagen;
- Geleistete Anzahlungen und Anlagen im Bau.

Land und Gebäude sind zu unterteilen nach (§ 44, 83 Sch 4 CA 1985):

- Eigentum;
- Langfristige Pacht (noch über 50 Jahre bis zum Ablauf);
- Kurzfristige Pacht (weniger als 50 Jahre bis zum Ablauf des Pachtvertrages).

Für jeden Posten des Anlagevermögens, unabhängig davon, ob es sich um immaterielle Vermögensgegenstände, Sachanlagen oder Beteiligungen handelt, sind die Bewegungen des Jahres darzustellen einschließlich der (§ 42 Sch 4 CA 1985):

- Zugänge;
- Abgänge;
- Umbuchungen;
- weiteren Änderungen;
- kumulativen Abschreibungen;
- Abschreibungen des Geschäftsjahres;
- Veränderungen in der kumulativen Abschreibung.

Kleine Gesellschaften brauchen nur die folgenden Gliederungspunkte auszuweisen (§§ 2(1), 3, 4 Sch 8 CA 1985):

- Land und Gebäude;
- Technische Anlagen.

Kapitalgesellschaften haben Sachanlagen wie folgt auszuweisen (§ 266(2) II HGB):

- Grundstücke, grundstücksgleiche Rechte und Bauten einschließlich der Bauten auf fremden Grundstücken;
- Technische Anlagen und Maschinen;
- Andere Anlagen, Betriebs- und Geschäftsausstattung;
- Geleistete Anzahlungen und Anlagen im Bau.

Es gibt keine gesetzlichen Vorschriften, die Position Grundstücke und Bauten weiter zu untergliedern.

Für jeden einzelnen Posten des Anlagevermögens, unabhängig davon, ob es sich um immaterielle Vermögensgegenstände, Sachanlagen oder Beteiligungen handelt, sind die Bewegungen des Jahres auszuweisen einschließlich der (§ 268(2) HGB):

- Zugänge;
- Abgänge;
- Umbuchungen;
- weiteren Änderungen;
- kumulativen Abschreibungen;
- Abschreibungen des Geschäftsjahres (können auch im Anhang angegeben werden).

Kleine Gesellschaften brauchen nur den Posten Sachanlagevermögen auszuweisen (§ 266(1) HGB) und brauchen keine Bewegungen des Jahres darzustellen (§ 274a HGB).

3.9. Disclosure requirements

Incorporated companies should show tangible fixed assets analysed as follows (§ 8 Sch 4 CA 1985):

- Land and Buildings;
- Plant and machinery;
- Fixtures, fittings, tools and equipment;
- Payments on account, and assets in the course of construction.

Land and buildings should be subdivided between (§ 44, 83 Sch 4 CA 1985):

- Freehold;
- Long leasehold (over 50 years unexpired);
- Short leasehold (less than 50 years unexpired).

For each category of fixed assets, whether tangible, intangible or investments, should disclose movements in the year, including (§ 42 Sch 4 CA 1985):

- acquisitions;
- disposals;
- transfers;
- other adjustments;
- accumulative depreciation;
- depreciation of the year;
- adjustments to accumulated depreciation.

Small companies need only disclose the following headings (§§ 2(1), 3, 4 Sch 8 CA 1985):

- Land and building;
- Plant and machinery etc.

Incorporated companies should show tangible fixed assets analysed as follows (§ 266(2) II HGB):

- Land, rights and buildings, including buildings on third party land;
- Technical equipment and machines;
- Other equipment, factory and office equipment;
- Payments on account and assets under construction.

There is no legal requirement to further subdivide land and buildings for disclosure purposes.

For each individual category of fixed assets, whether tangible, intangible or investments, and for start up and business expansion expenses, should disclose movements in the year including (§ 268(2) HGB):

- additions;
- disposals;
- transfers;
- other adjustments;
- accumulative depreciation;
- depreciation for the year (this may alternatively be disclosed in the notes).

Small companies need only disclose tangible fixed assets (§ 266(1) HGB) and do not need to show movements in the year (§ 274a HGB).

I RECHNUNGSLEGUNGSGRUNDSÄTZE UND ERLÄUTERUNGSVORSCHRIFTEN

4. Abschreibungen

4.1. Bewertungsgrundlagen

Sachanlagen mit einer zeitlich begrenzten geschätzten Nutzungsdauer sind abzuschreiben, indem die historischen Kosten (oder der Zeitwert), vermindert um den geschätzten Restwert, so genau wie möglich den Zeiträumen zugeordnet werden, denen die Erträge aus der Nutzung der Sachanlagen zuzuordnen sind (SSAP 12/§ 18 Sch 4 CA 1985).

Besondere Vorschriften gelten für Investment Properties (siehe Abschnitt I.6).

Vermögensgegenstände des Anlagevermögens, deren Nutzung zeitlich begrenzt ist, sind planmäßig über die Geschäftsjahre abzuschreiben, in denen der Vermögensgegenstand voraussichtlich genutzt werden kann (§ 253(2) HGB).

4.2. Abschreibungsmethoden

Es sind die Abschreibungsmethoden anzuwenden, die der Art des Vermögensgegenstandes und seiner Nutzung im Unternehmen am besten entsprechen (SSAP 12).

Zulässige Abschreibungsmethoden sind:

- lineare Abschreibung,
- degressive Abschreibung,
- Abschreibung nach Inanspruchnahme.

4.3. Dauernde Wertminderung

Ist eine dauernde Wertminderung erkennbar, ist der Buchwert sofort auf den geschätzten Betrag, der sich durch Abschreibungen und Verkauf des Vermögensgegenstandes erzielen läßt, abzuschreiben, der dann über die verbleibende Nutzungsdauer abzuschreiben ist (SSAP 12).

Wenn die Gründe nicht länger bestehen, dann ist eine entsprechende Zuschreibung vorzunehmen (SSAP 12).

Außerplanmäßige Abschreibungen müssen bei voraussichtlich dauernder Wertminderung vorgenommen werden (§ 253(2) HGB).

Personengesellschaften dürfen einen solchen niedrigeren Teilwert auch dann beibehalten, wenn die Gründe dafür nicht länger bestehen (§ 253(5) HGB).

Kapitalgesellschaften müssen, wenn die Gründe für die außerplanmäßige Abschreibungen nicht länger bestehen, diese wieder zuschreiben (§ 280 (1) HGB). Davon kann abgesehen werden, wenn der niedrigere Wertansatz bei der steuerlichen Gewinnermittlung beibehalten werden kann und wenn Voraussetzung für die Beibehaltung ist, daß der Wert auch in der Handelsbilanz beibehalten wird (umgekehrte Maßgeblichkeit) (§§ 279(2), 280(2) HGB).

In diesem Fall ist der Betrag der im Geschäftsjahr aus steuerrechtlichen Gründen unterlassenen Zuschreibungen anzugeben und hinreichend zu begründen (§ 280(3) HGB).

I ACCOUNTING REQUIREMENTS, PRINCIPLES AND DISCLOSURE REQUIREMENTS

4. Depreciation

4.1. Basis of accounting

UK: Fixed assets having a finite estimated useful life should be depreciated by allocating cost (or revalued amount) less estimated residual value as fairly as possible to periods expected to benefit from use (SSAP 12/§ 18 Sch 4 CA 1985).

Special rules apply for investment properties (See Section I.6).

Germany: Fixed assets with a limited useful life should be depreciated systematically, over the years in which the asset is expected to be used (§ 253(2) HGB).

4.2. Method of depreciation

UK: The depreciation rates used should be the ones which are most appropriate having regard to the types of asset, and the use in the business (SSAP 12)

Germany: The method of systematic depreciation may be, eg:

- straight line,
- reducing balance,
- for wasting assets, proportionate to the usage of asset.

4.3. Permanent diminution in value

UK: Where there is a permanent diminution in value, the net book amount should immediately be written down to estimated recoverable amount, which should be written off over the remaining useful economic life (SSAP 12).

If the reasons no longer apply, the provision should be written back to the extent that it is no longer necessary (SSAP 12).

Germany: Exceptional depreciation should be charged for permanent diminution in value (§ 253 (2) HGB).

Unincorporated businesses may retain such lower value even where the reasons therefor no longer exist (§ 253(5) HGB).

For incorporated companies, if the reason for the exceptional depreciation is no longer valid, it should be reversed (§ 280(1) HGB). However, it need not be reversed if the lower value is only allowable for tax purposes provided it is maintained in the financial statements - the reverse authority principle (§§ 279(2), 280(2) HGB).

If this is the case, the amount of reversals not made for tax reasons should be disclosed and appropriately justified (§ 280(3) HGB).

4.4. Unterschiedliche Regelungen für Personen- und Kapitalgesellschaften

Weder Personen- noch Kapitalgesellschaften dürfen zusätzliche Abschreibungen in der Gewinn- und Verlustrechnung erfassen (SSAP 12).

(Es ist möglich, daß ein Teil des Jahresüberschusses über die Gewinnverwendung in eine Rücklage eingestellt wird, die ausschließlich dem Ersatz von Anlagegegenständen dient).

Personengesellschaften, jedoch nicht Kapitalgesellschaften, dürfen:

(i) Wertberichtigungen für vorübergehende Wertminderungen vornehmen (§ 253(2) HGB);

(ii) weitere Wertberichtigungen nach vernünftiger kaufmännischer Beurteilung vornehmen (§ 253(4) HGB).

4.5. Änderungen der Abschreibungsmethode

Eine Änderung der Abschreibungsmethode, die nur dann zulässig ist, wenn dadurch eine genauere Darstellung des Jahresergebnisses und der Vermögenslage erreicht wird, stellt keine Änderung der Bilanzierungsmethode dar (SSAP 12).

Die wirtschaftliche Nutzungsdauer von Vermögensgegenständen ist regelmäßig zu überprüfen. Gibt es eine Änderung in der Nutzungsdauer, dann ist der Nettobuchwert über die neue Nutzungsdauer abzuschreiben (SSAP 12).

Eine begründete Veränderung der Abschreibungsmethode ist gestattet (§ 252(2) HGB).

Einer Veränderung in der geschätzten Nutzungsdauer kann Rechnung getragen werden entweder indem der Restbuchwert über die veränderte Restnutzungsdauer abgeschrieben wird oder, in wesentlichen Fällen, indem eine außerplanmäßige Abschreibung vorgenommen wird (§ 253(2) HGB).

4.6. Abschreibung von Grundstücken

Grundstücke müssen normalerweise nicht abgeschrieben werden, es sei denn, der Grund und Boden wird ausgebeutet oder unterliegt einem langfristigen Wertewandel, z.B. durch Veränderungen in der Wertigkeit seiner Lage (SSAP 12) .

Grundstücke müssen normalerweise nicht abgeschrieben werden, es sei denn, der Grund und Boden wird ausgebeutet.

4.7. Abschreibung von Gebäuden

Gebäude sind abzuschreiben (SSAP 12).

Gebäude sind abzuschreiben, da sie Vermögensgegenstände mit begrenzter Nutzungsdauer sind (§ 253 (2) HGB).

4.8. Zusammenhang von Abschreibungssätzen in der Handels- und Steuerbilanz

In Großbritannien gibt es keine direkte Verbindung zwischen den Abschreibungsraten, die in den handelsrechtlichen Jahresabschlüssen angewandt werden und jenen, die für steuerliche Zwecke angesetzt werden.

Da Abschreibungen in der Handelsbilanz angesetzt sein müssen, um steuerlich in entsprechender Höhe abzugsfähig zu sein (sogenannte "umgekehrte Maßgeblichkeit" - § 5(1) EStG), entsprechen die handelsrechtlichen Abschreibungssätze oft den steuerlichen Werten.

Insbesondere dürfen steuerrechtliche Abschreibungen auf Sachanlagen vorgenommen werden (§ 254 HGB). Kapitalgesellschaften dürfen steuerrechtliche Sonderabschreibungen nur insoweit erfassen, als die steuerliche Anerkennung von der Beibehaltung im handelsrechtlichen Jahresabschluß abhängig ist (§ 279(2) HGB).

4.4. Distinction between unincorporated businesses and incorporated companies

Neither unincorporated businesses nor incorporated companies may charge supplementary depreciation in the profit and loss account (SSAP 12).

(However, this does not preclude the appropriation of retained profits to a reserve specifically designated for replacement of fixed assets)

Unincorporated businesses (but not incorporated companies) may:

(i) make provisions for temporary diminution in value (§ 253(2) HGB);

(ii) make further provisions for depreciation to the extent necessary based upon sound business judgement (§ 253(4) HGB).

4.5. Change in the method of depreciation

A change in the method of depreciation, which is only permissable if the new method will give a fairer presentation of the results and financial position, does not constitute a change of accounting policy (SSAP 12).

The useful economic lives of assets should be regularly reviewed. Where there is a change in estimated useful life, the net book amount should be written off over the revised remaining useful life (SSAP 12).

A justifiable change in method of depreciation is permissable (§ 252(2) HGB).

A change in the estimated useful life can be accounted for either by writing off the net book amount over the revised remaining useful life or alternatively, in significant cases, exceptional depreciation should be considered (§ 253(2) HGB).

4.6. Depreciation of freehold land

Freehold land does not normally require provision for depreciation (unless the land is subject to depletion or is subject to an adverse long-term change in value, for example, due to changes in the desirability of its location.) (SSAP 12).

Freehold land does not normally require provision for depreciation unless subject to depletion.

4.7. Depreciation of buildings

Buildings should be depreciated (SSAP 12).

Buildings, being assets with limited useful lives, should be depreciated (§ 253(2) HGB).

4.8. Relationship between rates of depreciation in statutory financial statements and tax accounts

In the UK, there is no direct connection between depreciation rates used in the financial statements and depreciation rates used for tax purposes.

Because depreciation must be provided in the financial statements to enable it to be deducted for tax purposes (§ 5(1) S. 2 EStG), depreciation rates often coincide with tax rates.

In particular, tax allowed depreciation may be provided against fixed assets in the financial statements (§ 254 HGB), although incorporated companies may only record tax allowed depreciation, to the extent that tax recognition is dependent upon it being included in the financial statements (§ 279(2) HGB).

Beispiele für steuerliche Abschreibungen sind:

- Sonderabschreibungen;
- degressive Abschreibungen (§ 7(2) EStG);
- bewegliche Wirtschaftsgüter mit einem Gesamtwert von weniger als DM 800 (geringwertige Wirtschaftsgüter) dürfen im Jahr der Anschaffung voll abgeschrieben werden (§ 6 (2) EStG).

4.9. Abschreibungen, die ausschließlich auf steuerlichen Vorschriften beruhen

Abschreibungen, die ausschließlich auf steuerlichen Vorschriften beruhen, sind in Großbritannien in der Handelsbilanz nicht zulässig, da sie als unvereinbar mit der Vermittlung eines den tatsächlichen Verhältnissen entsprechenden Bildes angesehen werden.

Kapitalgesellschaften, die Abschreibungen aufgrund steuerlicher Vorschriften vorgenommen haben, müssen den Betrag der allein nach steuerrechtlichen Vorschriften vorgenommenen Abschreibungen, getrennt nach Anlage- und Umlaufvermögen, angeben und hinreichend begründen (§ 281(2) HGB).

Im Anhang ist das Ausmaß anzugeben, in dem das Jahresergebnis dadurch beeinflußt wurde, daß bei Vermögensgegenständen im Geschäftsjahr oder in früheren Geschäftsjahren Abschreibungen aufgrund steuerlicher Vorschriften vorgenommen oder beibehalten wurden oder ein Sonderposten mit Rücklagenanteil gebildet wurde. Zusätzlich ist das Ausmaß erheblicher künftiger Steuerbelastungen, die sich aus einer solchen steuerrechtlichen Bewertung ergeben, anzugeben (§ 285 Nr. 5 HGB).

4.10. Abschreibungen, die auf Neubewertungen beruhen

Werden Sachanlagen zu ihren neu bewerteten Beträgen angesetzt, muß der Abschreibungsbetrag auf den neubewerteten Buchwerten und der verbleibenden wirtschaftlichen Nutzungsdauer beruhen (SSAP 12).

Die gesamte Abschreibung ist in der Gewinn- und Verlustrechnung zu erfassen (keine Verrechnung mit Rücklagen) (SSAP 12).

Die Abschreibungen in der Gewinn- und Verlustrechnung müssen sich an den angesetzten Werten der Anlagegegenstände in der Bilanz orientieren, ungeachtet, ob es sich dabei um historische oder neubewertete Beträge handelt (SSAP 12).

Abschreibungen, die vor der Neubewertung aufwandswirksam erfaßt wurden, sind der Gewinn- und Verlustrechnung nicht wieder zuzuschreiben (SSAP 12).

Gegenstände des Anlagevermögens sind höchstens zu ihren Anschaffungskosten zu bewerten (§ 253(1) HGB).

Examples of tax allowed depreciation include:

- special accelerated depreciation;
- reducing balance depreciation (§ 7(2) EStG);
- fixed moveable assets costing less than DM 800 which may be fully written off in the year of acquisition (§ 6(2) EStG).

4.9. Depreciation based solely on the tax regulations

Depreciation based solely on tax regulations is not permitted in the UK, as it is considered that this would not give a true and fair view.

Incorporated companies who have charged depreciation based on the tax regulations should disclose, and adequately justify, separately for fixed and current assets, the amount of depreciation based solely on the tax regulations (§ 281(2) HGB).

They should also disclose the extent to which the results for the year were influenced by depreciation of assets in the financial year, or in earlier years based upon tax regulations, or by depreciation of prior years not reversed in the current year, or by a Special account with reserve characteristics being created. In addition, they should disclose the extent of significant future tax charges which result from a valuation based on the tax regulations (§ 285 No. 5 HGB).

4.10. Depreciation based on revaluations

Where fixed assets are stated at revalued amounts, the charge for depreciation should be based upon the revalued amounts and the remaining useful economic lives (SSAP 12).

The whole of the depreciation charge should be reflected in the profit and loss account (and none charged against reserves) (SSAP 12).

The depreciation charged in the profit and loss account should be based on the carrying amount of the asset in the balance sheet, whether historical or revalued amount (SSAP 12).

Depreciation charged prior to a revaluation should not be written back to the profit and loss account (SSAP 12).

Fixed assets may not be revalued above purchase or manufacturing cost (§ 253(1) HGB).

4.11. Erläuterungs- und Ausweisvorschriften

Für jede Hauptgruppe von abschreibungsfähigen Vermögensgegenständen sind die verwendeten Abschreibungsmethoden und -sätze sowie der Gesamtbetrag der vorgenommenen Abschreibungen anzugeben (SSAP 12).

Eine Wertberichtigung für dauernde Wertminderung oder eine entsprechende Zuschreibung sind anzugeben (§ 19 Sch 4 CA 1985).

Die Auswirkung und die Gründe für eine Änderung der Abschreibungsmethode sind anzugeben. Die Auswirkung einer Neubewertung auf den Abschreibungsbetrag ist im Jahr der Neubewertung anzugeben (SSAP 12).

Kapitalgesellschaften müssen angeben:

(i) Die Bilanzierungs- und Bewertungsmethoden, die im Zusammenhang mit Abschreibungen angewandt wurden (§ 284(2) HGB);

(ii) Den Gesamtbetrag der Abschreibungen des Geschäftsjahres für immateriellen Vermögensgegenstände, Gegenstände des Sachanlagevermögens und der aktivierten Ingangsetzungs- und Erweiterungsaufwendungen (§ 268(2) HGB);

(iii) Außerplanmäßige Abschreibungen für dauernde Wertminderungen (§ 277(3) HGB);

(iv) Die Begründung und die Auswirkungen für eine Änderung der Abschreibungsmethode (§§ 252(2), 284(2) HGB).

4.11. Other disclosure requirements

For each major class of depreciable asset, should disclose the depreciation methods and rates used and the total depreciation charged for the period (SSAP 12).

For incorporated companies:

(i) the accounting and valuation methods used in respect of depreciation should be disclosed (§ 284(2) HGB);

(ii) should separately disclose depreciation for the year for each individual classification of intangible fixed assets, tangible assets, and capitalised start up and business expansion expenses (§ 268(2) HGB);

A provision for permanent diminuition in value, or its write back, should be disclosed (§ 19 Sch 4 CA 1985).

(iii) should separately disclose exceptional depreciation for permanent diminution in value (§ 277(3) HGB);

The effect, and reason for, a change in method of depreciation should be disclosed. The effect of a revaluation on the depreciation charge should be disclosed in the year of revaluation (SSAP 12).

(iv) should also disclose the justification for and the effect of a change in the method of depreciation (§§ 252(2), 284(2) HGB).

I RECHNUNGSLEGUNGSGRUNDSÄTZE UND ERLÄUTERUNGSVORSCHRIFTEN

5. Leasing- und Hire Purchase-Verträge

5.1. Einleitung

Deutschland: Das HGB enthält keine Vorschriften über Leasing-Verträge. Ein ursprüngliches Gutachten des IdW-HFA 1/1973 - Bilanzierung von Finanzierungsleasing durch den Leasingnehmer - wurde zurückgezogen.

5.2. Finanzierungsleasing - Definition

Großbritannien: Finanzierungsleasing ist definiert als ein Leasing-Vertrag, der im wesentlichen alle Risiken und Vorteile des Eigentums an einem Gegenstand auf den Leasingnehmer überträgt (SSAP 21).

Deutschland: Im allgemeinen ist der Leasinggegenstand entweder durch den Leasinggeber oder den Leasingnehmer zu aktivieren, je nachdem, bei wem das wirtschaftliche Eigentum liegt.

Das wirtschaftliche Eigentum liegt beim Leasingnehmer und der Leasinggegenstand ist daher durch den Leasingnehmer zu aktivieren und als Finanzierungsleasing zu behandeln, wenn das Eigentum am Ende der Vertragslaufzeit auf den Leasingnehmer übertragen wird (sogenannte Mietkaufverträge).

Zusätzlich werden in der Praxis die steuerlichen Regelungen als maßgebende Grundlage für den handelsrechtlichen Jahresabschluß angesehen. Demzufolge ist der Leasinggegenstand durch den Leasingnehmer zu aktivieren, wenn dies für den steuerrechtlichen Jahresabschluß gefordert wäre.

5.2.1. *Vollamortisationsverträge*

Großbritannien: Es wird angenommen, daß dies der Fall ist, wenn zum Beginn des Leasingverhältnisses der Barwert der Summe aller zu zahlenden Leasingraten im wesentlichen dem Zeitwert (üblicherweise 90% oder mehr) des Vermögensgegenstandes entspricht.

Der Barwert ist unter Anwendung des Zinssatzes zu ermitteln, der der Leasingvereinbarung zugrunde liegt (SSAP 21).

Vorrangiges Prinzip muß es sein, das Wesen eines Geschäftsvorfalls und nicht einfach seine juristische Form im Jahresabschluß zu reflektieren (FRS 5).

Deutschland: Gemäß steuerlicher Vorschriften sind die folgenden drei Minimalbedingungen zu erfüllen, um einen Leasingvertrag als Finanzierungsleasingvertrag zu behandeln:

(i) der Leasingvertrag ist über eine bestimmte Grundlaufzeit geschlossen;

(ii) während der Grundlaufzeit ist der Vertrag durch beide Parteien unkündbar;

(iii) die Summe der zu zahlenden Leasing-Raten während der unkündbaren Grundlaufzeit deckt mindestens die Anschaffungs- oder Herstellungskosten des Leasinggebers (einschließlich aller direkt zuzuordneten Nebenkosten und Finanzkosten) - d.h. ein sogenannter Vollamortisationsvertrag.

I ACCOUNTING REQUIREMENTS, PRINCIPLES AND DISCLOSURE REQUIREMENTS

5. Leases and Hire Purchase Contracts

5.1. Introduction

Germany: The HGB does not deal with leases, and an original statement by the IDW-HFA 1/1973 - accounting for finance leases by lessees - was withdrawn.

5.2. Finance lease

UK: A finance lease is defined as a lease that transfers substantially all the risks and rewards of ownership of an asset to the lessee. (SSAP 21)

Germany: However, a leased asset generally should be accounted for either by the lessor or the lessee, according to who has economic ownership.

Economic ownership lies with the lessee, and accordingly the asset should be capitalised by the lessee and accounted for as a finance lease, if ownership transfers to the lessee on expiry of the lease term (so-called lease-purchase agreements).

Additionally in practice the tax rules are considered to be an appropriate basis for the statutory financial statements. Accordingly the leased asset should be capitalised by the lessee if it is required to be capitalised by the lessee in the tax accounts.

5.2.1. *Full amortisation contract*

UK: It should be presumed that this occurs if at the inception of a lease the present value of the minimum payments amounts to substantially all (normally 90% or more) of the fair value of the leased asset.

The present value should be calculated using the interest rate implicit in the lease (SSAP 21).

However, it is important to appreciate that, as an overriding rule, the substance of a transaction should be reflected in the financial statements, and not merely its legal form (FRS 5).

Germany: In accordance with the tax rules, the following three minimum conditions are necessary for a lease to be accounted for as finance lease:

(i) the lease contract is for a basic lease term;

(ii) it is non cancellable by either party during the basic lease term;

(iii) lease payments over the basic lease term at least cover the acquisition or manufacturing costs (including all direct incidental expenses and financing costs) of the lessor - ie a so called full amortisation contract.

Werden diese Bedingungen erfüllt, dann hängt die Aktivierung entweder beim Leasinggeber oder beim Leasingnehmer von dem weiter unten dargestellten Zusammenhang zwischen Grundlaufzeit und erwarteter Nutzungsdauer des Gegenstandes ab.

(1) Bewegliche Wirtschaftsgüter

Grundmietzeit in % der betriebsgewöhnlichen Nutzungsdauer	Zurechnung bei
< 40%	Leasingnehmer
40 - 90%	Leasinggeber
> 90%	Leasingnehmer

(2) Unbewegliche Wirtschaftsgüter

Das Aktivierungkriterium ist separat für (i) Grund und Boden und (ii) Gebäude zu ermitteln.

(i) Grund und Boden

wird grundsätzlich beim Leasinggeber aktiviert, es sei denn, es besteht ein Kaufoption (siehe unten)

(ii) Gebäude

Grundmietzeit in % der betriebsgewöhnlichen Nutzungsdauer	Zurechnung bei
< 40%	Leasingnehmer
40 - 90%	Leasinggeber
> 90%	Leasingnehmer

5.2.2. *Kauf- oder Verlängerungsoptionen*

Hat der Leasingnehmer

(i) eine Option auf den Kauf des Gegenstandes oder
(ii) eine Option auf die Verlängerung des Leasingvertrages,

dann ist in Fällen, in denen die Grundlaufzeit des Vertrages zwischen 40% und 90% der betriebsgewöhnlichen Nutzungsdauer des Vermögensgegenstandes liegt, die Pflicht zur Aktivierung zusätzlich abhängig von:

(i) dem Kaufpreis bei der gewährten Kaufoption oder
(ii) der Höhe der Anschlußmiete bei der Verlängerung des Vertrages.

If these conditions are fulfilled then whether the asset should be capitalised either by the lessor or by the lessee depends on the relationship between the basic lease term and the expected useful life of the asset according to the criterion set out below.

(1) for moveable fixed assets

If the basic lease term as percentage of the expected useful life of the asset:	to be capitalised by:
< 40%	lessee
40 - 90%	lessor
> 90%	lessee

(2) for immovable fixed assets

It is necessary to separately determine the capitalisation criterion (i) for land and (ii) for buildings.

(i) Land

Basically, land should be capitalised by the lessor unless there is a purchase option (see below).

(ii) Buildings

If the basic lease term as percentage of the expected life	to be capitalised by:
< 40%	lessee
40 - 90%	lessor
> 90%	lessee

5.2.2. *Purchase option or option to extend the lease*

Where the lessee has:

(i) a purchase option, or,

(ii) an option to extend the lease,

then the capitalisation requirement where the basic lease term is between 40% and 90% of the expected useful life of the asset is additionally dependent on:

(i) the price of the purchase option, or

(ii) the price of the option to extend the lease, respectively.

Die Kriterien sind wie folgt:

Kaufoption	Mietverlängerungsoption	Zurechnung bei
(a) Bewegliche Wirtschaftsgüter		
Restbuchwert bzw. niedrigerer gemeiner Wert zum Zeitpunkt der Veräußerung	Wertverzehr im Zeitraum der Anschlußmiete	Leasinggeber
≤ Kaufpreis	≤ Summe der Anschlußmieten	
Restbuchwert bzw. niedrigerer gemeiner Wert zum Zeitpunkt der Veräußerung	Wertverzehr im Zeitraum der Anschlußmiete	Leasingnehmer
> Kaufpreis	> Summe der Anschlußmieten	

(b) Grund und Boden

Wird bei Verträgen mit Kaufoption dem Leasingnehmer zuegrechnet, wenn auch das Gebäude dem Leasingnehmer (siehe (c)) zugerechnet wird. Bei Verträgen mit Mietverlängerungsoption erfolgt die Zurechnung grundsätzlich beim Leasinggeber.

(c) Gebäude

Gesamtbuchwert bzw. niedrigerer gemeiner Wert im Zeitpunkt der Veräßerung	75% des üblicherweise für ein nach Art, Lage und Ausstattung vergleichbares Grundstück zu zahlendes Mietentgelt	Leasinggeber
≤ Gesamtkaufpreis	≤ Anschlußmiete	
Gesamtbuchwert bzw. niedrigerer gemeiner Wert im Zeitpunkt der Veräußerung	75% des üblicherweise für ein nach Art, Lage und Ausstattung vergleichbares Grundstück zu zahlendes Mietentgelt	Leasingnehmer
> Gesamtkaufpreis	> Anschlußmiete	

The criteria are as follows

Purchase option:	Option to extend the lease	Then to be capitalised by:
(a) for moveable fixed assets		
If the remaining written down tax value at the time of the sale	If the reduction in value of the asset for the period of the lease extension	Lessor
≤ purchase price	≤ the sum of the lease payments for the period of the lease extension	
If the remaining written down value at the time of the sale.	If the reduction in value of the asset for the period of the lease extension.	Lessee
> purchase price	> the sum of the lease payments for the period of the lease extension	

(b) Land

Where there is a purchase option, land should be capitalised by the lessee if the building is capitalised by the lessee (see (c) below). Where there is an option to extend the lease, land should basically be capitalised by the lessor.

(c) for buildings		
If the book value at the time of sale	If 75% of the normal lease payments for an equivalent building	Lessor
≤ purchase price	≤ the lease payments for the period of the lease extension	
If the book value at the time of sale	If 75% of the normal lease payments for an equivalent building	Lessee
> total price	> lease extension	

5.2.3. *Teilamortisationsverträge*

Wenn die Summe der zu zahlenden Raten die Anschaffungs- oder Herstellungskosten sowie alle Nebenkosten der Finanzkosten des Leasinggebers während der Grundmietzeit nur teilweise deckt - ein sogenannte Teilamortisationsvertrag - dann ist die Aktivierung entweder beim Leasinggeber oder beim Leasingnehmer durch das Prinzip des wirtschaftlichen Eigentums bestimmt. Die Zuordnung des wirtschaftlichen Eigentums bestimmt sich wie folgt:

(a) Bewegliche Wirtschaftsgüter

Bei einem Teilamortisationsvertrag für ein bewegliches Wirtschaftsgut ist der Leasinggegenstand durch den Leasinggeber zu aktivieren, wenn:

(i) der Leasinggeber ein Andienungsrecht und der Leasingnehmer keine Kaufoption hat, oder
(ii) wenn zusätzliche Veräußerungserlöse über den Restwert des Gegenstandes hinaus so aufgeteilt werden, daß der Leasinggeber mindestens 25% und der Leasingnehmer höchstens 75% dieses Differenzbetrages erhält.

(b) Grundstücke und Gebäude

Bei einem Teilamortisationsvertrag für Grundstücke und Gebäude sind Grundstücke grundsätzlich wie die dazu gehörigen Gebäude zu aktivieren. Dies erfolgt nach den folgenden Regeln:

	Durch den Leasingnehmer zu aktivieren wenn:
Kaufoption:	- die Grundlaufzeit ist > 90% der gewöhnlichen Nutzungsdauer oder - der Optionskaufpreis < Restbuchwert des Gebäudes
Verlängerungsoption:	- die Grundlaufzeit ist > 90% der gewöhnlichen Nutzungsdauer oder - die Summe der Anschlußmieten < 75% der üblichen Mieten für ein vergleichbares Gebäude

5.2.3 *Partial amortisation contract*

If the minimum lease payments only partially cover the purchase or manufacturing cost (including related direct incidental expenses and finance costs) of the lessor durng the basic lease term - the so called partial amortisation contact - then whether the leased asset should be capitalised by the lessor or the lessee is determined by the general principal of economic ownership. Economic ownership is determined as follows:

(a) moveable fixed assets

In respect of a partial amortisation contract for a moveable fixed asset, the leased asset should be capitalised by the lessor if:

(i) the lessor has the rights to the leased asset (and the lessee has no purchase option) or,

(ii) (where additional proceeds over the reduced value of the assets are shared) if at least 25% thereof is payable to the lessor, and a maximum of 75% thereof is payable to the lessee.

(b) land and buildings

In respect of a partial amortisation contract for land and buildings, basically land should be capitalised according to how the buildings are accounted for, in accordance with the following rules:

	To be capitalised by the lessee if:
Purchase option:	- the basic lease term is $>$ 90% of the expected useful life, or - the purchase option price $<$ the remaining book value of the building
Option to extend the lease:	- the basic lease term $>$ 90% of the expected useful life, or - the lease payments for the period of the lease extension $<$ 75% of the normal lease payments for an equivalent building.

Sowohl Kauf- als auch Verlängerungsoption:
- der Leasingnehmer trägt das Risiko für den Untergang und den Wertverlust des Leasinggegenstandes, oder
- wenn der Leasingvertrag vorzeitig endet und der Leasingnehmer dem Leasinggeber die noch nicht gedeckten Kosten erstatten muß.

In Deutschland überwiegen in der Praxis Teilamortisationsverträge sowohl für bewegliche Wirtschaftsgüter als auch für Grundstücke und Gebäude. Leasingverträge werden in Deutschland selten so gestaltet, daß der Leasinggegenstand durch den Leasingnehmer aktiviert werden muß.

5.3. Operating Leasing - Definition

Operating Leasing umfaßt alle Verträge, die nicht Finanzierungsleasingverträge sind (SSAP 21).

Ist der Leasinggegenstand bei einem Finanzierungsleasingvertrag (Vollamortisationsvertrag) oder einem Teilamortisationsvertrag nicht dem Leasinggeber zuzurechnen, wird der Leasingvertrag als Operating-Leasingvertrag behandelt.

5.4. Hire Purchase Verträge

Hire Purchase Verträge sind wie Leasingverträge zu behandeln (SSAP 21).

Es gibt in Deutschland keine Entsprechung für den Hire Purchase Vertrag.

5.5. Bilanzierung durch den Leasingnehmer

5.5.1. *Finanzierungsleasing*

Im Fall von Finanzierungsleasing wird der Leasinggegenstand aktiviert und eine entsprechende Verbindlichkeit für die zukünftig zu zahlenden Leasingraten eingestellt (SSAP 21).

Muß ein Leasinggegenstand beim Leasingnehmer aktiviert werden, dann hat der Leasingnehmer den Gegenstand im Anlagevermögen zu aktivieren und gleichzeitig eine entsprechende Verbindlichkeit zu passivieren.

Der aktivierte Ursprungswert ist der Barwert der minimalen Leasingraten, abgezinst mit dem Zinssatz, der dem Leasingvertrag zugrunde liegt (es ist zulässig, den Zeitwert des Gegenstandes anzusetzen, jedoch nur, wenn er dem Barwert der Leasingraten annähernd entspricht) (SSAP 21).

Der aktivierte Betrag entspricht den Anschaffungskosten, die dem Leasinggeber zur Bestimmung der Leasingraten dienen oder dem Barwert der Summe der Leasingraten.

Die gesamte Zinslast ist den Geschäftsjahren während der Vertragslaufzeit so zuzuordnen, daß eine gleichmäßige periodische Belastung gewährleistet ist (oder eine angemessene Annäherung daran) (SSAP 21).

Die Leasingraten sind in einem Zins- und Tilgungsanteil aufzuspalten und entsprechend zu verbuchen.

Both purchase option and option to extend the lease:

- the lessee bears the risk as to the complete or partial deterioration in the leased asset, or
- where the lease contract ends early and the lessee is required to reimburse the lessor for the lessor's costs which have not yet been covered.

In practice in Germany, partial amortisation contracts predominate, both for moveable fixed asset lease contracts and for land and building lease contracts. Leasing contracts in Germany are seldom drawn up so as to require the leased asset to be capitalised by the lessee.

5.3. Operating lease - definition

An operating lease is a lease other than a finance lease (SSAP 21).

If an asset leased under a (full amortisation) finance lease or partial amortisation lease is not capitalised by the lessor, then it should be accounted for as an operating lease.

5.4. Hire purchase

Hire purchase contracts should be accounting for in the same manner as leasing contracts (SSAP 21).

There is no direct equivalent to hire purchase agreement in Germany.

5.5. Accounting by leasees

5.5.1. *Finance lease*

A finance lease should be capitalised, and a corresponding liability to pay future rentals should be set up (SSAP 21).

If a lease is required to be capitalised in the accounts of the lessee, the lessee should capitalise the leased asset and set up a corresponding liability.

The amount initially capitalised should be the present value of the minimum lease payments, discounted at the interest rate implied in the lease. (It is permissable to use the fair value of the asset but only if it is a sufficient approximation) (SSAP 21).

The amount capitalised should be the acquisition cost used by the lessor for determining the lease payments, or the present value of the lease payments.

The total finance charge should be allocated to accounting periods during the lease term so as to produce a constant periodic rate of charge (or a reasonable approximation thereto) (SSAP 21).

The lease rentals should be split into an interest and a redemption component and recorded accordingly.

Ein über Finanzierungsleasing erworbener Gegenstand ist über die Laufzeit oder die Nutzungsdauer, was immer kürzer ist, abzuschreiben. (Bei Hire Purchase Verträgen mit den Charakteristika eines Finanzierungsleasingvertrages ist der Gegenstand über die Nutzungsdauer abzuschreiben) (SSAP 21).

Der Leasinggegenstand ist entsprechend den üblichen Regeln für Sachanlagen abzuschreiben.

5.5.2. *Operating Leasing*

Die Leasingrate für einen Operating Leasing-Vertrag ist linear über den Vertragszeitraum aufwandswirksam zu erfassen (es sei denn, eine andere planmäßige und vernünftige Methode ist angemessener) (SSAP 21).

Muß der Leasinggegenstand nicht aktiviert werden, dann sind die Leasingraten periodengerecht zu erfassen (§ 252(1) Nr. 5 HGB).

5.6. Bilanzierung durch den Leasinggeber

5.6.1. *Finanzierungsleasing*

Die Forderung aus einem Finanzierungsleasingvertrag ist in Höhe der Nettoinvestition in den Leasinggegenstand auszuweisen (nach Wertberichtigungen für zweifelhafte Leasingraten) (SSAP 21).

Die Nettoinvestition in den Leasinggegenstand ist die Summe der erwarteten Erlöse aus dem Leasingvertrag (SSAP 21).

Die Nettoinvestition in den Leasinggegenstand ist so über die Geschäftsjahre zu verteilen, daß eine gleichmäßige, periodische Erlösrate entsteht (oder eine angemessene Annäherung daran). Es ist jedoch auch zulässig, zunächst einen Betrag in Höhe der Finanzierungskosten des Leasinggebers einzustellen und diesen Betrag planmäßig aufzulösen (SSAP 21).

Steuerfreie Zuschüsse, die vom Leasinggeber in Anspruch genommen wurden, sind über die Vertragsdauer zu verteilen und entweder als (SSAP 21).

(i) nicht zu versteuerndes Einkommen zu behandeln (Nettodarstellung), oder

(ii) durch Bruttodarstellung des Zuschusses und Erfassung dieses hochgerechneten Betrages in der Gewinn- und Verlustrechnung vor der Position Ergebnis vor Steuern anzuweisen.

Wenn ein Leasinggegenstand beim Leasingnehmer aktiviert werden muß, dann hat der Leasinggeber als Forderung den Barwert der zukünftig zu zahlenden Leasingraten einzustellen.

5.6.2. *Operating Leasing*

Der Leasinggegenstand ist als Gegenstand des Sachanlagevermögens zu aktivieren und über seine Nutzungsdauer abzuschreiben (SSAP 21).

Muß ein Leasinggegenstand beim Leasinggeber aktiviert werden, dann ist der Leasinggegenstand separat auszuweisen, entweder (üblicherweise) im Sachanlagevermögen (falls sie für dauernde Nutzung im Geschäftsbetrieb vorgesehen sind) oder im Umlaufvermögen (HFA 1/1989/§ 247(2) HGB).

An asset leased under a finance lease should be depreciated over the shorter of the lease term and its useful life. (For hire purchase contracts with characteristics of a financial lease, an asset should be depreciated over its useful life) (SSAP 21).

The leased asset should be depreciated in accordance with the usual rules for capitalised fixed assets.

5.5.2. *Operating lease*

Rental under an operating lease should be charged on a straight line base over the lease term (unless another systematic and rational basis is more appropriate) (SSAP 21).

If the lease is not required to be capitalised, lease rentals should be accounted for on accruals basis (§ 252(1) No. 5 HGB).

5.6. Accounting by lessors

5.6.1. *Finance lease*

The amount due under a finance lease should be shown at the net investment in the lease (after deduction for provision for bad and doubtful rentals) (SSAP 21).

If a lease is required to capitalised in the accounts of the lessee, the lessor should record as a debtor the present value of the future lease payments.

The net cash investment in the lease comprises the total gross earnings under a finance lease (SSAP 21).

The net cash investment in the lease should be allocated to accounting periods to give a constant periodic rate of return (or reasonable approximation thereto). Alternatively, it is permissable to first allocate an amount equal to the lessor's estimated cost of finance, with the balance being recognised on a systematic basis (SSAP 21).

Tax free grants available to the lessor should be spread over the period of the lease and dealt with, either (SSAP 21):

(i) by treating the grant as non-taxable income, or

(ii) by grossing up the grant and including the grossed up amount in arriving at profit before tax.

5.6.2. *Operating lease*

The leased asset should be recorded as a fixed asset and depreciated over its useful life (SSAP 21).

If a lease is required to be capitalised in the accounts of the lessor, the leased asset should be shown separately, either (normally) under fixed assets (if for long term use in the business) or under current assets (HFA 1/1989/§ 247(2) HGB).

Leasinggegenstände sind zu Anschaffungs- oder Herstellkosten des Leasinggebers auszuweisen, vermindert um planmäßige und/oder außerplanmäßige Abschreibungen (HFA 1/1989/§ 253(2) HGB).

Der Leasinggegenstand ist entweder über die betriebsgewöhnliche Nutzungsdauer des Gegenstandes oder über die Dauer des Vertrages auf einen vorsichtig geschätzten Restwert abzuschreiben (HFA 1/1989/§ 253(2) HGB).

Zusätzliche Abschreibungen sind vorzunehmen bei einer dauernden Wertminderung des Leasinggegenstandes (HFA 1/1989/§ 253(2) HGB).

Leasingerträge, vermindert um Wartungskosten, sind linear über die Vertragslaufzeit zu realisieren (es sei denn, eine andere planmäßige und sinnvolle Methode ist angemessener) (SSAP 21).

Erträge sind auf der Grundlage des Leasingvertrages zu realisieren, insoweit sie den damit verbundenen Kosten des Geschäftszeitraumes entsprechen. Ist dies nicht der Fall, dann ist eine Anpassung über die Gewinn- und Verlustrechnung vorzunehmen (HFA 1/1989).

Fremdkapitalkosten, die in Verbindung mit den Herstellungskosten auftreten, dürfen aktiviert werden (§ 255 (3) HGB/ HFA 1/1989).

5.6.3. *Nebenkosten*

Nebenkosten, die im Zusammenhang mit dem Abschluß des Leasingvertrages stehen, dürfen über die Laufzeit planmäßig verteilt werden (SSAP 21).

Kosten des Vertragsabschlusses dürfen weder als Anschaffungs- oder Herstellungskosten noch als Rechnungsabgrenzungsposten aktiviert werden (§ 255 (2) HGB/ HFA 1/1989).

5.7. Herstellerleasing

Ein Leasinggeber, der gleichzeitig Hersteller oder Händler ist, darf keinen Gewinn aus Operating Leasingverträgen ausweisen. Der Verkaufsgewinn aus einem Finanzierungsleasingvertrag ist begrenzt auf die Differenz zwischen dem Zeitwert und den Kosten des Vermögensgegenstandes, vermindert um in Anspruch genommene Zuschüsse (SSAP 21).

5.8. Sale and Leaseback Geschäfte

Führt ein Sale and Leaseback Geschäft zu einem Finanzierungsleasingvertrag, dann ist der Gewinn (d.h. die Differenz zwischen dem Verkaufspreis und dem vorherigen Buchwert) abzugrenzen und über den Vertragszeitraum oder die Nutzungsdauer des Leasinggegenstandes, je nachdem, was kürzer ist, aufzulösen (SSAP 21).

Handelt sich um einen Operating Leasingvertrag, dann ist der Gewinn oder Verlust sofort zu realisieren (SSAP 21).

Sale and Leaseback Geschäfte sind weder im HGB noch im Steuerrecht oder im Gutachten des HFA 1/1989 geregelt.

Leased assets should be stated at the lessors' acquisition or production cost reduced by normal and/or accelerated depreciation (HFA 1/1989/ §253(2) HGB).

Depreciation should either be provided over the life of the leased asset, or over the lease contract, down to a prudently estimated residual value (HFA 1/ 1989/§ 253(2) HGB).

Additional depreciation should be provided in the event of a permanent diminution in value in the leased asset (HFA 1/1989/§ 253(2) HGB).

Rental income, less service charges, should be recognised on a straight line basis over the period of the lease (unless another systematic and rational basis is more appropriate) (SSAP 21).

Income should be recognised based upon the lease contract in so far as it is in harmony with the related cost in the period. To the extent that this is not the case, an adjustment is necessary in the profit and loss account (HFA 1/1989).

Borrowing costs in connection with production costs may be capitalised (§ 255(3) HGB/HFA 1/1989).

5.6.3. *Indirect costs*

Indirect costs incurred in arranging a lease may be apportioned over the period of the lease on a systematic and rational basis (SSAP 21).

Costs of the lease contract itself may neither be capitalised under acquisition/production costs, nor under intangible costs or prepaid assets (§ 255 (2) HGB/HFA I/1989).

5.7. Manufacturer/dealer lessor

A manufacturer or dealer lessor should not recognise a profit under an operating lease. The selling profit under a finance lease should be restricted to the excess of the fair value of the asset over cost, less grants receivable (SSAP 21).

5.8. Sale and leaseback transactions

If a sale and leaseback transaction results in a finance lease, any profit (i.e. the difference between the sale price and previous carrying value) should be deferred and amortised over the shorter of the lease term and the useful life of the asset (SSAP 21).

Sale and leaseback transactions are not specifically dealt with either in the HGB or in the tax laws, or in HFA 1/1989.

If the leaseback is an operating lease, any profit or loss should be recognised immediately (SSAP 21) .

Liegt jedoch der Verkaufspreis unter dem Zeitwert, und wird der entstehende Verlust ausgeglichen durch zukünftige Leasingraten unter dem marktüblichen Niveau, dann ist der Verlust abzugrenzen und über den verbleibenden Vertragszeitraum oder, falls kürzer, über die Periode aufzulösen, in der die verringerten Leasingraten gezahlt werden. Liegt der Verkaufspreis über dem Zeitwert, dann ist der Überschuss abzugrenzen und über den verbleibenden Vertragszeitraum oder über den Zeitraum bis zur nächsten Ratenanpassung, was immer kürzer ist, aufzulösen (SSAP 21).

5.9. Erläuterungs- und Ausweisvorschriften

Die folgenden Angaben sind zu machen (SSAP 21):

Kapitalgesellschaften müssen die gewählten Bilanzierungs- und Bewertungsgrundsätze angeben. (§ 284 (2) Nr. 1 HGB).

5.9.1. *Leasingnehmer:*

(i) Angabe der Rechnungslegungsmethoden, die für Operating und für Finanzierungsleasingverträge angewandt worden sind.

Finanzierungsleasing

(ii) Bruttowert, kumulierte Abschreibungen und jährliche Abschreibungen für jede Hauptgruppe von Vermögensgegenständen.

(iii) Betrag der mit Finanzierungsleasing zusammenhängenden Verpflichtungen (ohne zukünftige Zinszahlungen), getrennt nach Fälligkeit.

(iv) der Betrag der Finanzierungsleasingverpflichtungen, die nach dem Abschlußstichtag eingegangen wurden.

Im Anhang ist für Kapitalgesellschaften, die Leasingnehmer sind, der Gesamtbetrag der Verpflichtungen aus Operating Leasing unter der Position "Sonstige finanzielle Verpflichtungen" auszuweisen. Davon sind Verpflichtungen gegenüber verbundenen Unternehmen gesondert anzugeben (§ 285 Nr. 3 HGB).

Operating Leasing

(v) Jährliche Aufwendungen (getrennt zwischen Miete von Maschinen und Anlagen und anderen Operating Leasingverträgen (§ 53 (6) Sch 4 CA 1985).

(vi) Zahlungsverpflichtungen aus Operating Leasingverträgen des nächsten Jahres, getrennt nach den Fälligkeiten der Verpflichtungen (unter getrennter Angabe von Grundstücken und Gebäuden und anderen Leasingverträgen).

5.9.2. *Leasinggeber*

(i) Nettoinvestionen in (i) Finanzierungsleasing und (ii) Hire Purchase-Verträge zum Bilanzstichtag.

However, if the sale is below fair value, and if the apparent loss is compensated by future rentals at below market price, it should be deferred and amortised over the remainder of the lease term or, if shorter, over the period during which reduced rentals are chargeable. If the sale is above fair value, the excess should be deferred and amortised over the shorter of the remainder of the lease term, and the period to the next rent review, if any (SSAP 21).

5.9. Disclosure requirements

The following should be disclosed (SSAP 21):

5.9.1. *By lessees:*

(i) the accounting policies adopted for accounting for operating leases and finance leases.

For finance leases

(ii) gross amount, accumulated depreciation and annual depreciation, for each major class of asset.

(iii) the amount of obligations related to finance leases (net of future period finance charges), analysed by maturity.

(iv) the amount of finance lease commitments entered into, where inception occurs after the year end.

For operating lease rentals

(v) total annual expense (analysed between hire of plant and machinery and other operating leases) (§ 53(6) Sch 4 CA 1985).

(vi) the committed operating lease payments for the next year, analysed in accordance with the maturity of the commitment (and showing separately land and buildings and other operating leases).

5.9.2. *By lessors*

(i) the net investment in (i) finance leases and (ii) hire purchase contracts at each balance sheet date.

Incorporated companies should disclose the accounting and valuation methods adopted (§ 284(2) No. 1 HGB)

Disclosure is required in the notes to the accounts of incorporated company lessees for the total future operating lease commitments under Other financial commitments, including separate disclosure for affiliated companies (§ 285 No. 3 HGB).

(ii) Bruttobetrag und die kumulierte Abschreibung für Vermögensgegenstände, die unter Operating Leasingverträgen genutzt werden.

(iii) Rechnungslegungsmethoden, die für Operating und Finanzierungsleasing angewandt wurden.

(iv) Gesamtforderung des Jahres aus Operating und Finanzierungsleasingverträgen .

(v) Anschaffungskosten für Vermögensgegenstände, die zum Zweck der Vermietung mit einem Finanzierungsleasingvertrag angeschafft worden sind.

5.10. Forfaitierung

Erträge aus dem Verkauf von zukünftig fälliger Leasingraten sind nicht in der Gewinn- und Verlustrechnung zu erfassen, soweit sie Erträge zukunftiger Perioden darstellen und ihnen Verpflichtungen zur Nutzungsüberlassung gegenüberstehen. Sie sind als passive Rechnungsabgrenzungsposten einzustellen und ertragswirksam gemäß den Vereinbarungen des Leasingvertrages aufzulösen (HFA 1/1989).

(ii) gross amount and accumulated depreciation for assets held for use as operating leases.

(iii) accounting policies adopted for operating leases and finance leases.

(iv) aggregate rentals receivable for the year for operating leases and finance leases.

(v) the cost of assets acquired for the purpose of letting under finance lease.

5.10. Forfaiting

Income from the sale of future rental income should not be recognised in the profit and loss account to the extent that there is a future commitment, but shown under deferred income and recognised in income in accordance with the lease contract (HFA 1/1989).

I RECHNUNGSLEGUNGSGRUNDSÄTZE UND ERLÄUTERUNGSVORSCHRIFTEN

6. Investment Properties

6.1. Grundprinzip

Großbritannien: In Großbritannien unterscheidet sich die Bilanzierung von Investment Properties von der Bilanzierung für alle anderen Grundstücke und Gebäude (SSAP 19).

Deutschland: Das Deutsche Recht macht keinen Unterschied zwischen Investment Properties und anderen Grundstücken und Gebäuden.

6.2. Definition

Ein Investment property ist definiert (SSAP 19) als Grundstück und/oder Gebäude, das als Investitionsobjekt gehalten wird (Mieterträge liegen auf marktüblichen Niveau) und deren Bau- und Entwicklungstätigkeiten abgeschlossen sind.

Eigene Grundstücke, die von der Gesellschaft für ihre eigenen Zwecke genutzt werden, oder die an ein verbundenes Unternehmen zum Zweck der Nutzung vermietet werden, sind keine Investment properties.

6.3. Einfluß gesetzlicher Vorschriften

Die Anwendung von SSAP 19 ist, dem vorrangigen Ziel der Vermittlung eines den tatsächlichen Verhältnissen entsprechenden Bildes verpflichtet, eine Abweichung von der spezifischen gesetzlichen Vorschrift, jeden Vermögensgegenstand mit begrenzter Nutzungsdauer abzuschreiben. Daher müssen detaillierte Gründe und der Betrag der Abweichung angegeben werden (SSAP 19/UITF 7).

6.4. Bewertungsgrundlagen

Großbritannien: Investment properties sind in der Bilanz mit ihrem Marktwert anzusetzen (SSAP 19).

Deutschland: Vermögensgegenstände dürfen nicht höher als zu ihren Anschaffungskosten bewertet werden (§ 253(1) HGB).

6.5. Abschreibungen

Großbritannien: Investment properties sind nicht planmäßig abzuschreiben (Ausnahme sind verpachtete Grundstücke) (SSAP 19).

Deutschland: Gebäude, aber nicht Grundstücke, sind planmäßig über den Zeitraum abzuschreiben, in dem der Vermögensgegenstand voraussichtlich genutzt wird (§ 253(2) HGB).

I ACCOUNTING REQUIREMENTS, PRINCIPLES AND DISCLOSURE REQUIREMENTS

6. Investment Properties

6.1. Basic principle

UK: In the UK, accounting for investment properties differs from the accounting treatment of all other land and buildings (SSAP 19).

Germany: German law basically draws no distinction between investment properties and other land and buildings.

6.2. Definition of investment property

UK: An investment property is defined (SSAP 19) as an interest in land and/or buildings which is held for its investment potential (any rental income being negotiated at arm's length), and in respect of which construction work and development have been completed.

Property owned and occupied by the company for its own purposes, or let to and occupied by another group company is not an investment property.

6.3. Impact of the law

UK: The application of SSAP 19 will usually be a departure, for the overriding purpose of giving a true and fair view, from the otherwise specific requirement of the law to provide depreciation on any fixed asset which has a limited useful life. Accordingly, should disclose the details of reasons for and effect of the departure (SSAP 19/UITF 7).

6.4. Basis of accounting

UK: Investment properties should be included in the balance sheet at their open market value (SSAP 19).

Germany: In Germany, assets may not be revalued above cost. (§ 253(1) HGB).

6.5. Depreciation

UK: Investment properties should not be subject to periodic charges for depreciation (except properties held on lease).

Germany: Buildings but not land should be depreciated systematically over the years in which the asset is expected to be used (§ 253(2) HGB).

6.6. Bilanzierung von Wertänderungen

Wertänderungen sind dann in der Gewinn- und Verlustrechnung zu erfassen, falls ein Fehlbetrag in einem einzelnen investment property voraussichtlich von Dauer ist. In anderen Fällen ist die Wertänderung nicht in der Gewinn- und Verlustrechnung auszuweisen, sondern in der Zusammenstellung (Statement) der gesamten realisierten Gewinne und Verluste, da sie einer Analyse der Veränderungen der Neubewertungsrücklage entspricht (Nachtrag zu SSAP 19).

Die Wertberichtigung für dauernde Wertminderung von Grundstücken (und Verringerungen der Wertberichtigung, wenn der Grund für die Wertberichtigung nicht mehr länger besteht) sind in der Gewinn- und Verlustrechnung zu erfassen (§ 253(2) HGB).

6.7. Erläuterungs- und Ausweisvorschriften

Der Name oder die Qualifikation des Sachverständigen und die Grundlage der Bewertung sind anzugeben. Außerdem ist anzugeben, wenn der Sachverständige ein Angestellter der Gesellschaft ist (SSAP 19).

6.6. Accounting for changes in valuation

Changes in valuation should be charged to the profit and loss account, if a deficit on an individual investment property is expected to be permanent. Otherwise a change in valuation should not be taken to the profit and loss account but shown in the statement of total recognised gains and losses, being a movement on an investment revaluation reserve (Amendment to SSAP 19).

Provision for permanent diminution in value of properties (and decreases in provision where the reason for the provision no longer exists) should be recorded in the profit and loss account (§ 253(2) HGB).

6.7. Disclosure requirements

Should give the name or qualification of the valuer and basis of valuation. Should state if the valuer is an employee or officer of the company (SSAP 19).

I RECHNUNGSLEGUNGSGRUNDSÄTZE UND ERLÄUTERUNGSVORSCHRIFTEN

7. Immaterielle Vermögensgegenstände

7.1. Einleitung

Der Bereich der Bilanzierung immaterieller Vermögensgegenstände wird derzeit diskutiert; ein entsprechender Arbeitsentwurf dazu ist herausgegeben worden.

7.2. Abgrenzung zwischen entgeltlich erworbenen und selbst geschaffenen immateriellen Vermögensgegenständen

Es ist zulässig, Konzessionen, Patente, Lizenzen, Warenzeichen und ähnliche Rechte und Vermögensgegenstände als immaterielle Vermögensgegenstände zu aktivieren, unabhängig davon, ob sie für eine werthaltige Gegenleistung erworben oder selbst geschaffen wurden (§ 8 Sch 4 CA 1985).

Nur entgeltlich erworbene immaterielle Vermögensgegenstände dürfen aktiviert werden (§§ 246/266 HGB).

Immaterielle Vermögensgegenstände, die nicht für eine Gegenleistung erworben wurden, sind nicht zu aktivieren (§ 248(2) HGB).

7.3. Bewertungsgrundlagen

Ein zu aktivierender immaterieller Vermögensgegenstand ist mit seinen historischen Kosten anzusetzen, vermindert um Abschreibungen und Wertberichtigungen für dauernde Wertminderung (§ 18 Sch 4 CA 1985).

Entgeltlich erworbene immaterielle Vermögensgegenstände sind zu aktivieren (§§ 246, 266 HGB) und mit den Anschaffungskosten, vermindert um Abschreibungen und Wertberichtigungen für dauernde Wertminderung, anzusetzen (§§ 253, 255 HGB).

7.4. Alternative Bewertungsansätze

Immaterielle Vermögensgegenstände dürfen auch zum Zeitwert angesetzt werden (§ 31 Sch 4 CA 1985).

Immaterielle Vermögensgegenstände des Anlagevermögens sind nicht höher als zu ihren Anschaffungskosten anzusetzen (§ 253(1) HGB).

7.5. Wirtschaftliche Nutzungsdauer

Immaterielle Vermögensgegenstände sind über ihre wirtschaftliche Nutzungsdauer abzuschreiben (§ 18 Sch 4 CA 1985).

Immaterielle Vermögensgegenstände sind über ihre wirtschaftliche Nutzungsdauer abzuschreiben (§253 (2) HGB).

7.6. Dauernde Wertminderung

Bei dauernder Wertminderung ist eine Wertberichtigung zu bilden (§ 19 Sch 4 CA 1985).

Bei dauernder Wertminderung sind außerplanmäßige Abschreibungen vorzunehmen (§ 253(2) HGB).

Personengesellschaften dürfen einen solchen niedrigeren Wert auch dann beibehalten, wenn die Gründe dafür nicht länger bestehen (§ 253(5) HGB).

I ACCOUNTING REQUIREMENTS, PRINCIPLES AND DISCLOSURE REQUIREMENTS

7. Intangible Fixed Assets

7.1. Introduction

UK: The issue of accounting for intangible fixed assets is under review and a discussion paper has been issued.

7.2. Distinction between purchased and internally generated intangible fixed assets

UK: It is permissable to capitalise concessions, patents, licenses, trade marks and similar rights and assets, whether acquired for valuable consideration or created, as intangible fixed assets (§ 8 Sch 4 CA 1985).

Germany: Only purchased intangible fixed assets may be capitalised (§§ 246, 266 HGB) .

Intangible fixed assets not acquired for a consideration may not be capitalised (§ 248(2) HGB).

7.3. Basis of accounting

UK: An intangible fixed asset, where recognised, should be carried at historical cost (less provision for depreciation and any permanent diminution in value). (§ 18 Sch 4 CA 1985).

Germany: Purchased intangible fixed assets should be capitalised (§§246, 266 HGB) and carried at cost less provision for depreciation and any permanent diminution in value (§§ 253, 255 HGB).

7.4. Alternative accounting rules

UK: Intangible fixed assets may also be included at current cost (§ 31 Sch 4 CA 1985).

Germany: Intangible fixed assets may not be revalued above cost (§ 253(1) HGB).

7.5. Useful economic life

UK: Intangible fixed assets should be depreciated over their useful economic life (§ 18 Sch 4 CA 1985).

Germany: Intangible fixed assets should be depreciated over their useful economic life (§ 253(2) HGB).

7.6. Permanent diminution in value

UK: Provision should be made for permanent diminution in value (§ 19 Sch 4 CA 1985).

Germany: Exceptional depreciation should be provided for permanent diminution in value (§ 253(2) HGB).

Unincorporated businesses may retain such lower value even where the reasons therefor no longer exist (§ 253(5) HGB).

Kapitalgesellschaften haben, wenn der Grund für die außerplanmäßige Abschreibung nicht länger besteht, eine Zuschreibung vorzunehmen (§ 280 (1) HGB). Von der Zuschreibung kann abgesehen werden, wenn der Wert für steuerliche Zwecke nur dann anerkannt wird, wenn er auch im Jahresabschluß angesetzt ist (§§ 279(2), 280(2) HGB).

Ist dies der Fall, dann sind die aus steuerlichen Gründen unterlassenen Zuschreibungen anzugeben und zu begründen (§ 280 (3) HGB).

7.7. Unterschiedliche Regelungen für Personen- und Kapitalgesellschaften

Weder Personen- noch Kapitalgesellschaften dürfen erhöhte Abschreibungen vornehmen, es sei denn, eine Wertberichtigung für dauernde Wertminderung ist vorzunehmen.

Zusätzlich zur normalen Abschreibung dürfen Personengesellschaften (jedoch nicht Kapitalgesellschaften):

(i) Wertberichtigungen für vorübergehende Wertminderungen vornehmen (§ 253(2)HGB);

(ii) weitere Wertberichtigungen nach vernünftiger kaufmännischer Beurteilung vornehmen (§ 253(4) HGB).

7.8. Aufwendungen für die Gründung des Unternehmens und Kapitalbeschaffungskosten

Kosten, die im Zusammenhang mit der Ausgabe von Aktien oder Wandelschuldverschreibungen entstehen, sind nicht zu aktivieren (§ 3(2) Sch 4 CA 1985).

Aufwendungen für die Gründung des Unternehmens und für die Beschaffung des Eigenkapitals dürfen nicht aktiviert werden (§ 248(1) HGB).

7.9. Aufwendungen für die Ingangsetzung und die Erweiterung des Geschäftsbetriebes

Vorlaufkosten dürfen nicht aktiviert werden (§ 3(2) Sch 4 CA 1985).

Entwicklungskosten dürfen unter bestimmten Umständen aktiviert werden (SSAP 13/§ 20 (4) CA 1985) (siehe Abschnitt I.9).

Aufwendungen für die Ingangsetzung und für die Erweiterung des Geschäftsbetriebes dürfen als Bilanzierungshilfe aktiviert werden (die im Anhang erläutert werden sollte) (§ 269 HGB).

Sie dürfen nicht in der Steuerbilanz angesetzt werden. Daher kann es im Falle der Aktivierung in der Handelsbilanz zur Bildung einer Rückstellung für latente Steuern kommen.

Gewinne dürfen nur ausgeschüttet werden, wenn die nach der Ausschüttung verbleibenden auflösbaren Gewinnrücklagen den angesetzten Betrag überschreiten (§ 269 HGB).

Der aktivierte Betrag ist in jedem folgenden Kalenderjahr zu mindestens einem Viertel durch Abschreibungen zu tilgen (§ 282 HGB).

For incorporated companies, if the reason for the exceptional depreciation is no longer valid, it should be reversed (§ 280(1) HGB). However, it need not be reversed if the lower value is only permitted for tax purposes provided it is maintained in the financial statements (§ 279(2), 280(2) HGB).

If this is the case, the effect of reversals not made for tax reasons should be disclosed and justified (§ 280(3) HGB).

7.7. Distinction between unincorporated businesses and incorporated companies

Neither unincorporated businesses nor incorporated companies may provide accelerated depreciation unless a provision for permanent diminution in value is required.

In addition to normal economic depreciation, unincorporated businesses (but not incorporated companies) may also:

(i) make provision for temporary diminution in value (§ 253(2) HGB).

(ii) provide depreciation within the framework of sound business judgement (§ 253(4) HGB).

7.8. Formation expenses and costs of raising equity or loan capital

Expenses of any issue of shares or debentures may not be capitalised (§ 3(2) Sch 4 CA 1985).

Formation expenses and costs of raising equity capital may not be capitalised (§ 248(1) HGB).

7.9. Start-up expenses and business expansion expenses

Preliminary expenses may not be capitalised (§ 3(2) Sch 4 CA 1985).

Development costs may, under certain circumstances, be capitalised (SSAP 13/§ 20 Sch 4 CA 1985) (See section I.9).

Start up expenses and business expansion expenses may be capitalised as an accounting convenience (which should be explained in the notes to the accounts) (§ 269 HGB).

They may not, however, be capitalised in the tax accounts. Therefore, if capitalised in the accounts, it may be necessary to set up a provision for deferred taxation.

Profits may only be distributed to the extent that distributable revenue reserves and retained earnings exceed the amount thus capitalised (§ 269 HGB).

The amount capitalised should be amortised in each following calendar year by at least one quarter (§ 282 HGB).

7.10. Erläuterungs- und Ausweisvorschriften

Kapitalgesellschaften müssen immaterielle Vermögensgegenstände wie folgt darstellen (§ 8 Sch 4 CA 1985):

- Entwicklungskosten
- Konzessionen, Patente, Lizenzen, Warenzeichen und ähnliche Rechte und Vermögensgegenstände
- Geschäfts- oder Firmenwert
- geleistete Anzahlungen.

Kleine Gesellschaften brauchen nur die folgenden Gliederungspunkte auszuweisen (§ 2 (1)(3)(4) Sch 8 CA 1985):

- Geschäfts- oder Firmenwert
- Sonstige immaterielle Vermögensgegenstände

Kapitalgesellschaften müssen immaterielle Vermögensgegenstände wie folgt darstellen (§ 266(2) I, HGB):

- Konzessionen, gewerbliche und ähnliche Rechte und Werte und Lizenzen an solchen Rechten und Werten
- Geschäfts- oder Firmenwert
- geleistete Anzahlungen

Kleine Gesellschaften dürfen diese Gliederungspunkte zusammenfassen (§ 266(1) HGB).

Kleine Gesellschaften müssen Aufwendungen für Ingangsetzung und Erweiterung des Geschäftsbetriebes nicht im Anhang erläutern (§ 274a HGB).

7.10. Disclosure requirements

Incorporated companies should show intangible fixed assets analysed as follows (§ 8 Sch 4 CA 1985):

- Development costs
- Concessions, patents, licenses, trade marks and similar rights and assets
- Goodwill
- Payments on account

Small companies need only disclose the following headings (§ 2(1), 3, 4 Sch 8 CA 1985):

- Goodwill
- Other intangible assets

Incorporated companies should show intangible fixed assets analysed as follows (§ 266(2) I, HGB):

- Concessions, industrial and similar rights and assets and licenses in such rights and assets
- Goodwill
- Payments on account

Small companies may combine these headings (§ 266(1) HGB).

Small companies are not required to explain start up expenses and business expansion expenses in the notes to the accounts (§ 274a HGB).

I RECHNUNGSLEGUNGSGRUNDSÄTZE UND ERLÄUTERUNGSVORSCHRIFTEN

8. Der Geschäfts- oder Firmenwert im Jahresabschluß des Einzelunternehmens

8.1. Einleitung

Großbritannien:

Dieser Abschnitt behandelt den Ansatz eines Geschäfts- oder Firmenwertes in den Büchern des Einzelunternehmens.

Der Bereich der Bilanzierung des Geschäfts- oder Firmenwertes ist in Großbritannien derzeit in der Diskussion. Ein Arbeitsentwurf wurde dazu herausgegeben.

Erwirbt ein Unternehmen Anteile an einer Kapitalgesellschaft, dann sind diese Anteile zu den Anschaffungskosten anzusetzen. Es ist nicht notwendig, im Einzelabschluß Wertberichtigungen oder Abschreibungen auf diese Kosten oder auf einen vorhandenen Geschäfts- oder Firmenwert, der in diesen Kosten enthalten sein mag, vorzunehmen, es sei denn, es handelt sich um eine dauernde Wertminderung (§ 19 Sch 4 CA 1985) (siehe Abschnitt I. 11).

Erwirbt ein Unternehmen die Vermögensgegenstände und Schulden einer Personengesellschaft anstatt der Anteile an einer Kapitalgesellschaft, dann sind die derzeit folgenden Regeln zu beachten:

Deutschland:

Erwirbt ein Unternehmen Anteile an einer Kapitalgesellschaft, dann sind diese Anteile zu den Anschaffungskosten anzusetzen. Es ist nicht notwendig, im Einzelabschluß Wertberichtigungen oder Abschreibungen auf diese Kosten oder auf einen vorhandenen Geschäfts- oder Firmenwert, der in diesen Kosten enthalten sein mag, vorzunehmen, es sei denn, es handelt sich um eine dauernde Wertminderung (§§ 253, 255 HGB).

Erwirbt ein Unternehmen die Vermögensgegenstände und Schulden einer Personengesellschaft anstatt der Anteile an einer Kapitalgesellschaft, dann sind die derzeit folgenden Regeln zu beachten:

8.2. Grundlage des Geschäfts- oder Firmenwertes

Großbritannien:

Ein entgeltlich erworbener Geschäfts- oder Firmenwert, der als Unterschiedsbetrag zwischen dem Zeitwert der bewirkten Gegenleistung und dem Zeitwert der erworbenen Vermögensgegenstände (einschließlich der immateriellen Vermögensgegenstände) entsteht, ist (SSAP 22/§ 21 Sch 4 CA 1985):

(i) sofort mit den Rücklagen zu verrechnen (Normalfall), oder

(ii) bei Aktivierung planmäßig über seine wirtschaftliche Nutzungsdauer zu Lasten der Gewinn- und Verlustrechnung abzuschreiben.

Deutschland:

Ein entgeltlich erworbener Geschäfts- oder Firmenwert, der als Unterschiedsbetrag zwischen der bewirkten Gegenleistung und dem Wert der einzelnen Vermögensgegenstände abzüglich der Schulden entsteht, darf aktiviert werden (§ 255(4) HGB).

Im Prinzip ist eine Kombination von teilweiser Aktivierung und sofortiger vollständiger Abschreibung in die Gewinn- und Verlustrechnung zulässig.

Der Geschäfts- oder Firmenwert im Einzelabschluß darf nicht mit den Rücklagen verrechnet werden.

Falls er aktiviert wurde, dann muß der Geschäfts- oder Firmenwert:

(i) durch Abschreibungen über die Gewinn- und Verlustrechnung in jedem folgenden Kalenderjahr zu mindestens einem Viertel getilgt werden (§ 255(4) HGB), oder

I ACCOUNTING REQUIREMENTS, PRINCIPLES AND DISCLOSURE REQUIREMENTS

8. Goodwill in Single Entity Accounts

8.1. Introduction

UK

This section deals with goodwill arising in the accounts of an individual entity.

The issue of accounting for goodwill is contentious in the UK and is currently under review. A discussion paper has been issued.

When an undertaking acquires shares in an incorporated company, the investment should be stated at cost. It is not necessary in the individual undertaking's accounts to make provision for depreciation against the cost of investment, nor against any goodwill inherent in the cost of investment, unless there is a permanent diminution in its value. (§ 19 Sch 4 CA 1985) (See Section I.11)

When an undertaking acquires a business (i.e. assets and liabilities) rather than shares in an incorporated company, then the present accounting requirements for goodwill are as follows:

GERMANY

When an undertaking acquires shares in an incorporated company, the investment should be stated at cost. It is not necessary in the individual undertaking's accounts to make provision for depreciation against the cost of the investment, nor against any goodwill inherent in the cost of investment, unless there is a permanent diminution in value (§§ 253, 255 HGB).

When an undertaking acquires a business (ie assets and liabilities) rather than shares in an incorporated company, then the accounting requirements for goodwill are as follows:

8.2. Basis of goodwill

UK

Purchased goodwill, comprising the difference between the fair value of the consideration given and the fair value of the assets (including tangible assets) acquired should either (SSAP 22/§ 21 Sch 4 CA 1985):

(i) (normally) be immediately written off against reserves, or

(ii) if capitalised, goodwill should be amortised systematically through the profit and loss account, over its useful economic life.

GERMANY

Purchased goodwill, comprising the difference between the consideration paid and the value of the net assets acquired, may be capitalised (§ 255(4) HGB).

In principle, a combination of both partial capitalisation and immediate full write off in the profit and loss account is permissable.

Goodwill in individual entity accounts may not be deducted from reserves.

If capitalised, goodwill should be:

(i) amortised, through the profit and loss account, in each following calender year by at least one quarter (§ 255(4) HGB), or

(ii) planmäßig durch Abschreibungen auf die Geschäftsjahre verteilt werden, in denen er voraussichtlich genutzt wird (§ 255(4) HGB).

In der Steuerbilanz ist der entgeltlich erworbene Geschäfts- oder Firmenwert anzusetzten und über 15 Jahre abzuschreiben (§ 7(1) S. 3 EStG) .

Aus diesem Grund wird ein Geschäfts- oder Firmenwert in handelsrechtlichen Einzelabschlüssen oft über eine Nutzungsdauer von 15 Jahren abgeschrieben.

Die Nutzungsdauer kann verkürzt, aber nicht verlängert werden und bei dauernder Wertminderung ist eine sofortige Wertberichtigung vorzunehmen (SSAP 22).

Bei dauernder Wertminderung ist außerplanmäßig abzuschreiben (§ 253(2) HGB).

Personengesellschaften dürfen einen solchen niedrigeren Wert auch dann beibehalten, wenn die Gründe dafür nicht mehr länger bestehen (§ 253 (5) HGB).

Kapitalgesellschaften müssen, wenn die Gründe für die außerplanmäßige Abschreibung nicht mehr bestehen, eine Zuschreibung vornehmen (§ 280 (1) HGB).

Die Zuschreibung kann unterlassen werden, wenn der niedrigere Wert nur dann für steuerliche Zwecke beibehalten werden darf, wenn er auch im handelsrechtlichen Abschluß beibehalten wird (§§ 279(2), 280(2) HGB).

Ist dies der Fall, dann ist der Betrag der aus steuerlichen Gründen unterlassenen Zuschreibungen anzugeben und zu begründen (§ 280(3) HGB).

8.3. Negativer Geschäfts- oder Firmenwert

Ein negativer Geschäfts- oder Firmenwert ist direkt den Rücklagen zuzuführen (SSAP 22).

Ein negativer Geschäfts- oder Firmenwert kann im Jahresabschluß des Einzelunternehmens nicht entstehen.

8.4. Nicht entgeltlich erworbener Geschäfts- oder Firmenwert

Ein nicht entgeltlich erworbener Geschäfts- oder Firmen-wert ist nicht zu aktivieren (SSAP 22/§8 Sch. 4 CA 1985).

Ein nicht entgeltlich erworbener Geschäfts- oder Firmen-wert ist nicht zu aktivieren (§ 248(2) HGB).

(ii) alternatively, amortisation may be spread systematically over the years which are likely to benefit (§ 255(4) HGB)

In the tax accounts, purchased goodwill must be capitalised and amortised over 15 years (§ 7(1) S. 3 EStG)

Thus, in practice, goodwill in single entity accounts is often written off over a useful life of up to 15 years.

Useful life may be shortened, but not increased and immediate provision should be made for permanent diminution in value (SSAP 22).

Exceptional depreciation should be provided for permanent diminution in value (§ 253(2) HGB).

Unincorporated businesses may retain such lower value even where the reasons therefor no longer exist (§ 253(5) HGB).

For incorporated companies, if the reason for the exceptional depreciation is no longer valid, it should be reversed (§ 280(1) HGB).

However it need not be reversed if the lower value is only permitted for tax purposes provided it is maintained in the financial statements (§§ 279(2), 280(2) HGB)

If this is the case the effect of revesals not made for tax reasons should be disclosed and justified (§ 280 (3) HGB).

8.3. Negative goodwill

Negative goodwill should be credited directly to reserves (SSAP 22).

Negative goodwill can not arise in single entity accounts.

8.4. Non-purchased goodwill

Non purchased goodwill should not be capitalised (SSAP 22/§ 8 Sch 4 CA 1985).

Non purchased goodwill should not be capitalised (§248(2) HGB).

8.5. Unterschiedliche Regelungen für Personen- und Kapitalgesellschaften

Weder Personen- noch Kapitalgesellschaften dürfen erhöhte Abschreibungen vornehmen, es sei denn, eine Wertberichtigung für dauernde Wertminderung ist erforderlich.

Personengesellschaften (jedoch nicht Kapitalgesellschaften) dürfen:

(i) außerplanmäßige Abschreibungen vornehmen, um den Geschäfts- oder Firmenwert mit dem niedrigeren Wert anzusetzen, der ihm zum Bilanzstichtag beizulegen ist (§ 253(2) HGB).

(ii) Abschreibungen im Rahmen vernünftiger kaufmännischer Abschreibung vornehmen (§ 253(4) HGB).

8.6. Erläuterungs- und Ausweisvorschriften

Die Bilanzierungsmethode für den Geschäfts- oder Firmenwert ist anzugeben (SSAP 22/§§ 21(4), 36 Sch 4 CA 1985).

Weitere Angabepflichten entsprechen denen für den Geschäfts- oder Firmenwert im Konzernabschluß (siehe Abschnitt II.3)

Kapitalgesellschaften müssen angeben:

(i) wenn der Geschäfts- oder Firmenwert planmässig über die Jahre verteilt wird, in denen er voraussichtlich genutzt wird, die Gründe für die planmäßige Abschreibung (§ 285 Nr 13 HGB).

(ii) die Bilanzierungs- und Bewertungsmethoden (§ 284(2) Nr. 1 HGB).

8.5. Distinction between unincorporated businesses and incorporated companies

Neither unincorporated businesses nor incorporated companies may provide accelerated depreciation unless a provision for permanent diminution in value is required.

Unincorporated businesses (but not incorporated companies) may:

(i) make provision for temporary diminution in value (§ 253(2) HGB).

(ii) provide depreciation within the framework of sound business judgement (§ 253(4) HGB).

8.6. Disclosure requirements

The accounting policy for goodwill and, if capitalised, the reasons for the choice of write-off period, should be disclosed (SSAP 22/§§ 21(4), 36 Sch 4 CA 1985).

Other disclosure requirements are the same as described for consolidated accounts (See section II.3).

For incorporated companies:

(i) if goodwill amortisation is spread systematically over the years which are likely to benefit, the reasons for the systematic depreciation rate should be stated (§ 285 No. 13 HGB).

(ii) the accounting and valuation policy should be disclosed (§ 284(2) No. 1 HGB).

I RECHNUNGSLEGUNGSGRUNDSÄTZE UND ERLÄUTERUNGSVORSCHRIFTEN

9. Forschungs- und Entwicklungskosten

9.1. Bilanzierung von Forschungs- und Entwicklungseinrichtungen

Die Kosten für Gegenstände des Anlagevermögens, das der Forschung und Entwicklung dient, sind zu aktivieren und über ihre Nutzungsdauer abzuschreiben (SSAP 13).

Die Kosten von Vermögensgegenständen des Anlagevermögens (d.h. Vermögensgegenständen, die der dauernden Nutzung im Geschäftsbetrieb dienen) sind zu aktivieren und abzuschreiben (§ 253(2) HGB).

9.2. Bilanzierung von Aufwendungen für reine und angewandte Forschung

Aufwendungen für reine und angewandte Forschung sind aufwandswirksam zu erfassen (SSAP 13/§ 3(2)c Sch 4 CA 1985).

Eigene Aufwendungen für Forschung und Entwicklung sind nicht zu aktivieren, sondern aufwandswirksam zu erfassen (§ 248(2) HGB).

9.3. Bilanzierung von Entwicklungskosten

Entwicklungskosten sind aufwandswirksam zu erfassen. Sie dürfen jedoch aktivisch abgegrenzt werden, wenn mit angemessener Sicherheit festgestellt werden kann, daß sie durch spätere Erlöse gedeckt werden können. Dies gilt, wenn (SSAP 13/ § 20(1) Sch 4 CA 1985):

(i) es ein klar definiertes Projekt gibt und

(ii) die damit verbundenen Ausgaben separat identifiziert werden können, und

(iii) das Ergebnis des Projektes mit angemessener Sicherheit hinsichtlich seiner technischen Durchführbarkeit und letztendlichen wirtschaftlichen Rentabilität feststeht, und

(iv) bei vernünftiger Betrachtung, die Summe von abgegrenzten Entwicklungskosten, weiterer Entwicklungskosten und der verbundenen Produktions-, Vertriebs- und Verwaltungskosten voraussichtlich durch die entsprechenden zukünftigen Umsätze oder anderen Erträge überschritten werden wird;

(v) adäquate Mittel bereitstehen oder voraussichtlich bereitstehen werden, um das Projekt abzuschließen

Eigene Forschungs- und Entwicklungskosten sind nicht zu aktivieren, sondern aufwandswirksam zu erfassen (§ 248(2) HGB).

I ACCOUNTING REQUIREMENTS, PRINCIPLES AND DISCLOSURE REQUIREMENTS

9. Research and Development

9.1. Accounting for research and development fixed asset facilities

UK	GERMANY
The cost of fixed assets providing facilities for research and development activities should be capitalised and written off over their useful lives (SSAP 13).	The cost of fixed assets for research and development activities (being assets intended for long-term use in the business) should be capitalised and depreciated (§ 253(2) HGB).

9.2. Accounting for pure and applied research expenditure

UK	GERMANY
Expenditure on pure and applied research should be written off (SSAP 13/§ 3(2)c Sch 4 CA 1985).	Own research and development expenditure should not be capitalised, but expensed (§ 248(2) HGB).

9.3. Accounting for development expenditure

UK	GERMANY
Development expenditure should be written off. However, it may be deferred to the extent that its recovery can reasonably be regarded as assured where (SSAP 13/§ 20(1) Sch 4 CA 1985):	Own research and development expenditure should not be capitalised, but expensed (§ 248(2) HGB).

(i) there is a clearly defined project, and

(ii) the related expenditure is separately identifiable, and

(iii) the outcome of the project has been assessed with reasonable certainty as to its technical feasibility and its ultimate commercial viability, and

(iv) the aggregate of deferred development costs, any further development costs, and related production, selling and administrative costs is reasonably expected to be exceeded by related future sales or other revenues;

(v) adequate resources exist, or are reasonably expected to be available, to enable the project to be completed.

9.4. Abschreibungen

Die Abschreibungen sind mit Aufnahme der Produktion zu beginnen und auf planmäßige Art und Weise zu verteilen (SSAP 13).

Forschungs- und Entwicklungkosten, die durch eine Gegenleistung erworben wurden, sind über ihre wirtschaftliche Nutzungsdauer abzuschreiben (§ 253 (2) HGB).

9.5. Wertberichtigung für dauernde Wertminderung

Eine sofortige Wertberichtigung ist vorzunehmen, wenn die Bedingungen, die eine Abgrenzung zulassen, nicht länger zutreffen oder zweifelhaft erscheinen (SSAP 13/§ 19(2) Sch 4 CA 1985).

Außerplanmäßige Abschreibungen sind bei dauernder Wertminderung vorzunehmen (§ 253(2) HGB).

Personengesellschaften können diesen niedrigeren Wert auch dann beibehalten, wenn die Gründe dafür nicht länger bestehen (§ 253(5) HGB).

Kapitalgesellschaften müssen, sofern die Gründe für die außerplanmäßige Abschreibung nicht mehr bestehen, eine Zuschreibung vornehmen (§ 280 (1) HGB).

Von der Zuschreibung kann abgesehen werden, wenn der niedrigere Wertansatz bei der steuerlichen Gewinnermittlung beibehalten werden kann und wenn Voraussetzung für die Beibehaltung ist, daß der niedrigere Wertansatz auch in der Bilanz beibehalten wird (§§ 279(2), 280(2) HGB).

In diesem Fall ist der Betrag der aus steuerrechtlichen Gründen unterlassenen Zuschreibungen anzugeben und zu begründen (§ 280 (3) HGB).

9.6. Unterschiedliche Regelungen für Personen- und Kapitalgesellschaften

Weder Personen- noch Kapitalgesellschaften dürfen Abschreibungen vornehmen, die über die Abschreibungen für eine dauernde Wertminderung hinausgehen.

Personengesellschaften (jedoch nicht Kapitalgesellschaften) dürfen:

(i) außerplanmäßige Abschreibungen vornehmen, um die Vermögensgegenstände mit dem niedrigeren Wert anzusetzen, der ihnen am Abschlußstichtag beizulegen ist (253(2) HGB).

(ii) Abschreibungen im Rahmen vernünftiger kaufmännischer Beurteilung vornehmen (§ 253 (4) HGB).

9.7. Erläuterungs- und Ausweispflichten

Der Lagebericht hat einen Hinweis auf die Aktivitäten der Gruppe im Bereich Forschung und Entwicklung zu enthalten (§ 6 (c) Sch 7 CA 1985).

Der Lagebericht soll auf den Bereich Forschung und Entwicklung eingehen (§ 289(2) HGB).

9.4. Basis of amortisation

Amortisation should commence with commercial production, and be allocated on a systematic basis. (SSAP 13).

Research and development expenditure acquired for a consideration should be amortised over its useful economic life (§ 253(2) HGB).

9.5. Provision for permanent diminution in value

Immediate write down should be made where the circumstances justifying deferral no longer apply or are considered doubtful (SSAP 13/§ 19(2) Sch 4 CA 1985).

Exceptional depreciation should be provided for permanent diminution in value (§ 253(2) HGB).

Unincorporated businesses may retain such lower value even where the reasons therefor no longer exist (§ 253(5) HGB).

For incorporated companies, if the reason for the exceptional depreciation is no longer valid, it should be reversed (§ 280(1) HGB).

However, it need not be reversed if the lower value is only permitted for tax purposes provided it is maintained in the financial statements (§§ 279(2), 280(2) HGB).

If this is the case the effect of reversals not made for tax reasons should be disclosed and justified (§ 280 (3) HGB)

9.6. Distinction between unincorporated businesses and incorporated companies

Neither unincorporated nor incorporated companies may provide depreciation to the extent that a provision for permanent diminution in value is not required.

Unincorporated businesses (but not incorporated companies) may:

(i) make provision for temporary diminution in value (§ 253(2) HGB).

(ii) provide depreciation within the framework of sound business judgement (§ 253(4) HGB).

9.7. Disclosure requirements

The Director's report should contain an indication of the activities of the group in the field of research and development (§ 6 (c) Sch 7 CA 1985).

The management report should comment on the area of research and development (§ 289(2) HGB).

Im Jahresabschluß sind auszuweisen (SSAP 13) (wenn es sich um eine Aktiengesellschaft handelt oder die Gesellschaft bestimmte Größenkriterien überschreitet):

(i) Forschungs- und Entwicklungskosten, die in der Gewinn- und Verlustrechnung erfaßt wurden (getrennt nach Aufwendungen des laufenden Geschäftsjahres und Beträgen aus der Abschreibung der aktivierten Kosten);

(ii) die Bewegung in den aktivierten Entwicklungskosten und die Eröffnungs- und Schlußbilanzsalden;

(iii) für Kapitalgesellschaften der Zeitraum, über welchen die Entwicklungskosten abgeschrieben werden und die Gründe für die Aktivierung der betreffenden Kosten (§ 20(2) Sch 4 CA 1985).

Kapitalgesellschaften müssen die gewählten Bilanzierungs- und Bewertungsgrundsätze angeben (§ 284 (2) Nr. 1 HGB).

The accounts should disclose (SSAP 13) (if a public company or if the company exceeds certain size criteria):

(i) research and development expenditure charged in the profit and loss account (analysed between current year expenditure, and amounts amortised from deferred expenditure);

(ii) movement on the deferred development expenditure account and the amount carried forward at the beginning and the end of the period;

(iii) incorporated companies should disclose the period over which development costs are being written off and the reasons for capitalising the development costs in question (§ 20(2) Sch 4 CA 1985).

Incorporated companies should disclose the accounting and valuation methods adopted (§ 284(2) No. 1 HGB).

I RECHNUNGSLEGUNGSGRUNDSÄTZE UND ERLÄUTERUNGSVORSCHRIFTEN

10. Finanzanlagen

10.1. Einleitung

Großbritannien: Sofern nicht ausdrücklich durch das Gesetz vorgeschrieben, sind die Vorschriften von ED 55 nicht verbindlich.

10.2. Definition

Großbritannien: Eine Finanzanlage ist definiert als eine Beteiligung, die zum Zweck der fortdauernden Nutzung im Rahmen der Geschäftsaktivitäten des Unternehmens gehalten wird (ED 55/§ 262(1) CA 1985).

Deutschland: Das Anlagevermögen (einschließlich der Finanzanlagen) darf nur Vermögensgegenstände einschließen, die bestimmt sind, dauernd dem Geschäftsbetrieb zu dienen (§ 247(2) HGB).

10.3. Bewertungsgrundlagen

Großbritannien: Finanzanlagen sind zu Anschaffungskosten anzusetzen, vermindert um Abschreibungen für dauernde Wertminderung (ED 55/§ 19 Sch 4 CA 1985).

Alternativ können sie auch zum Zeitwert angesetzt werden (ED 55/§ 31(3) Sch 4 CA 1985).

Werden Finanzanlagen zum Zeitwert angesetzt, ist jährlich eine neue Bewertung vorzunehmen. Gewinne sind der Rücklage für neubewertete Anlagegüter zuzuführen (ED 55/§ 34 Sch 4 CA 1985).

Wertberichtigungen sind aufzulösen, wenn sie nicht länger notwendig sind, weil die Gründe für ihre Bildung nicht mehr bestehen (ED 55/§ 19 Sch 4 CA 1985).

Deutschland: Finanzanlagen sind zu Anschaffungskosten anzusetzen (§ 253(1) HGB), vermindert um Abschreibungen für dauernde Wertminderung (§ 253(2) HGB).

Es ist nicht zulässig, Finanzanlagen höher als zu den Anschaffungskosten zu bewerten (§ 253(1) HGB).

Personengesellschaften dürfen einen solchen niedrigeren Wert auch dann beibehalten, wenn die Gründe dafür nicht mehr bestehen (§ 253(5) HGB).

Kapitalgesellschaften müssen, sofern die Gründe für die außerplanmäßige Abschreibung nicht mehr bestehen, eine Zuschreibung vornehmen (§ 280(1) HGB) .

Von der Zuschreibung kann abgesehen werden, wenn der niedrigere Wertansatz bei der steuerlichen Gewinnermittlung beibehalten werden kann und wenn Voraussetzung für die Beibehaltung ist, daß der niedrigere Wertansatz auch in der Bilanz beibehalten wird (§§ 279(2), 280(2) HGB).

In diesem Fall ist der Betrag der aus steuerrechtlichen Gründen unterlassenen Zuschreibungen anzugeben (§ 280 (3) HGB).

I ACCOUNTING REQUIREMENTS, PRINCIPLES AND DISCLOSURE REQUIREMENTS

10. Fixed Assets Investments

10.1. Introduction

UK

To the extent not already provided for by the law, the requirements of ED 55 are not mandatory.

10.2. Definition of fixed asset investment

UK

A fixed asset investment is defined as an investment that is intended to be held for use on a continuing basis in the activities of the enterprise (ED 55/§ 262 (1) CA 1985).

Germany

Fixed assets (including fixed asset investments) should only include assets acquired for long-term use in the business (§ 247(2) HGB).

10.3. Basis of accounting

UK

Fixed asset investments should be carried at cost less provision for permanent diminution in value (ED 55/ § 19 Sch 4 CA 1985) .

Alternatively, fixed asset investments may be stated at revalued amounts (ED 55/§ 31(3) Sch 4 CA 1985)

Where included at revalued amounts, fixed asset investments should be revalued annually. (ED 55) Surpluses should be credited to revaluation reserve (ED 55/§ 34 Sch 4 CA 1985).

Provisions should be written back to the extent no longer necessary because the reasons for which they were made have ceased to exist (ED 55/§ 19 Sch 4 CA 1985).

Germany

Fixed asset investments should be included at cost less (§ 253(1) HGB) exceptional depreciation for permanent diminution in value (§ 253(2) HGB).

It is not permitted to revalue fixed asset investments above cost (§ 253(1) HGB).

Unincorporated businesses may retain such lower value even where the reasons therefor no longer exist (§ 253(5) HGB).

For incorporated companies, if the reason for the exceptional depreciation is no longer valid, it should be reversed (§ 280(1) HGB).

However, it need not be reversed if the lower value is only permitted for tax purposes provided it is maintained in the financial statements (§§ 279(2), 280(2) HGB).

If this is the case, the effect of reversals not made for tax reasons should be disclosed (§ 280 (3) HGB).

Abschreibungen sind auch dann zulässig, wenn es sich nicht um Abschreibungen für dauernde Wertminderung handelt (ED 55/§ 19 Sch 4 CA 1985).

Sowohl Personen- als auch Kapitalgesellschaften dürfen außerplanmäßige Abschreibungen vornehmen, um langfristige monetäre Vermögensgegenstände mit dem niedrigeren Teilwert anzusetzen, der ihnen zum Bilanzstichtag beizulegen ist, auch wenn keine dauernde Wertminderung vorliegt (§ 253(2), 279(1) HGB).

10.4. Unterschiedliche Regelungen für Personen- und Kapitalgesellschaften

Weder Personen- noch Kapitalgesellschaften dürfen Abschreibungen ausschließlich im Rahmen vernünftiger kaufmännischer Beurteilung vornehmen.

Personengesellschaften, jedoch nicht Kapitalgesellschaften, dürfen Abschreibungen im Rahmen vernünftiger kaufmännischer Beurteilung vornehmen (§ 253 (4) HGB).

10.5. Erläuterungs- und Ausweisvorschriften

Kapitalgesellschaften müssen Finanzanlagen getrennt ausweisen nach (§ 8 Sch 4 CA 1985):

- Anteilen an verbundenen Unternehmen,
- Darlehen an verbundene Unternehmen,
- Beteiligungen,
- Darlehen an Unternehmen, mit denen ein Beteiligungsverhältnis besteht,
- anderen Anteilen, die keine Darlehen sind,
- anderen Darlehen,
- eigenen Aktien.

Kleine Gesellschaften brauchen nur die folgenden Gliederungspunkte auszuweisen (§ 2(1)(3)(4) Sch 8 CA 1985):

- Anteile an verbundenen Unternehmen und Beteiligungen;
- Darlehen an verbundene Unternehmen und Unternehmen, mit denen ein Beteiligungsverhältnis besteht;
- andere Anteile, die keine Darlehen sind;
- sonstige.

Im Konzernabschluß wird der Gliederungspunkt "Beteiligungen" durch die folgenden Bezeichnungen ersetzt werden (§ 21(2) Sch 4A CA 1985):

- Beteiligungen an assoziierten Unternehmen
- andere Beteiligungen

Jede wesentliche Abweichung zwischen Marktwert und Anschaffungskosten der Finanzanlage ist auszuweisen (§ 27 Sch 4 CA 1985).

Kapitalgesellschaften müssen Finanzanlagen getrennt ausweisen nach (§ 266(2) HGB):

- Anteilen an verbundenen Unternehmen,
- Ausleihungen an verbundene Unternehmen
- Beteiligungen,
- Ausleihungen an Unternehmen, mit denen ein Beteiligungsverhältnis besteht,
- Wertpapieren des Anlagevermögens,
- sonstigen Ausleihungen.

Eigene Anteile sind immer unter Wertpapieren des Umlaufvermögens auszuweisen (§ 266(2) HGB).

Kleine Gesellschaften dürfen die obengenannten Gliederungspunkte zusammenfassen (§ 266(1) HGB).

Im Konzernabschluß ist eine Beteiligung an einem anderen Unternehmen, über das ein erheblicher Einfluß ausgeübt werden kann, getrennt als assoziiertes Unternehmen auszuweisen (§ 311 (1) HGB).

Provision is also permitted for temporary diminution in value, even if it is not required to make provision for permanent diminution in value (ED 55/§ 19 Sch 4 CA 1985).

Both unincorporated businesses and incorporated companies may make provision for temporary diminution in value even where there is no permanent diminution in value (§§ 253(2), 279(1) HGB).

10.4. Distinction between unincorporated businesses and incorporated companies

Except as provided for above, neither unincorporated businesses nor incorporated companies may provide depreciation solely within the framework of sound business judgement.

Unincorporated businesses, but not incorporated companies (except as provided for above), may provide depreciation within the framework of sound business judgement (§ 253(4) HGB).

10.5. Disclosure requirements

Incorporated companies should show fixed asset investments analysed between (§ 8 Sch 4 CA 1985):

- Shares in group undertakings,
- Loans to group undertakings,
- Participating interests,
- Loans to undertakings in which the group has a participating interest,
- Other investments other than loans,
- Other loans,
- Own shares.

Incorporated companies should show fixed assets investments analysed between (§ 266(2) HGB):

- Shares in group undertakings,
- Loans to group undertakings,
- Participations,
- Loans to undertakings in which participations are held,
- Long-term investments,
- Other loans.

Own shares should be always shown under current asset securities (§ 266(2) HGB).

Small companies need only disclose the following headings (§ 2(1), 3, 4 Sch 8 CA 1985):

- Shares in group undertakings and participating interests;
- Loans to group undertakings and undertakings in which the company has a participating interest;
- Other investments other than loans;
- Others.

Small companies may combine the above headings (§ 266(1) HGB).

In the consolidated accounts, the items headed Participating interests should be replaced by (§ 21(2) Sch 4A CA 1985):

- Interests in associated undertakings
- Other participating interests

Should disclose any material difference between market value and cost of fixed asset investments (§ 27 Sch 4 CA 1985).

In the consolidated accounts, a participation in another undertaking over which significant influence can be exercised should be shown separately as an associated undertaking (§ 311(1) HGB).

Bei Beteiligungen an börsennotierten Unternehmen sind auszuweisen (§ 45(1) CA 1985):

(i) die Gesamtstückzahl der Aktien;

(ii) getrennt nach britischen und ausländischen börsennotierten Aktien;

(iii) Marktwert (soweit abweichend vom Betrag in der Bilanz) (§ 45(2) CA 1985).

Erträge aus Finanzanlagen sind, unter gesonderter Angabe der Erträge aus verbundenen Unternehmen, in der Gewinn- und Verlustrechnung auszuweisen (§ 8 Sch 4 CA 1985).

Der Betrag des Einkommens aus börsennotierten Wertpapieren, der in der Gewinn- und Verlustrechnung enthalten ist, ist anzugeben (§ 53(4) Sch 4 CA 1985).

Erträge aus Finanzanlagen und langfristigen Darlehen sind zusammen auszuweisen, unter getrennter Angabe des Betrages aus verbundenen Unternehmen (§ 275 (2), (3) HGB).

For listed investments should show by category (§ 45 (1) Sch 4 CA 1985):

(i) aggregate amount;

(ii) split between UK and overseas listed shares;

(iii) market value (where different from balance sheet amount) (§ 45(2) Sch 4 CA 1985).

Income from fixed asset investments should be disclosed in the profit and loss account, including separately the amount derived from group undertakings (§ 8 Sch 4 CA 1985).

The amount of income from listed investments included in the profit and loss account should be disclosed (§ 53(4) Sch 4 CA 1985).

Income from fixed asset investments and long-term loans should be disclosed combined, including separately the amount that relates to group undertakings (§§ 275 (2), (3) HGB).

I RECHNUNGSLEGUNGSGRUNDSÄTZE UND ERLÄUTERUNGSVORSCHRIFTEN

11. Beteiligungen und verbundene Unternehmen

11.1. Definition eines Unternehmens

Großbritannien:

Ein Unternehmen im Sinne dieses Abschnitts kann jede der folgenden Rechtsformen sein (§ 259(1) CA 1985):

(i) eine Kapitalgesellschaft,
(ii) ein Partnership,
(iii) Zusammenschlüsse von Personen, die ein Geschäft mit dem Zweck der Erzielung eines Gewinns oder mit einem gemeinnützigen Zweck betreiben.

11.2. Definition einer Beteiligung

Großbritannien:

Eine Beteiligung ist definiert als Anteile, die durch ein Unternehmen an einem anderen Unternehmen langfristig gehalten werden (unabhängig davon, ob sie in der Form von Aktienzertifikaten einschließlich von Wandlungs- und Erwerbsrechten auf Aktien vorliegen) und bestimmt sind, einen Beitrag zum Geschäftszweck durch die Ausübung von Kontrolle oder Einfluß sicherzustellen (§ 260 Sch 4 1985).

Ein Anteil von 20% oder mehr wird als Beteiligung angesehen, es sei denn, das Gegenteil ist nachgewiesen (§ 260 Sch 4 CA 1985).

Deutschland:

Beteiligungen sind Anteile an anderen Unternehmen, die bestimmt sind, dem eigenen Geschäftsbetrieb durch eine dauernde Verbindung zu jenen Unternehmen zu dienen, ungeachtet, ob die Anteile in Wertpapieren verbrieft sind oder nicht (§ 271(1) HGB).

Im Zweifelsfall gelten Anteile an einer Kapitalgesellschaft, die 20% des Nennkapitals überschreiten, als Beteiligung (§ 271(1) HGB).

11.3. Abgrenzung zwischen Beteiligungen und anderen langfristigen Finanzanlagen

Großbritannien:

Langfristig gehaltenen Anteile an einem Unternehmen, auf die die Definition der Beteiligung nicht zutrifft, sind als langfristige Finanzanlagen auszuweisen (§ 8 Sch 4 CA 1985).

Deutschland:

Langfristig gehaltene Anteile an einem Unternehmen, auf die die Definition einer Beteiligung nicht zutrifft, sind als langfristige Finanzanlagen anzusehen (§ 266 (2) III HGB).

11.4. Verbundene Unternehmen

Großbritannien:

Verbundene Unternehmen für Zwecke der Rechnungslegung sind solche, die als Mutter- oder Tochterunternehmen in einen Konzernabschluß einer Muttergesellschaft einzubeziehen sind (FRS 2/§ 258 CA 1985) (siehe Abschnitt II.1).

Deutschland:

Verbundene Unternehmen sind für Zwecke der Rechnungslegung in § 271(2) HGB definiert als alle jene Unternehmen, die als Mutter- oder Tochtergesellschaften in den Konzernabschluß einer Muttergesellschaft nach § 290 HGB einbezogen werden müssen (siehe Abschnitt II.1).

Diese Definition kann auf alle Unternehmen, die in einem Mutter-/Tochtergesellschaftsverhältnis stehen, ungeachtet der rechtlichen Form oder des Firmensitzes, erweitert werden.

I ACCOUNTING REQUIREMENTS, PRINCIPLES AND DISCLOSURE REQUIREMENTS

11. Participating Interests and Group Undertakings

11.1. Definition of undertaking

UK

An undertaking for these purposes means any of the following (§ 259(1) CA 1985):

(i) an incorporated company,
(ii) a partnership,
(iii) an unincorporated association carrying on a trade or business, with or without a view to profit.

11.2. Definition of participating interest

UK

A participating interest is defined as an interest held by an undertaking in the shares (whether or not in the form of share certificates and including convertibility into, and options to acquire, shares) of another undertaking which are held for the long term and which are designed to secure a contribution to its activities through the exercise of control or influence (§ 260 Sch 4 CA 1985).

A holding of 20% or more of the shares is presumed to be a participating interest unless the contrary is shown (§ 260(2) Sch 4 CA 1985).

Germany

Participations are defined as holdings in other undertakings designed to serve the business through a long-term connection to the other business, whether or not the investment is in the form of share certificates (§ 271(1) HGB).

In case of doubt, holdings in an undertaking of more than 20% of the nominal capital are considered to be participations (§ 271(1) HGB).

11.3. Distinction between participating interest and other long-term fixed asset investment

UK

A long-term interest in an undertaking which does not meet the definition of participating interest should be classified under other long-term fixed asset investments (§ 8 Sch 4 CA 1985).

Germany

A long-term interest in an undertaking which does not meet the definition of Participation should be classified under long-term financial asset investments (§ 266(2) III HGB).

11.4. Group undertakings

UK

Group undertakings for the purpose of preparing accounts are those undertakings which must be included as parent or subsidiary undertakings in the consolidated financial statements of a parent company under FRS 2/§ 258 CA 1985. (See Section II.1)

Germany

Group undertakings for the purpose of preparing accounts are defined in § 271(2) HGB primarily as those undertakings which must be included as parent or subsidiary undertakings in the consolidated financial statements of a parent company under § 290 HGB (See Section II.1).

This definition includes all entities which have a parent/subsidiary relationship regardless of legal form or residence.

Tochterunternehmen, die gemäß §§ 295, 296 HGB - siehe Abschnitt II.1 nicht in den Konzernabschluß einbezogen worden sind, sind ebenfalls verbundene Unternehmen (§ 271(2) HGB).

11.5. Bewertungsgrundlagen

Beteiligungen sind mit den Anschaffungskosten anzusetzen, vermindert um Abschreibungen (SSAP1/ § 19 Sch 4 CA 1985).

Alternativ dürfen sie auch zu current cost angesetzt werden (§ 31(3) Sch 4 CA 1985).

Beteiligungen und Anteile an verbundenen Unternehmen sind im Jahresabschluß zu Anschaffungskosten anzusetzen, gegebenenfalls vermindert um Abschreibungen (§§ 253(1), (2) HGB).

Alternative, vom Anschaffungskostenprinzip abweichende, Bilanzierungsregeln sind in Deutschland nicht zulässig (§ 253(1) HGB).

11.6. Vereinnahmung von Erträgen aus Beteiligungen

Erträge sind auf der Grundlage der erhaltenen Dividenden und der Dividenden, auf die ein Rechtsanspruch besteht, zu vereinnahmen (SSAP 1).

Dividenden, die im Jahresabschluß der Tochtergesellschaft ausgewiesen wurden, dürfen im Jahresabschluß der Muttergesellschaft berücksichtigt werden.

Erträge sind grundsätzlich auf der Grundlage der beschlossenen Dividenden zu vereinnahmen.

Die Ansprüche auf Beteiligungserträge von einer Tochtergesellschaft dürfen aktiviert werden, wenn das Geschäftsjahr der Tochtergesellschaft nicht nach dem Abschlußstichtag der Muttergesellschaft endet, die Bilanz der Tochtergesellschaft vor Abschluß der Prüfung bei der Muttergesellschaft festgestellt wird und ein entsprechender Vorschlag für die Gewinnverwendung vorliegt.

11.7. Abschreibung für dauernde Wertminderung

Bei dauernder Wertminderung sind Abschreibungen vorzunehmen (§ 19(2) Sch 4 CA 1985).

Wenn die Gründe für die Abschreibung nicht mehr bestehen, dann ist eine Zuschreibung in Höhe der vorgenommenen Abschreibung vorzunehmen (§ 19 (3) Sch 4 CA 1985).

Außerplanmäßige Abschreibungen sind bei dauernder Wertminderung vorzunehmen (§ 253(2) HGB).

Personengesellschaften dürfen einen solchen niedrigeren Wert auch dann beibehalten, wenn die Gründe dafür nicht mehr bestehen (§ 253(5) HGB).

Kapitalgesellschaften müssen, sofern die Gründe für die außerplanmäßige Abschreibung nicht mehr bestehen, eine Zuschreibung vornehmen (§ 280(1) HGB).

Von der Zuschreibung kann abgesehen werden, wenn der niedrigere Wertansatz bei der steuerlichen Gewinnermittlung beibehalten werden kann und wenn Voraussetzung für die Beibehaltung ist, daß der niedrigere Wertansatz auch in der Bilanz beibehalten wird (§§ 279(2), 280(2) HGB) .

In diesem Fall ist der Betrag der aus steuerrechtlichen Gründen unterlassenen Zuschreibungen anzugeben (§ 280 (3) HGB).

Subsidiary undertakings which are not included in the consolidated financial statements per §§ 295, 296 HGB - See Section II 1 - are also group undertakings (§ 271(2) HGB).

11.5. Basis of accounting

Investments in participating interests and group undertakings should be accounted for at cost, less any amounts written off (SSAP 1/§ 19 Sch 4 CA 1985).

Alternatively, they may be shown at valuation under alternative accounting rules. (§ 31(3) Sch 4 CA 1985)

Participations and investments in group undertakings should be stated in the accounts of the investing company at cost, less any amounts written off (§§ 253(1), (2) HGB).

Alternative accounting rules are not permitted in Germany (§ 253(1) HGB).

11.6. Recognition of income

Income should be recognised on the basis of dividends received and receivable (SSAP 1).

Income should principally be recognised on the basis of dividends declared.

Dividends accrued in the accounts of a subsidiary should be recognised in the accounts of the parent undertaking.

The expected distribution of a wholly owned subsidiary may be recognised, provided that the year end of the subsidiary is not after the year end of the parent company, and the accounts of the subsidiary have been approved before completion of the audit of the parent undertaking and there is a corresponding proposal for the dividend distribution.

11.7. Provision for permanent diminution in value

Provision should be made for permanent diminution in value (§ 19(2) Sch 4 CA 1985).

When the reasons for the provision no longer exist, the provision should be written back (§ 19(3) Sch 4 CA 1985).

Exceptional depreciation should be provided for permanent diminution in value (§ 253(2) HGB).

Unincorporated businesses may retain such lower value even where the reasons therefor no longer exist (§ 253(5) HGB).

For incorporated companies, if the reason for the exceptional depreciation is no longer valid, it should be reversed (§ 280(1) HGB)..

However, it need not be reversed if the lower value is only permitted for tax purposes provided it is maintained in the financial statements (§§ 279(2), 280(2) HGB).

If this is the case, the amount of reversals not made for tax reasons should be disclosed (§ 280(3) HGB).

Abschreibungen sind auch dann zulässig, wenn Abschreibungen für dauernde Wertminderung nicht notwendig sind (§ 19(1) Sch. 4 CA 1985)

Sowohl Personen- als auch Kapitalgesellschaften dürfen außerplanmäßige Abschreibungen vornehmen, um Beteiligungen und Anteile an verbundenen Unternehmen mit dem niedrigeren Wert anzusetzen, der ihnen zum Bilanzstichtag beizulegen ist (§ 253 (2) HGB).

11.8. Unterschiedliche Regelungen für Personen- und Kapitalgesellschaften

Weder Personen- noch Kapitalgesellschaften dürfen Abschreibungen ausschließlich im Rahmen vernünftiger kaufmännischer Beurteilung vornehmen.

Personengesellschaften, jedoch nicht Kapitalgesellschaften, dürfen Abschreibungen im Rahmen vernünftiger kaufmännischer Beurteilung vornehmen (§ 253(4) HGB).

11.9. Erläuterungs- und Ausweisvorschriften

Kpitalgesellschaften müssen die nachstehenden Angaben machen (§ 8 Sch 4 CA 1985):

Unter Finanzanlagen:

- Anteile an verbundenen Unternehmen;
- Darlehen an verbundenen Unternehmen;
- Beteiligungen;
- Darlehen an Unternehmen, an denen die Gesellschaft ein Beteiligung besitzt.

Unter Wertpapieren des Umlaufvermögens:

- Anteile an verbundenen Unternehmen

Unter Forderungen und Verbindlichkeiten aus Lieferungen und Leistungen:

- Forderungen und Verbindlichkeiten gegenüber verbundenen Unternehmen;

- Forderungen und Verbindlichkeiten gegenüber Unternehmen, mit denen die Gesellschaft in einem Beteiligungsverhältnis steht.

Kleine Gesellschaften müssen die folgenden Gliederungspunkte angeben (Sch 8 CA 1985):

- Anteile an verbundenen Unternehmen und Beteiligungen;
- Darlehen an verbundenen Unternehmen und Unternehmen, mit denen die Gesellschaft in einem Beteiligungsverhältnis steht;
- (i) Forderungen und (ii) Verbindlichkeiten gegenüber verbundenen Unternehmen und Unternehmen, mit denen die Gesellschaft in einem Beteiligungsverhältnis steht.

Kapitalgesellschaften müssen die folgenden Angaben machen (§ 266(2), (3) HGB):

Unter Finanzanlagen:

- Anteile an verbundenen Unternehmen;
- Ausleihungen an verbundene Unternehmen;
- Beteiligungen;
- Ausleihungen an Unternehmen, mit denen ein Beteiligungsverhältnis besteht;

Unter Wertpapieren des Umlaufvermögens:

- Anteile an verbundenen Unternehmen

Unter Forderungen und Verbindlichkeiten aus Lieferungen und Leistungen:

- Forderungen und Verbindlichkeiten gegenüber verbundenen Unternehmen;

- Forderungen und Verbindlichkeiten gegenüber Unternehmen, mit denen ein Beteiligungsverhältnis besteht.

Kleinen Gesellschaften ist es nicht gesetzlich vorgeschrieben, Anteile, Darlehen oder Forderungen und Verbindlichkeiten gegenüber verbundenen Unternehmen oder solchen, mit denen ein Beteiligungsverhältnis besteht, getrennt auszuweisen (§ 266 (1) HGB), mit folgenden Ausnahmen:

Provision is also permitted for a temporary diminution in value even if it is not required to make provision for permanent diminution in value (§ 19(1) Sch 4 CA 1985).

Both unincorporated businesses and incorporated companies may provide exceptional depreciation in order to state investment in participations and group undertakings at such lower value as is appropriate at the balance sheet date (§ 253(2) HGB).

11.8. Distinction between unincorporated businesses and incorporated companies

Except as provided for above, neither unincorporated businesses nor incorporated companies may provide depreciation solely within the framework of sound business judgement.

Unincorporated businesses, but not incorporated companies except as provided for above, may provide depreciation within the framework of sound business judgement (§ 253(4) HGB).

11.9. Disclosure requirements

Incorporated companies should show, separately classified, the following (§ 8 Sch 4 CA 1985):

Under fixed asset investments:

- Shares in group undertakings;
- Loans to group undertakings;

- Participating interests;
- Loans to undertakings in which the company has a participating interest.

Under current asset investments:

- Shares in group undertakings

Under current asset debtors and creditors:

- Amounts due from, and due to, group undertakings;

- Amounts due from, and due to, undertakings in which the company has a participating interest.

Incorporated companies should show, separately classified, the following (§ 266(2), (3) HGB):

Under financial assets:

- Shares in group undertakings;
- Loans to group undertakings;

- Participations;
- Loans to undertakings in which participations are held.

Under current asset securities:

- Shares in group undertakings

Under current asset debtors and creditors:

- Amounts due from, and due to, group undertakings;

- Amounts due from, and due to, undertakings in which participations are held.

Small companies are required to disclose (Sch 8 CA 1985):

- Shares in group undertakings and participating interests;
- Loans to group undertakings in which the company has a participating interest;

- (i) Amounts owed by, and (ii) Amounts owed to, group undertakings and undertakings in which the company has a participating interest.

Small companies are not required by law to separately disclose shares in, loans to, or amounts due to and from, affiliated undertakings and undertakings in which participations are held (§ 266(1) HGB), except as follows:

(i) Personengesellschaften müssen Vermögensgegenstände und Schulden hinreichend aufgegliedert darstellen (§ 247(1) HGB) und sollen wesentliche aktivische und passivische Salden mit Gesellschaftern ausweisen (HFA 2/1993).

(ii) Kapitalgesellschaften müssen Darlehen, Forderungen an und Verbindlichkeiten gegenüber Gesellschaftern getrennt ausweisen (§ 42(3) GmbHG).

In der Gewinn- und Verlustrechnung sind auszuweisen (§ 8 Sch 4 CA 1985):

- Erträge aus Anteilen an verbundenen Unternehmen;
- Erträge aus Beteiligungen;
- Erträge und Aufwendungen aus Zinsen von verbundenen Unternehmen.

In der Gewinn- und Verlustrechnung sind auszuweisen (§ 275(2)(3) HGB):

- Erträge aus Beteiligungen (einschließlich eines getrennten Ausweises des Betrages, der verbundene Unternehmen betrifft);
- Erträge und Aufwendungen aus Zinsen von verbundenen Unternehmen.

11.10. Erläuterungen bei Gesellschaften, die keinen Konzernabschluß aufstellen

11.10.1. *Unternehmen, an denen sie 20% und mehr der Anteile besitzen*

Eine Gesellschaft, die keinen Konzernabschluß aufstellt, hat die folgenden Informationen über alle Unternehmen anzugeben, an denen sie 20% oder mehr Anteile hält (§ 9 Sch 5 CA 1985):

- Gesamtes Eigenkapital,
- Jahresergebnis des letzten Geschäftsjahres.

Diese Angaben brauchen nicht gemacht zu werden, wenn (§ 9 Sch 5 CA 1985):

(i) der Jahresabschluß der investierenden Gesellschaft in den Konzernabschluß eines größeren Konzerns einbezogen wird und daher von der Aufstellung eines eigenen Konzernabschlusses befreit ist (§ 228 CA 1985), und außerdem die Beteiligung in den Konzernabschluß oder im Anhang nach der Equity-Methode ausgewiesen ist.;

(ii) sie unwesentlich sind;

(iii) das Unternehmen, über das zu berichten ist, seinen Jahresabschluß nicht veröffentlichen muß und die berichtende Gesellschaft weniger als die Hälfte der Anteile besitzt.

Eine Kapitalgesellschaft hat in ihrem Einzelabschluß die folgenden Angaben für alle Unternehmen zu machen, an denen sie mindestens 20% der Anteile hält (§ 285 Nr 11 HGB):

- Eigenkapital,
- Ergebnis des letzten Geschäftsjahres.

Diese Angaben sowie die unten erwähnten Angaben können unterbleiben, wenn (§ 286(3) HGB):

(i) sie von untergeordneter Bedeutung sind, oder

(ii) das Unternehmen, über das zu berichten ist, seinen Jahresabschluß nicht offenzulegen hat und die berichtende Kapitalgesellschaft weniger als die Hälfte der Anteile besitzt.

(i) Unincorporated businesses, which are required to disclose assets and liabilities adequately disclosed (§ 247(1) HGB), should separately disclose, if significant, debtor and creditor balances with shareholders (HFA 2/1993).

(ii) All limited liability companies are required to separately disclose loans, receivables from and payables to shareholders (§ 42(3) GmbHG).

The profit and loss account should disclose (§ 8 Sch 4 CA 1985):

- income from shares in group undertakings;
- income from participating interests;
- amount of interest income and expense relating to affiliated undertakings.

The profit and loss account should disclose (§ 275(2)(3) HGB):

- income from participations (including, separately, the amount relating to affiliated undertakings);
- amount of interest income and expense relating to affiliated undertakings.

11.10. Disclosure requirements if a company does not prepare consolidated accounts

11.10.1. *Undertakings in which it holds 20% or more*

An incorporated company which does not prepare consolidated accounts, should give the following information for all undertakings in which it holds 20% or more (§ 9 Sch 5 CA 1985):

- aggregate capital and reserves,
- profit or loss for its most recent financial year.

An incorporated company should in its single entity accounts give the following information for all undertakings in which it holds at least 20% (§ 285 Nr 11 HGB):

- the shareholders' equity,
- the results of the most recent financial year.

However, this information does not need to be disclosed if (§ 9 Sch 5 CA 1985):

(i) the investing company's accounts are consolidated into a larger group, and it is therefore exempt from preparing group accounts (under § 228 CA 1985) and the investment is included in the accounts (or shown in a note) under the equity method;

(ii) not material;

(iii) shareholder funds and results for the year need not be published if the investee undertaking does not have to file or publish its financial statements and the reporting company holds less than half of its shares.

However this information and the information below does not need to be disclosed if (§286(3) HGB):

(i) insignificant, or

(ii) shareholders' equity and annual results need not be reported if the undertaking which is to be reported on does not have to publish its financial statements and the reporting company holds less than half its shares.

(iv) die Angaben Sch 5 CA 1985 für ein Unternehmen oder Konzern, das einen Geschäftsbetrieb außerhalb Großbritanniens unterhält, einen erheblichen Nachteil bedeuten würde und eine Genehmigung des Secretary of State eingeholt worden ist (§ 231 (3) CA 1985).	(iii) nach vernünftiger kaufmännischer Beurteilung geeignet sind, der Kapitalgesellschaft oder dem anderen Unternehmen einen erheblichen Nachteil zuzufügen. (Die Anwendung dieses Wahlrechtes, soweit ausgeübt, ist im Anhang zu erläutern).
Die folgenden Angaben sind für alle Unternehmen, von deren Anteilen die Gesellschaft wenigstens 10% besitzt, und für alle wichtigen assoziierten Unternehmen zu machen (§ 8 Sch 5 CA 1985/ SSAP 1):	Eine Kapitalgesellschaft muß die folgenden Angaben für alle Unternehmen machen, in denen sie mindestens 20% der Anteile besitzt (§ 285 Nr. 11 HGB):
(i) Name und Gründungsstaat (oder Anschrift bei Personengesellschaften);	(i) Name und Sitz;
(ii) der Anteil der ausgegebenen Klassen von Kapitalanteilen, die durch die investierende Gruppe gehalten werden;	(ii) Höhe des Anteils am Kapital .
(iii) (in Bezug auf assoziierte Unternehmen) ein Hinweis auf die Art des Geschäftsbetriebes (SSAP 1).	

11.10.2. *Assoziierte Unternehmen*

Außer in den Fällen einer hundertprozentigen Tochtergesellschaft hat die investierende Gesellschaft, die keinen Konzernabschluß aufstellt, die folgenden Angaben für die assoziierten Unternehmen und Joint Ventures zu machen. (Dies erfolgt durch die Aufstellung einer getrennten Gewinn- und Verlustrechnung, oder durch zusätzliche Angaben in ihrer eigenen Gewinn- und Verlustrechnung ohne den Anteil am Jahresergebnis der assoziierten Unternehmen als realisierte Gewinne auszuweisen (SSAP 1):

- Anteil am Ergebnis vor Steuern,
- Anteil an den Steuern,
- Anteil an außerordentlichen Erträgen und Aufwendungen,
- Anteil am Bilanzgewinn der assoziierten Unternehmen.

Sind die Jahresergebnisse der assoziierten Unternehmen so wesentlich für den Jahresabschluß der investierenden Gruppe, daß zusätzliche Angaben zu einem besseren den tatsächlichen Verhältnissen entsprechenden Bild beitragen würden, dann sind Angaben zu machen über Gesamtumsätze, Gesamtabschreibungen, Gesamtergebnis vor Steuern und den Anteil des Ergebnisses, der der investierenden Gruppe zuzuordnen ist (SSAP 1).

(iv) the information required by Sch 5 CA 1985 need not be disclosed in respect of an undertaking which is established or carries on business outside of the UK if disclosure would be seriously prejudicial to the business or to the group, and if permission is obtained from the Secretary of State (§ 231(3) CA 1985).

The following should also be disclosed in respect of all undertakings in which it holds at least 10%, and each principal associated undertaking (§ 8 Sch 5 CA 1985/SSAP 1):

(i) name and country of incorporation (or address if unincorporated),

(ii) the proportion of the issued shares of each class held by the investing group,

(iii) (in respect of associated undertakings) an indication of the nature of its business (SSAP 1).

11.10.2. ***Associated undertakings***

Except where it is a wholly owned subsidiary, an investing undertaking which does not prepare consolidated financial statements should show the following information for its associated undertakings and joint ventures (by preparing a separate profit and loss account, or by adding the information in supplementary form to its own profit and loss account in such a way that its share of the profits of its associated undertakings is not treated as realised)(SSAP 1):

- share of profits before tax,
- share of taxation,
- share of extraordinary items,
- share of net profit retained by associated undertakings.

If the results of the associated undertakings are so material in the context of the financial statements of the investing undertaking that more information would assist in a true and fair view, separate disclosure should be given of total turnover, total depreciation, total profits less losses before taxation and the amount of such profits less losses attributable to the investing undertakings (SSAP 1).

(iii) based on sound business judgement, is likely to materially harm the company or the other undertaking. (Use of this exemption, if applicable, should be disclosed in the notes).

An incorporated company should also give the following information for all undertakings in which it holds at least 20% (§ 285 Nr 11 HGB):

(i) name and registered address,

(ii) the percentage of share capital held.

11.10.3. *Tochtergesellschaften*

Wird kein Konzernabschluß erstellt, dann sind die Namen aller wichtigen Tochtergesellschaften zusammen mit folgenden Daten anzugeben (FRS 2/§ 1 Sch 5 CA 1985):.

(i) der durch den Konzern gehaltene Anteil der Stimmrechte (FRS 2) und

(ii) Hinweis auf die Art des Geschäfts (FRS 2)

(iii) der Gründungsstaat (oder Anschrift im Fall von Personengesellschaften) (§ 1 Sch 5 CA 1985);

(iv) eine Beschreibung und der Prozentanteil des Nennwertes jeder Klasse von Anteilen. (§ 2 Sch 5 CA 1985) (z.B. ist zwischen Anteilen, die im Besitz der Muttergesellschaft und denen, die im Besitz des Konzerns sind, zu unterscheiden).

Die Angaben, die gemäß Sch 5 CA 1985 gefordert sind, müssen für solche Unternehmen nicht gemacht werden, die einen Geschäftsbetrieb außerhalb Großbritanniens unterhalten, wenn die Angaben dem Unternehmen oder dem Konzern erheblichen Nachteil zufügen können und wenn eine Genehmigung vom Secretary of State eingeholt worden ist (§ 231 (3) CA 1985).

Die Namen aller wichtigen Tochtergesellschaften einschließlich jener, die von der Konsolidierung ausgeschlossen werden dürfen, sind anzugeben zusammen mit folgenden Daten (§ 313 HGB):

(i) Anteil und Betrag des Kapitals,

(ii) Sitz.

Die Angaben können unterbleiben, wenn sie nach vernünftiger kaufmännischer Beurteilung geeignet sind, der Kapitalgesellschaft oder dem anderen Unternehmen einen erheblichen Nachteil zuzufügen. Die Anwendung dieser Ausnahmeregelung ist im Jahresabschluß zu vermerken (§ 313(3) HGB).

11.10.3. Subsidiary undertakings

If consolidated accounts are not prepared, should disclose the names of all principal subsidiaries (FRS 2/ § 1 Sch 5 CA 1985) together with :

(i) the proportion of voting rights held (FRS 2), and

(ii) an indication of the nature of its business (FRS 2);

(iii) country of incorporation (or address, if unincorporated) (§ 1 Sch 5 CA 1985);

(iv) a description and the percentage of the nominal value of each class of share. (§ 2 Sch 5 CA 1985) (N.B. distinguish between shares held by the parent, and those held by the group).

The information required solely by Sch 5 CA 1985 need not be disclosed in respect of an undertaking which is established or carries on business outside of the UK if disclosure would be seriously predicial to the business or to the group, and if permission is obtained from the Secretary of State (§ 231(3) CA 1985).

Should disclose the names of all principal subsidiaries, including those which may be excluded from consolidation, together with (§ 313 HGB):

(i) the amount of capital held.,

(ii) registered address.

This information need not be given if, using sound business judgement, there are grounds to believe that material harm could result from such disclosures. The use of this exception must be disclosed in the accounts (§ 313(3) HGB).

I RECHNUNGSLEGUNGSGRUNDSÄTZE UND ERLÄUTERUNGSVORSCHRIFTEN

12. Joint Ventures im Einzelabschluss

12.1. Einleitung

Großbritannien: Der Bereich der Bilanzierung von Joint Ventures ist derzeit in der Diskussion. Ein entsprechender Arbeitsentwurf ist dazu herausgegeben worden.

12.2. Definition

Großbritannien: Ein Joint Venture ist ein Unternehmen, das durch zwei oder mehr Unternehmer kontrolliert wird und mit dem die Beteiligten einen gemeinsamen Zweck verfolgen oder aus dem sie einen gemeinsamen Nutzen ziehen (ASB interim statement).

Deutschland: Ein Joint Venture ist eine vertragliche Vereinbarung zwischen zwei oder mehr Parteien in Bezug auf gemeinsame wirtschaftliche Aktivitäten (HFA 1/1993).

12.3. Bilanzierung von Anteilen an Joint Ventures in der Rechtsform einer Kapitalgesellschaft

Großbritannien: Eine Beteiligung an einem Joint Venture, das in der Form einer haftungsbeschränkten Kapitalgesellschaft besteht, ist in der gleichen Weise wie eine Beteiligung zu bilanzieren (siehe Abschnitt I.11).

Deutschland: Eine Beteiligung an einem Joint Venture in der Rechtsform einer haftungsbeschränkten Kapitalgesellschaft ist auf die gleiche Weise wie eine Beteiligung zu bilanzieren (HFA 1/1993) (siehe Abschnitt I.11).

12.4. Bilanzierung von Anteilen an Joint Ventures in der Rechtsform einer Personengesellschaft

Deutschland: In Deutschland wird bei der Bilanzierung von Joint Ventures eine Unterscheidung gemacht zwischen Offenen Handelsgesellschaften und Joint Ventures, die als zivilrechtliche BGB- oder Bruchteilsgesellschaften organisiert sind (HFA 1/1993).

12.4.1. *Unlimited partnerships und andere Joint Ventures, die als Personengesellschaften organisiert sind - offene Handelsgesellschaften*

Großbritannien: Eine Beteiligung an einem Partnership oder anderen Joint Ventures, die als Personengesellschaft organisiert sind, ist wie folgt zu bilanzieren:

Deutschland: Eine Beteiligung an einer Offenen Handelsgesellschaft im Einzelabschluß ist wie folgt (HFA 1/1991) zu bilanzieren:

I ACCOUNTING REQUIREMENTS, PRINCIPLES AND DISCLOSURE REQUIREMENTS

12. Joint Ventures in Single Entity Accounts

12.1. Introduction

UK: The issue of accounting for joint ventures is currently under review, and a discussion paper has been issued.

12.2. Definition

UK: A joint venture is an undertaking, controlled by two or more venturers, by which its participants expect to achieve some common purpose or benefit (ASB interim statement).

Germany: A jount venture is a contractual agreement between two or more parties in respect of common economic activities (HFA 1/1993).

12.3. Accounting for investments in incorporated joint ventures

UK: An investment in a joint venture incorporated as a limited company should be accounted in single entity accounts for as described under "Participating interests." (See Section I.11)

Germany: An investment in a joint venture incorporated as a limited company should be accounted for in single entity accounts in the same way as for Participations (HFA 1/1993) (See Section I.11).

12.4. Accounting for investments in unincorporated joint ventures

Germany: In Germany, a distinction is made for joint venture accounting purposes between unincorporated partnerships, entities constituted under civil law (BGB entities) and tenancies in common (HFA 1/1993).

12.4.1. *Accounting for unlimited partnerships and other unincorporated joint ventures*

UK: An investment in a partnership or other unincorporated joint venture in single entity accounts should be accounted for as follows:

Germany: An investment in an unincorporated partnership in single entity accounts should be accounted for as follows (HFA 1/1991).

12.4.1.1. ***Vereinnahmung von Erträgen***

Erträge sind auf der Basis der ausgeschütteten Dividenden und der Dividenden, auf die ein Rechtsanspruch besteht, zu vereinnahmen, außer wenn der Joint Venture-Vertrag Regelungen enthält, die eine bestimmte anteilsmäßige Bilanzierung des Anteils am Bilanzgewinn zulassen (SSAP 1).

Der Anteil am Gewinn einer Offenen Handelsgesellschaft ist zu vereinnahmen, wenn ein Rechtsanspruch darauf besteht, was normalerweise zum Abschlußstichtag der Personengesellschaft der Fall ist. Ist eine Entscheidung der Partner notwendig, dann sollte keine Vereinnahmung vor dieser Entscheidung erfolgen. Besitzt die berichtende Gesellschaft die Mehrheit der Stimmrechte, dann ist auf der Grundlage des Jahresabschlusses zu vereinnahmen (HFA 1/1991).

Verluste sind nur zu berücksichtigen, wenn sie eine dauernde Wertminderung der Beteiligung darstellen (§ 253(2) HGB/HFA 1/1991).

Sowohl Personen- als auch Kapitalgesellschaften können Wertberichtigungen für vorübergehende Wertminderung vornehmen (§ 253(2) HGB).

12.4.2. ***Bewertungsgrundlagen***

Die Anteile sind mit den Anschaffungskosten anzusetzen, vermindert um Abschreibungen (SSAP 1), es sei denn, der Joint Venture-Vertrag enthält Regelungen, die eine Bilanzierung eines entsprechenden Anteils an den Vermögensgegenständen und Schulden und am Jahresergebnis zulassen (SSAP 1).

Die Beteiligung ist zu Anschaffungskosten anzusetzen, vermindert um Abschreibungen (§§ 253(1), 255(1) HGB).

Die Anteile sind als Beteiligung einzuordnen, ungeachtet der Höhe der Anteile, sofern die investierende Gesellschaft erheblichen Einfluß ausübt (oder als Tochtergesellschaft, falls die entsprechende Definition zutrifft).

Die Anteile sind als Beteiligungen zu klassifizieren, unabhängig von der Höhe der Anteile (oder als verbundenes Unternehmen, falls deren Definition gemäß § 271(2) HGB/ HFA 1/1991 zutrifft).

12.4.3. ***Zivilrechtliche BGB- oder Bruchteilsgesellschaften***

12.4.3.1. ***Bewertungsgrundlagen***

Die Investition in Joint Ventures in der Form von BGB- oder Bruchteilsgesellschaften, bei denen Bruchteilseigentum an Vermögensgegenständen und Verbindlichkeiten besteht, ist anteilmäßig zu bilanzieren (HFA 1/1993).

Die Investition in Joint Ventures in der Form von BGB- oder Bruchteilsgesellschaften, bei denen Gesamthandseigentum an Vermögensgegenständen und Verbindlichkeiten besteht, ist als Beteiligung an Joint Ventures zu Anschaffungskosten anzusetzen (§ 255 (1) HGB) und Verluste oder Gewinne aus dem Anteil an dem Joint Venture sind in der Gewinn- und Verlustrechnung zu erfassen. Der Ansatz eines proportionalen Anteils an Vermögensgegenständen und Schulden ist nicht zulässig (HFA 1/1993).

12.4.1.1. *Recognition of income*

Income should be recognised on the basis of dividends received and receivable except where the joint venture arrangements have features which justify accounting for a proportionate share of profits and losses (SSAP 1).

The share of profit in an unlimited company should be recognised when entitled to it, which is normally at the financial year end date of the unlimited company. If a decision of the partners is necessary, then it should not be recognised before such a decision (unless a majority of the voting rights are held, in which case it should be recognised based upon the year end accounts) (HFA 1/1991).

Losses are only required to be provided for in the event of a permanent diminution in the value of the participation (§ 253(2) HGB/HFA 1/1991).

Both unincorporated businesses and incorporated companies may make provision for temporary diminution in value (§ 253(2) HGB).

12.4.2. *Basis of accounting*

The investment should be accounted for at cost, less any amounts written off (SSAP 1), except where the joint venture arrangements have features which justify accounting for a proportionate share of individual assets and liabilities, and of profits and losses (SSAP 1).

The investment should be stated at cost less any amounts written off (§§ 253(1), 255(1) HGB).

The investment should be classified under Participating interest, no matter what the shareholding, provided the investing company exercises significant influence, (or subsidiary undertaking if it meets that definition).

The investment should be classified under Participations, no matter what the shareholding (or as a group undertaking if it meets the definition of § 271(2) HGB/HFA 1/1991).

12.4.3. *Entities constituted under civil law (BGB entities), or tenancies in common*

12.4.3.1. *Basis of accounting*

Joint venture investments in the form of BGB entities or tenancies in common where there is no common ownership of assets and liabilities should be accounted for proportionately (HFA 1/1993).

Joint venture investments in the form of BGB entities or tenancies in common where there is common ownership of assets and liabilities should be stated, as investment in joint venture, at cost (§ 255 (1) HGB) and gains and losses arising from the share in the joint venture should be recognised in the profit and loss account. Proportionate accounting of assets and liabilities is not permissable (HFA 1/1993).

Ob eine Beteiligung an einem Joint Venture als Gegenstand des Anlage- oder des Umlaufvermögens betrachtet wird, ist abhängig davon, ob die Anteile an dem Joint Venture dazu bestimmt sind, dauernd dem Geschäftsbetrieb zu dienen (§ 247(2) HGB).

Normalerweise wird vorausgesetzt, daß dies so ist, insbesondere wenn das Joint Venture zeitlich unbefristet ist. Wird jedoch erwartet, daß sich der Zeitraum des Joint Ventures über weniger als zwei Jahre erstreckt, dann sollte eine Zuordnung zum Umlaufvermögen in Erwägung gezogen werden (HFA 1/1993).

Besteht die Investition in einem festen Prozentsatz des Eigenkapitals und ist sie im Anlagevermögen enthalten, so ist sie als "Beteiligung" (§ 271(1) HGB) einzuordnen, unabhängig von der Höhe des Anteils. Ist dies nicht der Fall, dann ist die Investition unter "langfristige Ausleihungen" einzuordnen oder separat auszuweisen. Wird sie im Umlaufvermögen ausgewiesen, kann sie den "Sonstigen Vermögensgegenständen" zugeordnet oder getrennt ausgewiesen werden (HFA 1/1993).

12.4.3.2. *Vereinnahmung von Erträgen*

Der Anteil am Gewinn des Joint Venture darf nur dann vereinnahmt werden, wenn die Realisierung dieses Gewinns genügend sicher ist (dies wird angenommen, wenn der Gewinn auf der Grundlage deutscher Bilanzierungsprinzipien ermittelt wurde) (HFA 1/1993).

Entstehen mögliche Verluste oder Schulden, die den Anteil des Konzerns an dem Joint Venture übersteigen (z.B. als Konsequenz der Gesamthaftung in einem Partnership), dann sollten im Sinne des Vorsichtsprinzips (SSAP 1):

- Rückstellungen gebildet oder
- Eventualverbindlichkeiten ausgewiesen werden.

Erwartete zukünftige Verluste einschließlich aller Risiken, die aus der finanziellen Lage der anderen Joint Venture Partner erwachsen, sind zu berücksichtigen (§ 249(1) HGB/HFA 1/1993).

Der Anteil am Gewinn oder Verlust ist in der Gewinn- und Verlustrechnung auszuweisen (HFA 1/1993).

Der Anteil am Gewinn von Joint Ventures, deren Anteile im Umlaufvermögen ausgewiesen werden, darf ebenfalls realisiert werden, wenn dies im Anhang erläutert wird (HFA 1/1993).

Die Saldierung von positiven und negativen Jahresergebnissen verschiedener Joint Ventures ist nicht zulässig (§ 246(2) HGB).

Whether a share in a joint venture should be classified under fixed assets or under current assets depends upon whether the investment in the joint venture is required for long-term use in the business (§ 247(2) HGB) .

It is normally assumed to be so, particularly if the joint venture is for an indeterminate length of time. However, if the time scale of the joint venture is not expected to last over more than two year ends, then classification under current assets can come into consideration (HFA 1/1993).

If there is a fixed ownership percentage, and if included in fixed assets, the investment should be classified under Participations (§ 271(1) HGB) no matter what the percentage shareholding. If not, should include under Other long-term loans, or separately. If included in current assets, it can be included under Other assets, or separately (HFA 1/ 1993).

12.4.3.2. *Recognition of income*

The share of profits for the joint venture may only be recognised if the profit of the joint venture is sufficiently certain (which is assumed if determined in accordance with German accounting principles or similar) (HFA 1/1993).

Where an additional liability could arise which would be in excess of the group's share of the joint ventures' assets and liabilities (e.g. as a result of joint and several liability in a partnership), it may be necessary to consider whether it would be prudent, either to (SSAP 1):

- include an additional provision, or
- show a contingent liability.

Expected losses should be provided including for risks arising out of the solvency situation of the other joint venture partners (§ 249(1) HGB/HFA 1/ 1993).

The share of profits and losses should be shown in the profit and loss account (HFA 1/1993).

The share of profits of investment in joint ventures classified under current assets may also be recognised, provided this is explained in the notes to the accounts (HFA 1/1993).

Netting off of positive and negative results of various joint ventures is not permitted (§ 246(2) HGB).

12.5. Bilanzierung von Auszahlungen ausscheidender Anteilseigner durch die Personengesellschaft

Werden ausscheidende Anteilseigner der Personengesellschaft direkt durch das Unternehmen ausgezahlt, dann sind die stillen Reserven, die dem ausscheidenden Anteilseigner zuzuordnen sind und die als Teil der Auszahlungsvereinbarung an ihn ausgezahlt werden, als Vermögensgegenstand zu aktivieren. (In diesem Zusammenhang ist es auch zulässig, selbst erstellte immaterielle Vermögensgegenstände und Geschäfts- oder Firmenwert zu aktivieren) (HFA 2/1993).

Eine solche Aktivierung ist nicht zulässig für den Verkauf von Aktien an einem Unternehmen (HFA 2/1993).

12.6. Erläuterungs- und Ausweisvorschrift

Die Ausweisvorschriften für eine Beteiligung an einem Joint Venture im Einzelabschluß, sofern eine Gesellschaft keinen Konzernabschluß aufstellt, gleichen denen für assoziierte Unternehmen (siehe Abschnitt I.11).

In Bezug auf Beteiligungen an Partnerships, bei dem alle Teilhaber Kapitalgesellschaften sind, ist für dieses Unternehmen anzugeben (§ 9A Sch 5 CA 1985):

- der Name und die Rechtsform;
- Anschrift;
- der Name von mindestens einem Teilhaber (dies kann die Gesellschaft selbst sein), in dessen Konzernabschluß der Jahresabschluß des Unternehmens einbezogen worden ist. Ist dies nicht der Fall, dann ist anzugeben, daß ein Exemplar des letzten Jahresabschlusses des Partnerships dem beim Handelsregister eingereichten Jahresabschluß der Gesellschaft beigefügt ist.

Die Ausweisvorschriften für eine Beteiligung einer Kapitalgesellschaft an einem Joint Venture im Einzelabschluß gleichen denen für assoziierte Unternehmen (siehe Abschnitt I.11).

Für eine Beteiligung an einem Joint Venture in der Form einer Personengesellschaft ist im Anhang anzugeben, daß die persönliche Haftung im Hinblick auf das Joint Venture nicht beschränkt ist (HFA 1/ 1993/ § 285 Nr. 3 HGB).

12.5. Accounting for compensation paid to outgoing shareholders by unincorporated businesses

If outgoing shareholders in unincorporated businesses are compensated directly by the business, then the inner reserves which relate to the outgoing shareholder, and which are paid to him as part of the compensation settlement, may be capitalised as an asset. (To this extent, it is permitted to capitalise self-generated intangible fixed assets and goodwill) (HFA 2/1993).

Such a capitalisation is not, however, permitted on the sale of shares in a business (HFA 2/1993).

12.6. Disclosure requirements

The disclosure requirements for an investment in a joint venture in a single entity accounts where a company does not prepare consolidated accounts are as described for associated undertakings (See Section I.11).

In respect of an investment in a partnership undertaking where all of the members are limited companies then should disclose for the undertaking (§ 9A Sch 5 CA 1985):

- its name and legal form;
- address;
- (if an investment in a partnership) the name of at least one partner (which may be the company) where the undertaking's accounts have been consolidated. (If not, should state that a copy of the latest accounts of the partnership is to be appended to the copy of the company's accounts sent to the Register of Companies).

The disclosure requirements for an investment by an incorporated company in a joint venture in single entity accounts are as described for associated undertakings (See Section I.11).

In respect of an investment in an unincorporated joint venture it should be stated in the notes to the accounts of an incorporated company that liability is unlimited (HFA 1/1993/§ 285 No. 3 HGB).

I RECHNUNGSLEGUNGSGRUNDSÄTZE UND ERLÄUTERUNGSVORSCHRIFTEN

13. Umlaufvermögen

13.1. Bewertungsgrundlagen

Grossbritannien:

Vermögensgegenstände des Umlaufvermögens sind mit Anschaffungs- oder Herstellungskosten oder mit dem Nettoerlöswert anzusetzen, je nachdem, welcher Wert niedriger ist (§ 23(1) Sch 4 CA 1985).

Wenn die Gründe für die Wertberichtigung nicht mehr bestehen, ist eine Zuschreibung bis zur Höhe der nicht mehr notwendigen Abschreibungen vorzunehmen (§ 23(2) Sch 4 CA 1985).

Es ist nicht zulässig, Wertberichtigungen für zukünftige Wertschwankungen vorzunehmen.

Deutschland:

Gegenstände des Umlaufvermögens sind mit den Anschaffungs- oder Herstellungskosten oder dem niedrigeren Marktwert anzusetzen (§ 253 (1),(3) HGB).

Personengesellschaften dürfen Wertberichtigungen auch dann beibehalten, wenn die Gründe dafür nicht mehr bestehen (§ 253(5) HGB).

Kapitalgesellschaften haben eine Zuschreibung vorzunehmen, wenn die Gründe für die Wertberichtigung nicht mehr bestehen ("Wertaufholungsgebot") (§§ 280(1), 281(1) HGB), es sei denn, Voraussetzung für die Beibehaltung der Wertberichtigung in der Steuerbilanz ist, daß sie auch in der Handelsbilanz enthalten ist (§ 280(2) HGB). In diesem Fall ist der Betrag der aus steuerrechtlichen Gründen unterlassenen Zuschreibungen anzugeben (§ 280 (3) HGB).

Abschreibungen dürfen vorgenommen werden, soweit diese nach vernünftiger kaufmännischer Beurteilung notwendig sind, um zu verhindern, daß in der nächsten Zukunft der Wertansatz dieser Vermögensgegenstände aufgrund von Wertschwankungen geändert werden muß (§ 253(3) HGB).

Ein Zeitraum von zwei Jahren ist dabei als zukünftig zu betrachten.

Kapitalgesellschaften haben diese Abschreibungen gesondert auszuweisen (§ 277(3) HGB).

13.2. Unterschiedliche Regelungen für Personen- und Kapitalgesellschaften

Grossbritannien:

Weder Personen- noch Kapitalgesellschaften dürfen zusätzliche Abschreibungen vornehmen, die allein auf vernünftiger kaufmännischer Beurteilung beruhen.

Deutschland:

Abschreibungen sind im Rahmen vernünftiger kaufmännischer Beurteilung für Personengesellschaften zulässig (§ 253(4) HGB).

Solche Abschreibungen sind unzulässig für Kapitalgesellschaften (§ 279(1) HGB).

I ACCOUNTING REQUIREMENTS, PRINCIPLES AND DISCLOSURE REQUIREMENTS

13. Current Assets

13.1. Basis of accounting

UK

Current assets should be stated at the lower of purchase price or production cost, and net realisable value (§ 23(1) Sch 4 CA 1985).

Where the reasons for provision no longer exist, the provision should be written back to the extent longer necessary (§ 23(2) Sch 4 CA 1985).

It is not permitted to make provision in order to avoid a valuation change in the near future as a result of value fluctuations.

GERMANY

Current assets should be stated at the lower of cost and market value (§§ 253(1), (3) HGB).

For unincorporated businesses, provisions established for the reasons above may be retained, even where the reasons therefor no longer exist (§ 253(5) HGB).

However, for incorporated companies, a provision should be released once the reasons for its establishment no longer exists (§§ 280(1), 281(1) HGB) unless it is a prerequisite for retaining the provision for tax purposes that it be retained in the financial statements (§ 280(2) HGB) (if so, the amount of reversals of current assets not made in the financial year for tax reasons should be disclosed § 280(3) HGB).

Further write downs may be made to the extent that these are considered necessary based on sound business judgement in order to avoid a valuation change in the near future as a result of value fluctuations (§ 253(3) HGB).

A time period of two years is normally envisaged.

Incorporated companies are required to disclose such provisions separately (§ 277(3) HGB).

13.2. Distinction between unincorporated businesses and incorporated companies

UK

Neither unincorporated businesses nor incorporated companies may make additional provision based upon sound business judgement alone.

GERMANY

In addition, provision is permissable for unincorporated businesses within the framework of sound business judgement (§ 253(5) HGB).

Such provision is not permissible for limited companies (§ 279(1) HGB).

13.3. Die Überführung von Vermögensgegenständen aus dem Umlauf- in das Anlagevermögen

Werden Vermögensgegenstände aus dem Umlauf- in das Anlagevermögen überführt, dann sind die Bilanzierungsregeln für Umlaufvermögen bis zum Zeitpunkt des Übergangs anzuwenden (das ist das Datum, an dem das Management seine Absichten über die Nutzung ändert), das heißt, daß die Überführung zu Anschaffungskosten oder niedrigeren Nettoerlöswerten erfolgt (UITF 5).

Bilanzierungsregeln für das Anlagevermögen sind nach dem Zeitpunkt des Übergangs anzuwenden (UITF 5).

13.4. Erläuterungs- und Ausweisvorschriften

Kapitalgesellschaften müssen Gegenstände des Umlaufvermögens im Gliederungsformat laut Anhang I ausweisen (§ 8 Sch 4 CA 1985).

Kapitalgesellschaften müssen das Umlaufvermögen im Gliederungsformat laut Anhang I ausweisen (§ 266(2) HGB).

Kleine Gesellschaften brauchen nur folgende Positionen auszuweisen (§ 2(1),3,4 Sch 8 CA 1985):

- Vorräte
  - Vorräte
  - Geleistete Anzahlungen
- Forderungen
  - Forderungen aus Lieferungen und Leistungen
  - Forderungen gegenüber verbundenen Unternehmen und Unternehmen, mit denen ein Beteiligungsverhältnis besteht
  - Sonstige
- Wertpapiere
  - Anteile an verbundenen Unternehmen
  - Sonstige Wertpapiere
- Bankguthaben und Kassenbestände

Kleine Gesellschaften müssen nur die folgenden Positionen ausweisen (§ 266(1) HGB):

- Vorräte
- Forderungen und sonstige Vermögensgegenstände
- Wertpapiere
- Schecks, Kassenbestand, Bundesbank- und Postgiroguthaben, Guthaben bei Kreditinstituten

Kapitalgesellschaften müssen jedoch Darlehen von und an Gesellschafter einzeln ausweisen (§ 42(3) GmbHG).

Personengesellschaften, die einen Jahresabschluß aufstellen, der ein den tatsächlichen Verhältnissen entsprechendes Bild vermitteln soll, haben Vermögensgegenstände grundsätzlich wie Kapitalgesellschaften darzustellen.

Personengesellschaften müssen Vermögensgegenstände hinreichend aufgegliedert ausweisen (§ 247(1) HGB).

13.3. Transfer from current assets to fixed assets

Where assets are transferred from current assets to fixed assets, the current asset accounting rules should be applied up to the effective date of transfer (namely, the date of management's change of intent), i.e. the transfer should be made at the lower of cost and net realisable value. (UITF 5)

Fixed asset accounting rules apply to the assets subsequent to the date of transfer (UITF 5).

13.4. Disclosure requirements

Incorporated companies should show current assets in the format shown in appendix I (§ 8 Sch 4 CA 1985).

Incorporated companies should show current assets in the format shown in appendix I (§ 266(2) HGB).

Small companies need only disclose the following headings (§§ 2(1), 3, 4, Sch 8 CA 1985):

- Stocks
  - Stocks
  - Payments on account
- Debtors
  - Trade debtors
  - Amounts owed by group undertakings and undertakings in which the company has participating interest
  - Others
- Investments
  - Shares in group undertakings
  - Other investments
- Cash at bank and in hand

Small companies need only disclose the following headings (§ 266(1) HGB):

- Stocks
- Debtors and other assets
- Securities
- Cheques, cash in hand, central bank and post giro balances, bank balances

However limited liability companies are required to separately disclose loans receivable and payable to shareholders (§ 42(3) GmbHG).

Unincorporated businesses which prepare accounts intended to show a true and fair view should basically show assets as if they were incorporated companies.

Unincorporated businesses need to disclose assets adequately analysed (§ 247(1) HGB).

I RECHNUNGSLEGUNGSGRUNDSÄTZE UND ERLÄUTERUNGSVORSCHRIFTEN

14. Vorräte

14.1. Bewertungsgrundlagen

Großbritannien:

Vorräte sind mit den Kosten oder den niedrigeren Nettoverkaufserlösen anzusetzen (SSAP 9/§§ 22, 23 (1) Sch 4 CA 1985).

Deutschland:

Vorräte sind entweder mit ihren Kosten oder mit den niedrigeren Marktwerten anzusetzen (§ 253(1), (3) HGB).

14.2. Kosten

Großbritannien:

Kosten umfassen (SSAP 9/§ 26 Sch 4 CA 1985):

(i) Anschaffungskosten beinhalten den Kaufpreis einschließlich von Importzöllen, Transport- und Lagerkosten und anderen direkt zuordenbaren Kosten, vermindert um Skonti, Rabatte und Zuschüsse.

(ii) Herstellungskosten beinhalten:

- Einzelkosten (z.B. Fertigungslöhne; direkt zuordenbare Aufwendungen; bezogene Leistungen).
- Fertigungsgemeinkosten (Gemeinkosten, die im Zusammenhang mit Material, Fertigungspersonal und Dienstleistungen für die Fertigung entstanden sind, einschließlich von Abschreibungen, basierend auf Normalbeschäftigung).
- weitere Gemeinkosten (die damit verbunden sind, die Produkte und Dienstleistungen an ihre gegenwärtigen Standorte und in ihren jetzigen Zustand zu bringen).

Deutschland:

Kosten umfassen:

(i) Anschaffungskosten, die die Aufwendungen zum Erwerb des Vermögensgegenstandes und zur Versetzung in einen betriebsbereiten Zustand beinhalten, einschließlich Nebenkosten und nachträglicher Anschaffungskosten, abzüglich von Preisminderungen (§ 255(1) HGB).

(ii) Herstellungskosten, die die Aufwendungen zur Herstellung, Erweiterung oder wesentlichen Verbesserung eines Vermögensgegenstandes über seinen ursprünglichen Zustand hinaus enthalten, müssen als Minimun einschließen (§255 (2) HGB):

- Materialkosten
- Fertigungskosten und Sonderkosten der Fertigung

Herstellungskosten dürfen außerdem enthalten (§ 255 (2) HGB):

(iii) Einen angemessenen Teil der Material- und Fertigungsgemeinkosten und der Abschreibungen auf Produktionsanlagen. (Dies muß in der Steuerbilanz enthalten sein (Abschnitt 33 EStR)).

(iv) Allgemeine Verwaltungskosten, soweit sie der Produktion zugeordnet werden können.

In Deutschland sind Vorratsbewertungsmethoden im handelsrechtlichen Jahresabschluß möglich, die zu sehr verschiedenen Werten führen können. Voraussetzung ist, daß sie stetig angewandt werden.

I ACCOUNTING REQUIREMENTS, PRINCIPLES AND DISCLOSURE REQUIREMENTS

14. Stocks

14.1. Basis of accounting

UK

Stocks should be stated at the lower of cost and net realisible value (SSAP 9/§ 22, 23(1) Sch 4 CA 1985).

GERMANY

Stocks should be stated at the lower of cost and market value (§ 253(1), (3) HGB).

14.2. Cost

UK

Cost comprises (SSAP 9/§ 26 Sch 4 CA 1985):

(i) Costs of purchase:

- purchase price including import duties, transport and handling costs, and any other directly attributable costs, less trade discounts, rebates and subsidies.

(ii) Costs of conversion:

- direct costs (e.g. direct labour; direct expenses; subcontracted work)
- production overheads (overheads including depreciation, incurred in respect of materials, labour or services for production, based on normal level of activity)
- other overheads (attributable to bringing the product/service to its present location and condition).

GERMANY

Cost comprises:

(i) Purchase cost, which should comprise costs required to acquire the asset and put it in usable condition, and include direct incidental expenses and purchase costs incurred subsequently, less price reductions (§ 255(1) HGB).

(ii) Manufacturing cost, which comprises expenditure incurred to manufacture, enlarge, or improve an asset significantly beyond its original state and should include as a minimum (§ 255(2) HGB):

- raw materials
- production costs and special costs of production

Manufacturing costs may also include (§ 255(2) HGB):

(iii) an appropriate proportion of materials overheads, production overheads, and depreciation of manufacturing fixed assets. (This must, however, be included in the tax accounts (Abs 33 EStR)).

(iv) costs of general administration to the extent that it relates to production.

Thus, in Germany, significant variations in stock valuation methods are possible in the financial accounts provided that the valuation methods are applied consistently.

- Zinsen auf Fremdkapital, das der Finanzierung der Herstellung des Vermögengegenstandes dient, darf aktiviert werden (§ 26 Sch 4 CA 1985).

In diesem Fall sind die Tatsache, daß Zinsen aktiviert worden sind, und deren Höhe anzugeben (§ 26 Sch 4 CA 1985).

Werden Fremdkapitalzinsen aktiviert, dann ist der Effektivzinssatz anzuwenden. Kalkulatorische Eigenkapitalzinsen dürfen nicht aktiviert werden (ED 51).

Vertriebskosten dürfen nicht aktiviert werden (§ 26 Sch 4 CA 1985).

- Fremdkapitalzinsen, die zur Finanzierung der Produktion eines Vermögensgegenstandes aufgewandt wurden, soweit sie auf den Zeitraum der Herstellung entfallen (§ 255(3) HGB).

Kapitalgesellschaften müssen angeben, ob Fremdkapitalzinsen in den Herstellungskosten enthalten sind (§ 284(2) Nr 5 HGB).

Herstellungskosten dürfen keine Vertriebskosten enthalten (§ 255(2) HGB).

Leerkosten sind nicht zu aktivieren, d.h. bei der Aktivierung ist von Normalbeschäftigung auszugehen (HFA 5/1991).

Dies ist auch für die Steuerbilanz verbindlich (Abschnitt 33(8) EStR).

14.3. Nettoerlöswert

Die Grundlage für den Marktwert ist der Nettoerlöswert. Der Nettoerlöswert entspricht dem erwarteten Verkaufspreis (ohne Handelsspanne, vor Verrechnung und Skonti) abzüglich (SSAP 9):

(i) aller weiterer Aufwendungen zur Fertigstellung;

(ii) aller künftigen Aufwendungen für Marketing, Verkauf und Transport.

Die Grundlage für den Marktwert ist der Börsen- oder Marktpreis zum Bilanzstichtag (§ 253(3) HGB).

Ist ein Börsen- oder Marktpreis nicht festzustellen, und übersteigen Anschaffungs- oder Herstellungskosten den zum Bilanzstichtag beizulegenden Wert, dann sind die Vorräte auf diesen Wert abzuschreiben (§ 253(3) HGB).

Der Marktpreis wird normalerweise wie folgt festgestellt:

Roh-, Hilfs- und Betriebsstoffe und unfertige Erzeugnisse und Leistungen:	der niedrigere Wiederbeschaffungs- oder Herstellungspreis und der Nettoerlöswert
Fertigerzeugnisse:	Nettoerlöswert

14.4. Wertberichtigungen

Wenn die Gründe für Wertberichtigungen der Vorräte nicht mehr bestehen, dann ist in der Höhe der nicht mehr gerechtfertigten Wertberichtigung eine Zuschreibung vorzunehmen (§ 23(2) Sch 4 CA 1985).

Personengesellschaften dürfen einen solchen niedrigeren Wert auch dann beibehalten, wenn die Gründe dafür nicht mehr bestehen (§ 253(5) HGB).

- interest on borrowed capital to finance the production of an asset may be capitalised. (§ 26 Sch 4 CA 1985)

- interest on loan capital used to finance the production of an asset, to the extent that it is incurred during the period of production (§ 255(3) HGB).

If so, the fact that interest has been capitalised, and its amount, should be disclosed (§ 26 Sch 4 CA 1985).

Incorporated companies are required to disclose if interest on loan capital is included in manufacturing costs (§ 284(2) No. 5 HGB).

If borrowing costs are capitalised, should use the actual rate incurred. Notional borrowing costs should not be capitalised (ED 51).

Distribution costs should not be capitalised (§ 26 Sch 4 CA 1985).

Manufacturing should not include selling costs (§ 255 (2) HGB).

Costs of underutilisation of capacity should not be capitalised, i.e. should only capitalise a normal level of production (HFA 5/1991).

This is also mandatory in the tax accounts (Abs 33 (8) EStR).

14.3. Net realisable value

The basis of market value is net realisable value. Net realisable value comprises estimated selling price (net of trade, before settlement, discounts), less (SSAP 9):

(i) all further costs to completion;

(ii) all costs to be incurred in marketing, selling and distributing.

The basis of market value is quoted or market value at the balance sheet date (§ 253(3) HGB).

If a quoted or market value is not available, and if purchase or manufacturing cost exceeds the value which is appropriate at the balance sheet date, then stocks should be written down to this value (§ 253 (3) HGB).

Market value is generally determined as follows:

Raw materials and supplies and work in progress:	the lower of repurchase or reproduction cost, and net realisable value.
Finished goods:	net realisable value.

14.4. Provisions

Where the reasons for stock provisions no longer exist, the provision should be written back to the extent no longer necessary (§ 23(2) Sch 4 CA 1985).

Unincorporated businesses may retain stock provisions even where the reason therefor no longer exists (§ 253(5) HGB).

Kapitalgesellschaften müssen, sofern die Gründe für die Wertberichtigung auf Vorräte nicht mehr bestehen, eine Zuschreibung vornehmen (§§ 280(1), 281(1) HGB).

Von der Zuschreibung kann abgesehen werden, wenn die Wertberichtigung bei der steuerlichen Gewinnermittlung beibehalten werden kann und wenn Voraussetzung dafür ist, daß sie auch in der Handelsbilanz beibehalten wird (§ 280(2) HGB).

In diesem Fall ist der Betrag der aus steuerrechtlichen Gründen unterlassenen Zuschreibungen anzugeben und zu begründen (§ 280 (3) HGB).

Es ist nicht zulässig, Wertberichtigungen für zukünftige Wertschwankungen vorzunehmen.

Weitere Wertberichtigungen dürfen aufgrund vernünftiger kaufmännischer Beurteilung für zukünftige Wertschwankungen vorgenommen werden (§ 253(3) HGB).

Kapitalgesellschaften haben solche Wertberichtigungen einzeln auszuweisen (§ 277(3) HGB).

14.5. Unterschiedliche Regelungen für Personen- und Kapitalgesellschaften

Weder Personen- noch Kapitalgesellschaften dürfen zusätzliche Wertberichtigungen allein auf der Grundlage vernünftiger kaufmännischer Beurteilung vornehmen.

Personengesellschaften, jedoch nicht Kapitalgesellschaften, dürfen zusätzliche Wertberichtigungen im Rahmen vernünftiger kaufmännischer Beurteilung bilden (§§ 253(4), 279(1) HGB).

14.6. Bewertungsmethoden

Zulässige Bewertungsmethoden sind (§ 27 Sch 4 CA 1985):

- FIFO
- LIFO
- gewogener Durchschnitt
- jede andere geeignete Methode. Das angewandte Verfahren muß jedoch eine angemessene Annäherung an die wirklich entstandenen Aufwendungen darstellen (SSAP 9).

Aus diesem Grund wird die LIFO-Methode vielfach ungeeignet sein.

Zulässige vereinfachte Bewertungsmethoden sind (§ 256 HGB):

- FIFO
- LIFO
- Jede andere festgelegte Verbrauchsfolge, vorausgesetzt, sie entspricht den Grundsätzen ordnungsmäßiger Buchführung. Das schließt die Durchschnittsmethode mit ein.

Incorporated companies should release stock provisions once the reasons for the establishment of the provision no longer exist (§§ 280(1), 281(1) HGB).

However, the provision may be retained if it is a prerequisite for retaining the provision for tax purposes that it be retained in the financial statements (§ 280(2) HGB).

If this is the case, then the amount of reversals of current assets not made in the financial year for tax reasons should be disclosed and justified (§ 280(3) HGB).

It is not permissable to make provision in order to avoid a valuation change in the near future as a result of value fluctuations.

Further provisions may be made to the extent that these are considered necessary based upon sound business judgement in order to avoid a valuation change in the near future as a result of value fluctuations (§ 253(3) HGB).

Incorporated companies should disclose such provisions separately (§ 277(3) HGB).

14.5. Distinction between unincorporated businesses and incorporated companies

Neither unincorporated businesses nor incorporated companies may make additional provision based upon sound business judgement alone.

Unincorporated businesses, but not incorporated companies, may make additional provision within the framework of sound business judgement. (§§ 253(4), 279(1) HGB)

14.6. Methods of valuation

Acceptable methods for valuation include (§ 27 Sch 4 CA 1985):

- FIFO
- LIFO
- weighted average
- any other appropriate method. However, the method chosen must provide a fair approximation to expenditure actually incurred (SSAP 9)

In particular, it may not be appropriate to use LIFO for this reason.

Acceptable simplified methods for valuation include (§ 256 HGB):

- FIFO
- LIFO
- Another definite order, provided it conforms to required accounting principles. This includes the weighted average method.

Roh- und Hilfsstoffe dürfen zu einer festgelegten Menge und einem festgelegten Wert angesetzt werden, wenn der Gesamtwert unwesentlich ist und wenn ihre Menge, Wert und Zusammensetzung keinen starken Schwankungen unterliegen (§ 25 Sch 4 CA 1985).

Roh-, Hilfs- und Betriebsstoffe dürfen, wenn sie regelmäßig ersetzt werden und ihr Gesamtwert für das Unternehmen von nachrangiger Bedeutung ist, mit einer gleichbleibenden Menge und einem gleichbleibenden Wert angesetzt werden, sofern ihr Bestand in seiner Größe, seinem Wert und seiner Zusammensetzung nur geringen Veränderungen unterliegt (Festwert). Jedoch ist in der Regel alle drei Jahre eine körperliche Bestandsaufnahme durchzuführen (§ 240(3) HGB).

Vorräte dürfen unter Anwendung der gewogenen Durchschnittsmethode bewertet werden (SSAP 9/ § 27 Sch 4 CA 1985).

Gleichartige und annähernd gleichwertige Gegenstände des Vorratsvermögens können gruppiert und mit dem gewogenen Durchschnittswert angesetzt werden (Gruppenwert) § 240(4) HGB).

14.7. Erläuterungs- und Ausweisvorschriften

Kapitalgesellschaften müssen Vorräte unterteilen nach (§ 8 Sch 4 CA 1985):

- Roh- und Hilfsstoffen;
- Unfertigen Erzeugnissen;
- Fertigerzeugnissen und Waren, die zum Wiederverkauf gehalten werden;
- Geleisteten Anzahlungen.

Kapitalgesellschaften müssen Vorräte unterteilen nach (§ 266(2) HGB):

- Roh-, Hilfs- und Betriebsstoffen;
- Unfertigen Erzeugnissen, unfertigen Leistungen;
- Fertigen Erzeugnissen und Waren;
- Geleisteten Anzahlungen. (Diese können auch gesondert unter den Verbindlichkeiten ausgewiesen werden) (§ 268(5) HGB).

Kleine Kapitalgesellschaften brauchen nur die nachstehenden Gliederungspunkte anzugeben (§ 2(1) Sch 8 CA 1985):

- Vorräte
- Geleistete Anzahlungen

Kleine Gesellschaften dürfen diese Gliederungspunkte zusammenfassen (§ 266(1) HGB).

Jede wesentliche Differenz zwischen Wiederbeschaffungskosten und Buchwerten, für jede Untergruppe der Vorräte ist gesondert anzugeben (§§ 27(3), (4), (5) Sch 4 CA 1985).

Kapitalgesellschaften müssen, wenn sie keine kleinen Gesellschaften sind, die Differenz zwischen Buchwert und dem Wert, der auf dem letzten bekannten Börsen- oder Marktpreis vor dem Bilanzstichtag beruht, angeben, sofern sie wesentlich ist (§ 284(2) Nr. 4, 288 HGB).

14.8. Bewertungsmethoden, die von den historischen Kosten abweichen

Bewertet eine Gesellschaft nach alternativen Prinzipien, dann dürfen Vorräte zu ihren current cost angesetzt werden (§ 31(5) Sch 4 CA 1985).

Von historischen Kosten abweichende Bilanzierungsmethoden sind nicht zulässig. Vorräte dürfen nicht höher als zu ihren Anschaffungs- oder Herstellungskosten bewertet werden (§ 253(1) HGB).

Raw materials and consumables may be included at a fixed quantity and value if the overall value is not material, and if their quantity, value and composition are not subject to material variation (§ 25 Sch 4 CA 1985).

Raw materials and supplies may, if they are regularly replaced and their total value is not material to the business, be stated at a fixed quantity and a fixed value provided the amounts are only subject to minor fluctuations in respect of size value and composition. However, a physical inventory should be undertaken as a general rule, every three years (§ 240(3) HGB).

Stocks may be valued using the weighted average method. (SSAP 9/§ 27 Sch 4 CA 1985)

Items of stock of a similar nature, or of similar type or of approximately equal value may be grouped and valued using a weighted average. (§ 240(4) HGB)

14.7. Disclosure requirements

Incorporated companies should subclassify stocks into (§ 8 Sch 4 CA 1985):

- Raw materials and consumables;
- Work in progress;
- Finished goods and goods for resale;
- Payments on account.

Incorporated companies should subclassify stocks into (§ 266(2) HGB):

- Raw materials and supplies;
- Work in progress;
- Finished goods and merchandise;
- Payments on account. (may also be shown separately under liabilities) (§ 268(5) HGB).

Small companies need only disclose the following headings (§ 2(1) Sch 8 CA 1985):

- Stocks
- Payments on account.

Small companies may combine these headings. (§ 266(1) HGB)

Should disclose (if material) the difference between replacement cost and book amount, for every category of stock (§§ 27(3), (4), (5) Sch 4 CA 1985).

Incorporated companies, unless they are small, should disclose the difference between book value and a valuation based on the latest known quoted or market price prior to the balance sheet date if significant (§§ 284(2) No. 4, 288 HGB).

14.8. Alternative accounting rules

Where a company adopts alternative accounting rules, stocks may be included at current cost (§ 31(5) Sch 4 CA 1985).

Alternative accounting rules are not permitted. Stocks may not be valued above cost (§ 253(1) HGB).

I RECHNUNGSLEGUNGSGRUNDSÄTZE UND ERLÄUTERUNGSVORSCHRIFTEN

15. Langfristige Fertigungsverträge

15.1. Bilanzierungsgrundlagen

Großbritannien:

Langfristige Fertigungsverträge sind einzeln zu betrachten. Die Erträge sind in der Gewinn- und Verlustrechnung nach dem Stand der Fertigstellung des Projektes zu ermitteln und zu vereinnahmen (SSAP 9).

Kann der Erfolg mit angemessener Sicherheit eingeschätzt werden, dann ist ein vorsichtig berechneter zuordenbarer Ertrag in der Gewinn- und Verlustrechnung zu erfassen (der zuordenbare Ertrag entsteht nach Abzug von geschätzten Unterstützungs- und Instandhaltungsaufwendungen) (SSAP 9).

Deutschland:

Die Vereinnahmung von Erträgen nach dem Fertigungsstand wird im allgemeinen als nicht vereinbar mit dem Realisationsprinzip angesehen (§ 252(1) Nr 4 HGB), obwohl § 252(2) HGB die Möglichkeit bietet, von diesem Prinzip in begründeten Ausnahmefällen abzuweichen. Daher ist die Vereinnahmung von Erträgen erst nach Fertigstellung möglich.

Wenn dies zu einem Jahresabschluß führt, der ein den tatsächlichen Verhältnissen entsprechendes Bild gemäß § 264(2) HGB nicht vermittelt, kann eine praktische Lösung gefunden werden, indem Verträge in mehrere Teilverträge unterteilt werden, die getrennt abgerechnet werden können. Erträge werden dann bei der Fertigstellung jedes Teilvertrages vereinnahmt, sofern der Ertrag genügend sicher ist.

15.2. Drohende Verluste

Großbritannien:

Drohende Verluste sind sofort nach dem Bekanntwerden zurückzustellen (SSAP 9).

Deutschland:

Drohende Verluste aus nicht fertiggestellten Fertigungsverträgen sind sofort zu berücksichtigen (§ 249 (1) HGB).

15.3. Erläuterungs- und Ausweisvorschriften

Großbritannien:

Langfristige Fertigungsverträge sind in der Bilanz wie folgt darzustellen (SSAP 9):

(i) Forderungen aus langfristigen Fertigungsverträgen (soweit die Umsätze die Anzahlungen übersteigen), sind getrennt unter Forderungen aus Lieferungen und Leistungen auszuweisen;

(ii) erhaltene Anzahlungen (soweit die Anzahlungen die Umsätze übersteigen), sind getrennt unter Verbindlichkeiten aus Lieferungen und Leistungen auszuweisen;

(iii) Salden aus langfristigen Verträgen (enthalten alle Kosten nach Abzug der drohenden Verluste und der Anzahlungen) sind gesondert unter Vorräten auszuweisen unter Angabe der:

- Aufwendungen abzüglich drohender Verluste;
- Entsprechender Anzahlungen.

Deutschland:

Für Kapitalgesellschaften gilt:

(i) erhaltene Zahlungen sind getrennt unter Verbindlichkeiten auszuweisen, sofern sie nicht offen von den Vorräten abgesetzt worden sind (§ 266(2) HGB);

(ii) unfertige Leistungen sind in der Bilanz getrennt auszuweisen (§ 266(2) HGB).

I ACCOUNTING REQUIREMENTS, PRINCIPLES AND DISCLOSURE REQUIREMENTS

15. Long-term Contracts

15.1. Basis of accounting

UK	GERMANY
Long-term contracts should be assessed on a contract by contract basis, and reflected in the profit and loss account on the percentage of completion basis (SSAP 9).	Percentage of completion is generally considered to be contrary to the realisation principle (§ 252(1) No. 4 HGB), even though § 252(2) HGB provides that this principle may be departed from in justifiable exceptional circumstances. Thus, the completed contract method is considered to be appropriate.
If the outcome can be assessed with reasonable certainty, a prudently calculated attributable profit should be recognised in the profit and loss account (attributable profit is after allowing for estimated remedial and maintenance costs) (SSAP 9).	Alternatively if this would lead to the accounts not showing a true and fair view per § 264(2) HGB, a practical solution is often found through dividing contracts into discreet subsections, separately billable. Income is then generally recognised on completion of each subsection to the contract, provided profit is sufficiently certain.

15.2. Foreseeable losses

UK	GERMANY
Immediate provision should be made for foreseeable losses (SSAP 9).	Immediate provision should be made for foreseeable losses from uncompleted transactions (§ 249(1) HGB).

15.3. Disclosure requirements

UK	GERMANY
Long-term contracts should be disclosed in the balance sheet as follows (SSAP 9):	For incorporated companies:
(i) amounts recoverable on contracts (comprises the excess of turnover over payments on account) separately disclosed with debtors;	
(ii) payments on account (comprising the balance of payments on account) separately disclosed within creditors;	(i) progress payments should be separately disclosed under liabilities to the extent that payments on account are not openly deducted from stocks (§ 266(2) HGB);
(iii) long-term contract balances (comprising cost after deducting foreseeable losses and payments on account) separately disclosed within stocks, and showing separately: - net cost less foreseeable losses - applicable payments on account	(ii) work in progress should be separately disclosed in the balance sheet. (§ 266(2) HGB).

(iv) Betrag, um den die drohenden Verluste die bisher angefallenen Kosten übersteigen, ist unter Rückstellungen für ausstehende Verbindlichkeiten oder unter Verbindlichkeiten aus Lieferungen und Leistungen auszuweisen, je nachdem, was angemessen ist.

Kleine Kapitalgesellschaften dürfen langfristige Fertigungsverträge unter Vorräten ausweisen (§ 2(1) Sch 8 CA 1985).

Kleine Kapitalgesellschaften dürfen unfertige Leistungen unter Vorräten zusammenfassen (§ 266(1) HGB).

(iv) the amount by which provision for foreseeable losses exceeds costs incurred should be separately disclosed under provisions for liabilities and charges, or creditors as appropriate.

Small companies may combine long-term contracts under stocks (§ 2(1) Sch 8 CA 1985).

Small companies may combine work in progress under stocks (§ 266(1) HGB).

I RECHNUNGSLEGUNGSGRUNDSÄTZE UND ERLÄUTERUNGSVORSCHRIFTEN

16. Forderungen

16.1 Bewertungsgrundlagen

Großbritannien: Forderungen sind zu Kosten oder zum niedrigeren Marktwert anzusetzen (§ 23(1) Sch 4 CA 1985).

Deutschland: Forderungen sind mit dem Nennwert oder dem niedrigeren Marktwert anzusetzen, oder auf einen angemessenen Betrag abzuschreiben (§ 253(3) HGB).

16.2. Wertberichtigungen

Großbritannien: Wenn die Gründe für Wertberichtigungen auf Forderungen nicht mehr bestehen, dann sind in Höhe der nicht mehr notwendigen Wertberichtigungen Zuschreibungen vorzunehmen (§ 23(2) Sch 4 CA 1985).

Deutschland: Personengesellschaften dürfen Wertberichtigungen auf Forderungen auch dann beibehalten, wenn die Gründe dafür nicht länger bestehen (§ 253(5) HGB).

Kapitalgesellschaften haben Zuschreibungen vorzunehmen, wenn die Gründe für die Bildung einer Wertberichtigung auf Forderungen nicht mehr bestehen (§§ 280(1), 281(1) HGB).

Die Wertberichtigung kann jedoch beibehalten werden, wenn die Voraussetzung für die Beibehaltung in der Steuerbilanz ist, daß sie auch im Jahresabschluß beibehalten wird (§ 280(2) HGB).

In diesem Fall sind die Beträge der im Geschäftsjahr aus steuerlichen Gründen unterlassenen Zuschreibungen auf Gegenstände des Umlaufvermögens anzugeben und zu begründen (§ 280(3) HGB).

Großbritannien: Es ist nicht zulässig, Wertberichtigungen für zukünftige Wertschwankungen vorzunehmen.

Deutschland: Außerdem dürfen Abschreibungen vorgenommen werden, soweit diese nach vernünftiger kaufmännischer Beurteilung wegen zukünftiger Wertschwankungen notwendig sind (§ 253(3) HGB).

Kapitalgesellschaften haben solche Abschreibungen getrennt auszuweisen (§ 277(3) HGB).

16.3. Unterschiedliche Regelungen für Personen- und Kapitalgesellschaften

Großbritannien: Weder Personen- noch Kapitalgesellschaften dürfen zusätzliche Wertberichtigungen allein auf der Grundlage vernünftiger kaufmännischer Beurteilung vornehmen.

Deutschland: Personen-, jedoch nicht Kapitalgesellschaften, dürfen zusätzliche Abschreibungen allein im Rahmen vernünftiger kaufmännischer Beurteilung vornehmen (§§ 253(4), 279(1) HGB).

I ACCOUNTING REQUIREMENTS, PRINCIPLES AND DISCLOSURE REQUIREMENTS

16. Debtors

16.1. Basis of accounting

UK: Debtors should be stated at the lower of cost and market value (§ 23(1) Sch 4 CA 1985).

Germany: Debtors should be stated at the lower of cost and market value, or if not available, reduced to an appropriate value (§ 253(3) HGB).

16.2. Provisions

UK: Where the reasons for debtor provisions no longer exist, the provision should be written back to the extent no longer necessary (§ 23(2) Sch 4 CA 1985).

Germany: Unincorporated businesses may retain debtor provisions even where the reason therefore no longer exists (§ 253(5) HGB).

Incorporated companies should write back debtor provisions once the reasons for the establishment of the provision no longer exist (§§ 280(1), 281(1) HGB).

However, the provision may be retained if it is a prerequisite for retaining the provision for tax purposes that it be retained in the financial statements (§ 280(2) HGB).

If this is the case, then the amount of reversals of current assets not made in the financial year for tax reasons should be disclosed and justified (§ 280(3) HGB).

UK: It is not permissable to make provision in order to avoid a valuation change in the near future as a result of value fluctuations.

Germany: Further provisions may be made to the extent that these are considered necessary based upon sound business judgement in order to avoid a valuation change in the near future as a result of value fluctuations (§ 253(3) HGB).

Incorporated companies should disclose such provisions separately (§ 277(3) HGB).

16.3. Distinction between unincorporated businesses and incorporated companies

UK: Neither unincorporated businesses nor incorporated companies may make additional provision based upon sound business judgement alone.

Germany: Unincorporated businesses, but not incorporated companies, may make additional provision solely within the framework of sound business judgement (§§ 253(4), 279(1) HGB).

16.4. Erläuterungs- und Ausweisvorschriften

Kapitalgesellschaften müssen Forderungen ausweisen getrennt nach (§ 8 Sch 4 CA 1985):

- Forderungen aus Lieferungen und Leistungen;
- Forderungen gegen verbundene Unternehmen;
- Forderungen gegen Unternehmen, mit denen ein Beteiligungsverhältnis besteht;
- sonstige Vermögensgegenstände;
- eingeforderte, aber nocht nicht eingezahlte ausstehende Einlagen (können auch als separate Bilanzposition ausgewiesen werden);
- Rechnungsabgrenzungsposten (können ebenfalls als getrennter Bilanzposten ausgewiesen werden);
- Investitionen in Form von Finanzierungsleasing. (SSAP 21);
- Investitionen in Form von Hire Purchase-Verträgen (SSAP 21);
- Forderungen aus langfristigen Fertigungsverträgen (SSAP 9);
- vorausgezahlte Beiträge zu Rentenversicherungen (bei Rentenfonds mit festen Beiträgen), oder Vorauszahlungen, die aus einem Überschuß der rückgestellten Beträge über die tatsächlich angefallenen Aufwendungen für Renten resultieren (bei Rentenfonds mit festgelegten Pensionszahlungen) (SSAP 24).

Kleine Gesellschaften müssen nur die folgenden Gliederungspunkte angeben (§ 2(1) Sch 8 CA 1985):

- Forderungen aus Lieferungen und Leistungen;
- Forderungen gegenüber verbundenen Unternehmen und Unternehmen, mit denen ein Beteiligungsverhältnis besteht;
- Sonstige.

Forderungen, die nach mehr als einem Jahr fällig werden, sind getrennt für jede Untergruppe auszuweisen (§ 8 Sch 4 CA 1985).

Kapitalgesellschaften müssen "Forderungen und sonstige Vermögensgegenstände" wie folgt gliedern (§ 266(2) B II HGB):

- Forderungen aus Lieferungen und Leistungen;
- Forderungen gegen verbundene Unternehmen;
- Forderungen gegen Unternehmen, mit denen ein Beteiligungsverhältnis besteht;
- Sonstige Vermögensgegenstände.

Kleine Kapitalgesellschaften dürfen die obengenannten Posten in einem Gliederungspunkt zusammenfassen (§ 266(1) HGB).

Kapitalgesellschaften haben außerdem für jede Position, die in der Bilanz ausgewiesen wird, anzugeben:

- Forderungen mit einer Restlaufzeit von mehr als einem Jahr (§ 268(4) HGB);

16.4. Disclosure requirements

Incorporated companies should show Debtors analysed between (§ 8 Sch 4 CA 1985):

- Trade debtors;
- Amounts owed by group undertakings;
- Amounts owed by undertakings in which the group has a participating interest;
- Other debtors;
- Called up share capital not paid (may also be shown as a separate balance sheet heading);
- Prepayments and accrued income (may also be shown as a separate balance sheet heading);
- Net investment in finance leases (SSAP 21);
- Net investment in hire purchase contracts (SSAP 21);
- Amounts recoverable on contracts (SSAP 9);
- Prepaid pension contributions (defined contribution scheme), or prepayments resulting from an excess of amounts funded over pension cost charged (defined benefit scheme) (SSAP 24).

Incorporated companies should show Debtors and other assets analysed as follows (§ 266(2) B II HGB):

- Trade debtors;
- Amounts owed by group undertakings;
- Amounts owed by undertakings in which participations are held;
- Other assets.

Small companies need only disclose the following headings (§ 2(1) Sch 8 CA 1985):

- Trade debtors;
- Amounts owed by group undertakings and undertakings in which the company has a participating interest;
- Other.

Amounts falling due after more than one year should be separately disclosed for each category (§ 8 Sch 4 CA 1985).

Small companies may combine the above in one heading (§ 266(1) HGB).

Incorporated companies need also to disclose in respect of each item included in the balance sheet:

- debtors with a term of more than one year. (§ 268(4) HGB);

- in den "Sonstigen Vermögensgegenständen" enthaltene wesentliche Beträge, die erst nach dem Bilanzstichtag rechtlich entstehen (§ 268(4) HGB).

Wenn die Posten wesentlich sind und die Gefahr besteht, daß der Bilanzleser den Jahresabschluß falsch interpretieren könnte, dann sind die Forderungen in der Bilanz selbst getrennt zwischen solchen, die innerhalb eines Jahres fällig werden, und solchen, die erst nach einem Jahr fällig werden, auszuweisen (und nicht lediglich durch eine Angabe im Anhang) (UITF 4).

Kleine Gesellschaften sind von dieser letzteren Angabe befreit (§ 274a HGB).

Personengesellschaften, die einen Jahresabschluß aufstellen, der ein den tatsächlichen Verhältnissen entsprechendes Bild vermitteln soll, müssen Forderungen grundsätzlich so darstellen, als ob sie Kapitalgesellschaften wären.

Personengesellschaften müssen Forderungen hinreichend untergliedert darstellen (§ 274(1) HGB).

Forderungen und Verbindlichkeiten gegenüber Gesellschaftern sind bei Wesentlichkeit einzeln auszuweisen (HFA 2/1993).

- extent to which Other assets includes amounts of assets to which a legal claim arises only after the balance sheet date, if material (§ 268(4) HGB).

Where so material that readers may otherwise misinterpret the accounts, debtors should be analysed between those due within one year and those due after one year on the face of the balance sheet (rather than just in a note to the accounts) (UITF 4).

Small companies are exempt from this latter disclosure requirement (§ 274a HGB).

Unincorporated business which prepare accounts intended to show a true and fair view should basically show debtors as if they were incorporated companies.

Unincorporated businesses need to disclose debtors adequately disclosed (§ 274(1) HGB).

If significant, debtor and creditor balances with shareholders should be separately disclosed (HFA 2/1993).

I RECHNUNGSLEGUNGSGRUNDSÄTZE UND ERLÄUTERUNGSVORSCHRIFTEN

17. Wertpapiere des Umlaufvermögens

17.1. Einleitung

Großbritannien: Sofern nicht ausdrücklich durch das Gesetz vorgeschrieben, sind die Vorschriften des ED 55 nicht verbindlich.

17.2. Definition

Großbritannien: Wertpapiere des Umlaufvermögens sind Anteile, die keine Finanzanlagen sind (d.h. es ist nicht beabsichtigt, sie dauernd in den Geschäftsaktivitäten der Gesellschaft zu nutzen) (ED 55/§ 262(1) CA 1985).

Deutschland: Wertpapiere sind Anteile an Gesellschaften, die keine Finanzanlagen sind (d.h. sie sind nicht bestimmt, dem Geschäftsbetrieb dauernd zu dienen) (§ 247 (2) HGB).

17.3. Bewertungsgrundlagen

Großbritannien: Wertpapiere, die nicht sofort verkäuflich sind, sind mit den Anschaffungskosten oder den niedrigeren Nettoerlöswerten anzusetzen (ED 55/§ 23(1) Sch 4 CA 1985).

Sofort verkäufliche Wertpapiere des Umlaufvermögens sind zum jeweiligen Marktwert anzusetzen und Wertsteigerungen oder -minderungen sind in der Gewinn- und Verlustrechnung zu erfassen (ED 55/ §§ 12 (a), 13 Sch 4 CA 1985).

Deutschland: Wertpapiere des Umlaufvermögens sind mit den Anschaffungskosten oder dem niedrigeren Marktwert anzusetzen (§ 253(3) HGB).

Wertpapiere des Umlaufvermögens sind nicht höher als zu ihren Anschaffungskosten anzusetzen (§ 253 (1) HGB).

17.4. Wertberichtigungen

Großbritannien: Wenn die Gründe für die Abschreibung auf Wertpapiere nicht mehr bestehen, dann ist in Höhe der nicht mehr zutreffenden Abschreibung eine Zuschreibung vorzunehmen (§ 23(2) Sch 4 CA 1985).

Deutschland: Personengesellschaften dürfen Abschreibungen auf Wertpapiere auch dann beibehalten, wenn die Gründe dafür nicht länger bestehen (§ 253(5) HGB).

Kapitalgesellschaften haben Zuschreibungen vorzunehmen, wenn die Gründe für die Abschreibungen auf Wertpapiere nicht mehr bestehen (§§ 280(1), 281(1) HGB).

Die Abschreibung kann jedoch beibehalten werden, wenn die Voraussetzung für die Beibehaltung in der Steuerbilanz ist, daß sie auch im Jahresabschluß beibehalten wird (§ 280(2) HGB).

In diesem Fall sind die Beträge der im Geschäftsjahr aus steuerlichen Gründen unterlassenen Zuschreibungen auf Gegenstände des Umlaufvermögens anzugeben und zu begründen (§ 280(3) HGB).

I ACCOUNTING REQUIREMENTS, PRINCIPLES AND DISCLOSURE REQUIREMENTS

17.1. Current Asset Investments

17.1. Introduction

UK: To the extent not already provided by the law, the requirements of ED 55 are not mandatory.

17.2. Definition of current asset investment

UK: A current asset investment is defined as an investment other than a fixed asset investment (i.e. not intended for use on a continuing basis in the company's activities) (ED 55/§ 262(1) CA 1985).

Germany: A current asset investment is an investment other than a fixed asset investment (ie not required for long term use in the business) (§ 247(2) HGB).

17.3. Basis of accounting

UK: Current asset investments (other than readily marketable securities) should be stated at the lower of cost and net realisable value (ED 55/§ 23(1) Sch 4 CA 1985).

Readily marketable securities held as current assets should be stated at current market value, and increases/decreases recognised in the profit and loss account (ED 55/§§ 12(a), 13 Sch 4 CA 1985).

Germany: Current asset investments should be stated at the lower of cost and market value (§ 253(3) HGB).

Current asset investments should not be stated at more than cost (§ 253(1) HGB).

17.4. Provisions

UK: Where the reasons for a provision against current asset investments no longer exist, the provision should be written back to the extent no longer necessary (§ 23(2) Sch 4 CA 1985).

Germany: Unincorporated businesses may retain current asset investments even where the reason therefor no longer exists (§ 253(5) HGB).

Incorporated companies should write back a provision against current asset investments once the reasons for the establishment of the provision no longer exist (§§ 280(1), 281(1) HGB).

However, the provision may be retained if it is a prerequisite for retaining the provision for tax purposes or that it be retained in the financial statements (§ 280(2) HGB).

If this is the case, then the amount of reversals of current assets not made in the financial year for tax reasons should be disclosed and justified (§ 280(3) HGB).

Es ist nicht zulässig, Wertberichtigungen für zukünftige Wertschwankungen vorzunehmen.

Abschreibungen dürfen vorgenommen werden, soweit diese nach vernünftiger kaufmännischer Beurteilung wegen zukünftiger Wertschwankungen notwendig sind (§ 253(3) HGB).

Kapitalgesellschaften haben solche Abschreibungen getrennt auszuweisen (§ 277(3) HGB).

17.5. Unterschiedliche Regelungen für Personen- und Kapitalgesellschaften

Weder Personen- noch Kapitalgesellschaften dürfen zusätzliche Abschreibungen allein aufgrund vernünftiger kaufmännischer Beurteilung vornehmen.

Personen-, jedoch nicht Kapitalgesellschaften, dürfen zusätzliche Abschreibungen im Rahmen vernünftiger kaufmännischer Beurteilung vornehmen (§§ 253(4), 279 (1) HGB).

17.6. Vom Anschaffungskostenprinzip abweichende Bewertungsmethoden

Wenn eine Gesellschaft abweichende Bewertungsmethoden anwendet, dann können Wertpapiere zu current cost angesetzt werden (§ 31 Sch 4 1985).

Abweichende Bewertungsprinzipien sind nicht zulässig. Wertpapiere des Umlaufvermögens dürfen nicht höher als zu ihren Anschaffungskosten angesetzt werden (§ 253(1) HGB).

17.7. Eigene Anteile

Eigene Anteile sind aufgrund ihrer Zweckbestimmung entweder als Finanzanlagen oder als Wertpapiere des Umlaufvermögens auszuweisen (§ 8 Sch 4 CA 1985) und sind dementsprechend zu bewerten.

Eigene Anteile sind unter den Wertpapieren des Umlaufvermögens auszuweisen, ungeachtet der Zweckbestimmung (§ 265(3) HGB). Sie sind wie alle anderen Vermögensgegenstände des Umlaufvermögens zu bewerten (§ 253(3) HGB).

17.8. Erläuterungs- und Ausweisvorschriften

Kapitalgesellschaften haben Wertpapiere getrennt auszuweisen nach (§ 8 Sch 4 CA 1985):

- Anteile an verbundenen Unternehmen;
- eigene Anteile;
- sonstige Wertpapiere.

Kleine Gesellschaften können eigene Anteile und sonstige Wertpapiere zusammen ausweisen (§ 2(1) Sch 8 CA 1985).

Darlehen, die nach § 153(4)(b),(c) CA 1985 oder § 155 CA 1985 ausgereicht wurden, um den Erwerb eigener Anteile durch bestimmte berechtigte Personen zu finanzieren, sind als Summe unter jeder Bilanzposition auszuweisen, in der sie enthalten sind (§ 51(2) Sch 4 CA 1985).

Kapitalgesellschaften müssen Wertpapiere wie folgt gliedern (§ 266(2) BIII):

- Anteile an verbundenen Unternehmen;
- eigene Anteile;
- sonstige Wertpapiere.

Kleine Kapitalgesellschaften können die obengenannten Gliederungspunkte zusammenfassen (§ 266 (1) HGB).

It is not permissable to make provision in order to avoid a valuation change in the near future as a result of value fluctuations.

Further provisions may be made to the extent that these are considered necessary based upon sound business judgement in order to avoid a valuation change in the near future as a result of value fluctuations (§ 253(3) HGB).

Incorporated companies should disclose such provisions separately (§ 277(3) HGB).

17.5. Distinction between unincorporated businesses and incorporated companies

Neither unincorporated businesses nor incorporated companies may make additional provision based upon sound business judgement alone.

Unincorporated businesses, but not incorporated companies, may make additional provision within the framework of sound business judgement. (§§ 253(4), 279(1) HGB)

17.6. Alternative accounting rules

Where a company adopts alternative accounting rules, current asset investments may be included at current cost (§ 31 Sch 4 1985).

Alternative accounting rules are not permitted. Current asset investments may not be stated at more than cost (§ 253(1) HGB).

17.7. Own shares

Own shares should be shown under fixed asset investment or under current asset investments, according to the company's intentions, (§ 8 Sch 4 CA 1985), and should be valued accordingly.

Own shares may only be shown under current asset securities, regardless of the company's intentions (§ 265(3) HGB). They should be valued as for any other current asset (§ 253(3) HGB).

17.8. Disclosure requirements

Incorporated companies should show current asset investments analysed between (§ 8 Sch 4 CA 1985):

- shares in group undertakings;
- own shares;
- other investments.

Small companies may show own shares and other investments combined (§ 2(1) Sch 8 CA 1985).

In respect of loans made under § 153(4)(b),(c) CA 1985 or § 155 CA 1985 to finance the acquisition of own shares by certain permitted persons - should disclose the aggregate amount in respect of each balance sheet heading in which they appear (§ 51(2) Sch 4 CA 1985).

Incorporated companies should show current asset securities analysed as follows (§ 266(2) BIII HGB):

- shares in group undertakings;
- own shares;
- other securities.

Small companies may combine the above headings (§ 266(1) HGB).

I RECHNUNGSLEGUNGSGRUNDSÄTZE UND ERLÄUTERUNGSVORSCHRIFTEN

18. Verbindlichkeiten

18.1. Bewertungsgrundlagen

Deutschland: Verbindlichkeiten sind zu ihrem Rückzahlungsbetrag anzusetzen (§ 253(1) HGB).

18.2. Unterschiedsbeträge zwischen Auszahlungs- und Rückzahlungsbeträgen (Disagio)

Großbritannien: Wenn der geschuldete Betrag aus einer Verbindlichkeit höher ist als der Wert der Verbindlichkeit bei ihrer Entstehung, dann darf die Differenz als Vermögensgegenstand behandelt und mit angemessenen Beträgen jährlich abgeschrieben werden. Sie muß vor der vollständigen Rückzahlung der Schuld abgeschrieben sein. Der Betrag zum Jahresende ist getrennt auszuweisen (§ 24(2) Sch 4 CA 1985).

Deutschland: Ist der Rückzahlungsbetrag einer Verbindlichkeit höher als der Auszahlungbetrag ("Disagio"), dann darf die Differenz als aktiver Rechnungsabgrenzungsposten (§ 250 (3) HGB) abgegrenzt werden, die für Kapitalgesellschaften getrennt auszuweisen oder im Anhang zu erläutern ist (§ 268(6) HGB).

Die Differenz ist durch planmäßige Abschreibungen über die Laufzeit der Verbindlichkeit zu amortisieren (§ 250(3) HGB).

18.3. Erläuterungs- und Ausweisvorschriften

Großbritannien:

Vorgeschlagene Dividenden sind unter Verbindlichkeiten auszuweisen (§ 51(3) CA 1985).

Der Gesamtbetrag der besicherten Verbindlichkeiten je Gruppe ist unter Angabe der Art der gegebenen Sicherheit anzugeben (§ 48(4) Sch 4 CA 1985).

Es sind Einzelheiten über Pfandrechte auf die Vermögensgegenstände der Gesellschaft, die zur Sicherung von fremden Verbindlichkeiten dienen und, falls möglich, der Betrag des Pfandrechtes anzugeben (§ 50(1) Sch 4 CA 1985).

Der Betrag von eingelösten Schuldverschreibungen, die zur erneuten Ausgabe bereitstehen, ist anzugeben (§ 41(2) Sch 4 CA 1985).

Es sind Nenn- und Buchwerte von Schuldverschreibungen auszuweisen, die durch eine, von der Gesellschaft benannten oder in treuhänderischer Funktion stehenden, Person für die Gesellschaft gehalten werden (§ 41(3) Sch 4 CA 1985).

Deutschland:

Die Bilanz darf auch unter Berücksichtigung der vollständigen oder teilweisen Gewinnverwendung aufgestellt werden (§ 268(1) HGB).

Der Gesamtbetrag der Verbindlichkeiten, die durch Pfandrechte oder ähnliche Rechte gesichert sind (unter Angabe von Art und Form der Sicherheiten) ist anzugeben (§ 285 (1)b HGB/Konzern - § 314(1) Nr.1 HGB).

Haftungsverhältnisse, die aus der Bestellung von Sicherheiten für fremde Verbindlichkeiten entstehen, sind anzugeben (§ 251 HGB).

I ACCOUNTING REQUIREMENTS, PRINCIPLES AND DISCLOSURE REQUIREMENTS

18. Liabilities

18.1. Basis of accounting

UK	GERMANY
	Liabilities should be stated at their redemption amount (§ 253(1) HGB).

18.2. Difference between repayment amount and payout amount

UK	GERMANY
Where the amount owed on a liability is higher than the value when it arose, the difference may be treated as asset, and written off by reasonable amounts each year. It must be completely written off before repayment of the debt. The current amount should be separately disclosed (§ 24(2) Sch 4 CA 1985).	If the amount to be repaid in respect of a liability is higher than its value when it arose, the difference may be accounted for as a prepaid expense, (§ 250 (3) HGB) which must, for incorporated companies, be shown separately, or explained in the notes (§ 268(6) HGB) .
	The difference is to be amortised by systematic annual depreciation over the term of the liability (§ 250(3) HGB).

18.3. Disclosure requirements

UK	GERMANY
Should disclose recommended dividends under creditors (§ 51(3) CA 1985).	The balance sheet may reflect the full or partial appropriation of profits (§ 268(1) HGB).
Should disclose the aggregate amount of secured creditors, by category, and indicate the nature of security given (§ 48(4) Sch 4 CA 1985).	Should disclose the total amount of liabilities which are secured by mortgages, or other rights, giving the type and form of security (§ 285 No. 1(b) HGB, Group - § 314(1) No. 1 HGB).
Should disclose particulars of any charge on the company's assets to secure another person's liabilities and, where practicable, the amount secured (§ 50(1) Sch 4 CA 1985).	Contingent liabilities resulting from the granting of security for third party liabilities should be disclosed (§ 251 HGB).
Should disclose debentures redeemed, available for reissue (§ 41(2) Sch 4 CA 1985).	
Should disclose the nominal and book amounts of the company's debentures held by a nominee or a trustee for the company (§ 41(3) Sch 4 CA 1985).	

Kapitalgesellschaften haben Verbindlichkeiten wie folgt zu gliedern (§ 8 Sch 4 CA 1985):

- Anleihen (der Betrag von Wandelanleihen ist ebenfalls anzugeben (§ 8 Sch 4 CA 1985);
- Bankkredite und Kontokorrentkredite;
- Saldo der erhaltenen Anzahlungen (für langfristige Fertigungsverträge) (SSAP 9);
- Verbindlichkeiten aus Lieferungen und Leistungen;
- gezogene Wechsel;
- Verbindlichkeiten gegenüber verbundenen Unternehmen;
- VerbindlichkeitengegenüberUnternehmen, mit denen ein Beteiligungsverhältnis besteht;
- sonstige Verbindlichkeiten;
- Verbindlichkeiten aus Steuern und Sozialversicherung;
- Rückstellungen und passive Rechnungsabgrenzungsposten;
- Betrag, um den die drohenden Verluste aus langfristigen Fertigungsverträgen die entstandenen Kosten übersteigen. (Er kann auch unter den Rückstellungen für ungewisse Verbindlichkeiten ausgewiesen werden) (SSAP 9).

Kleine Gesellschaften brauchen nur die folgenden Gliederungspunkte auszuweisen (§ 2(1)(3)(4) Sch 8 CA 1985):

- Bankdarlehen und Kontokorrentkredite;
- Verbindlichkeiten aus Lieferungen und Leistungen;
- Verbindlichkeiten gegenüber verbundenen Unternehmen und Unternehmen, mit denen ein Beteiligungsverhältnis besteht;
- Sonstige Verbindlichkeiten.

Personengesellschaften, die Jahresabschlüsse zur Vermittlung eines den tatsächlichen Verhältnissen entsprechenden Bildes aufstellen, müssen Verbindlichkeiten ausweisen, als ob sie Kapitalgesellschaften wären.

Kapitalgesellschaften müssen Verbindlichkeiten wie folgt gliedern (§ 266(3) HGB):

- Anleihen (davon konvertibel);
- Verbindlichkeiten gegenüber Kreditinstituten;
- Erhaltene Anzahlungen auf Bestellungen;
- Verbindlichkeiten aus Lieferungen und Leistungen;
- Verbindlichkeiten aus der Annahme gezogener Wechsel und der Ausstellung eigener Wechsel;
- Verbindlichkeiten gegenüber verbundenen Unternehmen;
- VerbindlichkeitengegenüberUnternehmen, mit denen ein Beteiligungsverhältnis besteht;
- Sonstige Verbindlichkeiten
  (davon aus Steuern)
  (davon im Rahmen der sozialen Sicherheit)

Kleine Kapitalgesellschaften brauchen nur den Gesamtbetrag der Verbindlichkeiten anzugeben (§ 266 (1) HGB).

Gesellschaften mit beschränkter Haftung müssen jedoch Forderungen und Verbindlichkeiten gegenüber Gesellschaftern gesondert ausweisen (§ 42(3) GmbHG).

Werden Beträge in den Verbindlichkeiten ausgewiesen, die rechtlich erst nach dem Bilanzstichtag entstehen, dann sind die wesentlichen Positionen in der Bilanz gesondert auszuweisen oder im Anhang zu erläutern (§ 268 (5) HGB).

Kleine Gesellschaften sind von dieser Vorschrift befreit (§ 274a HGB).

Personengesellschaften müssen Verbindlichkeiten hinreichend aufgegliedert darstellen (§ 247(1) HGB).

Wesentliche Forderungen und Verbindlichkeiten gegenüber Gesellschaftern sind getrennt auszuweisen (HFA 2/1993).

Incorporated companies should show Creditors analysed as follows (§ 8 Sch 4 CA 1985):

- Debenture loans (should also disclose the amount of convertible loans (§ 8 Sch 4 CA 1985);
- Bank loans and overdrafts;
- Balance of payments on account (in respect of long-term contracts) (SSAP 9);
- Trade creditors;
- Bills of exchange payable;
- Amounts owed to group undertaking;
- Amount owed to undertakings in which the group has a participating interest;
- Other creditors;
- Taxation and social security;
- Accruals and deferred income;
- Amount by which provision for losses on long-term contracts exceeds the costs incurred (may also be shown within provisions for liabilities and charges if more appropriate.) (SSAP 9).

Small companies need only disclose the following headings (§ 2(1)(3)(4) Sch 8 CA 1985):

- Bank loans and overdrafts;
- Trade creditors;
- Amounts owed to group undertakings and undertakings in which the company has a participating interest;
- Other creditors.

Unincorporated businesses which prepare accounts intended to show a true and fair view should basically show liabilities as if they were incorporated companies.

Incorporated companies should show Liabilities analysed as follows (§ 266(3) C HGB):

- Loans (of which convertible);
- Liabilities to banks;
- Payments received on account of orders;
- Trade payables;
- Liabilities on bills accepted and drawn;
- Payable to group undertakings;
- Payable to undertakings in which participations are held;
- Other liabilities
  (of which taxes)
  (of which relating to social security and similar obligations)

Small companies need only disclose the combined amount of liabilities (§ 266(1) HGB).

However, limited liability companies are required to separately disclose loans, receivables and payables to shareholders (§ 42(3) GmbHG).

If amounts are included under Liabilities where a legal claim arises only after the balance sheet date, then material items should be disclosed separately in the balance sheet or explained in the notes to the accounts (§ 268(5) HGB).

Small companies are however exempt from the requirement (§ 274a HGB).

Unincorporated businesses need to disclose liabilities adequately disclosed (§ 247(1) HGB).

If significant, debtor and creditor balances with shareholders should be separately disclosed (HFA 2/ 1993).

Jede Untergruppe der Verbindlichkeiten ist zu unterscheiden nach (§ 8 Sch 4 CA 1985):

- Beträgen mit einer Restlaufzeit unter einem Jahr.
- Beträgen, die nach mehr als einem Jahr fällig sind.
- Beträgen, die nach mehr als fünf Jahren rückzahlbar sind (unterschieden nach Rückzahlung in Raten und auf andere Weise zurückzahlbaren Beträgen), einschließlich der Rückzahlungsmodalitäten und Zinsraten für jede Schuld (§ 48(1)(2) Sch 4 CA 1985).

Kapitalgesellschaften müssen außerdem gesondert für jede Bilanzposition ausweisen:

- Verbindlichkeiten mit einer Restlaufzeit von weniger als einem Jahr (§ 268(5) HGB).
- erhaltene Anzahlungen auf Bestellungen, soweit sie nicht offen von den Vorräten abgesetzt werden (§ 268(5) HGB).
- Verbindlichkeiten mit einer Restlaufzeit von mehr als fünf Jahren (§ 285 Nr 1a/ Konzern - § 314(1) Nr. 1 HGB).

Should distinguish each category of Creditors between (§ 8 Sch 4 CA 1985):

- Amounts falling due within one year .

- Amounts falling due after more than one year.

- Amount repayable after more than five years (distinguishing amounts payable by installments and amounts payable otherwise than by installments), and including the repayment terms and rates of interest for each debt (§ 48(1)(2) Sch 4 CA 1985).

Incorporated companies also need to disclose separately against each item included in balance sheet:

- Liabilities with a term of up to one year (§268(5) HGB).

- Payments received on account of orders (to the extent not deducted from inventories) (§ 268(5) HGB).

- Liabilities with a remaining term of more than five years (§ 285 No. 1a HGB, Group § 314(1) No. 1 HGB).

I RECHNUNGSLEGUNGSGRUNDSÄTZE UND ERLÄUTERUNGSVORSCHRIFTEN

19. Rückstellungen

19.1. Bilanzierungs- und Bewertungsgrundlagen

GROSSBRITANNIEN	DEUTSCHLAND
Jahresabschlüsse sind periodengerecht aufzustellen, d.h. Erträge und Aufwendungen werden einander zugeordnet und in der Gewinn- und Verlustrechnung des Geschäftsjahres erfaßt, in dem sie entstanden sind (SSAP 2/§ 13 Sch 4 CA 1985).	In Deutschland ist die Periodengerechtheit ebenfalls ein grundlegendes Bilanzierungsprinzip. Das Vorsichtsprinzip hat jedoch den Vorrang vor dem Zuordnungsprinzip (Matching). Zum Beispiel werden Gewinne nur dann berücksichtigt, wenn sie zum Bilanzstichtag auch realisiert sind (§ 252(1) Nr. 4 HGB).
Aufgrund des Vorsichtsprinzips sind alle bekannten Verbindlichkeiten (Kosten und Verluste) zurückzustellen (SSAP 2/§ 12 Sch 4 CA 1985).	Rückstellungen sind für ungewisse Verbindlichkeiten und für drohende Verluste aus schwebenden Geschäften zu bilden (§ 249(1) HGB).
Rückstellungen für zukünftige Aufwendungen für Instandhaltung oder Abraumbeseitigung dürfen nicht gebildet werden (SSAP 2).	Rückstellungen sind auch zu bilden für (§ 249(1) HGB):
	(i) im Geschäftsjahr unterlassene Instandhaltungsaufwendungen, die im folgenden Geschäftsjahr innerhalb von drei Monaten nachgeholt werden. (Diese Rückstellung darf auch für Instandhaltungsaufwendungen gebildet werden, die ein Jahr nach dem Bilanzstichtag nachgeholt werden - diese Rückstellung ist steuerlich nicht abzugsfähig);
	(ii) Aufwendungen für Abraumbeseitigung, die im nächsten Jahr nachgeholt werden;
Den Prinzipien der Vorsicht und der Periodengerechtigkeit folgend sind zugesagte Gewährleistungen zurückzustellen (SSAP 2).	(iii) Gewährleistungen, die ohne rechtliche oder vertragliche Verpflichtung erbracht werden (Kulanzleistungen).
In Übereinstimmung mit dem Matching-Prinzip sind Erträge, die in der Gewinn- und Verlustrechnung enthalten sind, den Aufwendungen zuzuordnen, die zu ihrer Entstehung geführt haben (SSAP 2).	Rückstellungen dürfen außerdem für ihrer Eigenart nach genau umschriebene, dem Geschäftsjahr (oder einem früheren Geschäftsjahr) zuzuordnende Aufwendungen gebildet werden, die am Abschlußstichtag wahrscheinlich oder sicher, aber hinsichtlich ihrer Höhe oder des Zeitpunktes ihres Eintritts unbestimmt sind (sogenannte "Aufwandsrückstellungen") (§ 249 (2) HGB).
	Ein typisches Beispiel dafür ist die jährliche Rückstellung für Kosten für eine Großreparatur, die in nur mehrjährigen Intervallen erfolgt.
	(Aufwandsrückstellungen werden steuerrechtlich nicht anerkannt).
	Kapitalgesellschaften, jedoch nicht Personengesellschaften, müssen solche Rückstellungen, falls wesentlich, erläutern (§ 285 Nr. 12 HGB).

I ACCOUNTING REQUIREMENTS, PRINCIPLES AND DISCLOSURE REQUIREMENTS

19. Accruals and Provisions

19.1. Basis of accounting

UK

Financial statements should be prepared on an accruals basis, i.e. revenues and costs are accrued, matched, and dealt with in the profit and loss account for the period in which they relate (SSAP 2/ § 13 Sch 4 CA 1985).

Under the prudence basis, a provision should be made for all known liabilities (expenses and losses) (SSAP 2/§ 12 Sch 4 CA 1985).

Accruals may not be set up for future expenditure, such as repairs and maintenance expenditure or land reclamation expense (SSAP 2).

Under the prudence and accrual principles, committed guarantee expenses should be accrued (SSAP 2).

In accordance with the matching principle, revenues included in the profit and loss account should be matched with the associated costs of earning them (SSAP 2).

GERMANY

In Germany, the accruals basis is a fundamental accounting principle. However, prudence takes precedence over the matching principle. For example, profits may only be recognised if realised at the balance sheet date (§ 252(1) No. 4 HGB).

Accruals should be set up for uncertain liabilities, and for anticipated losses from uncompleted transactions (§ 249(1) HGB) .

Accruals should also be set up (§ 249(1) HGB) for:

(i) necessary repairs and maintenance expenditure incurred not within the financial year but within the first three months of the following year. Accrual may also be made for repairs and maintenance expenditure incurred subsequently within one year of the balance sheet date - however, this latter accrual is not deductible in the tax accounts);

(ii) land reclamation expense incurred during the following year;

(iii) guarantee expenses which are incurred without legal or contractual obligation.

Accruals may also be set up for expenses attributable to the financial year (or a prior period) which can be precisely determined by type of expense, and which are probable or certain at the balance sheet date, but uncertain in respect of the amount or the timing when they will be incurred - so-called "expense equalisation accruals." (§ 249(2) HGB).

A typical example would be to accrue for the proportionate cost of a major repair which is carried out only every few years.

(Expense equalisation accruals are not allowable, however, in the tax accounts).

Incorporated companies, but not small companies or unincorporated businesses, are required to explain such a provision, if significant (§ 285 No. 12 HGB).

Rückstellungen sind aufzulösen, wenn die Gründe für ihre Bildung nicht länger bestehen (SSAP 2).

Rückstellungen dürfen nur dann aufgelöst werden, wenn die Gründe für ihre Bildung nicht länger bestehen (§ 249(3) HGB).

Für andere als die obengenannten Gründe dürfen keine Rückstellungen gebildet werden (§ 249(3) HGB).

Rückstellungen sind auf der Grundlage von sorgfältigen Schätzungen unter Berücksichtigung der zur Verfügung stehenden Informationen zu bilden (SSAP 2).

Rückstellungen sind mit einem auf der Grundlage vernünftiger kaufmännischer Beurteilung gebildeten Betrag anzusetzen (§ 253(1) HGB).

Für Aufwandsrückstellungen ist jeder Betrag zwischen Null und dem aus der Sicht vernünftiger kaufmännischer Beurteilung zu bildenden Betrag zulässig, einschließlich von Erhöhungen im folgenden Geschäftsjahr.

Eine Auflösung von Rückstellungen ist jedoch nur zulässig in dem Maße, in dem der Grund für die Rückstellung nicht mehr besteht (§ 249(3) HGB).

Eine Rückstellung für die Prüfungskosten des Jahresabschlusses ist zu bilden (SSAP 2).

Eine Rückstellung für die Aufstellung und die Prüfung des Jahresabschlusses ist zu bilden, wenn die Prüfung durch das Gesetz oder andere Verpflichtungen vorgeschrieben ist (HFA 2/1973).

19.2. Erläuterungs- und Ausweisvorschriften

Kapitalgesellschaften haben Rückstellungen entweder (§ 8 Sch 4 CA 1985) zusammen mit vereinnahmten, aber noch nicht verdienten Erträgen (passiver RAP) auszuweisen, getrennt nach Verbindlichkeiten: fällig innerhalb eines Jahres und Verbindlichkeiten: fällig nach mehr als einem Jahr, oder als eigene Bilanzposition auszuweisen.

Kapitalgesellschaften haben Rückstellungen getrennt von den Verbindlichkeiten in der Bilanz in der unten beschriebenen Art auszuweisen (§ 266(3) HGB).

Rückstellungen sind auszuweisen getrennt nach (§ 8 Sch 4 CA 1985):

- Rückstellungen für ausstehende Beiträge zu Rentenversicherungen (bei Rentensystemen mit feststehenden Beiträgen) oder für den Fehlbetrag der tatsächlichen Rentenaufwendungen über den gedeckten Betrag (bei Rentensysstemen mit feststehenden Pensionszahlungen) sowie Rückstellungen für nicht gedeckte Rentenverpflichtungen (SSAP 24);
- Rückstellungen für andere Aufwendungen zur Altersversorgung (UITF 6);
- Steuerrückstellungen (§ 47 Sch 4 CA 1985);
- Rückstellungen für latente Steuern (SSAP 15);

Rückstellungen sind getrennt von den Verbindlichkeiten in der Bilanz wie folgt zu gliedern (§ 266(3) B HGB):

- Pensionsrückstellungen
- Steuerrückstellungen

Accruals should be released when the reason for establishing them no longer arises (SSAP 2).

Accruals may only be released when the reason for establishing them no longer arises (§ 249(3) HGB).

Accruals may not be set up other than for the reasons set out above (§ 249(3) HGB).

Provisions should be made based upon the best estimate in the light of the information available (SSAP 2).

Accruals should be stated at the amount required based upon sound business judgement (§ 253(1) HGB).

For expense equalisation accruals any provision between zero and the amount required based upon sound business judgement is permissable, including increases in the following year.

However, a release of the provisions is only permissable to the extent that the reason for the provision no longer exists (§ 249(3) HGB).

Provision should be set up for the cost of audit of the year-end accounts (SSAP 2).

A provision should be set up for the cost of preparation and audit of the year-end accounts if the audit is required by law or other obligation (HFA 2/ 1973).

19.2. Classification and disclosure of accruals and provisions

Incorporated companies should show Accruals either (§ 8 Sch 4 CA 1985): together with deferred income, separately disclosed under Creditors: amounts falling due within one year and Creditors: amounts falling due after more than one year or as one separate main heading in the balance sheet.

Incorporated companies should show Accruals and provisions should be shown separate from Liabilities in the balance sheet (§ 266(3) HGB) in the manner described below.

Provisions should be classified as provisions for liabilities and charges and should be shown split between (§ 8 Sch 4 CA 1985):

- Outstanding pension contributions (defined contribution scheme), or provision for the excess of pension cost charged over amounts funded (defined benefit scheme), or provision in respect of unfunded pension commitments (SSAP 24);
- Other post retirement benefits (UITF 6);
- Taxation (§ 47 Sch 4 CA 1985);
- Deferred taxation (SSAP 15);

Accruals and provisions should be shown separate from liabilities in the balance sheet as follows (§ 266 (3) B. HGB):

- Provisions for pensions and similar obligations
- Tax provisions

- Rückstellungen im Zusammenhang mit Acquisitionen (SSAP 22);

- Sonstigen Rückstellungen.

Kleine Gesellschaften dürfen die obengenannten Gliederungspunkte zusammenfassen (§ 2(1) Sch 8 CA 1985).

Es sind die Bewegungen bei den Rückstellungen darzustellen für:

(i) Rückstellungen im Zusammenhang mit Acquisitionen, getrennt nach verbrauchten, aufgelösten, nicht aufgelösten und für andere Zwecke verbrauchten Beträgen (SSAP 22);

(ii) Rückstellungen unter Angabe des Betrages, der für andere Zwecke als jene, für die die Rückstellung gebildet wurde, verbraucht wurde (§ 46 Sch 4 CA 1985).

Einzelheiten wesentlicher sonstiger Rückstellungen sind anzugeben (§ 46(3) Sch 4 CA 1985).

- Sonstige Rückstellungen.

Kleine Kapitalgesellschaften dürfen diese Punkte zu einem Gliederungspunkt zusammenfassen (§ 266(1) HGB).

Für Kapitalgesellschaften, außer wenn sie kleine Gesellschaften sind, gilt, daß Rückstellungen, die in der Bilanz unter dem Posten sonstige Rückstellungen nicht gesondert ausgewiesen werden, im Anhang zu erläutern sind, wenn sie einen nicht unerheblichen Umfang haben (§§ 285 Nr. 12, 288 HGB).

- Provisions relating to acquisitions (SSAP 22);
- Other provisions.

Small companies may combine these into one heading (§ 2(1) Sch 8 CA 1985).

Should disclose movements on:

(i) provisions relating to acquisitions, analysed between amounts used and amounts released unused or applied for another purpose (SSAP 22);

(ii) provisions for liabilities and charges, including any amount transferred therefrom otherwise than for the purpose for which the provision was established (§ 46 Sch 4 CA 1985).

Particulars of other provisions should be given if material (§ 46(3) Sch 4 CA 1985).

- Other accruals and provisions.

Small companies may combine these into one heading (§ 266(1) HGB).

For incorporated companies, except for small companies, accruals which are not itemised separately under sundry accruals in the balance sheet should be explained in the notes to the accounts where material (§§ 285 No. 12, 288 HGB).

I RECHNUNGSLEGUNGSGRUNDSÄTZE UND ERLÄUTERUNGSVORSCHRIFTEN

20. Steuerrückstellungen

20.1. Auswirkung der Gewinnverwendung auf die Steuerrückstellung

Großbritannien:

In Großbritannien ist der Steuersatz nicht von der Gewinnverwendung abhängig.

Deutschland:

Die Steuerrückstellungen sind auf der Grundlage des Gesellschafterbeschlusses über die Gewinnverwendung zu berechnen. (Ist zum Zeitpunkt der Fertigstellung des Jahresabschlusses kein Gesellschafterbeschluß gefaßt, dann ist vom Vorschlag zur Gewinnverwendung auszugehen) (§ 278 HGB).

Die Bilanz darf unter Berücksichtigung der vollständigen oder teilweisen Gewinnverwendung aufgestellt werden (§ 268 (1) HGB).

Weicht der Gesellschafterbeschluß über die Gewinnverwendung von dem ursprünglichen Vorschlag ab, braucht der Jahresabschluß nicht geändert zu werden (§ 278 HGB).

Die Veränderung im Steueraufwand, die aus einem abweichenden Verwendungsbeschluß resultiert, ist im folgenden Geschäftsjahr über den Gewinnvortrag auszugleichen, ohne Auswirkung auf den Gewinn des Geschäftsjahres.

20.2. Erläuterungs- und Ausweisvorschriften

Großbritannien:

Der Steueraufwand ist getrennt auszuweisen nach (SSAP 8/§ 54(3) Sch 4 CA 1985):

(i) Besteuerung in Großbritannien
- Körperschaftsteuer
- Latente Steuern
- Steuern auf Erträge aus Beteiligungen
- nicht anrechenbare Körperschaftsteuervorauszahlungen
- abzugsfähige ausländische Steuern

(ii) Gesamte ausländische Steuern.

Der steuerliche Effekt außerordentlicher Erträge und Aufwendungen ist mit den außerordentlichen Erträgen und Aufwendungen zu saldieren (FRS 3).

Deutschland:

Die Gewinn- und Verlustrechnung der Kapitalgesellschaft hat, nach dem Ergebnis aus gewöhnlicher Geschäftstätigkeit und nach dem außerordentlichen Ergebnis, getrennt auszuweisen (§ 275(2) oder (3) HGB):

- Steuern vom Einkommen und vom Ertrag
- sonstige Steuern

Kapitalgesellschaften, die keine kleinen Gesellschaften sind, haben anzugeben, in welchem Umfang mit Steuern vom Einkommen und vom Ertrag (§ 285 Nr 6 HGB) belastet sind:

- das Ergebnis der gewöhnlichen Geschäftstätigkeit
- das außerordentliche Ergebnis

UK	GERMANY

I ACCOUNTING REQUIREMENTS, PRINCIPLES AND DISCLOSURE REQUIREMENTS

20. Provision for Taxation

20.1. Effect of distribution of profits and taxation provision

UK	GERMANY
In the UK, the rate of tax is not dependent upon whether or not profits are distributed.	The provision for taxation should be calculated on the basis of the resolution concerning the appropriation of results (or, if no resolution is available at the time of finalisation of the financial statements, on the basis of the proposal for the appropriation of profits) (§ 278 HGB). The balance sheet may be prepared to reflect full or partial appropriation of annual profit (§ 268(1) HGB). If the resolution concerning the appropriation of profits differs from the proposal, the financial statements do not need to be changed (§ 278 HGB). The change in tax charge resulting from a differing distribution decision should be adjusted in the following year out of profit carried forward, without any effect on current year profit.

20.2. Disclosure requirements

UK	GERMANY
The tax charge should include the following (separately disclosed) (SSAP 8/§ 54(3) Sch 4 CA 1985): (i) UK taxation - corporation tax - deferred tax - tax attributable to franked investment income - irrecoverable advance corporation tax - relief for overseas taxation (ii) Overseas taxation	The profit and loss account of incorporated companies should separately disclose, after Results from ordinary activities and after Extraordinary items (§§ 275(2) or (3) HGB): - Taxes on income - Other taxes
The tax effect on extraordinary items should be netted against the extraordinary item (FRS 3).	Incorporated companies, unless they are small, should show the extent to which taxes on income and profits affect (§ 285 No. 6 HGB): - Results from ordinary activities - Extraordinary items

Die vorgeschlagene Ausschüttung ist in der Gewinn- und Verlustrechnung und in der Bilanz ohne den entsprechenden steuerlichen Effekt auszuweisen (SSAP 8).

Erhaltene Dividenden sind brutto auszuweisen (einschließlich des dazu gehörigen Steuerguthabens) (SSAP 8).

Erhaltene Dividenden sind brutto auszuweisen, unter Angabe des dazu gehörigen Steuerguthabens.

Körperschaftsteuervorauszahlungen auf eine vorgeschlagene Ausschüttung sind als Steuerschuld auszuweisen.

Sind diese Vorauszahlungen anrechenbar, dann sind sie mit der Rückstellung für latente Steuern zu verrechnen oder, falls es eine solche nicht gibt, als aktiver Rechnungsabgrenzungsposten zu zeigen (SSAP 8).

Die Grundlage für die Berechnung der Körperschaftsteuer und der Einkommensteuer in Großbritannien ist zu beschreiben (§ 54(1) Sch 4 CA 1985).

Der Körperschaftsteuersatz ist anzugeben. Ist dieser nicht bekannt, dann ist der letzte bekannte Satz zu verwenden (SSAP 8).

Es sind Einzelheiten über besondere Umstände anzugeben, die den Steueraufwand des Geschäftsjahres beeinflusst haben und den Steueraufwand zukünftiger Geschäftsjahre beeinflussen könnten (z.B. die Auswirkung von Verlusten) (§ 54(2) Sch 4 CA 1985).

Kapitalgesellschaften müssen den Betrag der im Geschäftsjahr allein nach steuerrechtlichen Vorschriften vorgenommenen Abschreibungen, getrennt nach Anlage- und Umlaufvermögen, angeben und hinreichend begründen (§ 281(2) HGB).

Kapitalgesellschaften, die keine kleinen Gesellschaften sind, müssen angeben (§§ 285 Nr. 5, 288 HGB/Konzern - § 314(1) Nr. 5 HGB):

(i) das Ausmaß, in dem das Jahresergebnis dadurch beeinflußt wurde, daß bei Vermögensgegenständen im Geschäftsjahr oder in früheren Geschäftsjahren Abschreibungen aufgrund steuerrechtlicher Vorschriften vorgenommen oder beibehalten wurden (gemäß §§ 254, 280(2) HGB) oder ein Sonderposten mit Rücklageanteil gebildet wurde;

(ii) das Ausmaß erheblicher künftiger Steuerbelastungen, die sich allein aus steuerrechtlichen Abschreibungen und Wertberichtigungen ergeben.

The proposed dividend should be shown in the profit and loss account and the balance sheet without the related tax effect (SSAP 8).

Dividends received should be shown gross (including the related tax credit (SSAP 8).

Dividends received should be shown gross, including the related tax credit.

Advance corporation tax on proposed dividends should be included as a current tax liability.

If recoverable, it should be deducted from the deferred tax account, or, if not available, shown as a deferred asset (SSAP 8).

Should describe the basis of the charge for UK corporation tax and income tax (§ 54(1) Sch 4 CA 1985).

The rate of corporation tax used should be disclosed. If the rate of corporation tax is not known, the latest known rate should be used. (SSAP 8)

Should describe particulars of any special circumstances that affect the overall tax charge for the period, and that may affect those of future periods (e.g. as a result of the effect of losses) (§ 54(2) Sch 4 CA 1985).

Incorporated companies should disclose, and adequately justify, the amount of depreciation charged for the year, separately for fixed and current assets, based solely on tax provisions (§ 281(2) HGB).

Incorporated companies, unless they are small, should disclose (§§ 285 No. 5, 288 HGB/Group - § 314(1) No. 5 HGB):

(i) the extent to which the results for the year were influence by tax depreciation in the financial year or in earlier years per §§ 254, 280(2) HGB, or by depreciation which was not reversed because of tax regulations, or by the creation of a Special account with reserve characteristics;

(ii) the extent to which future charges will result from depreciation and provisions based solely on tax regulations.

I RECHNUNGSLEGUNGSGRUNDSÄTZE UND ERLÄUTERUNGSVORSCHRIFTEN

21. Latente Steuern

21.1 Bilanzierungsgrundlagen

GROSSBRITANNIEN	DEUTSCHLAND
Es ist eine Rückstellung für latente Steuern zu bilden (SSAP 15/§ 8 Sch 4 CA 1985).	Für Verbindlichkeiten aus latenten Steuern ist eine Rückstellung zu bilden (§ 274(1) HGB).
Aktivische Salden latenter Steuern sind nur in der Höhe als Vermögensgegenstände zu behandeln, in der eine Steuerrückerstattung erwartet wird. (Hinsichtlich von aktivischen Salden, die aus verrechenbaren Körperschaftsteuervorauszahlungen entstehen, ist nur der Gewinn des Folgejahres zu berücksichtigen) (SSAP 15).	Aktive latente Steuern dürfen in die Bilanz eingestellt werden (§ 274(2) HGB).
Latente Steuern sind nur dann zu erfassen, wenn es wahrscheinlich ist, daß eine Verbindlichkeit oder ein Vermögensgegenstand entsteht (SSAP 15).	Eine Rückstellung für latente Steuern ist in der Höhe der voraussichtlichen Steuerbelastung zukünftiger Geschäftsjahre zu bilden (§ 274(1) HGB).
Latente Steuern sind nicht zu erfassen, wenn die Entstehung einer Verbindlichkeit oder eines Vermögensgegenstandes nicht wahrscheinlich ist (basierend auf geeigneten Annahmen bei vorsichtiger Betrachtungsweise) (SSAP 15).	Ein aktiver latenter Steuerposten darf als Bilanzierungshilfe in der Höhe der voraussichtlichen Steuerentlastung nachfolgender Geschäftsjahre eingestellt werden (§ 274(2) HGB).
	Wird ein solcher Aktivposten der latenten Steuern gebildet, dann dürfen Gewinne nur ausgeschüttet werden, wenn die nach der Ausschüttung verbleibenden Gewinnrücklagen zuzüglich eines Gewinnvortrags und abzüglich eines Verlustvortrags dem angesetzten Betrag mindestens entsprechen (§ 274(2) HGB).
Die Bilanzierungsregeln für latente Steuern im Konzernabschluß sind die gleichen wie die für den Einzelabschluß.	Im Konzernabschluß sind Forderungen und Verbindlichkeiten aus latenten Steuern, die durch die Anpassungen in der Konsolidierung entstehen, in dem Ausmaß anzusetzen, in dem sich der Steueraufwand in zukünftigen Geschäftsjahren voraussichtlich ausgleichen wird (§ 306 HGB).

21.2. Berechnungsmethoden

GROSSBRITANNIEN	DEUTSCHLAND
Latente Steuern sind unter Anwendung der Verbindlichkeitsmethode zu berechnen, d.h. die Steuern werden mit dem Steuersatz berechnet, der vermutlich Anwendung findet, wenn die zeitlichen Differenzen, die zur Entstehung der latenten Steuern geführt haben, sich umkehren (SSAP 15).	Die latenten Steuern sind in Höhe der voraussichtlichen Steuerbelastung (oder Steuerentlastung) nachfolgender Jahre unter Berücksichtigung der erkennbaren zukünftigen Veränderungen im Steuerrecht zu berechnen (§ 274 (1)(2) HGB/SABI 3/1988).

UK	GERMANY

I ACCOUNTING REQUIREMENTS, PRINCIPLES AND DISCLOSURE REQUIREMENTS

21. Deferred Tax

21.1 Basis of accounting

UK	GERMANY
Should provide for deferred taxation (SSAP 15/§ 8 Sch 4 CA 1985).	Deferred tax liabilities should be provided (§ 274(1) HGB).
Deferred tax net debit balances should not be carried forward as assets, except to the extent that they are expected to be recoverable. (In respect of debit balances arising in respect of ACT, may only take into account profits of the next accounting period) (SSAP 15).	Deferred tax assets may be provided (§ 274(2) HGB).
Deferred tax should be accounted for to the extent that it is probable that a liability or asset will crystallise (SSAP 15).	A deferred tax liability should be provided to the extent that it is possible that a tax liability will arise in later financial years (§ 274(1) HGB).
Deferred tax should not be accounted for to the extent that it is probable that a liability or asset will not crystallise (based upon reasonable assumptions, taking a prudent view) (SSAP 15).	A deferred tax asset may be set up as an accounting convenience to the extent that it is probable that the tax asset will be equalised in later financial years (§ 274 (2) HGB).
	If a deferred tax asset is set up, profits may only distributed if after the distribution, the freely available revenue reserves plus retained profits less accumulated losses at least equal the deferred tax asset (§ 274(2) HGB).
The accounting rules for deferred taxation in consolidated financial statements are the same as for single entity financial statements.	In consolidated financial statements, both deferred tax liabilities and deferred tax assets arising from the consolidation adjustments should be set up to the extent that it is probable that the tax charge will equalise in future periods (§ 306 HGB).

21.2. Method of calculation

UK	GERMANY
Deferred tax should be computed under the liability method, i.e. deferred tax is calculated at the rate of tax that it is estimated will be applicable when the timing differences reverse) (SSAP 15).	Deferred tax should be computed in the amount of the probable future tax liability (or tax saving), taking into account recognisable future changes in the tax law (§ 274 (1)(2) HGB/SABI 3/1988).

21.3. Erläuterungs- und Ausweisvorschriften

Latente Steuern sind den Steuerrückstellungen innerhalb der Bilanzposition Rückstellungen zuzuordnen (§ 8 Sch 4A CA 1985) und getrennt auszuweisen (SSAP 15/§ 47 Sch 4 CA 1985).

Eine Verbindlichkeit aus latenten Steuern ist entweder als Steuerrückstellung zu behandeln und dort getrennt auszuweisen, oder als Sonderposten vor oder nach der Steuerrückstellung zu zeigen (SABI 3/1988).

Ein Aktivposten aus latenten Steuern ist in der Bilanz als aktiver Rechnungsabgrenzungposten auszuweisen und angemessen zu beschreiben (§ 274(2) HGB).

Die Bildung und Auflösung von Rückstellungen für latente Steuern sind in der Zeile Steuern in der Gewinn- und Verlustrechnung zu erfassen (SSAP 15).

In der Gewinn- und Verlustrechnung sind die latenten Steuern auszuweisen (SABI 3/1988):

(i) unter den Steuern vom Einkommen und vom Ertrag, wenn es sich um eine normale Zuführung oder Auflösung von Rückstellungen für latente Steuern handelt;

(ii) unter Sonstigen betrieblichen Erträgen, falls es nicht mehr wahrscheinlich ist, daß ein Steueraufwand entsteht;

(iii) unter Sonstigen betrieblichen Aufwendungen, wenn ein aktiver Rechnungsabgrenzungsposten der latenten Steuern aufgelöst wird.

Die Art und der Betrag jedes wesentlichen Bestandteils der latenten Steuern und ihr Effekt auf die Gewinn- und Verlustrechnung sind anzugeben (SSAP 15).

Bei Wesentlichkeit ist die Rückstellung für latente Steuern zu erläutern (§ 285 Nr. 12 HGB).

Ein aktiver Rechnungsabgrenzungsposten der latenten Steuern ist angemessen zu beschreiben (§ 274 (2) HGB).

Der Gesamtbetrag von latenten Steuern, die nicht in einer Rückstellung berücksichtigt wurden, ist anzugeben. (Außerdem sind die GuV-Effekte getrennt nach Bestandteilen aufzuzeigen) (SSAP 15).

Wird im Anhang ein Vermögensgegenstand mit einem zukünftigen Verkaufswert ausgewiesen, der von dem in der Bilanz enthaltenen Wert abweicht, dann sind die steuerlichen Auswirkungen einer Realisierung dieses Vermögensgegenstandes anzugeben (SSAP 15).

Bewegungen in der Rückstellung für latente Steuern sind darzustellen (SSAP 15).

Der Betrag an latenten Steuern, der direkt mit den Rücklagen verrechnet wurde, ist anzugeben (SSAP 15).

Es ist nicht zulässig, Aufwendungen direkt mit den Rücklagen zu verrechnen.

Die steuerlichen Auswirkungen von Veränderungen der Rücklage für Neubewertungen sind anzugeben (§ 34(4) Sch 4 CA 1985).

21.3. Disclosure requirements

Deferred tax should be classified together with provision for taxation, under Provision for Liabilities and Charges (§ 8 Sch 4 CA 1985), and should be separately disclosed (SSAP 15/§ 47 Sch 4 CA 1985).

A deferred tax liability should either be classified in the balance sheet under Provision for taxation, separately analysed, or shown as a Special account before or after Provision for taxation (SABI 3/1988).

A deferred tax asset should be separately shown in the balance sheet as a prepaid expense and appropriately described (§ 274(2) HGB).

Deferred tax provisions, and release of provisions no longer needed, should be included in the Taxation line in the profit and loss account (SSAP 15).

Deferred tax in the profit and loss account should be shown (SABI 3/1988):

(i) under Taxes on income if it relates to a normal increase in , or release of, deferred tax provisions;

(ii) under Other income if an eventual tax charge is no longer probable;

(iii) under Other expenditure, if a (voluntary) deferred tax asset is released.

Should disclose the nature and amount of each of the major components of deferred tax (and the profit and loss effect) (SSAP 15).

The provision for deferred tax should be explained where material (§ 285 No. 12 HGB).

A deferred tax asset should be appropriately explained (§ 274(2) HGB).

Should disclose the total amount of any unprovided deferred tax (and the profit and loss effect) analysed by major component (SSAP 15).

Should disclose the taxation effects of any future realisation of an asset where the notes to the accounts show a value which differs from the balance sheet amount (SSAP 15).

Should show transfers to and from the deferred tax account (SSAP 15).

Should show the amount of deferred tax taken directly to reserves (SSAP 15).

It is not permitted to take items directly to reserves.

Should state the treatment for tax purposes of amounts taken to/from revaluation reserve (§ 34(4) Sch 4 CA 1985).

Bezüglich der Gewinnrücklagen von ausländischen Tochtergesellschaften ist anzugeben:

(i) der Umfang der zurückgestellten latenten Steuern für zukünftige Ausschüttungen aus den Rücklagen (FRS 2);

(ii) bei nicht gebildeten Rückstellungen ein Vermerk über die Nichtbildung (SSAP 15) mit einer Begründung (FRS 2).

In respect of the accumulated reserves of overseas subsidiary undertakings:

(i) should disclose the extent to which deferred tax is provided for future remittances of reserves (FRS 2);

(ii) if deferred tax is not provided, should state so (SSAP 15) and should give reason (FRS 2).

I RECHNUNGSLEGUNGSGRUNDSÄTZE UND ERLÄUTERUNGSVORSCHRIFTEN

22. Pensionsrückstellungen

22.1. Einleitung

GROSSBRITANNIEN

In Großbritannien beziehen sich die Rechnungslegungsvorschriften auf alle Situationen, bei denen der Arbeitgeber eine gesetzliche, eine vertragliche oder eine aus seinem Verhalten abzuleitende Verpflichtung hat, Rentenzahlungen an seine Arbeitnehmer zu leisten oder zu ihnen beizutragen (SSAP 24).

Die gleichen Prinzipien sind unabhängig davon, ob die Verpflichtungen rückgedeckt sind oder nicht, anzuwenden (SSAP 24).

Die Rechnungslegung unterscheidet sich abhängig davon, ob es sich um einen Pensionsfonds mit festgelegten Beiträgen oder mit festgelegten Pensionszahlungen handelt (SSAP 24).

DEUTSCHLAND

In Deutschland wird für Bilanzierungszwecke unterschieden zwischen:

(i) unmittelbaren Pensionsverpflichtungen

(bei denen die gesetzliche oder vertragliche Verpflichtung durch die Gesellschaft selbst erfüllt wird) und

(ii) mittelbaren Pensionsverpflichtungen

(bei denen die gesetzliche oder vertragliche Verpflichtung durch eine fremde juristische Person erfüllt wird, die zum Beispiel eine Unterstützungskasse, Pensionskasse oder eine Versicherungsgesellschaft sein kann, in die durch die Gesellschaft Einzahlungen geleistet werden).

Im Falle einer Unterstützungskasse ist die Gesellschaft dem Pensionsberechtigten verpflichtet, falls das Vermögen der Unterstützungskasse nicht zur Deckung der Verpflichtungen ausreicht.

Im Falle einer Pensionskasse oder Versicherungsgesellschaft ist die Gesellschaft nur zur Zahlung der Beiträge an den fremden Rechtsträger verpflichtet und hat keine Verpflichtungen gegenüber dem Pensionsberechtigten.

Es wird auch eine Unterscheidung getroffen zwischen (Art. 28 (1) S.1 EGHGB):

(i) Altzusagen (d.h. ein Pensionsberechtigter hat einen Rechtsanspruch vor dem 1.1.1987 erworben oder ein vor diesem Zeitpunkt erworbener Rechtsanspruch erhöht sich);

(ii) Neuzusagen (d.h. ein Pensionsberechtigter erwirbt seinen Rechtsanspruch nach dem 31.12.1986).

I ACCOUNTING REQUIREMENTS, PRINCIPLES AND DISCLOSURE REQUIREMENTS

22. Pension Costs and other Post Retirement Benefits

22.1 Introduction

UK

In the UK, the accounting rules relate to wherever an employer has a legal or contractual commitment under a pension scheme (or one implicit in the employers' actions) to provide, or contribute to, pensions for his employees (SSAP 24).

The same rules apply irrespective of whether the scheme is funded or unfunded (SSAP 24).

The accounting rules depend upon whether there is a defined contribution or a defined benefit scheme (SSAP 24).

GERMANY

In Germany, a distinction is made for accounting purposes between:

(i) direct pension obligations

(in which the company itself has the direct legal or contractual obligation) and

(ii) indirect pension obligations

(in which the legal or contractual obligation is through a separately legal entity, such as a benefit fund, pension fund or insurance company funded by the company).

In respect of a benefit fund, the company itself is indirectly liable to an individual if the assets of a benefit fund do not suffice.

In respect of a pension fund or insurance company, the company is only liable to fund the separate entity, and has no direct liability to the individual himself.

A distinction is also made between (Art 28(1) S. 1 EGHGB):

(i) old pension promises (i.e. either an individual obtains a legal right to a pension prior to 1 January 1987 or a legal right to a pension obtained prior to this date is increased);

(ii) new pension promises (i.e. an individual obtains a legal right to a pension after 31 December 1986).

22.2. Bilanzierungs- und Bewertungsgrundlage

In Großbritannien ist das vorrangige Ziel die Erfassung der erwarteten Kosten aus der Zahlung von Renten auf einer planmäßigen und rationalen Grundlage während des Zeitraumes, in dem der Arbeitgeber Nutzen aus der Arbeit des Arbeitnehmers zieht (SSAP 24).

Eine Rückstellung für Verpflichtungen aus laufenden Renten und zukünftigen Rentenansprüchen ist als ungewisse Verbindlichkeit zu bilden für:

(i) unmittelbare Neuzusagen, die nach dem 31.12.1986 gemacht wurden (§ 249(1) HGB/HFA 2/1988/Art 28(1) EGHGB);

Eine Rückstellung darf gebildet werden (Art 28(1) EG HGB) (obgleich nicht steuerlich abzugsfähig) für:

(ii) mittelbare Rentenverpflichtungen aus Rentenzusagen;

(iii) unmittelbare Altzusagen, die vor dem 1.1.1987 gemacht wurden;

(iv) Erhöhungen von unmittelbaren Altzusagen, die vor dem 31.12.1986 gemacht wurden.

Rentenverpflichtungen, für die eine Gegenleistung nicht mehr zu erwarten ist, sind zu ihrem abgezinsten Barwert anzusetzen (§ 253(1) S.2 HGB).

Eine Pensionsrückstellung darf nur aufgelöst werden, wenn der Grund dafür entfallen ist (§ 249(3) HGB).

22.3. Bilanzierung von Zahlungen an einen Pensionsfonds bei feststehenden Beiträgen

Die Beiträge an einen Pensionsfonds mit feststehenden Beiträgen sind in der Gewinn- und Verlustrechnung aufwandswirksam zu erfassen (SSAP 24).

Beiträge an einen Pensionsfonds, bei denen der Beitrag feststeht, sind in der Gewinn- und Verlustrechnung aufwandswirksam zu erfassen.

22.4. Bilanzierung von Aufwendungen für einen Pensionsfonds bei feststehenden Pensionszahlungen

Der Aufwand für Pensionszahlungen ist mit Hilfe von versicherungsmathematischen Methoden zu berechnen (SSAP 24).

Rentenverpflichtungen sind zu ihrem Barwert und Rückstellungen nur in Höhe des Betrages anzusetzen, der nach vernünftiger kaufmännischer Beurteilung notwendig ist (§ 253(1) S.2 HGB).

Anerkannte versicherungsmathematische Verfahren sind anzuwenden (HFA 2/1988).

Bestehende Renten sind zum Barwert zu bewerten (§ 253(1) HGB).

22.2. Basis of accounting

In the UK the overriding objective is to recognise the expected cost of providing pensions on a systematic and rational basis over the period during which employer derives benefit from the employees' services (SSAP 24).

A provision for obligations for current pensions or claims to future pensions based on direct pension promises must be set up (as an uncertain liability) for:

(i) new direct pension promises entered into after 31 December 1986 (§ 249(1) HGB/ HFA 2/1988/Art 28(1) EGHGB);

A provision may also, but need not be, set up (Art 28(1) EGHGB) (although tax deduction is not available) for:

(ii) indirect obligations based on a promise to pay current or future pensions and for;

(iii) direct pension promises issued prior to 1 January 1987 including;

(iv) increases in direct pension promises issued prior to 31 December 1986.

Obligations from pension promises for which a company no longer receives a benefit should be stated at their discounted present value (§ 253(1) S.2 HGB).

A pension provision may only be released if the reason for it no longer exists (§ 249(3) HGB).

22.3. Accounting for defined contribution schemes

Contributions payable to defined contribution schemes should be charged in the profit and loss account (SSAP 24).

Contributions payable to schemes where only the contribution is defined should be charged to the profit and loss account.

22.4. Accounting for defined benefit schemes

The pension cost should be calculated using actuarial valuation methods (SSAP 24).

Pension obligations should be valued at their discounted present value and provision set up to the extent required based upon sound business judgement (§ 253(1) S. 2 HGB) .

Recognised actuarial valuation methods should be used (HFA 2/1988).

Existing pensions should be valued at the discounted present value (§ 253(1) HGB).

Abweichungen von den üblichen Aufwendungen sind über die voraussichtliche verbleibende Dienstzeit der dem Pensionsfonds angehörenden Arbeitnehmer zu verteilen, es sei denn, es handelt sich um eine wesentliche Veränderung in der normalen Höhe der Beiträge (verursacht durch eine wesentliche Verringerung der Arbeitnehmer, die durch die Rentenvereinbarung betroffen sind). In diesem Fall ist eine Verringerung der Beiträge zum Zeitpunkt des Ereignisses zu erfassen (SSAP 24).

Gibt es eine Rückzahlung durch einen Rentenfonds an den Arbeitgeber, die der Besteuerung unterliegt, dann ist der Überschuß oder Fehlbetrag in der Periode zu erfassen, in dem sie auftreten (SSAP 24).

Wenn ein Ereignis eintritt, das in den versicherungsmathematischen Annahmen nicht berücksichtigt wurde, das sich außerhalb des Umfangs dieser Annahmen bewegt und das die Zahlung von wesentlich höheren Beiträgen erforderlich macht, dann ist nach dem Vorsichtsprinzip ein wesentlicher Fehlbetrag über einen kürzeren Zeitraum zu verteilen (SSAP 24).

Aufgelaufene unmittelbare und mittelbare Rentenverpflichtungen für Pensionäre und Pensionsanwärter sind zum Zeitwert unter der Anwendung anerkannter versicherungsmathematischer Verfahren und unter Berücksichtigung des Lohn- und Gehaltsniveaus zum Bilanzstichtag, der erwarteten Inflationsraten und eines Kalkulationszinsfußes, der den wirtschaftlichen Gegebenheiten in Deutschland entspricht, anzusetzen und über die voraussichtliche Dienstzeit des Arbeitnehmers zu verteilen (HFA 2/1988).

Da jedoch für Altzusagen und mittelbare Verpflichtungen keine Rückstellung gebildet zu werden braucht, kann die Rückstellung in jeder Höhe bis zu dem auf der oben genannten Basis berechneten Betrag gebildet werden (Art 28(1) EGHGB).

Das Einkommensteuerrecht schreibt eine bestimmte Berechnungsgrundlage für aufgelaufene Rentenverpflichtungen vor. Die Verbindlichkeit, die auf der Grundlage des Einkommensteuerrechtes berechnet wurde, unterschreitet normalerweise den mit versicherungsmathematischen Verfahren berechneten Zeitwert der Verpflichtung, da sie Inflationsraten nicht berücksichtigt. Zudem wird sie erst angesetzt, wenn der Arbeitnehmer das dreißigste Lebensjahr erreicht hat. Der feste Kalkulationszinsfuß beträgt 6% (§ 6a EStG) .

Außerdem dürfen in der Steuerbilanz jährliche Erhöhungen von mehr als 25% über drei Jahre verteilt werden (§ 6a EStG) .

Daher ist davon auszugehen, daß es sich hierbei um die Untergrenze einer Rückstellung für die Handelsbilanz handelt (HFA 2/1988).

Accrued direct and indirect pension expectation obligations for both in-service and past service employees should basically be valued at fair value, using recognised actuarial valuation methods, and using pay levels existing at the balance sheet date, expected future inflation levels, and a discount rate based upon economic conditions prevailing in Germany, and spread over the expected service life of the employee (HFA 2/1988).

However, since in respect of old, or indirect, pension promises, there is no obligation to make provision, provision may basically be made for any amount up to the amount calculated on the basis above (Art 28 (1) EGHGB).

The income tax law provides a basis of calculation for accrued pension obligations. However, the liability calculated in accordance with the income tax law generally understates the actuarially calculated fair value of the obligation since, inter alia, it takes no account of future inflation, may only be built once employees reach the age of 30, and uses a discount rate of 6%. (§ 6a EStG).

Further, in the tax accounts, annual increases of more than 25% may be spread over three years. (§ 6a EStG)

Thus, it should normally be considered to be the minimum provision in the statutory financial statements (HFA 2/1988).

Variations from the regular cost should be allocated over the expected remaining service lives of current employees in the scheme, except where there is a significant change in the normal level of contributions (caused by a significant reduction in the number of employees covered by the pension arrangements) in which case any reduction in contributions should be recognised as it occurs (SSAP 24).

Where there is a pension fund refund to the employer that is subject to deduction of tax, the surplus or deficiency may be accounted for in the period in which the refund occurs (SSAP 24).

Where a major event has occurred which has not been allowed for in the actuarial assumptions, is outside the normal scope of these assumptions, and has necessitated the payment of significant additional contributions to the pension scheme, prudence may require that a material deficit be recognised over a shorter period (SSAP 24).

Forderungen sind erst zu erfassen, wenn sie entstanden sind (d.h. die gesamte Auswirkung einer beitragsfreien Periode sollte nicht zu Beginn dieser Periode realisiert werden, sondern muß über deren Dauer verteilt werden) (SSAP 24).

22.5. Freiwillig gezahlte Renten und freiwillig gewährte Erhöhungen

Werden freiwillige Rentenerhöhungen gewährt und wurden diese in den ursprünglichen Annahmen nicht berücksichtigt, dann ist der Gesamtbetrag (soweit er nicht durch einen Überschuß abgedeckt ist) in der Gewinn- und Verlustrechnung der Periode zu erfassen, in der sie gewährt wurden (SSAP 24).

22.6. Bilanzierung anderer Formen der Altersversorgung

Die Bilanzierungs- und Ausweisvorschriften für Rentenverpflichtungen sind auch für alle anderen Formen der Altersversorgung anzuwenden (UITF 6).

Eine Rückstellung darf für unmittelbare und mittelbare Verpflichtungen gebildet werden, die vom Wesen her einer Rente ähnlich sind (Art 28(1) EGHGB).

22.7. Erläuterungs- und Ausweisvorschriften

Übersteigen die gesamten Pensionsaufwendungen in der Gewinn- und Verlustrechnung die gezahlten Beiträge oder Renten, dann ist der Überschuß als Rückstellung zu behandeln und getrennt in der Bilanz auszuweisen (SSAP 24).

Die Pensionsrückstellung ist einzeln in der Bilanz für große und mittelgroße Gesellschaften (§ 266 (3) HGB) sowie in der Gewinn- und Verlustrechnung auszuweisen, falls das Gesamtkostenverfahren gewählt wird (§ 275(2) 6(b) HGB) .

Wird das Umsatzkostenverfahren gewählt, dann sind die Aufwendungen aus Renten im Anhang anzugeben (§ 285 Nr. 8(b) HGB).

Ein Überschuß der gezahlten Beiträge oder Renten über die aufgelaufenen Pensionsaufwendungen sind als aktiver Rechnungsabgrenzungsposten getrennt in der Bilanz auszuweisen (SSAP 24).

Es sind auszuweisen:

(i) jegliche Rentenverpflichtungen, für die keine Rückstellung gebildet worden ist (§ 50(4) Sch 4 CA 1985);

(ii) die gewählten Bilanzierungs- und Bewertungsprinzipien (SSAP 2).

Kapitalgesellschaften müssen ausweisen:

(i) den Gesamtwert der (mittelbaren und unmittelbaren) Rentenverpflichtungen und ähnlichen Verpflichtungen, die im Jahresabschluß nicht berücksichtigt wurden (Art 28(2) EGHGB;

(ii) die angewandten Bilanzierungs- und Bewertungsmethoden (§ 284(2) Nr. 1 HGB).

Die folgenden Angaben sind zu machen (SSAP 24):

(i) Die Art des Pensionsfonds (d.h. mit feststehenden Beiträgen oder Pensionszahlungen) .

Amounts receivable should not be anticipated (i.e. the full effect of a contribution holiday should not be recognised at the outset of the holiday but rather spread over its duration) (SSAP 24).

22.5. Ex gratia pensions and discretionary and ex gratia pension increases

Where ex gratia increases in pension are granted (and allowance was not made in the initial actuarial assumptions), the capital cost (to the extent not covered by a surplus) should be recognised in the profit and loss account in accounting period in which they are initially granted (SSAP 24).

22.6. Accounting for other post-retirement benefits

The accounting and disclosure requirements for pensions also apply for all post retirement benefits (UITF 6).

A provision may be set up for direct and indirect obligations of a similar nature to pensions (Art 28(1) EGHGB).

22.7. Disclosure requirements

If cumulative pension costs recognised in the profit and loss account exceeds contributions/pensions paid, the excess should be treated as a net pension provision in the balance sheet, separately disclosed (SSAP 24).

The provision for pension obligations is required to be shown separately in the balance sheet for large and medium size companies (§ 266(3) HGB) and in the profit and loss account, if the type of expenditure format is chosen (§ 275(2) 6(b) HGB).

If the operational format is chosen, the pension cost should be disclosed in the notes to the financial statements (§ 285 No. 8(b) HGB).

Any excess of contributions/pensions paid over cumulative pension cost should be shown as a prepayment, (SSAP 24), separately disclosed.

Should disclose:

(i) any pension commitments for which no provision has been made (§ 50(4) Sch 4 CA 1985);

(ii) the accounting policy (SSAP 2).

For incorporated companies disclosure is required of:

(i) the total value of (direct and indirect) pension and pension related obligations not provided in the accounts (Art 28(2) EGHGB);

(ii) the accounting policy (§ 284(2) No. 1 HGB).

The following disclosures are also required (SSAP 24):

(i) The nature of the scheme (i.e. defined benefit or defined cost).

(ii) Die Aufwendungen für Renten der Periode und (für einen Pensionsfonds mit feststehenden Pensionszahlungen) eine Erläuterung über wesentliche Veränderungen zum Vorjahr (§ 56(4) Sch 4 CA 1985).

Für Pensionsfonds mit feststehenden Pensionszahlungen sind außerdem anzugeben (SSAP 24):

(iii) Ob der Pensionsfonds mit Vermögen gedeckt ist oder nicht.

(iv) Ob die Aufwendungen für Renten unter Mitwirkung eines qualifizierten Versicherungsmathematikers bewertet wurden (und das Datum der letzten Bewertung).

(v) Ein Überblick über die Ergebnisse der letzten Bewertung einschließlich:

- Bewertungsmethode und Grundannahmen,
- Marktwert des Deckungsvermögens,
- Deckungsgrad in Prozent,
- ob der Versicherungsmathematiker ein Arbeitnehmer der Gesellschaft ist,

(vi) der Betrag des gegenwärtigen Deckungsfehlbetrages und die unternommenen Handlungen, um ihn abzubauen (§ 50(4) Sch 4 CA 1985),

(vii) Einzelheiten über die erwarteten Auswirkungen wesentlicher Änderungen in den Rentenvereinbarungen auf die zukünftigen Aufwendungen,

(viii) Bilanzierung von Rückzahlungen aus einem Pensionsfonds (falls in der Gewinn- und Verlustrechnung ertragswirksam erfaßt).

Gibt es mehr als einen Pensionsfonds, dann sind die obigen Angaben für alle zusammen zu machen. Deckungsüberschüsse bzw -fehlbeträge sollten jedoch nicht saldiert werden.

(ix) Einzelheiten über Verpflichtungen, bezüglich zusätzliche Zahlungen über einen begrenzten Zeitraum.

Eine Tochtergesellschaft, die Mitglied in einem Pensionsfonds eines britischen Konzerns ist, braucht nur anzugeben (SSAP 24):

(i) die Tatsache, daß die Gesellschaft Mitglied im Konzern-Pensionsfonds ist;

(ii) The pension costs charged for the period together with, for defined benefit schemes, an explanation of significant changes compared to the previous year (§ 56(4) Sch 4 CA 1985).

For defined benefit schemes should disclose (SSAP 24):

(iii) Whether the scheme is funded or unfunded

(iv) Whether the pension cost is assessed in accordance with the advice of a professionally qualified actuary (and date of most recent valuation or review).

(v) A summary of the results of the most recent valuation or review, including:

- the actuarial method used and main assumptions,

- the market value of scheme assets,

- the level of funding expressed in percentage terms,

- should state if the actuary is an employee or officer of the company,

(vi) the amount of any current funding deficiency and the action being taken to deal with it (§ 50(4) Sch 4 CA 1985),

(vii) details of the expected effects on future costs of any material changes in pension arrangements,

(viii) accounting treatment in respect of any refund from a scheme (if credited to the profit and loss account),

Where there is more than one pension scheme, the above disclosures should be made on a combined basis, but funding deficiencies and surpluses should not be offset.

(ix) Details of any commitments to make additional payments over a limited number of years.

For a subsidiary which is a member of a UK group's pension scheme, need only disclose (SSAP 24):

(i) the fact that it is a member of the group scheme;

(ii) der Name der Muttergesellschaft, in deren Jahresabschluß Einzelheiten über die versicherungsmathematische Bewertung enthalten sind;

(iii) falls zutreffend, daß die Beiträge auf den Rentenaufwendungen des gesamten Konzerns beruhen.

Können bei ausländischen Niederlassungen keine Rentenaufwendungen nach SSAP 24 berechnet werden, dann sind wenigstens die Aufwendungen im Zusammenhang mit Renten in der lokalen Gewinn- und Verlustrechnung und die Grundlage für diese Aufwendungen anzugeben (SSAP 24).

Die folgenden Angaben sind für andere Formen der Altersversorgung zu machen (UITF 6):

(i) Angaben, die denen für einen Pensionsfonds nach SSAP 24 geforderten entsprechen;

(ii) Angaben über Annahmen, die für die Bemessung solcher Leistungen spezifisch sind.

(ii) the name of the holding company in whose financial statements particulars of the actuarial valuation are contained;

(iii) where appropriate, that the contributions are based on pension costs across the group as a whole.

For foreign operations where it is not possible to compute pension cost in accordance with SSAP 24, should disclose as a minimum the pension costs charged to the profit and loss account and the basis of the charge (SSAP 24).

The following disclosures are required in respect of post retirement benefits (UITF 6):

(i) details equivalent to those required by SSAP 24 for pension schemes,

(ii) details of any assumptions which are specific to the measurement of such benefits.

I RECHNUNGSLEGUNGSGRUNDSÄTZE UND ERLÄUTERUNGSVORSCHRIFTEN

23. Rechnungsabgrenzungsposten

23.1. Bilanzierungsgrundlagen

Großbritannien:

Zahlungen vor dem Bilanzstichtag, die Aufwand für einen bestimmten Zeitraum nach diesem Tag darstellen, sind als aktiver Rechnungsabgrenzungsposten zu bilanzieren (SSAP 2/§ 13 Sch 4 CA 1985).

Einnahmen vor dem Bilanzstichtag, die Erträge nach diesem Tag darstellen, sind als passiver Rechnungsabgrenzungsposten zu behandeln (SSAP 2/§ 13 Sch 4 CA 1985).

Deutschland:

Zahlungen vor dem Abschlußstichtag, die Aufwand für eine bestimmte Zeit nach diesem Tag darstellen, sind als aktiver Rechnungsabgrenzungsposten auszuweisen (§ 250(1) HGB).

Einnahmen vor dem Abschlußstichtag, soweit sie Ertrag für eine bestimmte Zeit nach diesem Tag darstellen, sind als passiver Rechnungsabgrenzungsposten zu behandeln und auszuweisen (§ 250(2) HGB).

23.2. Weitere spezifische gesetzliche Regelungen

Deutschland:

Ferner dürfen als aktive Rechnungsabgrenzungsposten ausgewiesen werden:

(i) Zölle und Verbrauchssteuern, soweit sie auf am Abschlußstichtag auszuweisende Vermögensgegenstände des Vorratsvermögens entfallen (§ 250(1) HGB);

(ii) Umsatzsteuer auf am Abschlußstichtag auszuweisende Anzahlungen (§ 250(1) HGB).

23.3. Erläuterungs- und Ausweisvorschriften

Großbritannien:

In der Bilanz der Kapitalgesellschaft sind getrennt auszuweisen (§ 8 Sch 4 CA 1985):

- aktive Rechnungsabgrenzung
- passive Rechnungsabgrenzung

entweder unter Forderungen beziehungsweise Verbindlichkeiten oder als eine separate aktivische und passivische Position in der Bilanz.

Deutschland:

Kapitalgesellschaften haben Rechnungsabgrenzungsposten als eigene aktivische und passivische Bilanzposten auszuweisen (§ 266(2)(3) HGB).

Kleine Gesellschaften sind von dieser Vorschrift ausgenommen (§ 274a HGB).

I ACCOUNTING REQUIREMENTS, PRINCIPLES AND DISCLOSURE REQUIREMENTS

23. Prepayments and Deferred Income

23.1. Basis of accounting

UK

Payments prior to the balance sheet date which represent expenditure for a definite period after that date should be accounted for as prepaid expenses (SSAP 2/§ 13 Sch 4 CA 1985).

Receipts prior to the balance sheet date representing income after that date should be accounted for as deferred income (SSAP 2/§ 13 Sch 4 CA 1985).

GERMANY

Payments prior to the balance sheet date which represent expenditure for a definite period after that date should be accounted for as prepaid expenses (§ 250(1) HGB).

To the extent that receipts prior to the balance sheet date represent income of a specific period after that date, they should be accounted for and disclosed as deferred income (§ 250(2) HGB).

23.2. Other specific legal provisions

GERMANY

The following may also be included as prepaid expenses:

(i) customs duties and excise taxes, to the extent that they relate to stocks on hand at the balance sheet date (§ 250(1) HGB);

(ii) value added tax relating to payments on account at the balance sheet date (§ 250(1) HGB).

23.3. Disclosure requirements

UK

The balance sheet of incorporated companies should separately disclose (§ 8 Sch 4 CA 1985):

- Prepayments and accrued income
- Accruals and deferred income

either under debtors and creditors respectively or as a separate main asset and liability heading in the balance sheet.

GERMANY

Incorporated companies should show Prepaid expenses and Deferred income as separate main asset and liability headings (§ 266(2),(3) HGB).

Small companies are exempt from this requirement (§ 274a HGB).

I RECHNUNGSLEGUNGSGRUNDSÄTZE UND ERLÄUTERUNGSVORSCHRIFTEN

24. Finanzierungsinstrumente

24.1. Einleitung

Finanzierungsinstrumente sind im Jahresabschluß so darzustellen, daß die Verpflichtungen des Emittenten deutlich werden (FRS 4).

Der deutsche Gesetzgeber und die Gutachten des Instituts der Wirtschaftsprüfer beschäftigen sich im allgemeinen nicht mit komplexen Finanzierungsinstrumenten. Es wurden jedoch Gutachten für die Behandlung von Zero-Bonds und Genußrechten herausgegeben.

24.2. Bewertungsgrundlagen

Finanzierungsinstrumente sind in der Bilanz zuzuordnen entweder als (FRS 4):

(i) Verbindlichkeiten - falls sie eine Verpflichtung (oder eine ungewisse Verpflichtung) enthalten, wirtschaftlichen Nutzen zu übertragen;

(ii) Eigenkapital - falls sie keine Verpflichtung zur Übertragung wirtschaftlichen Nutzens enthalten.

Kosten, die im Zusammenhang mit der Ausgabe der verschiedenen Finanzierungsinstrumente entstanden sind, sind von den Erlösen der Ausgabe direkt abzusetzen (FRS 4).

24.3. Wandelanleihen

Die Umwandlung der Anleihen ist nicht vorwegzunehmen (FRS 4).

Wandelanleihen sind getrennt nach Fälligkeiten unter Verbindlichkeiten in der Bilanz auszuweisen (FRS 4).

Die Finanzierungskosten sind (FRS 4):

(i) (falls sie von ungewissen zukünftigen Ereignissen abhängen) auf der Grundlage der Bedingungen zum Zeitpunkt des Eintritts dieser Ereignisse anzusetzen;

(ii) unter der Annahme zu berechnen, daß die Wandlung nicht stattfindet;

(iii) in die Gewinn- und Verlustrechnung zu einem gleichbleibenden Satz zu übernehmen.

I ACCOUNTING REQUIREMENTS, PRINCIPLES AND DISCLOSURE REQUIREMENTS

24. Capital Instruments

24.1. Introduction

UK: Capital instruments should be presented in the financial statements in a way that reflects the obligations of the issuer (FRS 4).

Germany: German law and pronouncements of the Institute of Wirtschaftsprüfer do not generally deal with complex financial instruments. However pronouncements have been issued in respect of zero coupon bonds and profit participation rights.

24.2. Basis of accounting

Capital instruments should be classified in the balance sheet as either (FRS 4):

(i) Liabilities - if they contain an obligation (or a contingent obligation) to transfer economic benefits;

(ii) Shareholders' Funds - if they do not contain an obligation to transfer economic benefits.

The direct costs incurred in connection with the issue of capital instruments should be deducted from the proceeds of the issue (FRS 4).

24.3. Convertible debt

Conversion of the debt should not be anticipated (FRS 4).

Convertible debt should be shown separately under liabilities (FRS 4) (and analysed by maturity in the balance sheet) (FRS 4).

The finance cost should be (FRS 4):

(i) (if contingent on uncertain future events), those events should be taken into account once they have occurred;

(ii) calculated on the assumption that the debt will never be converted;

(iii) allocated to the profit and loss account at a constant rate.

Bei Umwandlung muß der Ausgabebetrag der ausgegebenen Anteile dem Betrag der Verbindlichkeit aus der Anleihe zum Zeitpunkt der Umwandlung entsprechen (FRS 4).

Gewinne und Verluste aus dem Rückkauf oder einem frühzeitigen Ausgleich der Schuld sind in dem Geschäftsjahr zu berücksichtigen, in dem der Vorfall stattfindet (FRS 4).

24.4. Zero-Bonds

Die Kapitalkosten (die Differenz zwischen den Nettoerlösen und den Zahlungen, die der Herausgeber voraussichtlich zu leisten hat) sind zu einem gleichmäßigen Satz in der Gewinn- und Verlustrechnung aufwandswirksam zu erfassen. Der Abschlag ist nicht als Vermögensgegenstand zu behandeln (FRS 4).

Zero-Bonds (Nullkuponanleihen) sind unter Verbindlichkeiten mit dem ursprünglich erhaltenen Betrag auszuweisen, zusammen mit den angefallenen effektiven Zinsen. Die effektiv angefallenen Zinsen sind in der Gewinn- und Verlustrechnung über die Laufzeit der Anleihe gleichmäßig aufwandswirksam zu erfassen (HFA 1/1986).

24.5. Aktien und Optionsscheine

Das Eigenkapital ist wie folgt gegliedert darzustellen (FRS 4):

(i) Equity-Anteile.

(ii) Non-equity-Anteile (d.h. Ansprüche auf Dividenden, Auslösungen und Liquidationserlöse sind in ihrer Höhe begrenzt und werden nicht auf der Grundlage des Vermögens oder der Gewinne der Gesellschaft ermittelt).

Die Nettoeinnahmen aus der Ausgabe von Non-equity Finanzierungsinstrumenten sind dem Non-equity Eigenkapital zuzuführen, erhöht durch zurückgestellte Finanzierungskosten und verringert um Dividenden (FRS 4).

Die Nettoeinnahmen aus der Ausgabe von Aktien oder Optionsscheinen sind unmittelbar dem Eigenkapital zuzuführen und dürfen nachträglich nicht berichtigt werden (FRS 4).

Wird eine Option nicht ausgeübt, dann ist der vorher eingestellte Betrag in der Gewinn- und Verlustrechnung zu vereinnahmen (FRS 4).

Werden Aktien zurückgekauft oder eingelöst, dann ist das Eigenkapital um den Wert der Gegenleistung zu verringern (FRS 4).

Stammkapital ist das Kapital, auf das die Haftung der Gesellschafter für die Verbindlichkeiten der Kapitalgesellschaft gegenüber den Gläubigern beschränkt ist (§ 272(1) HGB).

24.6. Non-equity Anteile

Die Finanzierungskosten für Non-equity Anteile sind auf die gleiche Weise wie für Wandelanleihen zu berechnen (FRS 4).

On conversion, the book amount attributed to the shares issued should be the amount of the liability for the debt as at the date of conversion (FRS 4).

Gains and losses arising on repurchase or early settlement of the debt should be recognised in the year this takes place (FRS 4).

24.4. Zero coupon bonds

The finance cost (comprising the difference between the net proceeds and the total payments which the issuer may be required to make) should be charged to the profit and loss account at a constant rate. The discount should not be treated as an asset (FRS 4).

Zero coupon bonds should be shown under liabilities at the amount originally received, plus the accrued effective interest rate. The effective interest rate should be charged to the profit and loss account over the life of the bond (HFA 1/1986).

24.5. Shares and warrants

Shareholders funds should be analysed between (FRS 4):

(i) equity interests.

(ii) non-equity interests (i.e. where rights to dividend, redemption, or surplus on liquidation are for a limited amount and not calculated by reference to the company's assets or profits).

The net proceeds of an issue of non-equity instruments should be credited to non-equity shareholders' funds, increased by accrued finance costs, and reduced by dividends (FRS 4).

The net proceeds of an issue of equity shares and warrants should be credited directly to shareholders' funds, and not subsequently adjusted for changes in value (FRS 4).

Where a warrant is unexercised, the amount previously recognised in respect of a warrant should be charged to the profit and loss account (FRS 4).

Where shares are repurchased or redeemed, shareholders funds should be reduced by the value of the consideration given (FRS 4).

Subscribed capital is defined as the capital in respect of which the liability of the shareholder for the liabilities of the company to creditors is limited (§ 272(1) HGB).

24.6. Non-equity interests

Finance costs for non-equity shares should be calculated in the same way as for convertible debt (FRS 4).

Alle Dividenden sind als Gewinnverwendung auszuweisen (FRS 4).

Dividendenansprüche aus Non-equity Anteilen sind periodengerecht zu bilanzieren (es sei denn, die letztendliche Zahlung ist unwahrscheinlich). Weichen die Finanzierungskosten von der Dividende ab, dann ist die Differenz in der Gewinn- und Verlustrechnung als Gewinnverwendung auszuweisen (FRS 4).

24.7. Scrip Dividenden

Der Wert von Anteilen, die an der Stelle von Dividenden ausgegeben wurden (Sachdividende), sind in der Gewinn- und Verlustrechnung als Gewinnverwendung auszuweisen (FRS 4).

24.8. Genußrechte

Genußrechte sind schuldrechtliche Verträge, die keine Mitgliedsrechte gewähren, bei denen jedoch der Emittent Zahlungen leistet, die im Wesen jenen Zahlungen entsprechen, die ein Inhaber von Kapitalanteilen erhält (zum Beispiel Anteile am Gewinn und/oder an Liquidationserlösen).

Genußrechte sind durch den Emittenten je nach Sachverhalt zu bilanzieren, entweder (HFA 1/1994):

(i) als Verbindlichkeit zu passivieren oder
(ii) direkt in das Eigenkapital einzustellen oder
(iii) erfolgswirksam zu vereinnahmen.

Die Bilanzierung im Eigen- oder im Fremdkapital ist von der wirtschaftlichen Natur der Genußrechte abhängig. Um als Eigenkapital behandelt zu werden, müssen die folgenden drei Kriterien erfüllt sein (HFA 1/1994):

(i) die Rückzahlung ist im Fall der Liquidation nachrangig zu den Ansprüchen anderer Gläubiger;

(ii) die Vergütung erfolgt in Anteilen am Gewinn und das Genußrechtskapital nimmt in voller Höhe an den Verlusten teil;

(iii) das Kapital ist langfristig und weder Emittent noch Kapitalgeber können eine frühere Rückzahlung verlangen.

Es ist zulässig, das Genußrechtskapital unmittelbar erfolgswirksam in der Gewinn- und Verlustrechnung des Emittenten zu vereinnahmen, wenn der Kapitalgeber keine Rückforderungsansprüche hat und ausdrücklich einen Ertragszuschuß leisten will (HFA 1/1994).

All dividends should be reported as appropriations of profit (FRS 4).

Entitlement to dividends in respect of non-equity shares should be accounted for on an accrual basis (except where ultimate payment is remote). If the finance cost is not equal to the dividend, the difference should be accounted for in the profit and loss account as an appropriation of profit (FRS 4).

24.7. Scrip dividends

The value of the shares issued by way of dividend (i.e. the amount receivable if the alternative of cash had been chosen) should be shown in the profit and loss account as an appropriation of profit (FRS 4).

24.8. Profit participation rights

Profit participation rights are debt contracts which do not give rights to ownership but where the return paid by the issuer is of a nature that would typically be earned by a shareholder (for example participation in profits and/or proceeds of liquidation).

Profit participation rights should be accounted for by the issuer depending on the circumstances, either (HFA 1/1994):

(i) as a liability, or
(ii) directly taken to shareholders funds, or
(iii) credited to the profit and loss account.

Whether it should be shown under shareholders funds or as a liability depends upon its economic nature. In order to qualify as shareholders funds the following three conditions should be fulfilled (HFA 1/1994):

(i) repayment should be subordinated to the claims of other creditors in the event of a liquidation;

(ii) compensation for the investment should be by way of participation in profits and participation in the share of losses up to a maximum of the full profit participating rights capital;

(iii) it should be for the long term, and neither the issuer or the investor should be able to insist upon early repayment.

It is permissable to directly credit profit participating rights capital to the profit and loss account of the issuer only if the investor has no rights to repayment and expressly wishes to pay a contribution to income (HFA 1/1994).

Erfüllen die Genußrechte die Eigenschaften von Eigenkapital, dann sind sie unmittelbar in das Eigenkapital einzustellen und in einem separaten Posten als letzte Zeile der Eigenkapitalposition in der Bilanz des Emittenten auszuweisen (HFA 1/1994).

Als Fremdkapital qualifiziertes Genußrechtskapital ist in einem gesonderten Posten innerhalb des Fremdkapitals in der Bilanz des Emittenten auszuweisen, z.B. unter der Bezeichnung "Genußrechtskapital" (HFA 1/1994).

Sofern das überlassene Kapital die Bedingungen erfüllt, nach denen es durch den Emittenten erfolgswirksam zu vereinnahmen ist, dann ist es als außerordentlicher Ertrag auszuweisen (HFA 1/1994).

Im Anhang sind die minimale garantierte Restdauer des Finanzierungsinstruments sowie frühestmögliche Kündigungs- und Auszahlungstermine anzugeben (HFA 1/1994).

Das Bestehen von in der Bilanz des Emittenten nicht passivierten gewinnabhängigen Zahlungsverpflichtungen ist im Anhang gemäß § 264(2) S. 2 HGB anzugeben (HFA 1/1994).

Erzielt der Emittent ein Aufgeld auf den Nennwert des Genußrechtskapitals, dann ist dieses Agio wie folgt zu bilanzieren (HFA 1/1994):

(i) hat das Genußrechtskapital keinen Eigenkapitalcharakter und stellt das Agio eine Ausgleichsleistung für besonders hohe Gewinnanteile für eine bestimmte Zeit in der Zukunft dar, dann ist das Agio als Rechnungsabgrenzungsposten zu passivieren;

(ii) hat das Genußrechtskapital Eigenkapitalcharakter, dann ist das Agio in der Eigenkapitalposition auszuweisen. Es empfiehlt sich, das Agio innerhalb des Postens Genußrechtskapital getrennt auszuweisen.

Ist der Rückzahlungsbetrag des Genußrechtskapitals höher als der bei Ausgabe erzielte Betrag, dann ist das daraus resultierende Disagio wie folgt zu behandeln (HFA 1/1994):

(i) bei Genußrechtskapital ohne Eigenkapitalcharakter darf der Unterschiedsbetrag als aktiver Rechnungsabgrenzungsposten gemäß § 250(3) HGB ausgewiesen werden;

If profit participating rights capital has the characteristics of shareholders funds, then it should be directly taken to shareholders funds, and shown in a separate line in the balance sheet of the issuer as the last line within shareholders funds (HFA 1/1994).

If it has the character of debt, then it should be shown in a separate line in the balance sheet of the issuer under liabilities, entitled, for example, profit participating right capital (HFA 1/1994).

If it is of a character whereby it should be credited to the profit and loss account of the issuer, then it should normally be shown as extraordinary income (HFA 1/1994).

The notes to the accounts should describe the minimum guaranteed remaining maturity of the instrument, including the earliest possible cancellation and payment deadlines (HFA 1/1994).

If a profit dependent payment obligation has not been accrued in the accounts of the issuer, then the existence thereof should be described in the notes to the accounts in accordance with § 264(2) S. 2 HGB) (HFA 1/1994).

If the issuer obtains a premium over the nominal value of profit participating rights capital then the premium should be accounted for as follows (HFA 1/1994):

(i) if the profit participating rights capital does not have the character of shareholders funds and if the premium is as consideration for a particularly high profit participating to be paid for a specific period in the future, then it should be credited to deferred income in the balance sheet;

(ii) if the profit participating rights capital has the character of shareholders funds, then the premium should also be shown in shareholders funds. It is recommended that it should be included within profit participating rights capital, and the amount of the premium separately disclosed.

If repayment of profit participation rights capital is higher than the amount originally received, then the difference should be accounted for as follows (HFA 1/1994):

(i) if the profit participating rights capital does not have the character of shareholders funds, then the difference may be accounted for as a prepayment, per § 250(3) HFB);

(ii) im Fall von Genußrechtskapital mit Eigenkapitalcharakter ist der ursprünglich erhaltene Betrag in das Eigenkapital einzustellen. Dieser Betrag ist ratierlich um den Unterschiedsbetrag zum Rückzahlungsbetrag zu Lasten eines (gesondert auszuweisenden) Aufwandspostens zu erhöhen.

24.9. Wandlungs- und Optionsrechte für Genußrechtskapital

Das bei der Ausgabe von Wandel- und Optionsgenußscheinen für die Wandlungs- und Optionsrechte zum Erwerb von Anteilen erzielte Entgelt ist in die Kapitalrücklage einzustellen und separat auszuweisen (HFA 1/1994/ § 272(2) HGB).

Ausschüttungen auf Genußrechtskapital ohne Eigenkapitalcharakter sind in der Gewinn- und Verlustrechnung unter dem Posten Zinsen und ähnliche Auf-wendungen getrennt auszuweisen (HFA 1/1994).

Eine eingetretene Verlustbeteiligung von Genußrechtsinhabern ist gemäß § 277 (3) HGB erfolgswirksam in der Gewinn- und Verlustrechnung zu vereinnahmen und gesondert als "Ertrag aus der Herabsetzung des Genußrechtskapitals" auszuweisen (HFA 1/1994).

Ausschüttungen auf Genußrechtskapital mit Eigenkapitalcharakter sind gesondert in der Gewinn- und Verlustrechnung auszuweisen (HFA 1/1994).

24.10. Erläuterungs- und Ausweisvorschriften

Es ist anzugeben (FRS 4):

(i) die Bilanzierungsmethode für Finanzierungsinstrumente.

In Bezug auf Anteile:

(ii) eine Aufstellung der Non-equity Anteile im Eigenkapital.

(iii) eine kurze Zusammenfassung der Rechte aus jeder Klasse von Anteilen, die nicht dem Standard entsprechen (einschließlich der Rückkauftermine, Rückzahlungsbeträge, der Vorrangigkeit und der Vergütung bei einem Konkursverfahren sowie der Stimmrechte).

(ii) if the profit participating rights capital has the character of shareholders funds, then the amount originally received should be credited to shareholders funds, and this amount should be increased over time by the difference between this and the repayment amount, with a corresponding amount (which should be separately shown) debited to an expenditure account.

24.9. Warrants issued for convertible profit participation rights and options for profit participation rights

Amounts received for warrants issued in respect of convertible profit participation rights and in respect of options for profit participation rights should be credited to capital reserves (and separately shown) (HFA 1/1994/§ 272(2) HGB).

Distribution in respect of profit participation rights capital which does not have the character of shareholders funds should be separately disclosed and included under Interest and similar expenses in the profit and loss account (HFA 1/1994).

To the extent that losses are borne by the holders of profit participating right capital, this should be credited to the profit and loss account, per § 277(3) HGB), and separately disclosed as Income from the reduction of profit participating rights capital (HFA 1/1994).

Distributions in respect of profit participating rights capital which has the character of shareholders funds should be shown separately in the profit and loss account (HFA 1/1994).

24.10 Disclosure requirements

The following should be disclosed (FRS 4):

(i) the accounting policy in respect of capital instruments.

Relating to shares:

(ii) an analysis of non-equity interests in shareholders' funds.

(iii) a brief summary of the rights of each class of non-standard shares in issue (including rights to dividends, dates redeemable, amounts payable on redemption, priority and amount receivable on a winding up and voting rights).

(iv) Dividenden für jede Klasse von Aktien, Dividenden auf Equity-Anteile, Beteiligungsdividenden und Dividenden auf Non-equity Aktien (in der Gewinn- und Verlustrechnung).

(v) jede andere Gewinnverwendung in Bezug auf Non-equity Anteile

In Bezug auf Anleihen:

(vi) eine Aufstellung über die Fälligkeit der Anleihen, bezogen auf das frühestmögliche Datum, an dem die Rückzahlung durch den Darlehensgeber gefordert werden kann. Das Bestehen von Kreditlinien, die eine Verlängerung der Anleihe über ihre Fälligkeit hinaus ermöglichen, ist nur in Betracht zu ziehen, wenn bestimmte Bedingungen erfüllt werden (einschließlich der Anforderung, daß die Anleihe und der Kreditrahmen in einem Vertrag mit dem gleichen Darlehensgeber geregelt sind).

(vii) Einzelheiten über Wandelanleihen (Rückkaufdatum; Rückzahlungsbetrag; Anzahl und Art der Aktien, in die die Anleihe umgewandelt werden kann; Zeitraum der Umwandlung; ob die Wandlung durch den Emittenten oder den Inhaber veranlaßt wird).

(viii) Eine kurze Beschreibung von unüblichen Finanzierungsinstrumenten, die unter Anleihen ausgewiesen sind (z.B. wenn eine Rangrücktrittserklärung für die Anleihe vorliegt; wenn die Rückzahlungsverpflichtung an Bedingungen geknüpft ist; oder wenn der Rückzahlungsbetrag bei einer Liquidation wesentlich vom Buchwert der Anleihe abweicht).

(ix) Gewinne und Verluste aus dem Rückkauf oder dem frühzeitigen Ausgleich der Anleihe sind in der Gewinn- und Verlustrechnung getrennt auszuweisen (innerhalb oder nach Zinsen und ähnlichen Aufwendungen).

(iv) dividends for each class of share, divided between dividends on equity shares, participating dividends and dividends on non-equity shares (on the face of the profit and loss account).

(v) any other appropriation of profit in respect of non-equity shares.

Relating to debt:

(vi) an analysis of the maturity of debt, determined by reference to the earliest date on which the lender can require payment. The existence of committed facilities which permit the refinancing of debt for a period beyond its maturity may only be taken into account when certain conditions are met (including the requirement that the debt and the facility are under a single agreement with the same lender).

(vii) details of convertible debt (date of redemption; amount payable on redemption; number and class of shares into which the debt may be converted; timing of conversion; whether conversion is at the option of the issuer or the holder).

(viii) brief description of non-standard instruments included in debt (e.g. where the debt is subordinated; where the obligation to repay is conditional; or where the amount repayable on a winding up is significantly different from the book amount of the debt).

(ix) gains and losses arising on the repurchase or early settlement of debt should be separately disclosed in the profit and loss account (within or next to Interest payable and similar charges).

I RECHNUNGSLEGUNGSGRUNDSÄTZE UND ERLÄUTERUNGSVORSCHRIFTEN

25. Eigenkaptial (Stammkapital und Rücklagen)

25.1. Stammkapital

Grossbritannien:

Das genehmigte Kapital ist anzugeben. Gibt es mehr als eine Klasse von Anteilen, dann sind die Anzahl und der Gesamtnennbetrag jeder ausgegebenen Klasse anzugeben (§ 38(1) Sch 4 CA 1985).

Der Betrag des eingeforderten und des ausgegebenen Kapitals ist getrennt auszuweisen (§ 8 Sch 4 CA 1985).

Für jede Klasse von Anteilen oder Anleihen, die während des Jahres ausgegeben worden sind, sind anzugeben (§ 39 Sch 4 CA 1985):

(i) die Anzahl und der Nennbetrag der Anteile und der Betrag der Schuldverschreibungen;

(ii) die erhaltenen Gegenleistungen;

(iii) Gründe für die Ausgabe.

FRS 4 beschreibt weitere Bilanzierungs- und Erläuterungsvorschriften (siehe Abschnitt I.24).

Deutschland:

Eine Aktiengesellschaft hat das genehmigte Kapital anzugeben (§ 160(1) Nr. 4 AktG).

Bedingtes Kapital ist mit dem Nennwert anzugeben (§ 152(1) AktG).

Das Grundkapital einer Aktiengesellschaft (§ 152(1) AktG) und das Stammkapital einer Gesellschaft mit beschränkter Haftung (§ 42(1) GmbHG) sind im Jahresabschluß gesondert auszuweisen.

Gezeichnetes Kapital ist zum Nennbetrag anzugeben (§ 283 HGB).

Eine Aktiengesellschaft muß getrennt für jede Klasse von Aktien angeben:

(i) den Nennwert (§§ 11, 152(1) AktG);

(ii) die Anzahl und den Nennbetrag der Aktien und alle Erhöhungen im gezeichneten oder genehmigten Kapital während des Geschäftsjahres (§ 160 (1) Nr. 3 AktG).

(iii) bestehen Mehrstimmrechtsaktien, so sind die Gesamtstimmenzahlen der Mehrstimmrechtsaktien und die der übrigen Aktien zu vermerken (§ 152(1) AktG).

25.2. Ausstehendes Stammkapital

Grossbritannien:

Eingefordertes ausstehendes Stammkapital kann entweder als (§ 8 Sch 4 CA 1985):

(i) eigener Vermögensgegenstand, über den Sachanlagen, oder

(ii) getrennt unter Sonstigen Vermögensgegenständen

ausgewiesen werden.

Deutschland:

Die ausstehenden Einlagen auf das gezeichnete Kapital sind auf der Aktivseite vor dem Anlagevermögen auszuweisen (§ 272(1) HGB).

UK	GERMANY

I ACCOUNTING REQUIREMENTS, PRINCIPLES AND DISCLOSURE REQUIREMENTS

25. Share Capital and Reserves

25.1. Share Capital

UK	GERMANY
Authorised share capital should be disclosed (and where there is more than one class of shares, should show the number and aggregate nominal value of each class allotted) (§ 38(1) Sch 4 CA 1985).	A public limited company (AG) is required to disclose the amount of authorised capital (§ 160(1) No. 4 AktG). It should also disclose the nominal value of not yet subscribed capital (§ 152(1) AktG).
The amount of called up and of allotted share capital should be shown separately (§ 8 Sch 4 CA 1985).	The subscribed capital of a public limited company (§ 152 (1) AktG) and the subscribed capital of a private limited company (§ 42(1) GmbHG) should be separately shown in the financial statements. Subscribed capital should be stated at nominal value (§ 283 HGB).
For each class of shares allotted or debentures issued during the year should show (§ 39 Sch 4 CA 1985):	A public limited company is required to separately disclose for each class of shares:
(i) the number and nominal value of shares and the amount of debentures;	(i) the nominal value (§ 11, 152(1) AktG);
(ii) consideration received;	(ii) the number and nominal value of shares and any increases in subscribed or authorised capital during the year (§ 160 (1) No. 3 AktG);
(iii) reason for allotment or issue.	(iii) if shares with additional voting rights are in issue, their total voting rights and the voting rights of the remaining shares should be disclosed (§ 152(1) AktG).
FRS 4 sets out further accounting and disclosure requirements (See section I.24).	

25.2. Unpaid share capital

UK	GERMANY
Called up unpaid share capital may be classified as either (§ 8 Sch 4 CA 1985):	Unpaid contributions to subscribed capital should be classified separately as an asset, above fixed assets (§ 272(1) HGB).
(i) a separate asset, above fixed assets, or	
(ii) separately, within debtors.	

Die nicht eingeforderten ausstehenden Einlagen sind nicht zu bilanzieren (§ 8 Sch 4 CA 1985).

Die nicht eingeforderten ausstehenden Einlagen dürfen auch offen von dem Posten Gezeichnetes Kapital abgesetzt werden (in diesem Fall ist der eingeforderte, aber noch nicht eingezahlte Betrag, unter den Forderungen auszuweisen) (§ 272(1) HGB).

Eine Gesellschaft mit beschränkter Haftung (GmbH) hat auf der Aktivseite nicht gezahlte, von Gesellschaftern eingeforderte Nachschüsse, als Vermögensgegenstand zu zeigen. Außerdem sind eingeforderte Nachschüsse gesondert im Posten Kapitalrücklagen auszuweisen (§ 42(2) GmbHG).

25.3. Optionen und Wandelrechte

Die Anzahl, Beschreibung und der Betrag der Anteile, für welche Optionen und Wandlungsrechte gewährt worden sind (einschließlich des Zeitraumes, in dem das Recht ausgeübt werden darf, und des zu zahlenden Preises) sind anzugeben (§ 40(1) Sch 4 CA 1985).

25.4. Rückkaufbare Anteile

Für rückkaufbare Anteile sind anzugeben (§ 38(2) Sch 4 CA 1985):

(i) das früheste und das letzte Rückkaufdatum;

(ii) ob der Rückkauf verbindlich vorgeschrieben ist oder ob eine Option für die Gesellschaft oder die Anteilseigner besteht;

(iii) falls zutreffend, ein beim Rückkauf zu zahlender Aufschlag.

Der Bestand der Aktien an dem Mutterunternehmen (zusammen mit der Anzahl und dem Nennbetrag dieser Aktien und deren Anteil am Kapital), die das Mutterunternehmen oder ein Tochterunternehmen erworben oder als Pfand genommen hat, sind auszuweisen (§ 314 Nr 7 HGB).

Eine Aktiengesellschaft hat eine Anzahl weiterer Angaben zu machen:

(i) Der Bestand (und der Zugang) an Aktien, die ein Aktionär für Rechnung der Gesellschaft übernommen hat (unter Angabe von Einzelheiten von Aktien, die im Geschäftsjahr verwertet worden sind) sind anzugeben (§ 160(1) AktG).

25.5. Wandelschuldverschreibungen

Der Betrag der Wandelschuldverschreibungen ist gesondert unter Verbindlichkeiten auszuweisen (§ 8 Sch 4 CA 1985).

(ii) Die Zahl der Wandelschuldverschreibungen ist unter Angabe der Rechte, die sie verbriefen, anzugeben (§ 160(1) Nr. 5 AktG).

Uncalled unpaid contributions to subscribed capital should not be accounted for (§ 8 Sch 4 CA 1985).

Uncalled unpaid contributions to subscribed capital may also be deducted openly from subscribed capital (in which case called but unpaid capital should be shown separately under receivables) (§ 272(1) HGB).

A private limited liability company (GmbH) is required to show calls requested from shareholders, classified separately under debtors. An equivalent amount should be classified under capital reserves (§ 42(2) GmbHG).

25.3. Options and conversion rights

Should disclose the number, description and amount of shares for which options or conversion rights are granted (including period exercisable and price payable) (§ 40(1) Sch 4 CA 1985).

25.4. Redeemable shares

For redeemable shares, should disclose (§ 38(2) Sch 4 CA 1985):

(i) earliest and latest redemption dates;

(ii) whether redemption compulsory or at company's or shareholders' option;

(iii) premium payable on redemption (if any).

Should disclose the amount of shares held in a parent undertaking (together with the number and nominal value thereof, and proportion of capital), where the parent or a subsidiary has acquired the shares, or taken them as security (§ 314(1) No. 7 HGB).

A public limited company is also required to disclose:

(i) The amount of shares (and additions thereto) which a shareholder has assumed on behalf of the company (together with details of such shares disposed of during the year) should be disclosed (§ 160 (1) AktG).

25.5. Convertible loan stock

The amount of any convertible loans should be separately disclosed within creditors (§ 8 Sch 4 CA 1985).

(ii) The amount of convertible loans and similar securities should be disclosed, giving details of the rights which they incorporate (§ 160(1) No. 5 AktG).

FRS 4 beschreibt weitere Bilanzierungs- und Erläuterungsvorschriften (siehe Abschnitt I.24).

25.6. Genußrechtskapital

(iii) Im Bezug auf Genußrechte und ähnliche Rechte sind anzugeben:

- die Anzahl und Art jeden Rechtes sowie die im Geschäftsjahr neu entstandenen Rechte (§ 160(1) Nr 6 AktG).

Bilanzierungsprinzipien und Ausweisvorschriften für Genußrechtskapital sind im Abschnitt I.24 beschrieben.

25.7. Wechselseitige Beteiligung

(iv) Das Bestehen einer wechselseitigen Beteiligung ist unter Angabe der Einzelheiten der betreffenden Unternehmen anzugeben (§ 160(1) Nr. 7 AktG).

25.8. Wesentlicher Anteilsbesitz

Es gibt keine Ausweisvorschriften des Companies Act in Bezug auf wesentliche Gesellschafter, außer jenen für Holdinggesellschaften und in Bezug auf die Angabe der obersten Muttergesellschaft (§ 20-21 Sch 5 CA 1985).

FRED 8 wird, falls er eingeführt wird, vorschreiben, daß ein Unternehmen, das durch ein anderes Unternehmen kontrolliert wird, den Namen dieses Unternehmens oder das des obersten kontrollierenden Mutterunternehmens angeben muß.

(v) Das Bestehen von Aktienbesitz in Höhe von mehr als 25% des Nennkapitals der Gesellschaft ist anzugeben zusammen mit (§ 160(1) Nr. 8 AktG):

- dem Namen des Anteilseigners,
- ob die Beteiligung 25% des Stammkapitals der Gesellschaft überschreitet und ob sie eine Mehrheitsbeteiligung ist.

Die Angaben des § 160(1) AktG hat zu unterbleiben, sofern es für das Wohl der Bundesrepublik Deutschland erforderlich ist (§ 160 (2) AktG).

25.9. Kapitalrücklagen

Gibt eine Gesellschaft Anteile mit einem Aufschlag heraus, dann ist der Betrag, der über den Nennbetrag hinaus erzielt wird, in eine Share Premium-Rücklage einzustellen (§ 130(1) CA 1985), die gesondert auszuweisen ist (§ 8 Sch 4 CA 1985).

Die Kapitalrücklage beinhaltet (§ 272(2) HGB):

(i) den Betrag, der bei der Ausgabe von Anteilen einschließlich von Bezugsanteilen über den Nennbetrag hinaus erzielt wird;

(ii) den Betrag, der bei der Ausgabe von Schuldverschreibungen mit Wandlungsrechten und Optionsrechten zum Erwerb von Anteilen erzielt wird;

FRS 4 sets out further accounting and disclosure requirements (See section I.24).

25.6. Profit participation rights

(iii) In respect of profit participation rights and similar rights should disclose:

- the number and type of each right, together with new rights issued during the year (§ 160(1) No. 6 AktG).

Accounting for, and disclosure in respect of, profit participating rights is described in Section I 24.

25.7. Cross holdings

(iv) The existence of cross shareholdings should be disclosed giving details of the undertakings concerned (§ 160(1) No. 7 AktG).

25.8. Significant shareholdings

There are no Companies Act disclosure requirements relating to substantial shareholders, other than those for holding companies, and as regards disclosure of the ultimate holding company (§ 20 - 21 Sch 5 CA 1985).

FRED 8, if implemented, will require that if an undertaking is controlled by another party, then should disclose the name of that party, or that of the ultimate controlling party.

(v) The existence of shareholdings of more than 25% of the nominal shares capital of the company should be disclosed together with (§ 160(1) No. 8 AktG):

- the name of the shareholder,
- whether the shareholding exceeds 25% of all the share capital of the company and whether it is a majority shareholding.

An exemption from the disclosure requirements of § 160(1) AktG is possible to the extent necessary for the welfare of Germany (§ 160(2) HGB).

25.9. Capital reserves

If a company issues shares at a premium, the amount received in excess of the nominal value should be transferred to a share premium account (§ 130(1) CA 1985), which should be shown separately (§ 8 Sch 4 CA 1985).

Capital reserves should include (§ 272(2) HGB):

(i) the amount received in excess of nominal value, on issue of shares (including rights);

(ii) the amount received on issue of debentures with convertible rights, and options to acquire shares;

(iii) den Betrag aus Zuzahlungen gegen Gewährung eines Vorzugs auf Anteile;

(iv) den Betrag von anderen Zuzahlungen, die Gesellschafter in das Eigenkapital leisten.

Eine Aktiengesellschaft muß Einstellungen in die Kapitalrücklage und deren Auflösung während des Geschäftsjahres angeben (§ 152(2) AktG).

25.10. Neubewertungsrücklage

Eine Neubewertungsrücklage ist gesondert auszuweisen (§ 8 Sch 4 CA 1985).

Eine Neubewertungsrücklage ist in Deutschland nicht zulässig.

25.11. Gesetzliche Rücklagen

Es gibt in Großbritannien keine Vorschrift, Gewinne in eine gesetzliche Rücklage einzustellen.

Eine Aktiengesellschaft hat den zwanzigsten Teil des Jahresüberschusses (vermindert um einen Verlustvortrag) in eine gesetzliche Rücklage einzustellen, bis die gesetzliche und die Kapitalrücklagen (obige Positionen (i) - (iii)) den zehnten Teil des gezeichneten Kapitals überschreiten (§ 150(2) AktG).

Kapitalrücklagen dürfen nicht mit Gewinnrücklagen verrechnet werden.

Die Verwendung der Share Premium-Rücklage ist stark eingeschränkt (§ 130(2) CA 1985).

Gesetzliche Rücklagen und Kapitalrücklagen (obige Positionen (i) - (iii)) dürfen durch eine Aktiengesellschaft genutzt werden um (§ 150(3), (4) AktG):

- einen Jahresfehlbetrag auszugleichen, (soweit er nicht durch einen Gewinnvortrag gedeckt ist) und
- einen Verlustvortrag aus dem Vorjahr auszugleichen (soweit er nicht durch einen Jahresüberschuß gedeckt ist). Erreichen die gesetzlichen und die Kapitalrücklagen keine 10% des Grundkapitals der Gesellschaft, so ist vorher sicherzustellen, daß zunächst die anderen Gewinnrücklagen zum Ausgleich herangezogen werden.
- Bonusaktien herauszugeben.

25.12. Andere Rücklagen

Kapitalgesellschaften haben andere Rücklagen zu trennen nach (§ 8 Sch 4 CA 1985):

(i) Tilgungsfonds (d.h. Rücklage für den Rückkauf von Vorzugsaktien);

(ii) Rücklage für eigene Anteile.

Eine Public Company hat einen Betrag einzustellen, der dem auf der Aktivseite der Bilanz angesetzten Betrag für eigene Anteile entspricht, indem eine nicht ausschüttungsfähige Rücklage für eigene Anteile aus bestehenden frei verfügbaren Gewinnrücklagen gebildet wird (§ 148 CA 1985).

Kapitalgesellschaften haben die Gewinnrücklagen wie folgt zu gliedern (§ 266(3) HGB):

(i) Gesetzliche Rücklage;

(ii) Rücklage für eigene Anteile.

In eine Rücklage für eigene Anteile ist ein Betrag einzustellen, der dem auf der Aktivseite der Bilanz für die eigenen Anteile anzusetzenden Betrag entspricht. Die Rücklage darf aus vorhandenen Gewinnrücklagen gebildet werden, soweit diese frei verfügbar sind (§ 272(4) HGB).

(iii) the amount paid by shareholders in consideration of preferential rights to shares;

(iv) the amount of other capital contributions from shareholders.

A public limited company is required to disclosure transfers during the year to and from capital reserves (§ 152(2) AktG).

25.10 Revaluation reserve

A revaluation reserve should be separately shown (§ 8 Sch 4 CA 1985).

A revaluation reserve is not permitted in Germany.

25.11. Legal reserves

There is no requirement in the UK to make transfer to a legal reserve.

A public limited company is required to transfer 1/20 of the profit for the year (reduced by accumulated losses brought forward) to a legal reserve until such time as the legal reserve and capital reserves (items (i) - (iii) above) together reach 10% of subscribed capital (§ 150(2) AktG).

Capital reserves may not be set off against revenue reserves.

Use of the share premium account is strictly limited (§ 130(2) CA 1985).

Legal reserves and capital reserve (items (i) to (iii) above) may be used by a public limited company (§ 150(3),(4) AktG):

- to eliminate a loss for the year (to the extent not eliminated against retained profits brought forward),
- to eliminate accumulated losses brought forward, (to the extent not covered by net profit for the year) provided, if they do not exceed 10% of the company's share capital, that other revenue reserves are used up first, and
- to issue bonus shares.

25.12. Other reserves

Incorporated companies should show Other reserves analysed between (§ 8 Sch 4 CA 1985):

(i) capital redemption reserve;

(ii) reserve for own shares.

A public company should set up an amount equivalent to the amount of own shares included in assets, by transferring from existing distributable reserves to a non distributable reserve for own shares (§ 148 CA 1985).

Incorporated companies should show Revenue reserves analysed between (§ 266(3) HGB):

(i) legal reserve;

(ii) reserve for own shares.

A reserve for own shares should be set up for an amount equivalent to the amount of own shares included in assets. It may be created from existing revenues to the extent that they are freely available (§ 272(4) HGB).

Eine solche Rücklage ist auch für Anteile eines herrschenden oder eines mit Mehrheit beteiligten Unternehmens zu bilden (§ 272(4) HGB).

Erwirbt eine Gesellschaft ihre eigenen Anteile, dann hat sie im Lagebericht Angaben über die erworbenen Anteile zu machen (§§ 7, 8 Sch. 7 CA 1985).

Eine Aktiengesellschaft hat den Bestand der durch die Gesellschaft oder ein abhängiges Unternehmen erworbenen oder als Pfand genommenen eigenen Aktien anzugeben (§ 160(1) Nr. 2 AktG), zusammen mit:

- der Anzahl und dem Nennbetrag dieser Aktien;
- dem Anteil am Grundkapital;
- dem Zeitpunkt und den Gründen für den Erwerb;
- der Anzahl, dem Nennbetrag, dem Anteil am Grundkapital und dem Veräußerungspreis von Aktien, die im Geschäftsjahr erworben oder verkauft wurden.

(iii) Satzungsmäßige Rücklagen

(iii) Satzungsmäßige Rücklagen

(iv) Andere Gewinnrücklagen

(iv) Andere Gewinnrücklagen

Als Gewinnrücklagen dürfen nur Beträge ausgewiesen werden, die im Geschäftsjahr oder in einem früheren Geschäftsjahr aus dem Ergebnis gebildet worden sind (§ 272(3) HGB).

Zusätzlich können der Vorstand und der Aufsichtsrat einer Aktiengesellschaft den Eigenkapitalanteil von Wertaufholungen bei Vermögensgegenständen des Anlagevermögens und von bei der steuerrechtlichen Gewinnermittlung gebildeten Passivposten, die nicht im Sonderposten mit Rücklageanteil ausgewiesen werden dürfen, in andere Gewinnrücklagen einstellen. Der Betrag dieser Rücklagen ist entweder in der Bilanz gesondert auszuweisen oder im Anhang anzugeben (§ 58 (2a) AktG).

25.13. Gewinnrücklagen

Der Gewinn oder Verlustvortrag ist in der Bilanz gesondert auszuweisen (§ 8 Sch 4 CA 1985).

Kapitalgesellschaften haben in der Bilanz gesondert auszuweisen (§ 266 (3) HGB):

- Gewinnvortrag/Verlustvortrag
- Jahresüberschuß/Jahresfehlbetrag

In der Gewinn- und Verlustrechnung ist der Gesamtbetrag der gezahlten und erhaltenen Ausschüttungen auszuweisen (§ 3(7), 51(3) Sch 4 CA 1985).

Die Bilanz darf unter Berücksichtigung der vollständigen oder teilweisen Verwendung des Jahresergebnisses aufgestellt werden (§ 268(1) HGB).

In der Gewinn- und Verlustrechnung sind die Beträge auszuweisen, der den Rücklagen zugeführt worden sind oder aus ihnen entnommen worden sind (sowohl tatsächliche als auch vorgeschlagene Beträge) (§ 3(7) Sch 4 CA 1985).

Wurde der Jahresabschluß unter Berücksichtigung der Gewinnverwendung aufgestellt, dann sind Entnahmen aus sowie Einstellungen in Gewinnrücklagen, die nach Gesetz oder der Satzung der Gesellschaft vorzunehmen sind, ebenfalls darzustellen (§ 270(2) HGB).

A similar reserve should also be set up for shares in a controlling or majority owning undertaking (§ 272 (4) HGB).

Where a company acquires its own shares, should disclose, in the directors report, various details of the shares purchased (§ 7, 8 Sch 7 CA 1985).

A public limited company is also required to disclose (§ 160(1) AktG), in the notes to the accounts, the amount of own shares acquired (or taken as security) by the company or by a related party, together with (§ 160(1) No. 2 AktG):

- the number and nominal value of the shares;
- the proportion of such share capital;
- the date of and reasons for the acquisition;
- the number, nominal value, proportion of share capital, and price of such shares acquired or sold during the year, as well as the use of the proceeds.

(iii) reserves as provided for by the Articles of Association

(iii) statutory reserves as provided for by the Articles of Association.

(iv) Other reserves

(iv) Other revenue reserves

Revenue reserves may only include amounts transferred from the profits of the financial year or earlier years (§ 272(3) HGB).

Additionally, the board of directors and supervisory board of a public limited company may transfer to Other revenue reserves the equity portion of depreciation written back relating to fixed assets, and provisions set up solely for the purposes of the determination of taxable income, which is not permitted to be shown as a Special account with reserve characteristics. The amount of such reserves should be disclosed either separately in the balance sheet or in the notes to the accounts (§ 58(2a) AktG).

25.13. Revenue reserves

The accumulated profit and loss account should be separately shown in the balance sheet (§ 8 Sch 4 CA 1985).

Incorporated companies should also show in the balance sheet, separately (§ 266(3) HGB):

- retained profits/accumulated losses brought forward
- net profit/net loss for the year

The accounts should disclose, in the profit and loss account, the aggregate amount of any dividends paid and proposed (§ 3(7), 51(3) Sch 4 CA 1985).

The accounts may be prepared reflecting the partial or full appropriation of profit for the year (§ 268(1) HGB).

The accounts should disclose in the profit and loss account any amounts set aside, or withdrawn from reserves (both actual and proposed) (§ 3(7) Sch 4 CA 1985).

If the accounts reflect the appropriation of profit for the year, then they should also reflect transfers to and from revenues reserves as required by law or by the company's articles (§ 270(2) HGB).

Aktiengesellschaften haben zu den einzelnen Posten der Gewinnrücklagen die Beträge, die die Hauptversammlung aus dem Jahresüberschuß und aus dem Gewinnvortrag früherer Geschäftsjahre eingestellt hat (§ 152(3) AktG) sowie Einstellungen aus dem Jahresergebnis in die Gewinnrücklagen und Entnahmen aus den Gewinnrücklagen gesondert anzugeben.

Im Falle einer Aktiengesellschaft:

(i) dürfen der Vorstand und der Aufsichtsrat, nachdem der Jahresabschluß festgestellt worden ist, bis zur Hälfte des Jahresüberschusses (abzüglich eines Verlustvortrages) in die Gewinnrücklagen einstellen (§ 58(2) AktG).

(ii) kann die Satzung den Vorstand und den Aufsichtsrat ermächtigen, mehr als die Hälfte des Jahresüberschusses einzustellen, sofern die anderen Gewinnrücklagen die Hälfte des Grundkapitals nicht übersteigen (§ 58(2) AktG).

(iii) darf die Hauptversammlung weitere Beträge in die anderen Gewinnrücklagen einstellen (§ 58(3) AktG).

Eine Gesellschaft mit beschränkter Haftung darf den Eigenkapitalanteil von Wertaufholungen bei Vermögensgegenständen des Anlage- und Umlaufvermögens (§ 280(1) HGB) und von bei der steuerlichen Gewinnermittlung gebildeten Passivposten, die nicht im Sonderposten mit Rücklagenanteil ausgewiesen werden dürfen, in andere Gewinnrücklagen einstellen (§ 29(4) GmbHG).

25.14. Darstellung der Bewegung in den Rücklagen

Es ist ein Rücklagenspiegel auszuweisen, der enthalten sollte (§ 46(2) Sch 4 CA 1985):

Gewinnrücklagen:

- Rücklage aus der Neubewertung von Investitionen (SSAP 19);
- bestimmte Wechselkursdifferenzen (SSAP 20);
- Geschäfts- oder Firmenwert (SSAP 22);
- Korrekturen früherer Perioden (FRS 3).

Share premium:

- Anlaufkosten einer Gesellschaft (§ 130 CA 1985);
- Aufwendungen für die Ausgabe, Provisionen und Nachlässe auf die Ausgabe von Aktien oder Schuldverschreibungen (§ 130 CA 1985);

Eine Aktiengesellschaft muß die nachstehenden Bewegungen in den Rücklagen in der Gewinn- und Verlustrechnung nach dem Jahresüberschuß/-fehlbetrag ausweisen (§ 158(1) AktG):

- Entnahmen aus der Kapitalrücklage;
- Entnahmen aus und Einstellungen in die folgenden Gewinnrücklagen;
  - gesetzliche Rücklage,
  - Rücklage für eigene Anteile,
  - satzungsmäßige Rücklagen,
  - andere Gewinnrücklagen.

Public limited companies are required to disclose, for each item of Revenue reserves, the amount determined by the shareholders in respect of allocations of profit of the previous year, (§ 152(3) AktG) and the amounts which were transferred out of income, and the amounts which were released in the financial year.

For a public limited company:

(i) where the financial statements are approved by the board of directors and the supervisory board they may transfer up to half of the profit for the year (less brought forward losses) to other revenue reserves (§ 58(2) AktG).

(ii) the Articles may empower the board of directors and supervisory board to transfer more than half of the net income for the year, provided (or to the extent that) other revenue reserves exceed half the stated capital (§ 58(2) AktG).

(iii) the shareholders may also determine that further amounts should be transferred to other revenue reserves (§ 58(3) AktG).

A private limited company may transfer to other revenue reserves the equity portion of any reinstated increase in value of fixed and current assets (§ 280(1)HGB), and any liability set up for the purposes of the tax accounts which has not been shown as a Special account with reserve characteristics (§ 29(4) GmbHG).

25.14. Disclosure of movement over reserves

Should disclose statement of movement over reserves, (§ 46(2) Sch 4 CA 1985) which may include:

Revenue reserves:

- investment revaluation reserve (SSAP 19);
- certain exchange differences (SSAP 20);
- goodwill (SSAP 22);
- prior year adjustments (FRS 3);

Share premium:

- preliminary expenses of a company (§ 130 CA 1985);
- expenses of, or commission paid or discount allowed on any issue of shares or debentures (§ 130 CA 1985);

A public limited company is required to disclose on the face of the profit and loss account, after net profit loss for the year, the following movements over reserves (§ 158(1) AktG):

- Transfers from capital reserves;
- Transfers to and from the following revenue reserves;
    - legal reserves,
    - reserve for own shares,
    - statutory reserves, as provided for by the Articles of Association,
    - other revenue reserves.

- beim Rückkauf von rückkaufbaren Aktien oder Schuldverschreibungen zu zahlende Aufschläge (§ 130, § 160 (2) CA 1985),
- Erwerb von eigenen Aktien (§ 162 CA 1985).

Eine Abstimmung des Eröffnungsbilanz- mit dem Schlußbilanzsaldo des Eigenkapitals sollte dargestellt werden (FRS 3) .

Dies kann enthalten:

- Jahresüberschuß,
- Dividenden,
- andere realisierte Gewinne und Verluste (saldiert),
- abgeschriebener Geschäfts- oder Firmenwert,
- Zuschreibungen auf Geschäfts- oder Firmenwert (UITF 3),
- Eröffnungsbilanzsaldo des Eigenkapitals des Vorjahres (falls zutreffend, ist dieser Saldo entsprechend den Korrekturen früherer Perioden anzupassen).

25.15. Aufwendungen für die Gründung und für die Beschaffung von Eigenkapital

Vorlaufkosten sowie Aufwendungen für und Provisionen auf die Ausgabe von Aktien oder Schuldverschreibungen dürfen nicht aktiviert werden (§ 3 (2) Sch 4 CA 1985). Sie dürfen jedoch von einer vorhandenen Share Premium-Rücklage abgesetzt werden (§ 130(2) CA 1985).

Aufwendungen zur Gründung und für die Beschaffung des Eigenkapitals dürfen nicht aktiviert werden (§ 248(1) HGB).

25.16. Nicht durch Eigenkapital gedeckter Fehlbetrag

Negatives Eigenkapital ist als solches auszuweisen und nicht auf der Aktivseite der Bilanz zu zeigen.

Sobald durch Verluste ein negatives Eigenkapital entsteht, so daß sich ein Überschuß der Passivposten über die Aktivposten ergibt, ist dieser Betrag am Schluß der Bilanz auf der Aktivseite gesondert unter der Bezeichnung "Nicht durch Eigenkapital gedeckter Fehlbetrag" auszuweisen (§ 268(3) HGB).

25.17. Rückstände bei zu zahlenden Dividenden

Der Betrag und der Zeitraum, um den die Gesellschaft mit der Auszahlung von festgelegten aufgelaufenen Dividenden im Rückstand ist, ist für jede Klasse von Anteilen anzugeben (§ 49 Sch 4 CA 1985).

Im Rückstand befindliche Dividendenzahlungen sind zurückzustellen (FRS 4).

- premium payable on redemption of redeemable shares or debentures (§§ 130, 160 (2) CA 1985);
- purchase of own shares (§ 162 CA 1985).

Should present a reconciliation of the opening and closing totals of shareholders funds for the year (FRS 3).

This may include:

- profit for the year,
- dividends,
- other recognised gains and losses (net),
- goodwill written off,
- goodwill written back (UITF 3),
- prior year opening shareholders funds (adjusted for prior year adjustments if applicable).

25.15. Formation expenses and costs of raising capital

Preliminary expenses, and expenses of, and commission on, any issue of shares or debentures, may not be capitalised (§ 3(2) Sch 4 CA 1985). They may however be deducted from any available share premium account (§ 130(2) CA 1985).

Formation expenses and costs of raising equity capital may not be capitalised (§ 248(1) HGB).

25.16. Deficit not covered by equity capital

Negative shareholders equity should be shown as such and not be shown on the asset side of the balance sheet.

To the extent that, as a result of losses, equity is negative, so that there is an excess of liabilities over assets, the shortfall is required to be shown separately as the last item on the assets side of the balance sheet, described as Deficit not covered by shareholders equity (§ 268(3) HGB).

25.17. Arrears of fixed dividends

Should disclose the amount of arrears of fixed cumulative dividends, and the period(s) in arrears, by class (§ 49 Sch 4 CA 1985).

Any arrears of fixed cumulative dividends should be accrued (FRS 4).

25.18. Erläuterungs- und Ausweisvorschriften für Kapitalkosten der Gesellschafter in Personengesellschaften

Die Kapitalkonten der Teilhaber - die sich durch Einlagen, Entnahmen und Gewinn- oder Verlustanteile erhöhen oder verringern - dürfen in der Bilanz zusammengefaßt ausgewiesen werden. Positive und negative Kapitalkonten dürfen saldiert werden (HFA 2/1993).

Eine Kommanditgesellschaft kann die Kapitalkonten der Komplementäre und die der Kommanditisten zusammenfassen und beide Posten als Gesamtsumme ausweisen (HFA 2/1993).

Werden positive und negative Kapitalkonten nicht saldiert oder übersteigen sie das Kapital, dann sind die Verluste gesondert auf desAktivseite der Bilanz auszuweisen (HFA 2/1993).

Nicht eingezahlte Anteile sind entweder gesondert auf der Aktivseite der Bilanz auszuweisen oder offen von den Kapitalkonten abzusetzen (HFA 2/1993).

Rücklagen, die auf der Grundlage des Gesellschaftervertrages oder eines Mehrheitsbeschlusses gebildet wurden, sind gesondert im Eigenkapital auszuweisen. Es ist jedoch nicht notwendig, zwischen Kapital- und Gewinnrücklagen zu unterscheiden (HFA 2/1993).

Kapitalkonten mit Fremdkapitalcharakter sind nicht unter Rücklagen auszuweisen (HFA 2/1993).

Falls durch den Gesellschaftsvertrag nicht anders festgelegt, darf der Jahresüberschuß dargestellt werden als (HFA 2/1993):

(i) Einzelposten vor Verwendung in der Bilanz - dies ist jedoch nur zulässig, wenn der Gesellschaftsvertrag eine Klausel enthält, die den Gewinnanteil von einem Gesellschafterbeschluß abhängig macht; oder

(ii) Jahresbewegung in den Kapitalkonten der Teilhaber; oder

(iii) unmittelbare Bewegung auf den einzelnen Kapitalkonten der Teilhaber.

25.18. Disclosure of shareholders' capital accounts by unincorporated businesses

The capital accounts for each shareholder - which increase and decrease as a result of contributions, drawings and shares of profits and losses - may be shown together in the balance sheet. Positive and negative capital accounts may be netted off (HFA 2/1993).

A limited partnership may summarise the total capital accounts for the personally liable partners, and the total capital accounts for the limited partners, and show each in a total amount (HFA 2/1993).

If positive and negative capital accounts are not netted off, or if losses exceed capital, then such losses should be shown separately on the asset side of the balance sheet (HFA 2/1993).

Unpaid shareholders capital should either be shown separately on the asset side of the balance sheet, or openly deducted from shareholders' capital accounts (HFA 2/1993).

Reserves created as a result of the shareholders' agreement or by majority decision of shareholders should be separately shown as a part of shareholders equity. However, it is not necessary to distinguish between capital reserves and revenue reserves (HFA 2/1993).

Shareholders accounts which have the character of loan capital may not be shown under reserves (HFA 2/1993).

Subject to any special agreement in the shareholders' agreement, profit for the year may be shown (HFA 2/1993):

(i) in a separate line, undistributed, in the balance sheet - however, this is only permissable if the shareholders' agreement states that the sharing of profits is dependent upon a decision of the shareholders; or

(ii) as a movement for the year in shareholders' capital accounts; or

(iii) directly credited or debited to the individual shareholders' capital accounts.

I RECHNUNGSLEGUNGSGRUNDSÄTZE UND ERLÄUTERUNGSVORSCHRIFTEN

26. Sonderposten mit Rücklageanteil

26.1. Definition

GROSSBRITANNIEN

In Großbritannien ist es normalerweise nicht erforderlich und in vielen Fällen auch nicht zulässig, aus dem Steuerrecht stammende Wertberichtigungen im gesetzlichen Jahresabschluss auszuweisen. Daher gibt es in Großbritannien kein entsprechendes Konzept.

DEUTSCHLAND

In Deutschland beeinflußt die Steuerbilanz aufgrund des Prinzips der umgekehrten Maßgeblichkeit (wobei die Bilanzierungs- und Bewertungsmethoden zunächst in der Handelsbilanz angewandt werden müssen, um in der Steuerbilanz anerkannt zu werden) die Handelsbilanz.

Daher kann die Bilanz Wertberichtigungen enthalten, die für einkommens- und gewerbesteuerliche Zwecke abzugsfähig sind, obwohl sie keinerlei wirtschaftliche Grundlage haben.

Diese Wertberichtigungen dürfen von dem entsprechenden Vermögensgegenstand in der Bilanz abgesetzt werden. Sie dürfen aber auch als Sonderposten mit Rücklageanteil ausgewiesen werden und sind dann nach Maßgabe des Steuerrechts aufzulösen (§ 247(3) HGB).

Ein Sonderposten mit Rücklagenanteil ist auf der Passivseite der Bilanz über den Rückstellungen auszuweisen. Die Gründe für seine Bildung sind anzugeben (§ 273 HGB).

Die Wertberichtigung ist durch Kapitalgesellschaften insoweit aufzulösen, als die steuerrechtliche Wertberichtigung durch handelsrechtliche Abschreibungen ersetzt wird oder der entsprechende Vermögensgegenstand nicht mehr länger im Besitz der Gesellschaft ist (§ 281(1) HGB).

Der Hauptvorteil des Ansatzes all dieser steuerrechtlichen Wertberichtigungen in einem Bilanzposten ist die bessere Durchschaubarkeit des Effekts solcher Positionen auf den Jahresabschluß.

Beispiele für einen Sonderposten mit Rücklageanteil sind:

(i) Zusätzliche nach § 254 HGB zulässige Abschreibungen, die nur aus steuerrechtlichen Gründen vorgenommen werden und keine wirtschaftliche Grundlage haben, soweit sie jede andere zulässige Abschreibung überschreiten (§ 281(1) HGB).

(ii) steuerliche Rücklagen, wenn der Ansatz in der Handelsbilanz Voraussetzung für die steuerrechtliche Anerkennung ist (und die daher auch durch Kapitalgesellschaften gebildet werden dürfen).

I ACCOUNTING REQUIREMENTS, PRINCIPLES AND DISCLOSURE REQUIREMENTS

26. Special Account with Reserve Characteristics

26.1. Nature of the provision

UK

In the UK, it is not normally required, or, in many cases, not permitted, for tax-related provisions to be recorded in the statutory financial statements. There is, therefore, no equivalent concept in the UK.

GERMANY

In Germany, because of the reverse authority principle (whereby accounting principles must be adopted in the statutory financial statements for them to be accepted in the tax accounts), the tax accounts directly influence the statutory financial statements.

Thus, the balance sheet may include provisions which are deductible for the purposes of income and trade taxes even though they do not have any commercial basis.

These provisions may be deducted from the relevant asset in the balance sheet. They may, alternatively, be disclosed as Special account with reserve characteristics and released to the profit and loss account in accordance with the tax regulations (§ 247(3) HGB).

A Special account with reserve characteristics should be disclosed separately on the liabilities side of the balance sheet, above accruals, and the reason for its creation should be disclosed (§ 273 HGB).

It should be reversed (by incorporated companies) to the extent that the tax write downs are replaced by depreciation in the financial statements, or if the asset to which it relates is no longer owned by the company (§ 281(1) HGB).

The main advantage of including all such tax-related provisions in one account is greater transparency of the effect of such items on the financial statements.

Examples of Special account with reserve characteristics include:

(i) Additional depreciation as permitted by § 254 HGB (ie depreciation provided for tax reasons only and which does not have any economic basis) to the extent that it exceeds otherwise allowable depreciation (§ 281(1) HGB).

(ii) Reserves allowed for tax purposes, where provision in the statutory financial statements is a requirement for tax recognition (and which therefore may also be provided by incorporated companies).

(iii) steuerfreie Rücklagen, die steuerrechtlich anerkannt werden, unabhängig davon, ob sie in der Handelsbilanz angesetzt wurden oder nicht (und die daher nur von Personengesellschaften gebildet werden dürfen).

26.2. Unterschiedliche Regelungen für Personen- und Kapitalgesellschaften

Personengesellschaften dürfen Wertberichtigungen bilden, unabhängig davon, ob der Ansatz in der Handelsbilanz eine Voraussetzung für die steuerrechtliche Anerkennung ist. Kapitalgesellschaften dürfen solche Wertberichtigungen nur bilden, wenn die steuerrechtliche Anerkennung nur erfolgen kann, wenn der Sonderposten in der Handelsbilanz angesetzt wird (§ 273 HGB).

26.3. Erläuterungs- und Ausweisvorschriften

Einstellungen in den Sonderposten mit Rücklageanteil und deren Auflösung während des Geschäftsjahres sind anzugeben (§ 270(1) HGB).

Der Betrag der im Geschäftsjahr allein nach steuerrechtlichen Vorschriften vorgenommenen Abschreibungen, getrennt nach Anlage- und Umlaufvermögen, ist anzugeben und zu begründen (§ 281(2) HGB).

Erträge aus der Auflösung des Sonderpostens mit Rücklageanteil sind in dem Posten "Sonstige betriebliche Erträge", Einstellungen in dem Posten "Sonstige betriebliche Aufwendungen" der Gewinn- und Verlustrechnung auszuweisen (§ 281(2) HGB).

(iii) tax free reserves, which may be recognised for tax purposes whether or not they have been provided in the statutory financial statements (and which therefore may only be provided by unincorporated businesses).

26.2. Distinction between unincorporated businesses and incorporated companies

An unincorporated business is permitted to establish such a provision, independent of whether provision in the statutory financial accounts is a requirement for its tax recognition. Incorporated companies may only set up such a provision to the extent that tax recognition requires that the account is shown in the statutory financial accounts (§ 273 HGB).

26.3. Other disclosure requirements

Transfers during the year to and from Special account with reserve characteristics should be disclosed (§ 270(1) HGB).

The amount of depreciation in a financial year based solely on tax provisions should be disclosed and justified (distinguishing between fixed assets and current assets) (§ 281(2) HGB).

Income from releases from the Special account with reserve characteristics and transfers to it should be shown separately in the profit and loss account under Other operating income and Other operating expenses accordingly or disclosed in the notes (§ 281(2) HGB).

I RECHNUNGSLEGUNGSGRUNDSÄTZE UND ERLÄUTERUNGSVORSCHRIFTEN

27. Ereignisse nach dem Bilanzstichtag

27.1. Einleitung

Der Jahresabschluß ist auf der Grundlage der zum Bilanzstichtag herrschenden Bedingungen aufzustellen (SSAP 17).

Der Jahresabschluß ist auf der Grundlage der Bedingungen aufzustellen, die am Bilanzstichtag herrschten (§ 252(1) Nr. 3 HGB).

27.2. Zu berücksichtigende Ereignisse

Zu berücksichtigende Ereignisse (d.h. Ereignisse nach dem Bilanzstichtag, aus denen zusätzliche Hinweise auf Bedingungen am Bilanzstichtag entstehen) sind als Korrektur zu berücksichtigen (SSAP 17/§ 12(b) Sch 4 CA 1985).

Der Jahresabschluß ist auch dann zu ändern, wenn nach dem Bilanzstichtag aufgedeckt wird, daß der Grundsatz der Unternehmensfortführung nicht länger zutrifft (SSAP 17).

Neue Informationen über Ereignisse vor dem Jahresende, die nach dem Jahresende bekannt werden (wertaufhellende Ereignisse) sind bei der Aufstellung des Jahresabschlusses zu berücksichtigen (FG 1/1988).

27.3. Nicht zu berücksichtigende Ereignisse

Die Eigenart und der finanzielle Effekt wesentlicher nicht zu berücksichtigender Ereignisse (d.h. Ereignisse nach dem Bilanzstichtag, die Bedingungen betreffen, die zum Stichtag noch nicht bestanden) sind unter Angabe der steuerlichen Auswirkungen im Anhang auszuweisen (SSAP 17).

Die Aufhebung oder der Eintritt einer geschäftlichen Transaktion nach dem Bilanzstichtag, die vor dem Bilanzstichtag eingegangen wurde und die überwiegend dazu gedacht war, das Erscheinungsbild der Bilanz zu ändern, ist anzugeben (SSAP 17).

Neue Tatsachen, die nach dem Jahresende entstehen, sind nicht zu berücksichtigen (FG 1/1988). Kapitalgesellschaften haben Vorgänge von besonderer Bedeutung, die nach dem Schluß des Geschäftsjahres bis zur Veröffentlichung des Jahresabschlusses entstehen, im Lagebericht darzustellen (§ 289(2) Nr. 1 HGB).

27.4. Berücksichtigung zukünftiger Wertschwankungen

In Großbritannien sind Wertberichtigungen für zukünftige Wertschwankungen nicht zulässig.

Zusätzliche Wertberichtigungen auf Vermögensgegenstände des Umlaufvermögens dürfen vorgenommen werden, falls sie in der näheren Zukunft notwendig sind, um Wertschwankungen zu berücksichtigen (§ 253(3) HGB).

Kapitalgesellschaften haben solche Wertberichtigungen gesondert auszuweisen (§ 277(3) HGB).

I ACCOUNTING REQUIREMENTS, PRINCIPLES AND DISCLOSURE REQUIREMENTS

27. Accounting for Post Balance Sheet Events

27.1. Introduction

UK: Financial statements should be prepared on the basis of conditions existing at the balance sheet date (SSAP 17).

Germany: Financial statements should be prepared on the basis of conditions existing at the balance sheet date (§ 252(1) No. 3 HGB).

27.2. Adjusting events

UK: Adjusting events (i.e. post balance sheet events which provide additional evidence of conditions existing at the balance sheet date) should be adjusted (SSAP 17/§ 12(b) Sch 4 CA 1985).

The financial statements should also be changed if, subsequent to the balance sheet date, the going concern basis is no longer appropriate (SSAP 17).

Germany: New information which becomes known after the year end in respect of events which arose before the year end (FG 1/1988) should be taken into account in preparing the accounts.

27.3. Non-adjusting events

UK: The nature and financial effect of non adjusting events (i.e. post balance sheet events which concern conditions which did not exist at the balance sheet date) should be disclosed if significant, together with the taxation implications, in the notes to the accounts (SSAP 17).

The reversal or maturity after the year end of a transaction entered into before the year end, the substance of which was primarily to alter the appearance of the balance sheet, should be disclosed (SSAP 17).

Germany: New events arising after the year end should not be taken into account (FG 1/1988). For incorporated companies, all events of particular significance which arise subsequent to the year end up to the date of issue of the accounts should be disclosed in the management report (§ 289(2) No. 1 HGB).

27.4. Accounting for future value fluctuations

UK: In the UK, provisions in order to avoid a valuation change in the near future as a result of value fluctuations are not permitted.

Germany: Additional write downs to current assets may be made to the extent that these are necessary, based on sound business judgement, in order to avoid a valuation change in the near future as a result of value fluctuations (§ 253(3) HGB).

Incorporated companies should disclose such provisions separately (§ 277(3) HGB).

27.5. Sonstige Wertberichtigungen für Ereignisse nach dem Bilanzstichtag

Weder Personen- noch Kapitalgesellschaften dürfen zusätzliche Wertberichtigungen allein auf der Grundlage vernünftiger kaufmännischer Beurteilung vornehmen.

Personengesellschaften, jedoch nicht Kapitalgesellschaften, dürfen zusätzliche Abschreibungen im Rahmen vernünftiger kaufmännischer Beurteilung vornehmen (§ 253(4) HGB).

27.5. Other provisions for events subsequent to the balance sheet date

Neither unincorporated businesses nor incorporated companies may make additional provision based upon sound business judgement alone.

Unincorporated businesses, but not incorporated companies, may provide for additional depreciation within the framework of sound business judgement (§ 253(4) HGB).

I RECHNUNGSLEGUNGSGRUNDSÄTZE UND ERLÄUTERUNGSVORSCHRIFTEN

28. Währungsumrechnung im Einzelabschluss

28.1. Einleitung

Deutschland: Das Institut der Wirtschaftsprüfer hat 1986 einen (geänderten) Entwurf einer Verlautbarung des HFA herausgegeben. Es besteht keine verbindliche Verlautbarung.

28.2. Geschäftsvorfälle in ausländischer Währung

Großbritannien: Geschäftsvorfälle in ausländischer Währung sind mit dem Wechselkurs am Tage des Vorfalls umzurechnen oder, falls die Wechselkurse stark schwanken, mit einem durchschnittlichen Wechselkurs für die Periode (SSAP 20).

Deutschland: Geschäftsvorfälle in fremder Währung sind mit dem Wechselkurs des Tages des Geschäftsvorfalles umzurechnen oder mit internen Wechselkursen, z.B. mit einem monatlichen Durchschnittskurs, wenn keine wesentlichen Abweichungen vorliegen (Entwurf des HFA).

28.3. Monetäre Vermögensgegenstände und Schulden

Großbritannien: Geldposten in ausländischer Währung sind zum Stichtagskurs umzurechnen (oder, falls zutreffend, mit festen Vertragskursen oder mit dem dazugehörigen Sicherungskurs) (SSAP 20).

Deutschland: Aufgrund des Imparitätsprinzips (§ 252(1) Nr. 4 HGB):

(i) können Kassenbestände und Banksalden mit dem Stichtagskurs umgerechnet werden;

(ii) sind Vermögensgegenstände, die in ausländischer Währung bestehen, zum niedrigeren Wert, der sich aus der Umrechnung mit dem ursprünglichen Wechselkurs oder dem Stichtagskurs ergibt, anzusetzen;

(iii) sind Verbindlichkeiten in fremder Währung mit dem höheren Rückzahlungsbetrag anzusetzen, der mit dem ursprünglichen oder dem Bilanzstichtagskurs umgerechnet wurde;

(iv) sind, falls zutreffend, vertraglich vereinbarte Wechselkurse oder entsprechende Terminkurse zu verwenden.

Verluste sind in der Gewinn- und Verlustrechnung voll zu berücksichtigen. Es ist jedoch zulässig, Gewinne und Verluste zu saldieren, wenn sie von monetären Vermögensgegenständen und Verbindlichkeiten in der gleichen Währung und mit ähnlichen Fälligkeiten herrühren (Entwurf des HFA).

I ACCOUNTING REQUIREMENTS, PRINCIPLES AND DISCLOSURE REQUIREMENTS

28. Foreign Currency Translation - Individual Entity Accounts

28.1. Introduction

Germany: The Institute of Wirtschaftsprüfer issued a (changed) draft HFA in 1986. However, no formal pronouncement has been issued.

28.2. Foreign currency transactions

UK: Foreign currency transactions should be translated at rates ruling at the date of the transaction, or, (if rates fluctuate significantly) at an average rate for the period (SSAP 20).

Germany: Foreign currency transactions should be translated at the rate ruling at the date of the transaction or at other internal rates, such as average monthly rate, if the difference is not significant (Draft HFA).

28.3. Monetary assets and liabilities

UK: Monetary foreign currency assets and liabilities should be translated at the closing rate of exchange (or, if appropriate, at fixed contract rates or at related/matching forward exchange contract rates) (SSAP 20).

Germany: Under the imparity principle (§ 252(1) No. 4 HGB):

(i) cash and bank balances may be translated at the year end rate;

(ii) other foreign currency monetary assets should be stated at the lower of the asset translated at the original foreign currency translation rate, and the asset translated at the year-end rate;

(iii) foreign currency monetary liabilities should be stated at the amount of the payment obligation, translated at the original rate or the year-end rate, which ever is the greater;

(iv) if appropriate, fixed contract rates or related/matching forward exchange contract rates should be used.

Unrealised losses should be provided in full in the profit and loss account. It is permissable, however, to net off gains and losses to the extent they arise from monetary assets and liabilities in the same currency and with comparable maturities (Draft HFA).

28.4. Gewinne und Verluste bei kurzfristigen Geldposten

Alle Gewinne und Verluste aus abgeschlossenen Geschäftsvorfällen und aus der Umrechnung von kurzfristigen Geldposten sind in der Gewinn- und Verlustrechnung als Teil des Ergebnisses aus gewöhnlicher Geschäftstätigkeit auszuweisen (SSAP 20).

Noch nicht realisierte Verluste sind in der Gewinn- und Verlustrechnung zu berücksichtigen.

28.5. Gewinne und Verluste aus langfristigen monetären Vermögensgegenständen und Schulden

Gewinne und Verluste aus langfristigen monetären Posten sind in der Gewinn- und Verlustrechnung zu erfassen (es sei denn, es bestehen Zweifel an der Konvertierbarkeit) (SSAP 20).

Aufgrund des Imparitätsprinzips (§ 252(1) Nr. 4 HGB):

(i) sind langfristige monetäre Vermögensgegenstände, die in ausländischer Währung bestehen, zum niedrigeren Wert, der sich aus der Umrechnung mit dem ursprünglichen Wechselkurs oder dem Stichtagskurs ergibt, anzusetzen;

(ii) sind langfristige Verbindlichkeiten in fremder Währung mit dem höheren Rückzahlungsbetrag anzusetzen, der mit dem ursprünglichen oder dem Bilanzstichtagskurs umgerechnet wurde.

Nicht realisierte Gewinne sind nicht zu berücksichtigen. Verluste sind in der Gewinn- und Verlustrechnung voll zu berücksichtigen.

28.6. Nicht monetäre Vermögensgegenstände und Schulden

Nicht monetäre Posten sind zum Wechselkurs am Tage ihrer Entstehung (oder zu einem Durchschnittkurs für die Periode) umzurechnen und zum Jahresende nicht erneut umzurechnen (SSAP 20).

28.7. Darlehen in ausländischer Währung

Sind Darlehen in ausländischer Währung genutzt worden, um Beteiligungen in ausländischer Währung zu finanzieren, dann sind Unterschiedsbeträge aus der erneuten Umrechnung der Beteiligungen mit den Unterschiedsbeträgen aus der Umrechnung der entsprechenden Darlehen zu saldieren (SSAP 20).

28.4. Accounting for gains and losses on short-term monetary terms

All gains or losses on settled transactions and on translating short-term monetary items should be included in the profit and loss account as part of profit from ordinary activities (SSAP 20).

Unrealised losses should be provided in the profit and loss account.

28.5. Accounting for gains and losses on long-term monetary terms

Gains and losses on long-term monetary items should be recognised in the profit and loss account (unless there are doubts as to convertibility) (SSAP 20).

Under the imparity principle (§ 252(1) No. 4 HGB):

(i) foreign currency long-term monetary assets should be stated at the lower of the asset translated at the original foreign currency rate, and the asset translated at the year-end rate;

(ii) foreign currency long-term monetary liabilities should be stated at the amount of the payment obligation, translated at either the original exchange rate or the year-end exchange rate, which ever is the greater.

Unrealised gains should not be recognised. Unrealised losses should be provided in full in the profit and loss account.

28.6. Non-monetary assets and liabilities

Non-monetary foreign currency assets and liabilities should be translated at the rate of exchange ruling on the transaction date (or at an average rate for the period), and not subsequently retranslated (SSAP 20).

28.7. Foreign currency borrowings

To the extent that foreign currency borrowings have been used to finance foreign equity investments, exchange differences arising on the equity investments should be offset against related exchange differences on the borrowings (SSAP 20).

28.8. Wertberichtigungen für zukünftige Wertschwankungen

In Großbritannien sind Wertberichtigungen für zukünftige Wertschwankungen nicht zulässig.

Zusätzliche Abschreibungen auf Gegenstände des Umlaufvermögens dürfen auf der Grundlage vernünftiger kaufmännischer Beurteilung in dem wegen zukünftiger Wertschwankungen notwendigen Ausmaß vorgenommen werden (§ 253(3) HGB).

Kapitalgesellschaften müssen solche Wertberichtigungen gesondert ausweisen (§ 277(3) HGB).

28.9. Unterschiedliche Regelungen für Personen- und Kapitalgesellschaften

Weder Personen- noch Kapitalgesellschaften dürfen zusätzliche Wertberichtigungen allein aufgrund vernünftiger kaufmännischer Beurteilung vornehmen.

Personen-, jedoch nicht Kapitalgesellschaften, dürfen zusätzliche Abschreibungen auf der Grundlage vernünftiger kaufmännischer Beurteilung vornehmen (§ 253(4) HGB).

28.10. Erläuterungs- und Ausweisvorschriften

Die Grundlage der Umrechnung in Pfund Sterling und die Bilanzierungsmethode für Währungsdifferenzen sind anzugeben (SSAP 20/§ 58(1) CA 1985).

Kapitalgesellschaften müssen die Grundlagen der Umrechnung in DM angeben (§ 284(2) Nr. 2 HGB).

28.8. Provision for future value fluctuations

In the UK, provisions in order to avoid a valuation change in the near future value as a result of fluctuations are not permitted.

Additional write downs to current assets may be made to the extent that these are necessary, based on sound business judgement, in order to avoid a valuation change in the near future as a result of value fluctuations (§ 253(3) HGB).

Incorporated companies should disclose such provisions separately (§ 277(3) HGB).

28.9. Distinction between unincorporated businesses and incorporated companies

Neither unincorporated businesses, nor incorporated companies, may make additional provision based upon sound business judgement alone.

Unincorporated businesses, but not incorporated companies, may provide for additional depreciation within the framework of sound business judgement (§ 253(5) HGB).

28.10. Disclosure requirements

The basis of translation into sterling and the treatment accorded to exchange differences should be disclosed (SSAP 20/§ 58(1) CA 1985).

Incorporated companies should disclose the bases of translation into DM (§ 284(2) No. 2 HGB).

I RECHNUNGSLEGUNGSGRUNDSÄTZE UND ERLÄUTERUNGSVORSCHRIFTEN

29. Investitionszulagen und Zuschüsse

29.1. Einleitung

In Deutschland müssen unterschieden werden (HFA 1/1984):

(i) steuerfreie Investitionszulage;

(ii) steuerlich zu berücksichtigende Investitionszuschüsse.

Es ist ebenfalls notwendig, zu unterscheiden zwischen (HFA 1/1984):

(iii) nicht rückzahlbaren Zuschüssen und

(iv) Investitionszuschüssen, die zurückgezahlt werden müssen, wenn bestimmte Auflagen nicht erfüllt werden.

29.2. Bewertungsgrundlagen

Ein staatlicher Zuschuß ist nicht in der Gewinn- und Verlustrechnung zu erfassen bevor (SSAP 4):

(i) die Bedingungen für seinen Erhalt erfüllt wurden und

(ii) eine hohe Wahrscheinlichkeit dafür besteht, daß er wirklich ausgezahlt wird.

Investitionszulagen, auf die ein rechtlicher Anspruch besteht, sind einzustellen, sofern die Gesellschaft alle Bedingungen für ihren Erhalt vor dem Bilanzstichtag erfüllt hat und vor der Aufstellung des Jahresabschlusses entweder den entsprechenden Antrag eingereicht hat oder mit an Sicherheit grenzender Wahrscheinlichkeit einreichen wird (HFA 1/1984).

Vor Erfüllung aller Bedingungen im voraus erhaltene Zuschüsse sind unter "Sonstigen Verbindlichkeiten" auszuweisen (HFA 1/1984).

Ein Investitionszuschuß, bei dem das Unternehmen sich erst um eine bestimmte Subvention bewerben muß und der rechtliche Anspruch erst nach der Gewährung entsteht, ist einzustellen, wenn alle notwendigen Bedingungen für seinen Erhalt vor dem Bilanzstichtag erfüllt worden sind und der Zuschuß ohne Vorbehalte bis zum Termin der Fertigstellung des Jahresabschlusses gewährt worden ist (HFA 1/1984).

Zuschüsse sind in der Gewinn- und Verlustrechnung so zu erfassen, daß sie den Aufwendungen, zu deren Erstattung sie beitragen sollen, zugeordnet werden (SSAP 4).

Nicht rückzahlbare Zuschüsse und Investitionszulagen sind in der Gewinn- und Verlustrechnung über die Nutzungsdauer des Vermögensgegenstandes zu verteilen (entweder als sonstige Erträge oder als Verminderung der Abschreibungen) (HFA 1/1984).

I ACCOUNTING REQUIREMENTS, PRINCIPLES AND DISCLOSURE REQUIREMENTS

29. Accounting for Government Grants

29.1. Introduction

Germany:

In Germany, it is necessary (HFA 1/1984) to distinguish between:

(i) tax-free investment grants;

(ii) taxable investment grants.

It is also necessary (HFA 1/1984) to distinguish between:

(iii) non repayable grants and

(iv) investments grants which are repayable if certain fulfilments are not met.

29.2. Basis of accounting

UK:

A Government grant should not be recognised in the profit and loss account until (SSAP 4):

(i) the conditions for its receipt have been complied with, and

(ii) there is reasonable assurance that it will be received.

Germany:

Investment grants for which there is a legal right to claim, should be recognised if the entity has fulfilled all the necessary requirements prior to the balance sheet date, and prior to the accounts being issued either the appropriate application has been submitted, or with certain probability it will be submitted (HFA 1/1984).

Grants received in advance before the appropriate conditions have been fulfilled should be included under Other creditors (HFA 1/1984).

Investment grants where an entity must first apply for a particular subsidy and only has a legal claim once the grant has been approved should be recognised if the entity has fulfilled all the necessary requirements prior to the balance sheet date, and the grant has been unconditionally approved prior to the preparation of the financial statements (HFA 1/1984).

UK:

Government grants should be recognised in the profit and loss account so as to match them with the expenditure towards which they are intended to contribute (SSAP 4).

Germany:

Non repayable investment grants should be recognised in the profit and loss account over the life of the related asset (shown in the profit and loss account either under Other income or as a deduction from depreciation) (HFA 1/1984).

Zuschüsse auf Vermögensgegenstände des Anlagevermögens sind über die erwartete wirtschaftliche Nutzungsdauer der entsprechenden Vermögensgegenstände zu verteilen (SSAP 4).

Es ist nicht angemessen, die Zulage sofort vollständig in der Gewinn- und Verlustrechnung zu erfassen, es sei denn, daß die Verteilung der Zulage über die Nutzungsdauer des Vermögensgegenstandes nicht länger notwendig ist, weil Sonderabschreibungen gemäß § 254 HGB in Anspruch genommen worden sind (HFA 1/1984).

Finanzielle Unterstützung oder Zuschüsse für bereits verauslagte Kosten sind in der Periode zu erfassen, in der sie ausgezahlt werden (SSAP 4).

Aufwandszuschüsse sind von den gegebenenfalls vorhandenen entsprechenden Aufwendungen offen abzusetzen (oder in der Gewinn- und Verlustrechnung als sonstiger Ertrag zu zeigen).

Finanzielle Unterstützung, die über einen Zeitraum empfangen wird, um laufende oder zukünftige Einkommensverluste auszugleichen, ist über den Zeitraum, für den sie gezahlt werden, zu erfassen (SSAP 4).

Es ist anzumerken, daß sich die Vorschriften für die Steuerbilanz von denen für den Jahresabschluß insofern unterscheiden, daß Investitionszuschüsse in der Steuerbilanz (Abschnitt 34 EStR):

(i) vom jeweiligen Anlagegegenstand abgesetzt und über seine Nutzungsdauer in die Gewinn- und Verlustrechnung abgeschrieben werden, vorausgesetzt, daß der Zuschuß im handelsrechtlichen Abschluß genauso behandelt wird oder

(ii) sofort in der Gewinn -und Verlustrechnung erfaßt werden dürfen.

Die Bilanzierung der Investitionszulage in der Steuerbilanz ist nicht vorgeschrieben.

Eine mögliche Verbindlichkeit für die Rückzahlung des Zuschusses ist nur einzustellen, wenn eine solche Rückzahlung wahrscheinlich ist (SSAP 4).

Es ist jedoch möglich, daß sie als ungewisse Verbindlichkeit anzugeben ist (SSAP 18).

Werden solche Zuschüsse oder Zulagen unter der Maßgabe der Zurückzahlung bei Nichteinhaltung von Erfüllungsbedingungen ausgezahlt, dann ist eine Rückstellung für die Rückzahlung zu bilden, wenn die Bedingung nicht eingehalten wurde oder erwartet wird, daß sie nicht eingehalten wird (HFA 1/1984).

29.3. Gliederungsvorschriften

Wenn die Vereinnahmung in der Gewinn- und Verlustrechnung über einen längeren Zeitraum erfolgt, dann ist der Zuschuß als passiver Rechnungsabgrenzungsposten zu erfassen und nicht vom Anlagevermögen abzusetzen (SSAP 4/§ 26(1) Sch 4 CA 1985).

In der Bilanz sind Investitionszuschüsse/Investitionszulagen (HFA 1/1984):

(i) von dem entsprechenden Vermögensgegenstand abzusetzen oder

(ii) als gesonderte Verbindlichkeit auszuweisen, z.B. als Sonderposten für Investitionszulagen zum Anlagevermögen, der getrennt beschrieben werden sollte. In der Praxis wird diese Alternative jedoch selten genutzt.

Grants relating to fixed assets should be recognised over the expected useful economic lives of the related assets (SSAP 4).

It is not appropriate to fully recognise the grant immediately in the profit and loss account except to the extent that spreading of the grant over the life of the asset is no longer necessary because accelerated depreciation, per § 254 HGB, has been provided (HFA 1/1984).

Financial support or grants to reimburse past costs, should be recognised in full in the period they become receivable (SSAP 4).

Expenditure grants should be openly deducted from the relevant expenditure, if one exists, (or shown in the profit and loss account under Other income) (HFA 1/1984).

Financial support received over a period to compensate the loss of current or future income should be recognised over the period in respect of which they are paid (SSAP 4).

It should be noted that the rules for the tax accounts differ from the rules for the statutory financial accounts in that taxable investment grants may, in the tax accounts, be either (Abs 34 EStR):

(i) deducted from the related asset, and released to the profit and loss account over the life of the asset, provided that the grant is treated identically in the statutory accounts, or

(ii) fully recognised in the profit and loss account.

The tax account treatment for tax-free investment grants is not prescribed.

A potential liability to repay grants should only be provided to the extent that repayment is probable. (SSAP 4)

However, it may need to be disclosed as a contingency (SSAP 18).

If investment grants are paid but are repayable if certain fulfilment requirements are not met, then a repayment provision should be made when the requirement has not been met, or is expected not to be met (HFA 1/1984).

29.3. Classification requirements

Where recognition in the profit and loss account is deferred, it should be treated as deferred income (and not deducted from fixed assets) (SSAP 4/ § 26(1) Sch 4 CA 1985).

In the balance sheet, investment grants should be either (HFA 1/1984):

(i) deducted from the relevant asset, or

(ii) preferably, a separate liability should be established - for example: Special account for fixed asset related government grants - which should be separately described. In particular however this alternative is seldom used.

29.4. Erläuterungs- und Ausweisvorschriften

Die folgenden Angaben sind notwendig (SSAP 4):

(i) die angewandte Bilanzierungsmethode,

(ii) die Auswirkung des Zuschusses auf das Jahresergebnis und die Vermögenslage.

Kapitalgesellschaften müssen die gewählten Bewertungsgrundsätze angeben (§ 284 (2) HGB).

29.4. Disclosure requirements

The following should also be disclosed (SSAP 4):

(i) the accounting policy adopted,

(ii) the effects of government grants on the results for the period and balance sheet position.

For incorporated companies disclosure is required of the valuation methods used (§ 284(2) HGB).

I RECHNUNGSLEGUNGSGRUNDSÄTZE UND ERLÄUTERUNGSVORSCHRIFTEN

30. Ausserordentliche und außergewöhnliche Posten und Korrektur Früherer Perioden

30.1. Korrektur früherer Perioden

GROSSBRITANNIEN

Korrekturen früherer Perioden sind definiert als wesentliche Korrekturen, die Vorjahreszahlen aufgrund von Änderungen von Bilanzierungs- und Bewertungsmethoden oder aufgrund von Fehlern berichtigen (FRS 3).

Alle Gewinne und Verluste sind in der Gewinn- und Verlustrechnung zu erfassen mit Ausnahme der Korrekturen früherer Perioden (FRS 3).

Korrekturen früherer Perioden werden durch Änderung der früheren Jahresabschlüsse und der Berichtigung der Eröffnungsbilanzsalden der Rücklagen vorgenommen. Die Auswirkung auf das Vorjahresergebnis ist anzugeben (FRS 3).

Korrekturen früherer Perioden sind im Anhang zu erläutern (FRS 3).

Die Auswirkung von periodenfremden Positionen in der Gewinn- und Verlustrechnung, die aus der Berichtigung von Fehlern und Schätzungen stammen, ist darzustellen (FRS 3/§ 57 (1) Sch 4 CA 1985).

DEUTSCHLAND

Die Bewertungsmethoden des Vorjahres sind beizubehalten (§ 252(1) Nr. 6 HGB).

Die Wertansätze in der Eröffnungsbilanz müssen mit denen der Schlußbilanz des vorhergehenden Geschäftsjahres übereinstimmen (§ 252(1) Nr. 1 HGB).

Von diesen Grundsätzen darf nur in besonderen Ausnahmen abgewichen werden (§ 252(2) HGB).

Dementsprechend sind Erträge und Aufwendungen des vorhergehenden Geschäftsjahres in der Gewinn- und Verlustrechnung den Außerordentlichen Erträgen bzw. Außerordentlichen Aufwendungen zuzuordnen, falls sie nicht wiederkehrend und wesentlich sind (§ 277(4) HGB).

Festgestellte Jahresabschlüsse früherer Jahre dürfen jedoch angepaßt werden, wenn es hierfür wichtige rechtliche, wirtschaftliche oder steuerliche Gründe gibt (HFA 2/1991).

Außerdem dürfen Jahresabschlüsse früherer Jahre, die unter Anwendung gesetzlich nicht zugelassener Bilanzierungs- und Bewertungsprinzipien aufgestellt wurden, geändert werden, um die angewandten Prinzipien zu korrigieren, soweit dies einen materiellen Effekt hat (HFA 2/1991).

Wurde ein Jahresabschluß eines früheren Geschäftsjahres geändert, dann sind alle folgenden Jahresabschlüsse auch zu ändern (unabhängig davon, ob sie festgestellt sind oder nicht) (HFA 2/1991).

Erträge und Aufwendungen aus früheren Geschäftsjahren sind im Anhang anzugeben (§ 277 (4) HGB).

Weicht der Gesellschafterbeschluß über die Gewinnverwendung vom Vorschlag zur Gewinnverwendung ab, so ist eine Berichtigung des Jahresabschlusses nicht erforderlich (§ 278 HGB).

I ACCOUNTING REQUIREMENTS, PRINCIPLES AND DISCLOSURE REQUIREMENTS

30. Extraordinary Items, Exceptional Items and Prior Year Adjustments

30.1. Prior year adjustments

UK	GERMANY
Prior year adjustments are defined as material adjustments applicable to prior years arising from changes in accounting policies or from correction of accounting errors (FRS 3).	The valuation methods of the preceding year should be retained (§ 252(1) No. 6 HGB) . Amounts included in the opening balance sheet must agree to the closing balance sheet of the previous year (§ 252(1) No. 1 HGB) .
All profits/losses should be included in the profit and loss account, except prior year adjustments (FRS 3).	These principles may only be disregarded in exceptional circumstances (§ 252(2) HGB).
Prior year adjustments should be accounted for by restating prior year financial statements (and disclosing the effect on the results for the previous period), and adjusting opening reserves (FRS 3).	Accordingly, prior year income and expenditure should be included in the profit and loss account for the year, under Extraordinary income and extraordinary expense respectively, if non recurring and significant (§ 277(4) HGB). However, prior year financial statements which have been adopted may be adjusted if there is an important legal, commercial, or tax reason (HFA 2/ 1991). In addition, prior year financial statements prepared using accounting policies which are not permitted by law may also be adjusted to correct the incorrect accounting policy, provided it is significant (HFA 2/ 1991). If the prior year accounts are changed, then all following financial statements should also be changed (whether or not they have been adopted) (HFA 2/1991).
Prior year adjustments should be explained in the notes to the accounts (FRS 3).	Income and expense relating to a previous financial year should be disclosed in the notes to the accounts (§ 277(4) HGB).
Should also disclose the effect of including in the profit and loss account any item relating to previous years which arises from corrections and adjustments of estimates (FRS 3/§ 57(1) Sch 4 CA 1985).	
	If a resolution for appropriation of profits differs from the eventual appropriation proposal, this does not necessitate a correction of the financial statements (§ 278 HGB).

30.2. Außerordentliche und außergewöhnliche Erträge und Aufwendungen

Außerordentliche Erträge und Aufwendungen sind gemäß FRS 3 definiert als wesentliche Posten mit einem hohen Grad an Außergewöhnlichkeit, die aus Ereignissen und Geschäftsvorfällen entstehen, die außerhalb der gewöhnlichen Geschäftstätigkeit der berichtenden Gesellschaft stehen und deren Wiederkehr nicht erwartet wird.

Die gewöhnliche Geschäftstätigkeit ist definiert als alle Aktivitäten, die im Rahmen des Geschäftszweckes eines Unternehmens unternommen werden, sowie alle Aktivitäten, die mit den eigentlichen Geschäftsaktivitäten im Zusammenhang stehen.

Die Geschäftstätigkeit umfaßt alle Auswirkungen auf das Unternehmen, seien sie politischer, gesetzgebender, wirtschaftlicher oder geographischer Natur, unabhängig von der Häufigkeit oder der ungewöhnlichen Art der Ereignisse. Daher sind extraordinary items sehr selten.

Exceptional items: außergewöhnliche Posten sind definiert als (FRS 3/§ 57 (3) Sch 4 CA 1985) Geschäftsvorfälle, die durch ihre Größe oder ihr Auftreten ungewöhnlich sind, jedoch in die gewöhnliche Geschäftstätigkeit fallen.

In der Gewinn- und Verlustrechnung sind getrennt auszuweisen:

(i) außerordentliche Erträge und Aufwendungen (§ 57(2) Sch 4 CA 1985):

- nach dem Ergebnis aus gewöhnlicher Geschäftstätigkeit, nach Steuern und nach Gewinnanteilen von Minderheitsgesellschaftern, aber vor der Gewinnverwendung (FRS 3);
- die Auswirkung auf Steuern und die Anteile der Minderheitsgesellschafter sind getrennt auszuweisen (FRS 3).

(ii) außergewöhnliche Erträge und Aufwendungen (§ 57(3) Sch 4 CA 1985):

- vor dem Ergebnis aus gewöhnlicher Geschäftstätigkeit gesondert unter dem jeweiligen Gliederungspunkt und getrennt nach fortbestehenden oder aufgegebenen Geschäftsbereichen (FRS 3).

Außerordentliche Erträge und Aufwendungen sind definiert als Erträge und Aufwendungen, die außerhalb der gewöhnlichen Geschäftstätigkeit der Kapitalgesellschaft anfallen (§ 277(4) HGB).

Es gibt keine Unterscheidung zwischen außerordentlichen "extraordinary" und außergewöhnlichen "exceptional" Posten (§ 275 HGB).

Kapitalgesellschaften müssen außerordentliche Posten in der Gewinn- und Verlustrechnung getrennt ausweisen, vor Abzug des entsprechenden Steueraufwandes, nach dem Ergebnis der gewöhnlichen Geschäftstätigkeit und vor den Steuern (§ 275 HGB).

30.2. Exceptional and extraordinary items

Extraordinary items are defined (FRS 3) as material items possessing a high degree of abnormality which arise from events or transactions that fall outside the ordinary activities of the reporting entity, and which are not expected to recur.

Extraordinary income and expense are defined as income and expenses which arise outside the ordinary activities of the company (§ 277(4) HGB).

Ordinary activities are defined as any activities which are undertaken as part of an entity's business, and such related activities in which the entity engages in furtherance of, incidental to, or arising from, these activities.

Ordinary activities include the effects on the entity of any event in the various environments in which it operates, including the political, regulatory, economic, and geographical environments, irrespective of the frequency or unusual nature of the events. Thus, extraordinary items are extremely rare.

Exceptional items are defined (FRS 3/§ 57(3) Sch 4 CA 1985) as transactions which are exceptional by virtue of size or incidence, although they fall within the company's ordinary activities.

There is no distinction in Germany between extraordinary items and exceptional items (§ 275 HGB).

The profit and loss account should disclose separately:

(i) extraordinary items (§ 57(2) Sch 4 CA 1985):

- should be shown after Profit or loss on ordinary activities after tax and after minority interest but before appropriations (FRS 3);
- the tax and minority interest effect should be shown separately (FRS 3).

(ii) exceptional items (§ 57(3) Sch 4 CA 1985):

- should be shown before Profit or loss on ordinary activities, in the appropriate classification heading, separately disclosed, and attributed to continuing or discontinued operations as appropriate (FRS 3).

Incorporated companies should disclose extraordinary items separately in the profit and loss account, gross of tax, after Results from ordinary activities and before taxation (§ 275 HGB).

Die folgenden außergewöhnlichen Posten sind gesondert nach dem Ergebnis aus gewöhnlicher Geschäftstätigkeit und vor dem Finanzergebnis getrennt nach fortbestehenden oder aufgegebenen Geschäftsbereichen auszuweisen (FRS 3):

- Gewinne oder Verluste aus dem Verkauf oder der Beendigung eines Geschäftsbereiches.

- Aufwendungen für eine wesentliche Reorganisation oder Restrukturierung.

- Gewinne oder Verluste aus dem Abgang von Sachanlagevermögen.

Die Auswirkung dieser Posten auf Steuern und Anteile von Minderheitsgesellschaftern ist ebenfalls anzugeben (FRS 3).

Kapitalgesellschaften, die keine kleinen Gesellschaften sind, müssen eine Angabe über den Umfang, in dem die Steuern vom Einkommen und vom Ertrag das Ergebnis aus der gewöhnlichen Geschäftstätigkeit und das außerordentliche Ergebnis belasten, machen (§§ 285 Nr. 6, 288 HGB).

Außer diesen drei Posten sind alle anderen ungewöhnlichen Posten unter den Gliederungspunkten auszuweisen, zu denen sie gehören und den fortbestehenden und aufgegebenen Geschäftsbereiches zuzuordnen (FRS 3).

Eine angemessene Beschreibung jedes ungewöhnlichen und außerordentlichen Postens ist in den Jahresabschluß aufzunehmen (FRS 3/§ 57 (2)(3) Sch 4 CA 1985).

Der Betrag und die Art der außerordentlichen Posten sind im Anhang zu erläutern (§ 277(4) HGB).

Kleine Gesellschaften sind von der Pflichtangabe über die Art der außerordentlichen Posten befreit (§ 288 HGB).

The following exceptional items should be shown separately after Operating profit and before interest, and attributed to continued or discontinued operations as appropriate (FRS 3):

- Profits or losses on the sale or termination of an operation.
- Costs of a fundamental reorganisation or restructuring.
- Profits or losses on disposal of fixed assets.

The effect of these items on tax and minority interest should also be given (FRS 3).

Except for these three items, all other exceptional items should be included under the classification headings to which they relate, and attributed to continuing or discontinued operations as appropriate (FRS 3).

An adequate description of each exceptional or extraordinary item should be given (FRS 3/§ 57 (2)(3) Sch 4 CA 1985).

Incorporated companies, unless they are small, should disclose the extent to which taxes on income relates to ordinary activities and extraordinary items respectively (§§ 285 No. 6, 288 HGB).

The amount, and nature of, extraordinary items should be disclosed in the notes to the accounts (§ 277(4) HGB).

Small companies are, however, exempt from the requirement to disclose the nature of extraordinary items (§ 288 HGB).

I RECHNUNGSLEGUNGSGRUNDSÄTZE UND ERLÄUTERUNGSVORSCHRIFTEN

31. Kapitalflußrechnungen

31.1. Erläuterungs- und Ausweisvorschriften

Großbritannien:

Jahresabschlüsse, die ein den tatsächlichen Verhältnissen entsprechendes Bild vermitteln sollen, müssen eine Kapitalflußrechnung (gegebenenfalls eine für den Konzern) enthalten, in der Zufluß und Abfluß von liquiden Mitteln in den folgenden Bereichen ausgewiesen werden (FRS 1):

- Gewöhnliche Geschäftstätigkeit
- Erträge aus Investitionen sowie Finanzierungskosten
- Besteuerung
- Investitionen
- Finanzierung

Dazu kommen Angaben zu weiteren wesentlichen Einzelkategorien sowie außergewöhnliche und außerordentliche Erträge und Aufwendungen.

Die Kapitalflußrechnung soll außerdem enthalten (FRS 1):

(i) die Gesamtsumme aller Zu- und Abflüsse von liquiden Mitteln aus der Finanzierung;

(ii) eine Abstimmung zwischen dem Ergebnis aus gewöhnlicher Geschäftstätigkeit, das in der Gewinn- und Verlustrechnung ausgewiesen wird, und den Zuflüssen abzüglich den Abflüssen von liquiden Mitteln aus der Geschäftstätigkeit unter getrennter Angabe der folgenden Bewegungen, die aus der Geschäftstätigkeit entstehen:

- Vorräte;
- Forderungen;
- Verbindlichkeiten;
- andere Differenzen zwischen dem Fluß liquider Mittel und dem Ergebnis.

(iii) eine Abstimmung zwischen (a) den Bewegungen von Barmitteln und bargeldähnlichen Mitteln und den Posten im Abschnitt Finanzierung der Kapitalflußrechnung und (b) den dazu gehörigen Posten in der Eröffnungs- und der Schlußbilanz. Es muß eine getrennte Darstellung der Bewegungen erfolgen für:

Deutschland:

Kapitalflußrechnungen sind kein gesetzlicher Bestandteil von Jahresabschlüssen. Sie sind jedoch normalerweise in den Prüfungsbericht aufzunehmen. (Ein Entwurf ist durch das IdW herausgegeben worden, der HFA 1/1978 i.d.F. 1990 ersetzen soll und eine empfohlene Darstellung enthält.)

I ACCOUNTING REQUIREMENTS, PRINCIPLES AND DISCLOSURE REQUIREMENTS

31. Cash Flow Statements

31.1. Disclosure requirements

UK

Financial statements intended to show a true and fair view should include a cash flow statement (consolidated in the case of a group), listing the inflows and outflows of cash (and cash equivalents) under the following headings (FRS 1):

- Operating activities
- Returns on investments and servicing of finance
- Taxation
- Investing activities
- Financing

with further separate disclosure of material individual categories, and for exceptional and extraordinary items.

The cash flow statement should also show (FRS 1):

(i) the total of the net cash inflow or outflow before financing;

(ii) a reconciliation between the operating profit reported in the profit and loss account and the net cash flow from operating activities, disclosing separately the following movements relating to operating activities:

- stocks;
- debtors;
- creditors;
- other differences between cash flows and profits

(iii) a reconciliation between (a) the movements in cash and cash equivalents and items within the financing section of the cash flow statement and (b) the related items in the opening and closing balance sheets. This should show separately the movements resulting from:

GERMANY

Cash flow statements are not required to be shown in the financial statements. They should, however, normally be included in the long form audit report. A draft HFA has been issued by the IdW, which is intended to replace HFA 1/1978 i.d.F. 1990 and which includes a recommended presentation.

- die Zu- und Abflüssen von Barmitteln,

- die Veränderungen in den Wechselkursen infolge der:

  (1) erneuten Umrechnung der Eröffnungsbilanzsalden der liquiden Mittel und der Finanzierungsposten;

  (2) Umrechnung von Geldflüssen von ausländischen Unternehmen zu anderen Wechselkursen als dem Stichtagskurs und

  (3) anderen Bewegungen.

- Kapitalflüsse, die von oder an Unternehmen gezahlt wurden, die nach der Equity-Methode bilanziert wurden;

- eine Gesamtdarstellung der Acquisitionen und Verkäufe von Tochterunternehmen einschließlich;

  (1) des Wertes der Gegenleistung in Barmitteln;

  (2) Barmittel, die als Ergebnis eines Kaufes oder eines Verkaufs übertragen wurden.

- jeder wesentliche Effekt auf die Hauptgliederungspunkte der Kapitalflußrechnung, der aus einem Kauf oder einem Verkauf eines Tochterunternehmens entsteht.

Kleine Gesellschaften und hundertprozentige Tochtergesellschaften von Muttergesellschaften mit Sitz in der Europäischen Union sind von dieser Vorschrift befreit, letztere nur dann, wenn die Muttergesellschaft eine Kapitalflußrechnung veröffentlicht, die den Vorschriften des FRS 1 entspricht (FRS 1).

- cash flows,

- changes in foreign currency exchange rates as a result of:

  (1) retranslation of opening balances of cash and cash equivalents and financing items;

  (2) translation of cash flows of foreign entities at exchange rates other than the year-end rate; and

  (3) other movements.

- any finance cash flows received from or paid to equity accounted entities;

- a summary of the acquisitions and disposals of subsidiary undertakings showing:

  (1) that amount of the consideration that comprised cash and cash equivalents;

  (2) cash and cash equivalents transferred as a result of the acquisitions and disposals.

- any material effect on the standard headings in the cash flow statement arising from an acquisition or disposal of a subsidiary undertaking.

Small companies and wholly owned subsidiaries of EU parent companies (provided the parent company publishes a cash flow statement equivalent to FRS 1 in its financial statements) are exempt (FRS 1).

I RECHNUNGSLEGUNGSGRUNDSÄTZE UND ERLÄUTERUNGSVORSCHRIFTEN

32. Aufgliederung der Tätigkeitsbereiche und geographischen Märkte

32.1. Erläuterungs- und Ausweisvorschriften

GROSSBRITANNIEN

Es ist einzeln zu berichten über (SSAP 25/§ 55 Sch 4 CA 1985):

(i) verschiedene Tätigkeitsbereiche und

(ii) verschiedene geographische Märkte

- die Umsätze (unterschieden zwischen Umsätzen mit externen Kunden und Umsätzen mit anderen Geschäftszweigen);
- Gewinn/Verlust (vor Steuern, Anteilen anderer Gesellschafter und außerordentlichen Erträgen und Aufwendungen);
- Nettovermögen .

Es wird eine Befreiung von den Ausweisvorschriften des SSAP 25 gewährt, wenn (a) die Gesellschaft kleiner ist als die zehnfachen Obergrenzen für mittelgroße Unternehmen und (b) die Muttergesellschaft diese Information zur Verfügung stellt und das Unternehmen keine Public Limited Company ist.

Sind die Mitglieder des Vorstandes der Meinung, daß sich die Offenlegung solcher Informationen nachteilig auf das Unternehmen auswirken könnte, dann brauchen die Informationen nicht veröffentlicht werden (§ 55(5) Sch 4 CA 1985).

DEUTSCHLAND

Kapitalgesellschaften, die keine kleinen Gesellschaften sind, haben getrennt anzugeben für:

(i) Tätigkeitsbereiche und

(ii) geographischen Märkte

- eine Aufgliederung der Umsätze (§§ 285 Nr. 4, 288 HGB/Konzern - § 314(1) Nr. 3 HGB).

Diese Angaben können unterbleiben, soweit die Aufgliederung nach vernünftiger kaufmännischer Beurteilung geeignet ist, der Kapitalgesellschaft oder einem Unternehmen, von dem die Kapitalgesellschaft mindestens den fünften Teil der Anteile besitzt, einen erheblichen Nachteil zuzufügen (§ 286(2) HGB/Konzern - § 314(2) HGB).

I ACCOUNTING REQUIREMENTS, PRINCIPLES AND DISCLOSURE REQUIREMENTS

32. Segmental Reporting

32.1. Disclosure Requirements

UK

There should be reported separately for (SSAP 25/ § 55 Sch 4 CA 1985):

(i) different classes of business, and

(ii) different geographical segments

- turnover (distinguished between turnover derived from external customers and turnover derived from other segments);
- profit or loss (before tax, minority interest and extraordinary items);
- net assets.

(There is exemption from the disclosure requirements of SSAP 25 if (a) the company is smaller than ten times the medium sized thresholds, or (b) the parent company provides the information and the company is not a public limited company).

Where in the opinion of the directors disclosure would be seriously prejudicial to its interests, this information need not be disclosed (§ 55(5) Sch 4 CA 1985)

GERMANY

Incorporated companies, unless they are small, should disclose:

(i) by areas of activity, and

(ii) by geographically defined markets:

- an analysis of sales (§§ 285 No. 4, 288 HGB/Group - § 314(1) No. 3 HGB).

However, this analysis need not be given to the extent that, applying sound business judgement, the analysis is likely to significantly harm the company, or an enterprise in which the company holds at least a fifth of the shares. Use of this exception must be disclosed (§ 286(2) HGB/Group - § 314(2) HGB).

I RECHNUNGSLEGUNGSGRUNDSÄTZE UND ERLÄUTERUNGSVORSCHRIFTEN

33. Geschäftsbeziehungen mit verbundenen Unternehmen und Personen

33.1. Einleitung

Grossbritannien

Es bestehen ausführliche Vorschriften des Companies Act zu der Offenlegung von Geschäftsbeziehungen mit verbundenen Unternehmen und Personen, insbesondere sind Angaben erforderlich über:

- Bezüge der Direktoren (Abschnitt I 38);
- Darlehen an Direktoren (Abschnitt I 38);
- Geschäftsbeziehungen mit Direktoren (Abschnitt I 38);
- Darlehen an andere Führungskräfte (Abschnitt I 38);
- Salden innerhalb des Konzerns (Abschnitt I 11) und
- Informationen bezüglich Mutterunternehmen, Tochterunternehmen, assoziierten Unternehmen (Abschnitt I 11).

FRED 8 (nicht verbindlich) würde bei seiner Einführung die Erläuterungs- und Ausweisvorschriften um Informationen, die die Verhältnisse und Geschäftsbeziehungen mit verbundenen Unternehmen und Personen betreffen, wie nachstehend beschrieben erweitern.

Deutschland

Das HGB enthält eine große Anzahl von Vorschriften zu Pflichtangaben über:

- Bezüge der Geschäftsführung/des Vorstandes (Abschnitt I.38);
- Darlehen an die Geschäftsführung/den Vorstand (Abschnitt I.38);
- Salden mit Konzernunternehmen (Abschnitt I.11);
- Information hinsichtlich Mutter-, Tochter- und assoziierten Unternehmen (Abschnitt I.11).

Es gibt außer im Aktiengesetz keine allgemeine Vorschrift über die Offenlegung von Einzelheiten über Geschäftsbeziehungen mit verbundenen Unternehmen und Personen.

Aktiengesellschaften müssen einen Abhängigkeitsbericht über die Beziehungen der Gesellschaft mit verbundenen Unternehmen erstellen, es sei denn, es besteht ein formeller Beherrschungsvertrag (§ 312(1) AktG).

33.2. Definition

Grossbritannien

Verbundene Unternehmen und Personen sind nach FRED 8 definiert, als:

(i) ein Unternehmen oder eine Person mit der Möglichkeit, direkte oder indirekte Kontrolle auf das andere Unternehmen auszuüben oder

(ii) ein Unternehmen oder eine Person mit der Möglichkeit, einen beherrschenden Einfluß auf die Finanz- und Geschäftspolitik des anderen Unternehmens auszuüben oder

I ACCOUNTING REQUIREMENTS, PRINCIPLES AND DISCLOSURE REQUIREMENTS

33. Related Party Transactions

33.1. Introduction

UK

There are extensive Companies' Act requirements regarding disclosure of related party transactions, particularly in respect of disclosure of:

- director's emoluments (Section I 38);
- director's loans (Section I 38);
- transactions with directors (Section I 38);
- officer's loans (Section I 38);
- intra group balances (Section I 11), and
- information regarding parent, subsidiary and associated undertakings (Section I 11).

FRED 8 (which is not mandatory) if implemented would extend the disclosure requirements for information concerning a company's relationships and transactions with related parties, as described below.

GERMANY

The HGB contains a considerable number of disclosure requirements regarding disclosure of:

- director's emoluments (Section I 38);
- director's loans (Section I 38);
- inter group balances (Section I 11);
- information regarding parent, subsidiary and associated undertakings (Section I 11).

Otherwise, there is no general requirement to disclose details of transactions with related parties, except for Public limited companies.

Public limited companies are required to prepare a report on the relationship of the company to its affiliated undertakings, unless there is a formal control contract (§ 312(1) AktG).

33.2. Definition

UK

A related party is defined as where (FRED 8):

(i) one party has either direct or indirect control of the other party; or

(ii) one party has the ability to influence the financial and operating policies of the other party; or

(iii) solche Unternehmen, die der Kontrolle des gleichen Mutterunternehmens oder der gleichen Person unterworfen sind oder

(iv) Unternehmen, von denen das eine der Kontrolle und das andere dem beherrschenden Einfluß des gleichen Mutterunternehmens oder der gleichen Person unterworfen sind.

Bei der Entscheidung, ob Unternehmen oder Personen verbunden sind, muß die wirtschaftliche Substanz ihrer Beziehung berücksichtigt werden. Die folgenden Unternehmen gelten als verbundene Unternehmen oder Personen (FRED 8):

(i) Holdinggesellschaften, Tochtergesellschaften und andere Tochtergesellschaften der gleichen Muttergesellschaft;

(ii) assoziierte Unternehmen und Joint Ventures der Gesellschaft oder einer der Gesellschaften in (i);

(iii) die investierende Gesellschaft oder Person, für den die Gesellschaft selbst ein assoziiertes Unternehmen oder ein Joint Venture darstellt;

(iv) Direktoren (und Direktoren der Holdinggesellschaft) sowie enge Familienmitglieder;

(v) Pensionsfonds zugunsten der Arbeitnehmer der Gesellschaft oder verbundener Unternehmen.

Die folgenden Unternehmen und Personen gelten als verbunden, solange kein Hinweis auf das Gegenteil besteht (FRED 8):

(vi) eine Gesellschaft/Person, die direkt oder indirekt 10% oder mehr der Stimmrechte des Unternehmens besitzt oder kontrolliert, und deren enge Familienmitglieder;

(vii) die leitenden Mitarbeiter der Gesellschaft und ihrer Muttergesellschaft sowie enge Familienmitglieder dieser Personen;

(viii) Personen- und Kapitalgesellschaften, Stiftungen und andere Unternehmungen, in denen eine der Personen in (iv), (vi) oder (vii) eine beherrschende Beteiligung besitzt;

(ix) jede Person, die mit anderen Unternehmen oder Personen so handelt, daß sie Kontrolle oder Einfluß über die Gesellschaft ausüben kann;

(iii) the parties are subject to common control from the same source; or

(iv) one of the parties is subject to control, and the other to influence from, the same source.

In deciding whether parties are related, it is necessary to consider the substance of the relationship. The following are deemed to be related parties of an entity (FRED 8):

(i) ultimate or intermediate holding undertakings, subsidiary undertakings, and fellow subsidiary undertakings;

(ii) associates and joint ventures of the entity, or of any of the undertakings in (i) above;

(iii) the investor in respect of which the entity is an associate or a joint venture;

(iv) directors (and directors of its parent undertaking) and members of their immediate families;

(v) pension funds for the benefit of the employees, or pension funds for the benefit of employees of other related parties.

The following are presumed to be related parties, unless there is evidence to the contrary (FRED 8):

(vi) a person owning/controlling directly or indirectly, 10% or more of the voting rights of the entity, and members of the immediate family of any such person;

(vii) the key management of the entity and its parent, and the members of the immediate family of a member of such management;

(viii) partnerships, companies, trusts or other entities in which any person in (iv), (vi) or (vii) above has a controlling interest;

(ix) any person acting in concert in such a way as to be able to exercise control or influence over the entity;

(x) ein Unternehmen, das durch ein anderes Unternehmen geführt wird, einschließlich wenn ein Geschäftsführungsvertrag besteht.

33.3. Erläuterungs- und Ausweisvorschriften

Im Jahresabschluß sind die folgenden Informationen für jeden wesentlichen Geschäftsvorfall mit verbundenen Unternehmen oder Personen anzugeben (FRED 8):

(i) der Name des verbundenen Unternehmens oder der Person;

(ii) die Art der Beziehung zwischen den Parteien;

(iii) die Art des Geschäftsvorfalls;

(iv) die betreffenden Beträge;

(v) die Forderungen/Verbindlichkeiten gegenüber dem verbundenen Unternehmen oder der Person zum Bilanzstichtag;

(vi) jede andere Information über den Geschäftsvorfall, die für das Verständnis des Jahresabschlusses notwendig ist.

Der Ausweis von Geschäftsvorfällen mit einem einzelnen verbundenen Unternehmen oder Person darf auch in zusammengefaßter Form erfolgen, es sei denn, die Offenlegung eines bestimmten Geschäftsvorfalls ist notwendig für das Verständnis seiner Auswirkung auf den Jahresabschluß oder ist gesetzlich vorgeschrieben (FRED 8).

Wird ein Unternehmen durch ein anderes Unternehmen oder eine Person kontrolliert, dann ist der Name dieses Unternehmens oder dieser Person oder des Unternehmens oder der Person, die durch diese die Kontrolle ausübt, anzugeben, unabhängig davon, ob eine Geschäftstransaktion stattgefunden hat (FRED 8).

Aktiengesellschaften ohne Beherrschungsvertrag müssen in einem Bericht über die Beziehungen zu verbundenen Unternehmen alle Geschäftsvorfälle und anderen Vereinbarungen zwischen der Gesellschaft und einem kontrollierenden Unternehmen angeben zusammen mit (§ 312(1) AktG):

(i) den Gründen für diese;

(ii) den Vor- und Nachteilen für die Gesellschaft;

(iii) wie die Nachteile ausgeglichen wurden.

Kapitalgesellschaften müssen Forderungen und Verbindlichkeiten gegenüber Unternehmen, mit denen ein Beteiligungsverhältnis besteht, ausweisen (§ 266 (2), (3) HGB) .

Kleine Kapitalgesellschaften sind von dieser Vorschrift ausgenommen (§ 266(1) HGB).

(x) an entity managed by the entity, including where managed under a management contract.

33.3. Disclosure requirements

Financial statements should disclose, in respect of material transactions with a related party, the following (FRED 8):

(i) the name of the related party;

(ii) the relationship of the parties;

(iii) the nature of the transaction;

(iv) the amounts involved;

(v) the amount due to/from the related party at the balance sheet date;

(vi) any other elements of the transactions necessary for an understanding of the financial statements.

Disclosure of transactions with related parties may be made on an aggregated basis, unless disclosure of an individual transaction is necessary for an understanding of its impact on the financial statements, or is required by law (FRED 8).

If an undertaking is controlled by another party, then should disclose the name of that party, or that of the ultimate controlling party, irrespective of whether any transactions have taken place (FRED 8).

Public limited companies with no control contract are required to disclose, in a separate report on relationships with affiliated undertakings, all business transactions and other agreements between the company and a controlling undertaking, together with (§ 312(1) AktG):

(i) the reasons;

(ii) the advantages or disadvantages to the company;

(iii) how any disadvantages were compensated.

Incorporated companies are required to disclose amounts due to and from affiliated undertakings and undertakings in which participations are held (§ 266 (2)(3) HGB).

Small companies, however, are exempt from this disclosure (§ 266(1) HGB).

I RECHNUNGSLEGUNGSGRUNDSÄTZE UND ERLÄUTERUNGSVORSCHRIFTEN

34. Wirtschaftliche Betrachtungsweisen bei der Bilanzierung

34.1. Generalnorm

Großbritannien:

Der Jahresabschluß soll die wirtschaftliche Substanz von Geschäftsvorfällen (einschließlich damit verbundener Geschäftsvorfälle) wiederspiegeln (FRS 5).

Deutschland:

Das deutsche Recht und die Stellungnahmen des Instituts der Wirtschaftsprüfer befassen sich nicht im einzelnen mit der Frage der wirtschaftlichen Betrachtungsweise. Im allgemeinen sind Vermögensgegenstände bei ihrem rechtlichen Eigentümer zu bilanzieren.

34.2. Bestimmung der wirtschaftlichen Natur von Aktiva und Passiva

Wenn durch einen Geschäftsvorfall Vermögensgegenstände neu geschaffen oder verändert wurden (d.h. durch Nutzungsrechte oder Zugang zu anderen wirtschaftlichen Vorteilen) oder Verbindlichkeiten entstanden oder verändert wurden (d.h. Verpflichtungen zur Verschaffung wirtschaftlicher Vorteile), dann müssen diese in der Bilanz erfaßt werden wenn (FRS 5):

(i) es ausreichende Beweise für ihre Existenz gibt (einschließlich eines Beweises auf zukünftigen Nutzen oder Aufwand);

(ii) sie in Geldeinheiten mit genügender Verläßlichkeit gemessen werden können.

Sie sollten nicht mehr in der Bilanz verbleiben, wenn (FRS 5):

(iii) alle wesentlichen Nutzungsrechte und Zugang zu wirtschaftlichen Vorteilen aus dem Vermögensgegenstand an Dritte übertragen werden und

(iv) alle wesentlichen Risiken, die in diesen Vorteilen liegen, ebenfalls übertragen werden.

Ein Vermögensgegenstand ist weiterhin in der Bilanz zu belassen, wenn ein Geschäftsvorfall, der einen bereits zuvor angesetzten Vermögensgegenstand betrifft, (FRS 5):

(v) die Nutzungsrechte und jeden anderen Zugang zu wirtschaftlichen Vorteilen nicht wesentlich ändert und

(vi) die Risiken, die in diesen Vorteilen liegen, nicht wesentlich ändert.

I ACCOUNTING REQUIREMENTS, PRINCIPLES AND DISCLOSURE REQUIREMENTS

34. Reflecting the Substance of Transactions in Assets and Liabilities

34.1. Overriding principle

UK

The substance of transactions - both single transactions and groups of transactions that are linked should be reflected in the financial statements (FRS 5).

Germany

German law and the pronouncements of the Institute of Wirtschaftsprüfer do not specifically deal with the question of substance over form. Generally, assets should be accounted for according to who is the economic owner.

34.2. Determination of the substance of transactions in assets and liabilities

UK

If the substance of the transaction has given rise to new assets (i.e. rights, or other access, to future economic benefits) or liabilities, (i.e. obligations to transfer economic benefits) or changes in existing assets or liabilities, it should be recognised in the balance sheet if (FRS 5):

(i) there is sufficient evidence of its existence (including evidence that a future inflow or outflow of benefit will occur);

(ii) it can be measured in monetary terms with sufficient reliability.

It should cease to be recognised if a transaction transfers to others (FRS 5):

(iii) all significant rights or other access to benefits relating to the asset, and

(iv) all significant exposure to the risks inherent in those benefits.

An asset should continue to be recognised if a transaction involving a previously recognised asset results in no significant change in (FRS 5):

(v) its right or other access to benefits relating to the asset and

(vi) its exposure to the risks inherent in those benefits.

Bei der Bestimmung der Vermögensgegenstände und Verbindlichkeiten sind die wirtschaftlichen Auswirkungen von Optionen, Garantien oder Bedingungen zu betrachten, die zu der Transaktion gehören (FRS 5).

Im Fall (a) der Übertragung nur eines Teils des Vermögensgegenstandes, (b) der Übertragung eines Vermögensgegenstandes für einen begrenzten Teil seiner Nutzungsdauer, oder (c) der Übertragung eines Vermögensgegenstandes für seine gesamte Nutzungsdauer, bei der wesentliche Nutzungsrechte oder Risiken zurückbehalten werden und der Wert eines daraus folgenden Gewinns oder Verlustes unsicher ist (FRS 5):

(i) ist jeder wahrscheinliche Verlust zu berücksichtigen;

(ii) ist die Vereinnahmung von Erträgen, soweit sie noch zweifelhaft sind, abzugrenzen;

(iii) ist anzugeben, wenn die Unsicherheit wesentlich ist.

34.3. Verbundene Darstellung für bestimmte Finanzierungsvereinbarungen

Eine besondere Form der Darstellung, die "linked presentation" genannt wird, ist für bestimmte Finanzierungsvereinbarungen zu verwenden.

Die verbundene Darstellung ist zu verwenden, wenn ein Posten so finanziert wird, daß der größtmögliche Verlust, der eintreten kann, auf einen bestimmten Betrag begrenzt ist, d. h. wenn:

(i) die Tilgung nur aus dem Vermögensgegenstand erfolgt, der mit diesem Kapital finanziert wurde und es keine Möglichkeit gibt, einen weitergehenden Anspruch gegen die Gesellschaft auf andere als die durch den Ver-mögensgegenstand erzeugten Erträge anzumelden und

(ii) es keine Klausel gibt, daß das Unternehmen den Gegenstand bei Rückzahlung des Kapitals behalten oder zu jeder Zeit wiedererwerben darf.

Ist dies der Fall, dann ist das Kapital offen von dem Vermögensgegenstand, den es finanziert, in der Bilanz abzusetzen (FRS 5).

Gewinne sind zum Zeitpunkt des Abschlusses der Vereinbarung nur insoweit zu erfassen, als erhaltene nicht rückzahlbare Erlöse den vorherigen Buchwert des Gegenstandes übersteigen (FRS 5).

In determining what assets and liabilities exist, the commercial effects of options, guarantees, or conditional provisions should be considered, if incorporated in the transaction (FRS 5).

In the case of (a) a transfer of only part of an asset, (b) a transfer of all of an asset for only part of its life, or (c) a transfer of all of an asset for all of its life, but where some significant right to benefits, or exposure to risk, is retained, and where the amount of any resulting gain or loss is uncertain (FRS 5):

(i) full provision should be made for any probable loss;

(ii) recognition of any gain, to the extent it is in doubt, should be deferred;

(iii) should disclose if the uncertainty is material.

34.3. Linked presentation for certain non recourse finance arrangements

A special form of presentation, termed a "linked presentation" should be used for certain non recourse arrangements.

Linked presentation should be used where an item is financed in such a way that the maximum loss that can be suffered is limited to a fixed amount, i.e. where:

(i) the finance will be repaid only from the item it finances, and where there is no possibility of a claim on the entity being established other than against funds generated by the item, and

(ii) there is no provision whereby the entity may either keep the item on repayment of the finance, or re-acquire it at any time.

If so, then the finance should be deducted from the gross amount of the item it finances on the face of the balance sheet (FRS 5).

Profit should be recognised on entering into the arrangement only to the extent that the non-returnable proceeds received exceed the previous carrying value of the item (FRS 5).

Der Gewinn oder Verlust ist getrennt auszuweisen (FRS 5).

34.4. Saldierung

Vermögensgegenstände und Verbindlichkeiten sind nicht zu saldieren. Aktivische und passivische Beträge dürfen nur dann saldiert ausgewiesen werden, wenn sie keine eigenständigen Vermögensgegenstände und Verbindlichkeiten darstellen (FRS 5).

34.5. Offenlegung des Wesens eines Geschäftsvorfalles

Unterscheidet sich das Wesen eines Vermögensgegenstandes oder einer Verbindlichkeit von dem Wesen von Posten, die normalerweise unter diesem Gliederungspunkt der Bilanz ausgewiesen werden, so ist der Unterschied zu erläutern (FRS 5).

34.6. Quasi-Tochtergesellschaften

Eine Quasi-Tochtergesellschaft ist ein Unternehmen, das, obwohl es die Definition einer Tochtergesellschaft nicht erfüllt, direkt oder indirekt kontrolliert wird, wobei ein Nutzen entsteht, der sich in seinem Wesen nicht von jenem Nutzen unterscheidet, der entstehen würde, wenn das Unternehmen eine Tochtergesellschaft wäre (FRS 5).

Quasi-Tochtergesellschaften sind in den Konzernabschluß einzubeziehen, als ob sie echte Tochtergesellschaften wären (FRS 5).

Eine Quasi-Tochtergesellschaft ist nur aus dem Konzernabschluß auszuschließen, wenn ihre Anteile ausschließlich mit der Absicht des Wiederverkaufs gehalten werden (FRS 5).

Eine Zusammenfassung der Jahresabschlüsse der einzelnen Quasi-Tochtergesellschaften auf kumulativer Basis, ist offenzulegen (FRS 5).

34.7. Konsignationsvorräte

Sind Konsignationsvorräte in Wirklichkeit ein Vermögensgegenstand des Empfängers, dann müssen sie in der Bilanz des Empfängers enthalten sein. Ist dies nicht der Fall, dann sind sie in die Bilanz des Empfängers nur dann einzustellen, wenn alle Rechte daran an den Empfänger übergegangen sind (FRS 5 - Anwendungsrichtlinien).

The net profit or loss should be separately disclosed (FRS 5).

34.4. Offset

Assets and liabilities should not be offset. Debit and credit balances should only be shown net when they do not constitute separate assets and liabilities (FRS 5).

34.5. Disclosure of the substance of transactions

If the nature of an asset or liability differs from that of items usually included under the relevant balance sheet heading, the differences should be explained (FRS 5).

34.6. Quasi subsidiaries

A quasi subsidiary is an entity which, although not fulfilling the definition of a subsidiary, is controlled, either directly or indirectly, and gives rise to benefits which are in substance no different from those that would arise if the entity were indeed a subsidiary (FRS 5).

Quasi subsidiaries should be included in group accounts as if they were subsidiaries (FRS 5).

A quasi subsidiary should be excluded from consolidation only where it is held exclusively with a view to subsequent resale (FRS 5).

A summary of the financial statements of each quasi subsidiary, which may be provided on a combined basis, should be disclosed (FRS 5).

34.7. Consignment stock

Where consignment stock is in substance an asset of the consignee, it should be included in the consignee's balance sheet. If not, it should only be included in the consignee's balance sheet once title is transferred (FRS 5 - application notes).

34.8. Verkauf- und Rückkaufgeschäfte

Ist die wirtschaftliche Substanz eines Verkauf- und Rückkaufgeschäftes die eines besicherten Darlehens, dann muß der Verkäufer weiterhin den Vermögensgegenstand auf der Aktivseite und die erhaltenen Verkaufserlöse als Verbindlichkeit gegen den Käufer. Zinsen sind zu erfassen und der Buchwert des Vermögensgegenstandes ist in jedem Geschäfts-jahr zu überprüfen. Bei Vertragsabschluß ist kein Gewinn auszuweisen.

Besitzt der Verkäufer einen Vermögensgegenstand, der sich vom ursprünglichen Vermögensgegenstand unterscheidet (z.B. ein Rückkaufsrecht auf den ursprünglichen Gegenstand) dann ist der neue Vermögensgegenstand oder die neue Verbindlichkeit auf Grundlage einer vorsichtige Bewertung nach den Vorschriften von SSAP 18 zu behandeln.

Der Verkäufer muß eine Verbindlichkeit für jede nicht an Bedingungen gebundene Verpflichtung berücksichtigen. Für jeden erwarteten Verlust ist eine Wertberichtigung vorzunehmen, jedoch sollte die Erfassung von Gewinnen, soweit über die endgültige Realisierung Zweifel bestehen, bis zum Zeitpunkt der Realisierung hinausgeschoben werden (FRS 5 - Anwendungsrichtlinien).

34.9. Factoring von Forderungen

Hat der Verkäufer der Forderungen keine wesentlichen Vorteile oder Risiken hinsichtlich der Forderungen zurückbehalten, und hat er keine Verpflichtung, vom Factoring-Unternehmen erhaltene Beträge zurückzuzahlen, dann ist die Forderung aus der Bilanz zu entfernen und ein Gewinn oder ein Verlust zu erfassen (die Differenz zwischen dem Buchwert der Forderung und den erzielten Erlösen).

Werden die Bedingungen für eine verbundene Transaktion erfüllt, sind die Erlöse, soweit sie nicht rückzahlbar sind, offen von dem Betrag der verkauften Forderungen abzusetzen, nachdem zweifelhafte Forderungen, Kreditgebühren und Zinsaufwand abgezogen wurden. Der Zinsanteil in den Gebühren des Factoring-Unternehmens ist in der Gewinn- und Verlustrechnung zu erfassen.

Ist weder die Ausbuchung des Vermögensgegenstandes noch die Behandlung als verbundene Transaktion angemessen, dann ist der Betrag der Forderungen in der Bilanz des Verkäufers und eine entsprechende Verbindlichkeit in Höhe der vom Käufer erhaltenen Erlöse auszuweisen. Der Zinsanteil der Gebühren des Factoring-Unternehmens und andere Verkaufskosten sind in der Gewinn- und Verlustrechnung zu erfassen (FRS 5 - Anwendungsrichtlinien).

34.8. Sale and repurchase agreements

Where the substance of a sale and repurchase transaction is that of a secured loan, the seller should continue to recognise the original asset, and record the proceeds received from the buyer as a liability. Interest should be accrued, and the carrying amount of the asset should be reviewed each period. No profit should be recognised on entering into the agreement.

Where the seller has an asset that is different from the original one (for example, merely a call option to purchase the original asset), it should recognise or disclose the new asset or liability on a prudence basis in accordance with the provision of SSAP 18.

The seller should recognise a liability for any kind of unconditional obligation it has entered into. Full provision should be made for any expected loss, but recognition of any gain, to the extent that it is in doubt, should be deferred until realised (FRS 5 - application notes)

34.9. Factoring of debts

Where a seller of debts has retained no significant benefits and risks in respect of the debts, and has no obligation to repay amounts received from the factor, the debt should be removed from its balance sheet (i.e. derecognition) and a profit or loss recognised (being the difference between the carrying amount of the debts and the proceeds received).

Where the conditions for a linked transaction are met, the proceeds received, to the extent non returnable, should be shown deducted from the gross amount of the factored debts (after providing for bad debts, credit protection charges and any accrued interest) on the face of the balance sheet. The interest element of the factor's charges should be accrued in the profit and loss account.

Where neither derecognition nor linked transaction are appropriate, should include the gross amount of the debts in the balance sheet of the seller, and a corresponding liability in respect of the proceeds received from the factor within liabilities. The interest element of the factors charges, and other factoring costs, should be included in the profit and loss account (FRS 5 - application notes).

34.10. Sicherheitsübereignete Vermögensgegenstände

Hat der ursprüngliche Besitzer keine wesentlichen Nutzungsrechte oder Risiken bezüglich der sicherheitsübereigneten Vermögensgegenstände zurückbehalten und hat er keine Verpflichtung, Erlöse zurückzuzahlen, dann sollte der Vermögensgegenstand aus der Bilanz entfernt und keine Verbindlichkeit aus den Erlösen ausgewiesen werden (d.h. Ausbuchung). Der Gewinn oder Verlust (die Differenz zwischen dem Buchwert der Vermögensgegenstände und der erhaltenen Verkaufserlöse) ist zu realisieren.

Werden die Bedingungen für eine verbundene Transaktion erfüllt, dann sind die Erlöse offen von den sicherheitsübereigneten Vermögensgegenständen in der Bilanz abzusetzen.

Ist weder die Entfernung des Vermögensgegenstandes noch die Behandlung als verbundene Transaktion angemessen, dann ist der Betrag der sicherheitsübereigneten Vermögensgegenstände und eine entsprech-ende Verbindlichkeit auszuweisen. Es ist kein Gewinn oder Verlust zum Zeitpunkt der Sicherheitsübereignung zu realisieren (FRS 5 - Anwendungsrichtlinien).

34.11. Übertragung von Krediten

Im Fall, daß ein Darlehensgeber ein zinspflichtiges Darlehen überträgt und dabei keine wesentlichen wirtschaftlichen Vorteile oder Risiken in Bezug auf das Darlehen sowie keine Verpflichtungen gegenüber demjenigen, der das Darlehen übernimmt, zurückbehält, ist das Darlehen aus der Bilanz zu entfernen (d.h. Ausbuchung). Gewinne oder Verluste, die in Geld realisiert wurden (Differenz zwischen dem Buchwert des Darlehens und den erhaltenen Barwerten), sind in der Gewinn- und Verlustrechnung zu erfassen. Sind die Gewinne oder Verluste nicht in Barwerten realisiert worden, dann ist jeder vorhersehbare Verlust zu berücksichtigen; noch zweifelhafte Gewinne sind solange nicht zu erfassen, bis eine Zahlung erfolgt.

Werden die Bedingungen für eine verbundene Transaktion erfüllt, dann sind die Erlöse offen von den Darlehen in der Bilanz abzusetzen.

Ist weder die Entfernung des Vermögensgegenstandes noch die Behandlung als verbundene Transaktion angemessen, dann ist der Bruttobetrag der Darlehen und eine entsprechende Verbindlichkeit über die erhaltenen Beträge auszuweisen. Es ist kein Gewinn oder Verlust zum Zeitpunkt der Übertragung zu realisieren (FRS 5 - Anwendungsrichtlinien).

34.10. Securitised assets

Where the originator has retained no significant benefits and risks in respect of securitised assets and has no obligation to repay the proceeds, the asset should be removed from the balance sheet, and no liability shown in respect of the proceeds i.e. derecognition. The profit or loss (being the difference between the carrying amount of the assets and the proceeds received) should be recognised.

Where the conditions for a linked transaction are met, the proceeds should be shown deducted from the securitised assets on the face of the balance sheet.

Where neither derecognition nor linked transaction are appropriate, should include the gross amount of securitised assets as an asset and the corresponding liability under liabilities. No gain or loss should be recognised at the time the securitisation is entered into (FRS 5 - application notes).

34.11. Loan transfers

Where a lender transfers interest bearing loans and retains no significant benefits and risks in respect of the loans and has no obligation to repay the transferee, the loans should be removed from the balance sheet (i.e. derecogniton). A profit or loss realised in cash (difference between the carrying amount of the loans and the cash proceeds received) should be recognised in the profit and loss account. If a profit or loss is not realised in cash, full provision should be made for any expected loss, but to the extent that any profit is in doubt, profit should be deferred until cash has been received.

Where the conditions for a linked transaction are met, proceeds received should be deducted from the gross amount of loans on the face of the balance sheet.

Where neither derecognition nor a linked transaction is appropriate, should show gross amount of loans, and a corresponding liability in respect of the amounts received. No gain or loss should be recognised at the time of the transfer (FRS 5 - application notes)

34.12. Vermögensgegenstände, die unter Eigentumsvorbehalt stehen

Das wirtschaftlich Gewollte hat Vorrang vor der rechtlichen Form. Normalerweise würde das bedeuten, daß ein Unternehmen, das unter der Annahme der Unternehmensfortführung betrachtet wird, die erworbenen, unter Eigentumsvorbehalt stehenden, Vermögensgegenstände bilanziert (ICAEW Accounting recommendation).

Vermögensgegenstände, die unter Eigentumsvorbehalt erworben worden sind, sind in die Bilanz des Erwerbers aufzunehmen (§ 246(1) HGB).

Vermögensgegenstände, die an Dritte oder in anderer Weise als Sicherheit übertragen worden sind, sind in die Bilanz des Sicherungsgebers aufzunehmen (§ 246 (1) HGB).

34.12. Goods subject to reservation of title

The commercial substance should take precedence over legal form. Normally, this would mean that, where an entity is a going concern, it should account for goods acquired subject to reservation of title (ICAEW Accounting recommendation).

Assets acquired subject to reservation of title should be included in the balance sheet of the acquiror (§ 246(1) HGB).

Assets pledged to third parties or otherwise transferred as security should be included in the balance sheet of the giver of the security (§ 246(1) HGB).

I RECHNUNGSLEGUNGSGRUNDSÄTZE UND ERLÄUTERUNGSVORSCHRIFTEN

35. Gewinn pro Aktie

35.1. Definition

Großbritannien:

Der Gewinn pro Aktie (basierend auf dem Ergebnis des Geschäftsjahres nach Steuern, Anteilen anderer Gesellschafter, außerordentlichem Ergebnis und Vorzugsdividenden, dividiert durch die Anzahl der ausgegebenen Eigenkapitalanteile, die im betreffenden Geschäftsjahr Anspruch auf Dividende haben) ist in der Gewinn- und Verlustrechnung aller börsennotierten Kapitalgesellschaften auszuweisen (SSAP 3/ FRS 3).

Deutschland:

In Deutschland gibt es keine Pflicht zum Ausweis von Gewinn pro Aktie.

35.2. Berechnungsgrundlagen

Der Gewinn pro Aktie ist auf Netto-Basis auszuweisen. Das bedeutet, daß die zugrunde gelegte Steuerlast die nicht verrechenbaren Körperschaftssteuervorauszahlungen und nicht abzugsfähige ausländische Steuern auf die vorgeschlagenen Dividendenzahlungen einschließt (SSAP 3) .

Es ist außerdem zu empfehlen, den Gewinn pro Aktie auch aufgrund der sogenannten Nichtverteilung auszuweisen (d.h. der Steueraufwand, der zur Berechnung des Gewinns herangezogen wird, schließt nicht verrechenbare Körperschaftssteuervorauszahlungen und nicht abzugsfähige ausländische Steuern aus, außer im Fall von Vorzugsaktien), falls dies einen wesentlichen Unterschied macht (SSAP 3).

Es ist außerdem ein "fully diluted" Gewinn pro Aktie auszuweisen (das bedeutet, daß Verpflichtungen zur Ausgabe weiterer Aktien, die zu einem späteren Zeitpunkt Dividendenansprüche darstellen, zu berücksichtigen sind), wenn (SSAP 3):

(i) die Gesellschaft eine Klasse Anteile ausgegeben hat, der einen ersten Anspruch auf Dividende erst in der Zukunft haben wird;

(ii) die Gesellschaft Wandelschuldverschreibungen oder Wandelanleihen (oder Vorzugsaktien) ausgegeben hat, die in Stammaktien umgewandelt werden können;

(iii) die Gesellschaft Optionen oder Rechte auf den Kauf von Stammaktien herausgegeben hat;

(iv) die "Dilution" 5% überschreitet.

I ACCOUNTING REQUIREMENTS, PRINCIPLES AND DISCLOSURE REQUIREMENTS

35. Earnings per Share

35.1. Definition

UK

Earnings per share (comprising the profit attributable to each equity share, based on the consolidated profit of the period after tax, minority interests, extraordinary items, and preference dividends, divided by the number of equity shares in issue and ranking for dividend in respect of the period) should be shown on the face of the profit and loss account for all listed companies (SSAP 3/FRS 3).

Germany

In Germany, there is no requirement to disclose earnings per share.

35.2. Basis of calculation

Should show earnings per share on the net basis (i.e. the charge for taxation used in determining earnings includes irrecoverable advanced corporation tax and any unrelieved overseas tax arising from the proposed payment of dividends) (SSAP 3).

It is desirable to show earnings per share also on a nil distribution basis (i.e the charge for taxation used in determining earnings excludes irrecoverable advanced corporation tax and unrelieved overseas tax except in respect of preference dividends) where materially different (SSAP 3).

Should also show fully diluted earnings per share (i.e. taking into account commitments to issue further shares ranking for dividend at a later date) where (SSAP 3):

(i) the company has issued a separate class of equity shares which will rank for dividend for the first time in the future;

(ii) where the company has issued debentures or loan stock (or preference shares) convertible into equity shares;

(iii) where the company has granted options or issued warrants to subscribe for equity shares;

(iv) the dilution exceeds 5%.

35.3. Erläuterungs- und Ausweisvorschriften

Die Berechnungsgrundlage des Gewinns pro Aktie ist anzugeben (SSAP 3).

Wird ein Gewinn pro Aktie abweichend von den Vorschriften in FRS 3 ermittelt, dann sollte dies stetig über die Geschäftsjahre erfolgen und ist mit dem nach FRS 3 berechneten Gewinn pro Aktie abzugleichen.

35.3. Disclosure requirements

The basis of calculating earnings per share should be disclosed (SSAP 3).

Where an additional earnings per share is calculated on a basis different from FRS 3, then this should be presented on a basis consistent over time and must be reconciled to the FRS 3 earnings per share.

I RECHNUNGSLEGUNGSGRUNDSÄTZE UND ERLÄUTERUNGSVORSCHRIFTEN

36. Stille Reserven

36.1. Einleitung

Stille Reserven im Sinne dieses Abschnitts ist die Vornahme von zusätzlichen Wertberichtigungen oder Abschreibungen eines Vermögensgegenstandes auf einen Wert unter seinem Nettoerlöswert.

36.2. Grundprinzip

Großbritannien:

Die Bildung stiller Reserven ist in Großbritannien nicht zulässig.

Deutschland:

In Deutschland ist die Bildung willkürlicher stiller Reserven grundsätzlich nicht gestattet. Unter bestimmten Umständen dürfen stille Reserven jedoch auf gesetzlicher Grundlage gebildet werden, zum Beispiel:

Großbritannien:

In Großbritannien ist es nicht üblich und normalerweise auch nicht zulässig, steuerrechtliche Anpassungen im Jahresabschluß zu erfassen.

Deutschland:

(i) durch das Prinzip der umgekehrten Maßgeblichkeit, nach dem die Bewertungsmethoden, die für die Steuerbilanz zur Anwendung kommen, auch im Jahresabschluß angewandt sein müssen, um in der Steuerbilanz anerkannt zu werden. Als Folgerung daraus werden in der Praxis steuerliche Vorteile wie:

- das Wahlrecht auf degressive Abschreibung;
- Sonderabschreibungen;
- der Aufbau steuerfreier Rücklagen

im Jahresabschluß berücksichtigt.

Großbritannien:

Nicht realisierte Gewinne aus Geldposten sind in der Gewinn- und Verlustrechnung zu vereinnahmen (SSAP 2).

Deutschland:

(ii) durch das Imparitätsprinzip, durch das nicht realisierte Gewinne bis zu ihrer Realisierung nicht erfaßt werden (§ 252(1) Nr. 4 HGB).

Großbritannien:

Gewinne aus langfristiger Fertigung sind nach dem Fertigungsstand zu vereinnahmen (SSAP 9).

Deutschland:

(iii) durch die Verlagerung von Gewinnen aus langfristiger Fertigung bis zur Fertigstellung (Realisationsprinzip) (§ 252(1) Nr. 4 HGB).

Großbritannien:

Es ist nicht zulässig, Wertberichtigungen wegen zukünftiger Wertschwankungen vorzunehmen.

Deutschland:

(iv) durch zulässige zusätzliche Abschreibungen auf Gegenstände des Umlaufvermögens, soweit dies in naher Zukunft wegen zukünftige erwarrtetet Wertschwankungen notwendig ist (§ 253(3) HGB).

I ACCOUNTING REQUIREMENTS, PRINCIPLES AND DISCLOSURE REQUIREMENTS

36. Inner Reserves

36.1. Introduction

By inner reserves for the purpose of this section is meant the creation of additional provisions or a write down in the valuation of an asset to below its realisable value.

36.2. Basic principle

UK: The creation of inner reserves is not permitted in the UK.

Germany: In Germany, the building of voluntary inner reserves is basically not permitted. However, inner reserves may legally be provided in certain circumstances. For example:

UK: In the UK, it is not normal, and usually not permitted to record tax adjustments in the statutory financial statements.

Germany:

(i) under the reverse authority principle, the valuation accounting policies adopted in the tax accounts must also be recorded in the statutory financial statements for it to be accepted in the tax accounts. As a consequence, in practice, tax incentives such as:

- the choice of reducing balance depreciation;
- accelerated depreciation;
- the building of tax-free reserves ;

are recorded in the statutory financial statements.

UK: Unrealised gains arising from monetary assets and liabilities should be recognised in the profit and loss account (SSAP 2).

Germany: (ii) through the imparity principle, whereby unrealised gains are not recognised until realised (§ 252(1) No. 4 HGB).

UK: Profit should recognised on long-term contracts on a percentage of completion basis (SSAP 9).

Germany: (iii) in respect of long-term contracts recognition of profit may be delayed until the contract is completed (§ 252(1) No. 4 HGB).

UK: It is not permissable to make provisions in order to avoid a valuation change in the near future as a result of value fluctuations.

Germany: (iv) it is permissable to make additional write downs to current assets to the extent that these are necessary, based on sound business judgement, in order to avoid a valuation change in the near future as a result of value fluctuations (§ 253(3) HGB).

Produktionsgemeinkosten und andere Gemeinkosten, die dazu dienen, ein Produkt oder eine Leistung an den gegenwärtigen Ort und in die gegenwärtige Beschaffenheit zu bringen, sind zu aktivieren (SSAP 9).

(v) ist es nicht notwendig, Material- und Produktionsgemeinkosten sowie Abschreibungen auf Fertigungsanlagen in die aktiviert-en Produktionskosten einzubeziehen (§ 255 (2) HGB).

Für zukünftige Reparaturen und Instandhaltung sind keine Rückstellungen zu bilden.

(vi) durch eine Rückstellung für im Geschäftsjahr unterlassene Aufwendungen für Instandhaltung, die im folgenden Jahr anfallen werden (§ 249 (1) HGB).

Aufwandsrückstellungen sind nicht zulässig, außer wenn sie durch das "matching prinzip" notwendig sind.

(vii) durch Aufwandsrückstellungen (§ 249 (2) HGB).

Vermögensgegenstände aus latenten Steuern sind in dem Umfang zu aktivieren, in dem es wahrscheinlich ist, daß Steuerentlastungen eintreten werden (SSAP 15).

(viii) es ist nicht notwendig Vermögensgegenstände für latente Steuern zu bilden (§ 274(2) HGB).

36.3. Zusätzliche Reserven, die für Personen-, aber nicht für Kapitalgesellschaften zulässig sind

Es ist nicht zulässig, Sonderabschreibungen auf Gegenstände des Anlagevermögens vorzunehmen, es sei denn, es handelt sich um eine dauernde Wertminderung.

(ix) dürfen Personengesellschaften eine Wertberichtigung für vorrübergehende Wertminderungen der Gegenstände des Anlagevermögens auch dann beibehalten, wenn die Gründe dafür nicht mehr bestehen (§§ 253(2),(5) HGB).

Es ist nicht zulässig, Abschreibungen allein aufgrund vernünftiger kaufmännischer Beurteilung vorzunehmen.

(x) im Fall von Personengesellschaften durch die Vornahme von Abschreibungen im Rahmen vernünftiger kaufmännischer Beurteilung (§ 253(4) HGB).

Der niedrigere Wert kann auch dann beibehalten werden, wenn die Gründe dafür nicht mehr bestehen (§ 253(5) HGB).

Production overheads and other overheads attributable to bringing a product or service to its present location and condition should be capitalised (SSAP 9)	(v)	it is not necessary in the statutory financial statements to include materials overheads, production overheads, and depreciation of manufacturing overheads in capitalised manufacturing costs (§ 255(2) HGB).
Accrual may not be set up for future repairs and maintenance expenditure.	(vi)	accrual is permitted for repairs and maintenance expenditure to be incurred in the following year (§ 249(1) HGB).
Expense equalisation reserves are not permitted, except where required under the matching principle.	(vii)	expense equalisation reserves are permitted (§ 249(2) HGB).
Deferred tax assets should be provided to the extent that it is probable that an asset will crystallise (SSAP 15).	(viii)	it is not necessary to account for deferred tax assets (§ 274(2) HGB).

36.3. Additional provisions permitted for unincorporated businesses but not incorporated companies

It is not permissable to provide exceptional depreciation against fixed assets, except where there has been a permanent diminution in value.	(ix)	unincorporated businesses may retain a provision for temporary diminution in value of fixed assets even where the reasons therefor no longer exist (§§ 253 (2), (5) HGB).
It is not permissable to provide depreciation on the basis of sound business judgement alone.	(x)	for unincorporated businesses, depreciation is permissable within the framework of sound business judgement (§ 253(4) HGB). The lower value may be retained even where the reasons therefore no longer exist (§ 253(5) HGB).

I RECHNUNGSLEGUNGSGRUNDSÄTZE UND ERLÄUTERUNGSVORSCHRIFTEN

37. Finanzielle Verpflichtungen und Haftungsverhältnisse

37.1. Bilanzierung von ungewissen Verlusten

Eine Rückstellung für wesentliche ungewisse Verluste ist zu bilden, wenn es wahrscheinlich ist, daß ein zukünftiges Ereignis einen Verlust erzeugen wird, der am Tage der Feststellung des Jahresabschlusses mit hinreichender Genauigkeit geschätzt werden kann (SSAP 18).

Für drohende Verluste aus schwebenden Geschäften ist eine Rückstellung zu bilden (§ 249(1) HGB).

Der zurückgestellte Betrag ist aufgrund vernünftiger kaufmännischer Beurteilung zu bilden (§ 253(1) HGB).

Werte müssen vorsichtig festgestellt werden und alle vorhersehbaren Risiken und Verluste, die bis zum Bilanzstichtag eingetreten sind, sind zu berücksichtigen, auch wenn sie erst zwischen dem Bilanzstichtag und dem Tag der Erstellung des Jahresabschlusses bekannt werden (§ 252(1) Nr. 4 HGB).

Kann der Verlust nicht mit angemessener Genauigkeit geschätzt werden, dann ist eine Angabe darüber zu machen, daß keine entsprechende Rückstellung gebildet wurde, es sei denn, die Wahrscheinlichkeit des Eintritts ist gering (SSAP 18).

Ist die Bildung einer Rückstellung nicht zwingend (§ 249 (1) HGB), dann sind gegebenenfalls Eventualverbindlichkeiten anzugeben (§ 251 HGB).

37.2. Bilanzierung von ungewissen Gewinnen

Ungewisse Gewinne sind nicht zu bilanzieren (SSAP 18).

Gewinne dürfen nur dann erfaßt werden, wenn sie zum Abschlußstichtag realisiert sind (§ 252(4) HGB).

Ungewisse Gewinne sind nur anzugeben, wenn die Realisierung des Gewinns wahrscheinlich ist (SSAP 18).

37.3. Ausweisvorschriften für ungewisse Verbindlichkeiten

Hinsichtlich des Ausweises nicht passivierter ungewisser Verbindlichkeiten und Erträge sind (SSAP 18):

(i) die Art der Verbindlichkeit (einschließlich der rechtlichen Natur) und der Unsicherheiten zu beschreiben;

(ii) Angaben zu machen, ob durch die Gesellschaft Sicherheiten gestellt worden sind;

(iii) vorsichtige Schätzungen des finanziellen Effektes einschließlich der steuerlichen Auswirkungen anzugeben (oder ein Vermerk zu machen, daß es nicht möglich ist, eine solche Schätzung vorzunehmen).

UK	GERMANY

I ACCOUNTING REQUIREMENTS, PRINCIPLES AND DISCLOSURE REQUIREMENTS

37. Commitments and Contingent Liabilities

37.1. Accounting for contingent losses

UK	GERMANY
A material contingent loss should be accrued where it is probable that a future event will confirm a loss which can be estimated with reasonable accuracy on the date of approval of the accounts (SSAP 18).	Accruals should be set up for anticipated losses from uncompleted transactions (§ 249(1) HGB). The amount accrued should be determined based upon sound business judgement (§ 253(1) HGB). Values must be determined prudently, and all foreseeable risks and losses which have arisen up to the balance sheet date must be taken into account, even if they become known only between the balance sheet date and the date on which the financial statements are prepared (§ 252(1) No. 4).
If cannot estimate the loss with reasonable accuracy, should disclose the contingent loss, to the extent that provision is not made, except where the possibility of loss is remote (SSAP 18).	To the extent that provision is not necessary, because loss is not anticipated (§ 249(1) HGB), contingent liabilities should be disclosed (§ 251 HGB).

37.2. Accounting for contingent gains

UK	GERMANY
Contingent gains should not be accrued (SSAP 18).	Profits may only be recognised if they are realised at the balance sheet date (§ 252(1) No. 4 HGB).
Contingent gains should only be disclosed if it is probable that the gain will be realised (SSAP 18).	

37.3. Disclosure requirements in respect of contingent liabilities

In respect of those contingent liabilities not provided for and gains which are required to be disclosed, should (SSAP 18):

(i) describe the nature of the contingency (including its legal nature) and the uncertainties;

(ii) state whether, and if so, what, security has been provided by the company;

(iii) give a prudent estimate of the financial effect, including the taxation implications (or a statement that it is not possible to make such an estimate).

Einander ähnliche Gruppen von Geschäftsvorfällen können zusammengefaßt werden (SSAP 18).

Unter der Bilanz sind folgende Haftungsverhältnisse anzugeben (§ 251 HGB/Konzern - § 314(1) Nr. 2 HGB):

- Begebung und Übertragung von Wechseln
- Bürgschaften
- Wechsel- und Scheckbürgschaften
- Gewährleistungsverträge
- Bestellung von Sicherheiten für fremde Verbindlichkeiten.

Personengesellschaften dürfen diese Haftungsverhältnisse in einer Summe ausweisen (§ 251 HGB).

Kapitalgesellschaften haben diese Haftungsverhältnisse einzeln entweder unter der Bilanz oder im Anhang auszuweisen. Dabei sind gewährte Pfandrechte und sonstige Sicherheiten anzugeben (§ 268(7) HGB).

Es sind alle Sicherheiten und Haftungsverhältnisse zugunsten eines verbundenen Unternehmens einzeln auszuweisen (§ 59A Sch 4 CA 1985).

Kapitalgesellschaften haben Haftungsverhältnisse gegenüber verbundenen Unternehmen gesondert anzugeben (§ 268(7) HGB/Konzern - § 314 (1) Nr. 2 HGB).

Haftungsverhältnisse sind auch dann anzugeben, wenn ihnen gleichwertige Rückgriffsforderungen gegenüberstehen (§ 251 HGB).

37.4. Ausweisvorschriften für sonstige finanzielle Verpflichtungen

Kapitalgesellschaften haben sonstige finanzielle Verpflichtungen anzugeben, wenn sie für die Beurteilung der Finanzlage von Bedeutung sind (§ 50(5) Sch 4 CA 1985).

Kapitalgesellschaften, die keine kleinen Gesellschaften sind, müssen den Gesamtbetrag anderer finanzieller Verpflichtungen angeben, sofern diese von Bedeutung sind. Davon sind Verpflichtungen gegenüber verbundenen Unternehmen gesondert anzugeben (§§ 285 Nr. 3, 288 HGB/Konzern - § 314 (1) Nr 2 HGB).

Sonstige finanzielle Verpflichtungen gegenüber verbundenen Unternehmen sind gesondert auszuweisen (§ 59A Sch 4 CA 1985).

Kapitalgesellschaften müssen angeben (§ 50(3) Sch 4 CA 1985):

- Investitionsmittel, die authorisiert, jedoch nicht ausgegeben worden sind;
- Bestellobligo, das nicht durch Investitionsmittel gedeckt ist.

Similar groups of transactions may be combined.

Contingent liabilities should be disclosed, on the face of but below the balance sheet, for the following (§ 251 HGB, Group - § 314(1) No. 2 HGB):

- issuance and transfer of bills of exchange
- guarantees
- bills and cheque guarantees
- warranties
- security granted for third party liabilities.

For unincorporated businesses, they may be disclosed as one combined sum (§ 251 HGB).

For incorporated companies, they should be disclosed separately, either below the balance sheet or in the notes to the accounts, disclosing pledges and other security granted (§ 268(7) HGB).

Should separately disclose any security or contingent liability entered into on behalf of a group company (§ 59A Sch 4 CA 1985).

For incorporated companies, contingent liabilities existing towards affiliated undertakings should be shown separately (§ 268(7)HGB, Group - § 314(1) No. 2 HGB).

Contingent liabilities should be disclosed even if there are equivalent contingent assets (§ 251 HGB).

37.4. Disclosure requirements in respect of other financial commitments

Incorporated companies should disclose other financial commitments not provided for where they are relevant to assessing the company's state of affairs (§ 50(5) Sch 4 CA 1985) .

Incorporated companies, unless they are small, are required to disclose, if significant, the total amount of other financial commitments, including separately such commitments to affiliated undertakings (§§ 285 No. 3, 288 HGB, Group - § 314(1) No. 2 HGB).

Should separately disclose those entered into on behalf of a group undertaking (§ 59A Sch 4 CA 1985).

Incorporated companies should disclose (§ 50(3) Sch 4 CA 1985):

- capital expenditure authorised and not contracted for;
- capital expenditure contracted for but not provided.

I RECHNUNGSLEGUNGSGRUNDSÄTZE UND ERLÄUTERUNGSVORSCHRIFTEN

38. Sonstige Pflichtangaben

38.1. Wesentliche Bilanzierungsgrundsätze

Grossbritannien	Deutschland
Alle wesentlichen Bilanzierungsgrundsätze sind anzugeben (SSAP 2/§ 36 Sch 4 CA 1985).	Für Kapitalgesellschaften sind die angewandten Bewertungs- und Bilanzierungsprinzipien im Anhang anzugeben (§ 284(2) HGB).
Dies umfaßt folgende Grundsätze:	Dies umfaßt folgende Grundsätze:
- Abschreibungen (SSAP 12);	
- Operating und Finanzierungs-Leasing (SSAP 21);	
- Erfassung von Erträgen aus Finanzierungsleasingverträgen (SSAP 21);	
- Aufwendungen für Rentenverpflichtungen (SSAP 24);	
- weitere Aufwendungen für Altersversorgung (UITF 6);	
- Einfluß von Rentenverpflichtungen und Aufwendungen für Altersversorgung auf die latenten Steuern (SSAP 15);	
- Vorräte und langfristige Fertigung (SSAP 9);	
- Forschungs- und Entwicklungskosten (SSAP 13);	
- Geschäfts- oder Firmenwert (SSAP 22);	- Grund für die planmäßige Abschreibungsrate für den Geschäfts- oder Firmenwert (§ 285 Nr 13 HGB);
- Investitionszuschüsse (FRS 4);	
- Methoden zur Bereinigung der Auswirkungen von Hyperinflation (UITF 9);	
- Grundlage für die Währungsum-rechnung in Pfund Sterling und die Be-handlung von Wechselkursdifferenzen (SSAP 20/§ 58 (1) Sch 4 CA 1984).	- Grundlage der Währungsumrechnung in DM (§ 284 (2) HGB/ Konzern - § 313 (1) HGB).

38.2. Durchschnittsanzahl der Arbeitnehmer

Grossbritannien	Deutschland
Kapitalgesellschaften haben die durchschnittliche Anzahl der Arbeitnehmer im Geschäftsjahr, getrennt nach entsprechenden Kategorien, anzugeben (§ 56(1) Sch 4 CA 1985).	Kapitalgesellschaften, wenn sie keine kleinen Gesellschaften sind, müssen die durchschnittliche Zahl der im Geschäftsjahr beschäftigten Arbeitnehmer getrennt nach Gruppen angeben (§ 285 Nr. 7, 288 HGB/Konzern - § 314(1) Nr. 4 HGB).

I ACCOUNTING REQUIREMENTS, PRINCIPLES AND DISCLOSURE REQUIREMENTS

38. Other Disclosure Requirements

38.1. Significant accounting policies

UK

All significant accounting policies should be disclosed (SSAP 2/§ 36 Sch 4 CA 1985).

This should include the policies regarding:

- depreciation (SSAP 12);
- operating leases and finance leases (SSAP 21);
- recognition of finance lease income (SSAP 21);
- pension costs (SSAP 24);
- other post retirement benefits (UITF 6);
- deferred tax implications of pension costs and other post retirement benefits (SSAP 15);
- stocks and long-term contracts (SSAP 9);
- research and development expenditure (SSAP 13);
- goodwill (SSAP 22);
- government grants (FRS 4);
- policy adopted to eliminate the distortions of hyperinflation (UITF 9);
- basis of translation of foreign currency amounts into sterling and the treatment accorded to exchange differences (SSAP 20/§ 58(1) Sch 4 CA 1984).

GERMANY

Incorporated companies should disclose, in the notes to the accounts, the accounting and valuation methods adopted (§ 284(2) HGB).

This should include the policies regarding:

- the reason for a systematic rate of depreciation for goodwill should be stated (§ 285 No. 13 HGB);
- the basis for translating foreign currency amounts into DM (§ 284(2) HGB, Group - § 313(1) HGB).

38.2. Average number of employees

UK

Incorporated companies should disclose the average number of employees during the financial year, analysed by appropriate category (§ 56(1) Sch 4 CA 1985).

GERMANY

Incorporated companies, unless they are small, should disclose the average number of employees during the financial year, analysed by groups (§§ 285 No. 7, 288 HGB, Group - § 314(1) No. 4 HGB).

Im Konzernabschluß sind außerdem anzugeben (§ 314(1) Nr. 4 HGB):

- die Durchschnittsanzahl der Arbeitnehmer in Unternehmen, die aufgrund anteilmäßiger Konsolidierung einbezogen wurden ;

- die Personalkosten des Geschäftsjahres.

38.3. Namen der Direktoren

Kapitalgesellschaften müssen die Namen der Direktoren im Lagebericht der Gesellschaft angeben, einschließlich aller Personen, die zu einem Zeitpunkt im Geschäftsjahr Direktoren gewesen sind (§ 234(2) CA 1985).

Die Familiennamen und mindestens einen Vorname aller Mitglieder des Geschäftsführungsorgans und eines Aufsichtsrates sind im Anhang anzugeben. Der Vorsitzende des Aufsichtsrates, sein Stellvertreter und ein etwaiger Vorsitzender des Geschäftsführungsorgans sind als solche zu bezeichnen (§ 285 Nr. 10 HGB).

38.4. Bezüge der Direktoren

Die Bezüge der Direktoren aus allen Quellen (getrennt nach Zahlungen für Dienste als Geschäftsführer der Gesellschaft oder von Tochtergesellschaften und für anderen Funktionen) sind wie folgt auszuweisen:

(i) die gesamten Bezüge (§ 1 Sch 6 CA 1985);

(ii) die gesamte Renten an Direktoren und ehemalige Direktoren (§ 7 Sch 6 CA 1985);

(iii) alle Abfindungen für den Verlust von Funktionen, die an jetzige und ehemalige Direktoren gezahlt wurden (§ 8 Sch 6 CA 1985);

(iv) Korrekturen früherer Perioden (§ 11(2) Sch 6 CA 1985);

(v) an Dritte gezahlte Gegenleistungen für die Bereitstellung von Diensten von Personen zum Zwecke der Geschäftsführung (§ 9 Sch 6 CA 1985).

Für die Mitglieder des Geschäftsführungsorgans sowie des Aufsichtsrates, eines Beirates oder einer ähnlichen Einrichtung sind getrennt nach Personengruppen auszuweisen (§ 285 Nr. 9a, 9b HGB/Konzern - § 314(1) Nr 6 HGB):

(i) die gesamten Bezüge für Dienste während des Geschäftsjahres (Gehälter, Gewinnbeteiligungen, Aufwandsentschädigungen, Versicherungsentgelte, Provisionen und Nebenleistungen aller Art)

(ii) die gesamten Bezüge (Abfindungen, Renten, Hinterbliebenenvergütungen und ähnliche Vergütungen) an frühere Mitglieder der genannten Körperschaften und ihre Hinterbliebenen. Zusätzlich sind die Beträge von Pensionsrückstellungen für laufende Pensionen und zukünftige Rentenansprüche für solche Personen und Beträge, die nicht als Rückstellung enthalten sind, anzugeben.

In consolidated accounts, should also disclose (§ 314 (1) No. 4 HGB):

- the average number of employees of undertakings consolidated pro rata should be separately disclosed;
- the total personnel expense of the financial year.

38.3. Names of directors

Incorporated companies should disclose, in the director's report, the names of a company's directors, including any persons who were directors at any time during the year (§ 235 CA 1985).

The family names and at least one first name of all members of the management body and of a supervisory board should be disclosed in the notes to the accounts. The Chairman of the supervisory board, his deputy and the chairman of the management body, if applicable, should be designated as such (§ 285 No. 10 HGB).

38.4. Director's emoluments

Companies should disclose director's emoluments receivable from all sources (distinguishing between payments for services as director of the company, subsidiary undertakings, and for other offices) as follows:

(i) aggregate emoluments (§ 1 Sch 6 CA 1985);

(ii) aggregate directors' and past directors' pensions (§ 7 Sch 6 CA 1985);

(iii) aggregate compensation for loss of office to directors and past directors (§ 8 Sch 6 CA 1985);

(iv) prior year adjustments (§ 11(2) Sch 6 CA 1985);

(v) the aggregate consideration to a third party for making available the services of any person as a director (§ 9 Sch 6 CA 1985).

For the members of the management body and of any supervisory board, advisory board or similar body should show separately for each of the groups (§§ 285 No. 9a, 9b HGB, Group - § 314(1) No. 6 HGB):

(i) the total remuneration granted for services rendered in the year (salaries, profit sharing, expense reimbursements, insurance benefits, commissions and all incidental benefits in kind).

(ii) total remuneration (termination payments, pensions, payments to dependents and similar benefits) of former members of the designated bodies and their survivors. In addition, should disclose the amount of pension accruals for current pensions and future pension claims set up for such persons together with the amount of any accruals not carried for such commitments.

Die Angaben gemäß § 285 Nr. 9a, 9b HGB können durch kleine Gesellschaften weggelassen werden, und auch, wenn dadurch die Bezüge eines Mitgliedes des Geschäftsführungsorgans abzuleiten wären (§§ 286 (4), 288 HGB).

Die folgenden Angaben sind ebenfalls zu machen, außer für Unternehmen, die nicht zu einem Konzern gehören und wenn die Gesamtbezüge £ 60,000 nicht überschreiten (§ 2 Sch 6 CA 1985):

(i) die Anzahl der Direktoren (einschließlich des Chairman und des höchstbezahlten Direktors), deren Gesamtbezüge (abzüglich der Rentenbeiträge) in jeweils um 5,000 Pfund abgestuften Bereichen liegen (§ 4(2) Sch 6 CA 1985);

(ii) Bezüge des höchstbezahlten Direktors (abzüglich Rentenbeiträge), falls sie die Bezüge des Chairman überschreiten (§ 4 (3) Sch 6 CA 1985);

(iii) Bezüge des Chairman (ohne Rentenbeiträge) (§ 3 Sch 6 CA 1985);

(iv) die Gesamtsumme der Bezüge, auf die durch Direktoren verzichtet wurde und die Anzahl der verzichtenden Direktoren (§ 6 Sch 6 CA 1985);

(v) Einzelheiten von Rentenverpflichtungen gegenüber früheren Direktoren, sowohl für zurückgestellte als auch nicht zurückgestellte Beträge (§ 50(4) Sch 4 CA 1985).

38.5. Anteile der Direktoren

Gesellschaften müssen die Kapitalanteile und Wandelschuldverschreibungen jedes Direktors eines Konzernunternehmens und seiner engsten Familienmitglieder zu Beginn und zum Ende des Geschäftsjahres entweder im Lagebericht oder im Anhang angeben (§ 2 Sch 7 CA 1985).

Es gibt keine gesetzliche Vorschrift, Anteile der Geschäftsführer oder Vorstandsmitglieder offenzulegen.

38.6. Darlehen an Direktoren

Durch die Gesellschaft sind (zusätzlich zu den allgemeinen Pflichtangaben zu Geschäftsbeziehungen mit Direktoren) die folgenden Angaben für alle Personen, die zu einem Zeitpunkt im Geschäftsjahr Direktoren der Gesellschaft oder ihrer Muttergesellschaft waren, zu machen (§ 22(2)(b)(c) Sch 6 CA 1985):

Für die Mitglieder des Geschäftsführungsorgans sind getrennt auszuweisen (§ 285 Nr 9c HGB/Konzern - § 314(1) Nr. 6c HGB):

The following information is also required to be given, except for non group companies with total emoluments of less than £ 60,000 (§ 2 Sch 6 CA 1985):

(i) the number of directors (including chairman and highest paid director) whose aggregate emoluments (excluding pension contributions) fall within each bracket of £ 5,000 (§ 4(2) Sch 6 CA 1985);

(ii) emoluments of the highest paid director (excluding pension contributions) if in excess of chairman (§ 4(3) Sch 6 CA 1985);

(iii) chairman's emoluments (excluding pension contributions) (§ 3 Sch 6 CA 1985);

(iv) the aggregate amount of emoluments waived by directors and the number of directors waiving them (§ 6 Sch 6 CA 1985);

(v) particulars of pension commitments to past directors, both provided for and not provided for (§ 50(4) Sch 4 CA 1985).

The information required by § 285 No. 9a, No. b HGB may be omitted by small companies, and if disclosure would enable the remuneration of a member of the management body to be ascertained (§§ 286(4), 288 HGB).

38.5. Director's interests

Incorporated companies should disclose the interests of each director and his immediate family in the shares or debentures of any group company at the beginning and end of the year, either in the director's report or in the notes to the accounts (§ 2 Sch 7 CA 1985).

There is no legal requirement to disclose directors interests.

38.6. Director's loans

Incorporated companies should disclose (in addition to the general disclosure requirements in connection with transactions with directors) the following information in respect of any loan or agreement to enter into a loan (or any security or guarantee relating to a loan) for any persons who at any time during the year were directors of the company or its holding company (§ 22(2)(b)(c) Sch 6 CA 1985):

For the members of the management body, should show separately (§ 285 No. 9c HGB, Group § 314-(1) No. 6c HGB):

(i) der Betrag zu Beginn und zum Schluß des Geschäftsjahres sowohl des Kapitals als auch der Zinsen (sowie von Eventualverbindlichkeiten);

(ii) höchster Betrag dieser Verbindlichkeit (oder jeder Eventualverbindlichkeit) während dieses Zeitraums;

(iii) Betrag nicht gezahlter Zinsen;

(iv) Betrag von Wertberichtigungen, die auf ausstehendes Kapital oder Zinsen gebildet wurden;

(v) Beträge die gezahlt oder Verbindlichkeiten die entstanden sind im Zusammenhang mit der Erfüllung der Garantie oder der Zurückgabe der Sicherheiten; und

(vi) die wichtigsten Bedingungen (z.B. Rückzahlungszeitraum, Zinssatz) (§ 22(1) Sch 6 CA 1985).

(i) Vorschüsse und gewährte Darlehen einschließlich der Zinssätze, Konditionen und, falls zutreffend, Rückzahlungen während des Geschäftsjahres sowie die zugunsten dieser Personen eingegangenen Haftungsverhältnisse.

38.7. Geschäfte mit Direktoren

Es sind Angaben zu machen über Einzelheiten von Geschäften und Vereinbarungen mit Personen, die zu einem Zeitpunkt während des Geschäftsjahres Direktoren der Gesellschaft oder ihrer Muttergesellschaft waren (einschließlich von Personen, "die im Hintergrund die Fäden ziehen" und verwandter Personen sowie Vereinbarungen mit Tochtergesellschaften) (§ 232 CA 1985/§ 15, 16 § Sch 6 CA 1985), einschließlich:

(i) der wesentlichen Bedingungen (§ 22(1) Sch 6 CA 1985);

(ii) eines Vermerks, daß die geschäftliche Transaktion während des jeweiligen Geschäftsjahres abgeschlossen wurde oder während dieses Jahres weiterbestand (§ 22 (2)(a) Sch 6 CA 1985);

(iii) des Namens des Direktors oder der verwandten Person und die Art wesentlicher Beteiligungen (§ 22(2) (b) und (c) Sch 6 CA 1985);

(iv) des Wertes jedes Geschäftes oder jeder Vereinbarung mit Ausnahme der Darlehen an Direktoren .

(§ 18-21, 24-25 Sch 6 CA 1985 enthalten verschiedene Ausnahmen von den Pflichtangaben).

Es gibt keine gesetzliche Vorschrift, Geschäfte mit Geschäftsführern oder Vorstandsmitgliedern offenzulegen.

(i) amount at the beginning and the end of the financial year as regards both principal and interest (or any contingent liability);

(ii) maximum amount of that liability (or contingent liability) during that period;

(iii) amount of any unpaid interest;

(iv) amount of any provision made against outstanding principal or interest; and

(v) amount paid or liability incurred in fulfilling the guarantee or discharging the security;

(vi) the principle terms (e.g. period of repayment and rate of interest) (§ 22(1) Sch 6 CA 1985).

(i) advances and loans granted disclosing interest rates, principle terms and, where applicable, repayments during the financial year as well as commitments assumed in favour of such persons.

38.7. Transactions with directors

Incorporated companies should disclose the following: particulars of transactions and arrangements entered into involving any persons who at any time during the year were directors of the company or its holding company (including shadow directors and connected persons and including arrangements etc. made with any subsidiary) (§ 232 CA 1985/ § 15, 16 Sch 6 CA 1985) including:

(i) the principal terms (§ 22(1) Sch 6 CA 1985);

(ii) a statement that the transaction was made during the financial year concerned or subsisted during that year (§ 22(2)(a) Sch 6 CA 1985);

(iii) the name of the director and connected person and the nature of any material interest (§ 22(2) (b) and (c) Sch 6 CA 1985);

(iv) the value of any transaction or arrangement other than directors loans (§ 22(2) (f) Sch 6 CA 1985).

(N.B. § 18-21, 24-25 Sch 6 CA 1985 detail various exemptions from disclosure)

There is no legal requirement to disclose transactions with directors.

38.8. Darlehen an leitende Mitarbeiter

Gesellschaften müssen die folgenden Einzelheiten über Darlehen, Quasi-Darlehen und Kreditkaufverträge (oder Garantien und Sicherheiten, die mit solchen Vereinbarungen zusammenhängen), die leitenden Mitarbeitern der Gesellschaft (keine Direktoren) ausgereicht wurden, ausweisen (§ 29 Sch 6 CA 1985):

(i) Gesamtbeträge am Ende des Geschäftsjahres und

(ii) die Anzahl der Mitarbeiter, mit denen solche Geschäftsbeziehungen bestehen (Namen müssen nicht angegeben werden).

Eine Befreiung gilt wegen Geringfügigkeit für Mitarbeiter, deren noch ausstehende Darlehen, Quasi-Darlehen und Kreditkaufverträge am Jahresende zusammen nicht mehr als £ 2,500 betragen.

Es gibt keine gesetzliche Vorschrift, Darlehen an leitende Mitarbeiter (dic keine Mitglieder des Geschäftsführungsorgans sind) offenzulegen.

38.9. Wesentlicher Anteilsbesitz

Bei einem Anteilsbesitz von 10% oder mehr des Vermögens des Konzerns oder des Nennwertes jeder Art von Anteilen eines Unternehmens oder wenn der Anteilbesitz 10% oder mehr des Wertes der Gesellschaft, die die Aktien besitzt, ausmacht, (§ 7, 8, 23, 24, 26 Sch 5 CA 1985) sind durch Kapitalgesellschaften anzugeben:

(i) der Name und der Gründungsstaat (oder bei Personengesellschaften die Anschrift);

(ii) die Art und der Anteil jeder Klasse von Anteilen.

38.10. Oberstes Mutterunternehmen

Der Name und der Gründungsstaat des obersten Mutterunternehmens sind anzugeben (§ 12, 31 Sch 5 CA 1985).

Kapitalgesellschaften haben ebenfalls den Namen und den Gründungsstaat (oder bei Personengesellschaften die Anschrift bzw. die Anschrift, bei der der Konzernabschluß erhältlich ist) der Muttergesellschaft, die den Konzernabschluß für den größten und den kleinsten Kreis von Unternehmen, zu dem die Gesellschaft gehört, aufstellt, anzugeben (§ 11, 30 Sch 5 CA 1985).

Im Anhang sind anzugeben der Name und der Sitz des Mutterunternehmens, das den Konzernabschluß für den größten und den kleinsten Kreis von Unternehmen aufstellt, und den Ort, wo dieser erhältlich ist (§ 285 Nr. 14 HGB).

38.8. Officers' loans

Incorporated companies should disclose the following particulars of loans, quasi-loans and credit transactions (or guarantees and securities relating to such arrangements) involving officers of the company (excluding directors) (§ 29 Sch 6 CA 1985):

(i) aggregate amounts at the end of the financial year; and

(ii) the number of officers for whom the transactions, etc. were made (names do not have to be given).

There is a de minimis exception for an officer whose aggregate loans, quasi loans and credit transactions outstanding at the year end do not exceed £ 2,500.

There is no legal requirement to disclose loans to officers (other than members of the managment bodies).

38.9. Significant investments

For an investment of 10% or more of the assets of the group or of the nominal value of any class of shares of an undertaking, or where an investment represents 10% or more of the assets of the company holding the investment, incorporated companies should give (§ 7, 8 23, 24, 26 Sch 5 CA 1985):

(i) the name and country of incorporation (or if unincorporated, the address);

(ii) the type and % of each class of shares held.

38.10 Ultimate parent company

Incorporated companies should disclose the name and country of incorporation of the ultimate parent company (§ 12, 31 Sch 5 CA 1985).

Incorporated companies should also give the name and country of incorporation (or if unincorporated the address, and the address where the consolidated financial statements can be obtained) of the parent undertaking of the smallest and largest groups for which group accounts are prepared, and of which the company is a member) (§ 11, 30 Sch 5 CA 1985).

Incorporated companies should disclose the name and seat of the company's parent which prepares consolidated financial statements for the smallest and largest number of undertakings, together with the place where these can be obtained (§ 285 No. 14 HGB).

38.11. Befreiung von Ausweispflichten

Die Angaben gemäß Schedule 5 CA 1985 müssen für Unternehmen innerhalb und außerhalb Großbritanniens nicht gemacht werden, wenn diese Angaben dem Geschäft oder dem Konzern erhebliche Nachteile zufügen würden und eine Genehmigung durch den Secretary of State erfolgt (§ 231(3) CA 1985).

Die Berichterstattung hat insoweit zu unterbleiben, als es für das Wohl der Bundesrepublik Deutschland oder eines ihrer Länder erforderlich ist (§ 286(1) HGB).

39.11. Exemption from disclosure

The information required by Sch 5 CA 1985 need not be disclosed in respect of an undertaking which is established in, or carries on business outside of, the UK if disclosure would be seriously prejudicial to that business or to the group, and if permission is obtained from the Secretary of State (§ 231(3) CA 1985).

Generally, reporting should not be made to the extent that this is necessary for the welfare of the German Federal Republic or one of its States (§ 286 (1) HGB).

I RECHNUNGSLEGUNGSGRUNDSÄTZE UND ERLÄUTERUNGSVORSCHRIFTEN

39. Bilanzierung zu Current Cost

39.1. Definition

Großbritannien

In Großbritannien dürfen Vermögensgegenstände auch nach folgenden Alternativen bilanziert werden (§ 31 Sch 4 CA 1985):

(i) immaterielle Vermögensgegenstände, die kein Geschäfts- oder Firmenwert darstellen, dürfen zu ihren current cost bewertet werden;

(ii) Gegenstände des Sachanlagevermögens dürfen zu ihren current cost bewertet werden oder zu einem Marktwert, der zum Stichtag ihrer letzten Bewertung ermittelt wurde;

(iii) Finanzanlagen dürfen zu einem Marktwert, der zum Stichtag ihrer letzten Bewertung ermittelt wurde, oder zu einem Wert, der auf einer den jeweiligen Umständen angemessenen Grundlage ermittelt wurde, angesetzt werden. Im letzten Fall sind die Bewertungsmethode und die Gründe für ihre Anwendung anzugeben;

(iv) Wertpapiere des Umlaufvermögens dürfen zu current cost bewertet werden;

(v) Vorräte dürfen zu ihren current cost angesetzt werden.

Abschreibungen sind auf der Grundlage der verwendeten alternativen Bilanzierungsmethoden vorzunehmen, unter der Bedingung, daß die Differenz zwischen der Abschreibung auf der Basis historischer Kosten und jener, die auf der alternativen Grundlage beruht, im Anhang angegeben werden (§ 32 Sch 4 CA 1985).

Die Differenz der Nettobuchwerte auf historischer Basis zu jenen unter Anwendung der alternativen Bilanzierungsmethode ist ebenfalls anzugeben (§ 33 Sch 4 CA 1985).

Gewinne oder Verluste, die im Zusammenhang mit einem alternativ bewerteten Vermögensgegenstand entstehen, sind einer Neubewertungsrücklage zuzuführen oder mit ihr zu verrechnen (§ 34 Sch 4 CA 1985).

Deutschland

In Deutschland ist es nur zulässig, Jahresabschlüsse nach dem Konzept der historischen Kosten zu erstellen.

Vermögensgegenstände sind nicht höher als zu Anschaffungs- oder Herstellkosten zu bewerten (§ 253(1) HGB).

I ACCOUNTING REQUIREMENTS, PRINCIPLES AND DISCLOSURE REQUIREMENTS

39. Current Cost Accounting

39.1. Definition

In the UK, assets may also be stated using alternative accounting rules (§ 31 Sch 4 CA 1985):

(i) intangible fixed assets, other than goodwill, may be stated at their current cost;

(ii) tangible fixed assets may be stated at their current cost, or at a market value determined as at the date of their last valuation;

(iii) fixed asset investments may be stated at either a market value determined as at the date of their last valuation; or at a value determined on any basis which appears appropriate in the circumstances (in the latter case, should state method of valuation, and reason for adopting it);

(iv) current asset investments may be stated at their current cost;

(v) stocks may be stated at their current cost.

Depreciation should be based on the alternative accounting basis, if adopted, provided that difference between depreciation on an historical cost basis and the alternative accounting basis is stated in the notes to the accounts (§ 32 Sch 4 CA 1985).

The difference in net book amount under the alternative basis should also be disclosed (§ 33 Sch 4 CA 1985).

Any profit or loss arising from an asset determined under the alternative accounting rules should be credited or debited to a Revaluation Reserve (§ 34 Sch 4 CA 1985).

In Germany, it is only permissable to prepare accounts under the historical cost convention.

Assets may not be stated at more than purchase or manufacturing cost (§ 253(1) HGB).

II. KONZERNABSCHLÜSSE

1. Konzernabschlüsse

1.1. Definition einer in den Konzernabschluß einzubeziehenden Tochtergesellschaft

GROSSBRITANNIEN	DEUTSCHLAND
Eine Muttergesellschaft hat eine Gesellschaft als Tochtergesellschaft in den Konzernabschluß einzubeziehen (FRS 2/§ 258 CA 1985), wenn:	Eine Muttergesellschaft ist zur Aufstellung eines Konzernabschlusses verpflichtet unter Einschluß jener Tochtergesellschaften, an denen sie eine Beteiligung hält (§ 271(1)HGB) und die unter ihrer einheitlichen Leitung stehen (§ 290(1) HGB). Einzubeziehen sind auch alle Tochtergesellschaften, an denen (§ 290(2) HGB):
(i) sie die Mehrheit der Stimmrechte hält;	(i) sie eine Mehrheit der Stimmrechte (§ 290 (2) Nr. 1 HGB) sowohl direkt als auch indirekt (§ 290(3) HGB) hält;
(ii) sie Gesellschafter ist und das Recht besitzt, Direktoren zu berufen oder abzusetzen, die ihrerseits eine Mehrheit an Stimmrechten halten;	(ii) sie Gesellschafter ist und das Recht besitzt, die Mehrheit der Mitglieder des Verwaltungs-, Leitungs- und Aufsichtsorgans zu bestellen oder abzuberufen (§ 290(2) Nr. 2 HGB);
(iii) sie das Recht hat, einen beherrschenden Einfluß auszuüben:	(iii) ihr das Recht zusteht, einen beherrschenden Einfluß auszuüben (§ 290(2) Nr. 3 HGB):
- aufgrund entsprechender Festlegungen in der Satzung	- aufgrund einer Satzungsbestimmung;
- aufgrund eines Beherrschungsvertrages	- aufgrund eines Beherrschungsvertrags.
(iv) sie Gesellschafter ist und selbst die Mehrheit der Stimmrechte kontrolliert;	
(v) sie eine Beteiligung an Unternehmen hält und: - einen beherrschenden Einfluß ausübt oder - sie und die Tochtergesellschaft unter einheitlicher Leitung stehen	
Quasi-Tochtergesellschaften sind in den Konzernabschluß wie echte Tochtergesellschaften einzubeziehen (FRS 5) (siehe Abschnitt I.34).	
	Große Personengesellschaften müssen ebenfalls Konzernabschlüsse erstellen, die solche Unternehmen, die mit ihnen unter einheitlicher Leitung stehen, einschließen (d.h. es ist nicht notwendig, daß die Muttergesellschaft eine Beteiligung an dem Unternehmen besitzt) (siehe III.1) (§ 11 PublG).

II. CONSOLIDATED FINANCIAL STATEMENTS

1. Consolidated Financial Statements

1.1. Definition of subsidiary requiring to be consolidated

UK

A parent undertaking should consolidate an entity as a subsidiary (FRS 2/§ 258 CA 1985) if:

(i) it holds a majority of the voting rights;

(ii) it is a member, and has the right to appoint or remove directors holding a majority of the voting rights;

(iii) it has the right to exercise a dominant influence;

- by virtue of provisions contained in the Memorandum/Articles of Association, or
- by virtue of a control contract

(iv) it is a member, and controls itself, a majority of the voting rights;

(v) it has a participating interest in the undertaking, and:

- it actually exercises a dominant influence, or
- it and the subsidiary are managed on a unified basis.

Quasi subsidiaries should be included in group accounts as if they were subsidiaries (FRS 5) (See section I.34)

GERMANY

A parent company is required to prepare consolidated financial statements including those subsidiaries in which it has a participation (§ 271(1) HGB) and which are under its uniform control (§ 290(1) HGB).

It should also consolidate subsidiaries in respect of which (§ 290(2) HGB):

(i) it holds a majority of the voting rights (§ 290(2) No. 1 HGB) both directly and indirectly (§ 290(3) HGB).

(ii) it is a shareholder, and has the right to appoint or remove the majority of the members of the administrative, management or supervisory body (§ 290(2) No. 2 HGB).

(iii) it has the right to exercise a controlling influence (§ 290(2) No. 3 HGB):

- by nature of the provisions contained in the Articles of Association, or
- by virtue of a control contract

Large unincorporated businesses are also required to prepare consolidated financial statements, including those businesses which are under its uniform control (i.e. it is not necessary that the parent enterprise holds a participation in the business). (See Section III.1) (§ 11 PublG).

1.2. Befreiung von der Pflicht zur Aufstellung von Konzernabschlüssen

Es gibt einige Ausnahmen von der Pflicht zur Aufstellung von Konzernabschlüssen (siehe Abschnitt III.1).

Es gibt einige Ausnahmen von der Pflicht zur Aufstellung von Konzernabschlüssen (siehe Abschnitt III.1).

1.3. Bedingungen, unter denen Tochtergesellschaften von Konzernabschlüssen ausgenommen werden dürfen oder müssen

Alle Tochtergesellschaften, unabhängig von ihrem Sitz, müssen mit folgenden Ausnahmen konsolidiert werden (§ 294(1) HGB).

Tochtergesellschaften dürfen nicht konsolidiert werden, wenn (FRS 2):

(i) die Geschäftsaktivitäten so verschieden sind, daß ein den tatsächlichen Verhältnissen entsprechendes Bild nicht vermittelt werden kann (FRS 2/§ 229(4) CA 1985).

In diesem Fall muß die Tochtergesellschaft nach der Equity-Methode in den Konzernabschluß einbezogen und getrennt im Jahresabschluß ausgewiesen werden (FRS 2/§ 18 Sch 4A CA 1985).

Es wird sehr selten sein, daß eine Aktivität als so verschieden angesehen wird, daß diese Ausnahme in Anspruch genommen werden kann.

Tochtergesellschaften dürfen nicht einbezogen werden wenn:

(i) ihre Aktivitäten derart verschieden sind, daß ein den tatsächlichen Verhältnissen entsprechendes Bild nicht vermittelt werden kann (§ 295(1) HGB).

Falls dies so ist,

- muß dies angegeben und begründet werden (§ 295(3) HGB);
- muß ein separater Jahresabschluß beim Handelsregister miteingereicht werden (§ 295(3) HGB), soweit das nicht bereits erfolgt ist.

Tochtergesellschaften brauchen in den Konzernabschluß nicht einbezogen werden, wenn (§ 296(1) HGB):

(ii) erhebliche und andauernde Beschränkungen die Ausübung der Rechte über das Vermögen oder die Geschäftsführung nachhaltig beeinträchtigen (FRS 2).

In diesem Fall sollten die Anteile am Tochterunternehmen wie eine Finanzanlage behandelt werden. Sie sollten mit einem Wert eingestellt werden, der nach der Equity-Methode berechnet wurde zu dem Zeitpunkt, zu dem die Beschränkung wirksam wurde. Dieser Betrag sollte nicht mehr an die Entwicklung der Gewinne angepaßt werden, es sei denn, die Muttergesellschaft übt noch immer wesentlichen Einfluß aus. In diesem Fall sollte die Equity-Methode angewandt werden. Dauerhafte Wertminderungen sollten jedoch im Wertansatz berücksichtigt werden. Wird die Beschränkung aufgehoben, dann muß jeder während des Zeitraums der Beschränkung nicht realisierte Gewinn oder Verlust in der Gewinn- und Verlustrechnung erfaßt und gegebenenfalls eine Zuschreibung auf den Wert in Höhe der angefallenen Abschreibungen vorgenommen werden (FRS 2).

(ii) erhebliche und andauernde Beschränkungen die Ausübung der Rechte des Mutterunternehmens in Bezug auf das Vermögen oder die Geschäftsführung dieses Unternehmens nachhaltig beeinträchtigen;

1.2. Exemptions from the requirement to prepare consolidated accounts

There are a number of exemptions from the requirement to prepare consolidated financial statements (See Section III.1).

There are a number of exemptions from the requirement to prepare consolidated financial statements (See Section III.1).

1.3. Circumstances where subsidiaries should, or may, be excluded from the consolidated financial statements

All subsidiary companies wherever registered should be consolidated (§ 294(1) HGB) except as follows.

Subsidiaries should not be consolidated if (FRS 2):

(i) exceptionally, where activities are so different so as not to give a true and fair view (FRS 2/§ 229(4) CA 1985).

If so, should account for the subsidiary using the equity method, and show it separately in the financial statements (FRS 2/§ 18 Sch 4A CA 1985).

It is unlikely that any activity may be considered so dissimilar that this exemption may be used.

Subsidiaries should not be consolidated if:

(i) its activities are so different so as not to give a true and fair view (§ 295(1) HGB).

If so

- this must be disclosed and justified (§ 295 (3) HGB);
- should file the accounts of the excluded entity separately with the Commercial Register, (if they are not already filed) (§ 295(3) HGB).

Subsidiaries may be excluded from the consolidated financial statements if (§ 296(1) HGB):

(ii) severe long term restrictions significantly impair the exercise of rights over the assets or management (FRS 2).

If so, should treat the subsidiary as a fixed asset investment. It should be shown at an amount calculated using the equity method at the date restrictions started. There should be no further accrual of profit, unless the parent still exercised significant influence, in which case, should account for the subsidiary using the equity method. Provision should be made for any permanent diminution in value. If the restrictions cease, should record the amount of unrecognised profit or loss that accrued in the restricted period, and any provision now written back, in the profit and loss account (FRS 2).

(ii) significant and continuing restrictions significantly impair the exercise of the parent entity's rights over the assets or management;

(iii) die Tochtergesellschaft ausschließlich zum Zweck eines späteren Wiederverkaufs gehalten wird und noch nicht konsolidiert wurde (FRS 2).

In diesem Fall sollten die Anteile als Umlaufvermögen ausgewiesen und zum niedrigeren Wertansatz entweder der Anschaffungskosten oder des Nettoerlöswertes angesetzt werden (FRS 2).

Es ist nicht gestattet, eine wesentliche Tochtergesellschaft aus der Konsolidierung wegen unverhältnismäßig langer Verzögerung auszuschließen (FRS 2).

(iv) Eine Tochtergesellschaft darf aus der Konsolidierung ausgenommen werden, wenn der einzelne Jahresabschluß innerhalb des Konzerns unwesentlich ist (FRS 2/§ 229 CA 1985).

Wird eine Tochtergesellschaft nicht in den Konzernabschluß einbezogen, dann sind anzugeben:

(i) Name der Tochtergesellschaft und der Grund für den Ausschluß (FRS 2).

(ii) Einzelheiten über Einschränkungen des Bestätigungsvermerks oder wesentliche zu erwähnende Punkte aus dem Bestätigungsvermerk der Tochtergesellschaft (§§ 5, 18 Sch 5 CA 1985).

(iii) Einzelheiten über Salden mit verbundenen Unternehmen und Geschäftsbeziehungen mit solchen (FRS 2).

(iv) das Eigenkapital zum Ende des Geschäftsjahres und das Jahresergebnis (unter Berücksichtigung der oben beschriebenen Ausnahmen, die für assoziierte Unternehmen zutreffen) (§ 17 Sch 5 CA 1985).

(v) (falls nicht nach der Equity-Methode bilanziert) zu erwartende Dividenden und vorgenommene Wertberichtigungen (FRS 2).

Angaben gemäß den obengenannten Punkten (iii), (iv) und (v) sind für jede ausgenommene Tochtergesellschaft zu machen, die mindestens 20% des Ergebnisses aus gewöhnlicher Geschäftstätigkeit des Umsatzes oder der Vermögensgegenstände abzüglich Schulden des Konzerns ausmacht.

(iii) die Anteile des Tochterunternehmens ausschließlich zum Zwecke ihrer Weiterveräußerung gehalten werden;

(iv) die notwendigen Informationen nicht ohne unverhältnismäßig lange Verzögerungen zu erhalten sind;

(v) sie im Kontext des Konzernabschlusses unwesentlich sind (§ 296(2) HGB).

Wenn eine Tochtergesellschaft nicht einbezogen wird, dann:

(i) muß der Ausschluß und der Grund dafür angegeben und begründet werden (§ 296 (3) HGB);

(ii) muß außerdem angegeben werden (§ 313 (2) HGB:

- der Name und der Sitz des Unternehmens;

- der gehaltene Anteil am Kapital.

(iii) the subsidiary is held exclusively with a view to subsequent resale, and has not previously been consolidated (FRS 2).	(iii) the shares of the subsidiary are held exclusively with a view to subsequent resale;
If so, should show the subsidiary as a current asset at the lower of cost and net realisable value. (FRS 2)	
It is not permitted to exclude a material subsidiary because of unreasonable delay (FRS 2).	(iv) the information required cannot be obtained without unreasonable expense or delay;
(iv) A subsidiary may be excluded from the consolidated financial statements if individually not material.	(v) not significant (§ 296(2) HGB).
Where a subsidiary is not consolidated, should give:	If a subsidiary is not consolidated:
(i) name of the subsidiary and the reason for exclusion (FRS 2).	(i) the applicability of, and the reason for, non consolidation must be disclosed and justified (§ 296(3) HGB).
	(ii) should also disclose (§ 313(2) HGB):
	- the name and address of the entity;
(ii) details of any qualifications or matters of emphasis in the subsidiary's audit opinion (if material) (§§ 5, 18 Sch 5 CA 1985).	
(iii) particulars of intergroup balances and nature and extent of related transactions (FRS 2).	
(iv) its capital and reserves at the end of the financial year, and its profits and losses for that year (subject to the exemptions described in accounting for associated undertakings above) (§ 17 Sch 5 CA 1985)	- the proportion of capital held.
(v) (if not equity accounted), the dividend receivable and any amounts written off (FRS 2).	
Note that disclosure of (iii), (iv) and (v) above should be given for each excluded subsidiary which exceeds 20% of operating profit, turnover, or net assets of the group.	

Werden Tochtergesellschaften wegen abweichender Geschäftstätigkeit ausgenommen, sollte der Einzelabschluß beigefugt werden (sofern die Tochtergesellschaft mehr als 20% des Betriebsergebnisses, Umsatzes oder Nettovermögen ausmacht. Ist dies nicht der Fall, können zusammenfegaßte Informationen über den Status verwendet werden) (FRS 2).

Enden erhebliche und andauernde Beschränkungen hinsichtlich einer zuvor vom Konsolidierungskreis ausgenommenen Tochtergesellschaft während eines Geschäftsjahres, dann sind anzugeben (FRS 2):

(i) der Betrag der während der durch Beschränkungen gekennzeichneten Periode nicht realisierten Gewinne oder Verluste;

(ii) Zuschreibungen, die als Folge der Aufhebung der Beschränkungen in Höhe der zuvor vorgenommenen Abschreibungen für Wertminderung vorgenommen wurden.

Wird eine Tochtergesellschaft aus einem der obengenannten Gründe vom Konzernabschluß ausgenommen, dann ist trotzdem zu überprüfen, ob das Unternehmen als assoziiertes Unternehmen einbezogen werden sollte, z.B. wenn ein Konzernunternehmen wesentlichen Einfluß auf die Geschäfts- und Finanzpolitik nehmen kann (§ 311(1) HGB/SABI 1/ 1988).

1.4. Einheitliche Bilanzierungs- und Bewertungsgrundsätze

Im Konzernabschluß ist die Vermögens-, Finanz- und Ertragslage der einbezogenen Unternehmen so darzustellen, als ob diese Unternehmen ingesamt ein einziges Unternehmen wäre (§ 297(3) HGB).

Einheitliche Bilanzierungs- und Bewertungsgrundsätze sind anzuwenden (FRS 2/§ 3(1) Sch 4A CA 1985).

Einheitliche Bewertungs- und Bilanzierungsgrundsätze sollen angewendet werden. Die Jahresabschlüsse von Tochtergesellschaften sind an die Bilanzierungsprinzipien, die im Konzernabschluß Anwendung finden, anzupassen (§ 308(1) HGB).

In seltenen Fällen, in denen sich dieser Grundsatz in angemessenem Rahmen nicht einhaltbar erweist, müssen die Unterschiede in den angewandten Methoden, zusammen mit den Gründen dafür und den Besonderheiten, angegeben werden (FRS 2/ § 3(2) Sch 4A CA 1985).

Abweichungen sind unter besonderen Umständen gestattet - dies sollte im Anhang erläutert und begründet werden (§ 308(2) HGB).

Wurden Vermögensgegenstände oder Schulden im Jahresabschluß eines in den Konzernabschluß einbezogenen Unternehmens mit einem nur nach Steuerrecht zulässigen Wert angesetzt, dann sind diese Wertansätze so zu berichtigen, daß sie den gewählten Bilanzierungsmethoden des Konzernabschlusses entsprechen (FRS 2).

Wurden Vermögensgegenstände oder Schulden im Jahresabschluß eines in den Konzernabschluß einbezogenen Unternehmens mit einem nur nach Steuerrecht zulässigen Wert angesetzt (umgekehrte Maßgeblichkeit), dann dürfen diese Wertansätze unverändert in den Konzernabschluß übernommen werden. Der Effekt muß im Anhang angegeben und begründet werden (§ 308(3) HGB).

For subsidiary undertakings excluded because of different activities, should give the separate financial statements (unless the subsidiary does not exceed 20% of operating profit, turnover or net assets, in which case summarised financial informations may be given) (FRS 2)

Where severe long term restrictions on a previously excluded subsidiary cease during an accounting period, should disclose (FRS 2):

(i) the amount of unrecognised profit or loss that accrued in the restricted period;

(ii) any previous provision for diminution in value written back as a result of the cessation of restrictions.

If a subsidiary is excluded on any of the above bases, should nevertheless check whether the entity should be included as an associated undertaking - for example, if a member of the group is able to exercise significant influence on the business and financial policies of the undertaking (§ 311(1) HGB/SABI 1/1988).

1.4. Uniform accounting policies

The consolidated net worth, financial position, and results of the consolidated entities should be shown as if all the entities comprised one single entity (§ 297(3) HGB).

Uniform accounting policies should be used (FRS 2/ § 3(1) Sch 4A CA 1985).

Uniform accounting policies should be used. Subsidiary company accounts should be restated onto the accounting policies adopted in the consolidated accounts (§ 308(1) HGB).

In exceptional cases where it is impractical to use uniform accounting policies, should disclose the difference in policies used, together with the effect, the reasons, and the particulars) (FRS 2/§ 3(2) Sch 4A CA 1985).

Deviations are permitted in exceptional circumstances - which should be explained and justified in the notes to the accounts (§ 308(2) HGB).

If assets and liabilities have been valued in the accounts in one of the companies to be consolidated at an amount permitted in accordance with the tax provisions, then these values should be adjusted to conform to the accounting policies adopted in the consolidated financial statements (FRS 2).

If assets and liabilities have been valued in the accounts of one of the companies to be consolidated at an amount permitted in accordance with the tax provisions (under the reverse authority principle), then these values may be used unchanged in the consolidated financial statements, and the effect disclosed (§ 308(3) HGB) .

Das gilt auch für ausländische Tochterunternehmen, falls das umgekehrte Maßgeblichkeitsprinzip in diesem Land Gültigkeit hat (HFA 3/1988).

Werden für den Konzernabschluß andere Bilanzierungsprinzipien angewandt als für den Einzelabschluß der Muttergesellschaft, so ist der Effekt und die Gründe im Konzernanhang anzugeben (§ 4 Sch 4A CA 1985).

Werden für den Konzernabschluß andere Bilanzierungsprinzipien angewandt als für den Einzelabschluß der Muttergesellschaft, so ist der Effekt der Abweichungen im Konzernanhang anzugeben und zu begründen (§ 308(1) HGB).

1.5. Zeitpunkt der Konsolidierung

Die konsolidierten Jahresabschlüsse sollten zum gleichen Bilanzstichtag und für das gleiche Geschäftsjahr wie der der Muttergesellschaft erstellt werden (FRS 2).

Die Jahresabschlüsse der in den Konzernabschluß einbezogenen Unternehmen sollten auf den gleichen Stichtag erstellt werden (299(2) HGB).

Dies sollte der Bilanzstichtag der Muttergesellschaft oder der der wichtigsten (oder der Mehrheit) Tochtergesellschaften sein. Eine Abweichung vom Bilanzstichtag der Muttergesellschaft ist anzugeben und zu begründen (§ 299(1) HGB).

Ist es nicht möglich einen Zwischenabschluß einzubeziehen, dann ist der Jahresabschluß des vergangenen Geschäftsjahres zu nutzen, falls dieser nicht mehr als drei Monate vor dem Bilanzstichtag der Muttergesellschaft erstellt wurde, und entsprechende Anpassungen vorzunehmen (FRS 2).

Liegt der Abschlußstichtag eines Unternehmens um mehr als drei Monate vor dem Stichtag des Konzernabschlusses, so ist dieses Unternehmen aufgrund eines Zwischenabschlusses einzubeziehen (§ 299(2) HGB).

Ist dies nicht der Fall, dann sind angemessene Anpassungen für wesentliche Geschäftsvorfälle, die zwischen dem Abschlußstichtag der Tochtergesellschaft und dem Stichtag des Konzernabschlusses auftreten, vorzunehmen oder wesentliche Geschäftsvorfälle im Anhang anzugeben (§ 299(3) HGB).

Wenn Abschlußstichtage nicht übereinstimmen, dann müssen für jede Tochtergesellschaft der Name, die Gründe für die Verwendung eines anderen Bilanzstichtages, der Bilanzstichtag und die Länge des Geschäftsjahres (falls abweichend) angegeben werden (§§ 4,19 Sch 5 CA 1985/FRS 2).

1.6. Konsolidierungsprinzipien

Folgende Konsolidierungsprinzipien sind anzuwenden:

(i) Verrechnung des Wertansatzes der Anteile an der Tochtergesellschaft mit dem Anteil am Eigenkapital der Tochtergesellschaft (FRS 2/§ 9(4) Sch 4A CA 1985).

(ii) Schulden und Forderungen zwischen den in den Konzernabschluß einbezogenen Unternehmen sind wegzulassen (FRS 2/ § 6 (1) Sch 4A CA 1985).

Folgende Konsolidierungsprinzipien sind anzuwenden:

(i) Verrechnung des Wertansatzes der dem Mutterunternehmen gehörenden Anteile am Konzernunternehmen mit dem auf diese Anteile entfallenden Betrag des Eigenkapitals der Tochtergesellschaft (Kapitalkonsolidierung) (§ 301 HGB).

(ii) Ausleihungen und andere Forderungen, Rückstellungen und Verbindlichkeiten zwischen Konzernunternehmen sind wegzulassen (Schuldenkonsolidierung) (§ 303 HGB).

This also applies in respect of foreign subsidiaries if the reverse authority principle also exists in that country (HFA 3/1988).

If different accounting policies are used in the consolidated accounts than in the parent companies accounts then should disclose the effect, and state the reasons in the notes to the accounts (§ 4 Sch 4A CA 1985).

If different accounting policies are used for the consolidated accounts than the parent company's accounting policies, the effect of the deviation should be taken up in the notes to the accounts, and justified (§ 308(1) HGB).

1.5. Date of consolidation

Should consolidate at the same date and for identical accounting periods as the parent (FRS 2).

Should consolidate at the same date (§ 299(2) HGB).

This should be at the financial year end of the parent or of the most important or the majority of the subsidiaries. A deviation from the balance sheet date of the parent should be disclosed, and justified (§ 299(1) HGB).

If not practicable to use interim financial statements, should use financial statements for the last financial year, provided they are not more than three months prior to the parent's year end, and should make appropriate adjustments (FRS 2).

If subsidiary year end is more than three months prior to date of consolidated financial statements, should consolidate interim financial statements (§ 299(2) HGB).

If not, then should make appropriate adjustments for significant transactions which occur between the subsidiary's year end and the date of the consolidated financial statements, or such significant transactions should be disclosed in the notes (§ 299(3) HGB).

If financial statements are not continuous, should give for each subsidiary undertaking the name, the reasons for using a different accounting date, its accounting date, and the length of the accounting period if different (§§ 4,19 Sch 5 CA 1985/FRS 2).

1.6. Principles of consolidation

The following principles of consolidation should be applied:

(i) elimination of the cost of investment in subsidiary with the share of adjusted capital and reserves of the subsidiary (FRS 2/§ 9(4) Sch 4A CA 1985).

(ii) debts and claims between undertakings included in the consolidation should be eliminated (FRS 2/§ 6(1) Sch 4 A CA 1985).

The following principles of consolidation should be applied:

(i) elimination of investment in subsidiary with the share of net equity of the subsidiary (§ 301 HGB).

(ii) netting of intercompany balances (§ 303 HGB).

(iii) Erträge und Aufwendungen aus Geschäftsbeziehungen mit verbundenen Unternehmen sind vollständig zu eliminieren (FRS 2).

(iv) Erträge und Aufwendungen, die im Zusammenhang mit Geschäftsvorfällen zwischen verbundenen Unternehmen entstehen, sind zu eliminieren (§ 6(1) Sch 4A CA 1985).

Diese Prinzipien müssen nicht angewandt werden, wenn die wegzulassenden Beträge unwesentlich sind.

(iii) Eliminierung von nicht realisierten Zwischenergebnissen (Zwischenerfolgseliminierung), es sei denn, die verwendeten Transferpreise entsprechen den üblichen Marktpreisen und dies würde einen unverhältnismäßig hohen Aufwand erfordern. Erfolgt die Eliminierung aus diesem Grunde nicht, so ist diese Tatsache anzugeben und der Effekt zu erläutern (§ 304 HGB).

(iv) die zwischen den Konzernunternehmen angefallenen Erlöse aus Lieferungen und Leistungen sind mit den entsprechenden Kosten zu verrechnen (Aufwand und Ertragskonsolidierung) (305 HGB).

Diese Prinzipien müssen nicht angewandt werden, wenn die wegzulassenden Beträge unwesentlich sind (§§ 303(2), 304(3), 305(2) HGB).

1.7. Bilanzierung von Interessenzusammenführungen

Unter bestimmten eingeschränkten Bedingungen ist es zulässig, den Konzernabschluß als Interessenzusammenführung zu bilanzieren (siehe Abschnitt II.2).

Unter bestimmten eingeschränkten Bedingungen ist es zulässig, den Konzernabschluß als Interessenzusammenführung zu bilanzieren (siehe Abschnitt II.2).

1.8. Equity-Methode

Die Equity-Methode der Konsolidierung ist für assoziierte Unternehmen anzuwenden (SSAP 1) (siehe Abschnitt II.5).

Auf assoziierte Unternehmen ist die Equity-Methode der Konsolidierung anzuwenden (§§ 311, 312 HGB) (siehe Abschnitt II.5).

1.9. Anteilmäßige Konsolidierung

Ein Joint Venture in der Rechtsform einer Personengesellschaft kann auch auf anteiliger Basis einbezogen werden (§ 19 Sch 4A CA 1985) (siehe Abschnitt II.6).

Wird ein Unternehmen zusammen mit einem oder mehreren fremden Dritten geführt (Joint Venture), dann darf es anteilmäßig in den Konzernabschluß der Muttergesellschaft am Kapital einbezogen werden (§ 310 HGB) (siehe Abschnitt II.6).

1.10. Bestimmung des Geschäfts- oder Firmenwertes aus der Kapitalkonsolidierung

Zu diesem Zweck müssen die bewirkte Gegenleistung für die Tochtergesellschaft und der Zeitwert der Vermögensgegenstände abzüglich Schulden zu dem Zeitpunkt, an dem das Unternehmen eine Tochtergesellschaft geworden ist, gegenübergestellt werden. Die Differenz ist der Geschäfts- oder Firmenwert (FRS 2/§ 9 Sch 4A CA 1985).

Der Geschäfts- oder Firmenwert (oder falls negativ, der Unterschiedsbetrag aus der Kapitalkonsolidierung) repräsentiert die Differenz zwischen den Anschaffungskosten der Anteile in den Büchern der Muttergesellschaft und entweder (§ 301(1)-(3)HGB):

(i) dem Zeitwert der gekauften Vermögensgegenstände (Neubewertungsmethode);

(ii) dem Buchwert der gekauften Vermögensgegenstände (Buchwertmethode).

(iii) profits or losses on intergroup transactions should be eliminated in full. (FRS 2).

(iii) elimination of unrealised intercompany profits and losses unless transfer pricing was at normal market rates and it would involve unreasonably high costs. However, if so, this must be disclosed, and its effect explained (§ 304 HGB).

(iv) income and expenditure relating to transactions between undertakings in the consolidation should be eliminated (§ 6(1) Sch 4A CA 1985).

(iv) netting of intercompany income and expense (§ 305 HGB).

These principles need not be applied if the amounts to be eliminated are not material.

These principles need not be applied if the amounts to be eliminated are not material (§§ 303(2), 304(3), 305(2) HGB).

1.7. Merger accounting

Under certain restricted circumstances, merger accounting is permitted (See Section II 2).

Under certain restricted circumstances, merger accounting is permitted (See Section II 2).

1.8. Equity accounting

The equity accounting method of consolidation should be adopted in respect of associated undertakings (SSAP 1)(See Section II.5).

The equity accounting method of consolidation should be adopted in respect of associated enterprises (§§ 311,312 HGB)(See Section II.5).

1.9. Pro rata consolidation

An unincorporated joint venture may be consolidated on a proportional basis (§ 19 Sch 4A CA 1985). (See Section II.6).

If an enterprise is managed jointly with a third party (s), (e.g. a joint venture) then it may be included in the consolidation pro rata to the parent's share (§ 310 HGB) (See Section II:6).

1.10. Determination of goodwill arising on consolidation

To determine goodwill arising on consolidation, should allocate the purchase price for subsidiaries acquired over the fair value of the net tangible assets and identifiable intangible assets as at the date it becomes a subsidiary. Any difference represents goodwill (FRS 2/§ 9 Sch 4A CA 1985).

Goodwill (or if negative, Difference arising on consolidation) represents the difference between carrying value of the cost of investment in subsidiary in the books of the parent, and, the share in the subsidiary's equity stated at either (§ 301(1)-(3)HGB):

(i) the fair value of the net assets acquired (the new valuation method);

(ii) the book value of the net assets acquired (the book value method).

Wird die Neubewertungsmethode angewandt, dann sind Vermögensgegenstände und Schulden zu ihrem Zeitwert anzusetzen, unter der Bedingung, daß:

(i) der Zeitwert der Vermögensgegenstände abzüglich der Schulden die Anschaffungskosten der Anteile nicht übersteigen darf (§ 301(1) HGB), d.h. bei der Neubewertungsmethode wird der Anteil der Minderheitsgesellschafter an den stillen Reserven innerhalb ihres Anteils ausgewiesen (SABI 2/1988).

Wird die Buchwertmethode angewandt, dann ist die Differenz zwischen den Anschaffungskosten der Anteile und den Restbuchwerten der Tochtergesellschaft auf die einbezogenen Vermögensgegenstände und Schulden entsprechend ihres Zeitwertes zu verteilen (§ 301(1) HGB).

Bei der Buchwertmethode ist die den einzelnen Bilanzposten zuzuordnende Differenz auf der Grundlage der gehaltenen Anteile zu berechnen (anstatt auf der Grundlage des vollen Zeitwertes). Jeder verbleibende Betrag ist als Geschäfts- oder Firmenwert zu erfassen (der positiv oder negativ sein kann) (SABI 2/1988); d.h. bei der Buchwertmethode wird der Anteil der Minderheitsgesellschafter an den stillen Reserven nicht bilanziert (SABI 2/1988).

Die gewählte Konsolidierungsmethode ist im Anhang zu beschreiben (§ 301(1) HGB).

1.11. Zeitpunkt der Konsolidierung für Acquisitionen und Verkäufe

Als Zeitpunkt des Kaufs bzw. des Verkaufs gilt das Datum, an dem die Kontrolle übernommen bzw. abgegeben wurde (FRS 2).

Tochtergesellschaften werden einbezogen auf der Grundlage der Wertansätze zum Zeitpunkt des Erwerbs der Anteile oder der erstmaligen Einbeziehung des Tochterunternehmens in den Konzernabschluß (§ 301(2) HGB).

Der gewählte Zeitpunkt ist anzugeben (§ 301(2) HGB).

Bei späterer Erhöhung der Anteile muß der Geschäfts- oder Firmenwert aufgrund der Zeitwerte zu diesem Zeitpunkt neu berechnet werden (FRS 2).

Werden Anteile zu verschiedenen Zeitpunkten erworben, muß der Geschäfts- oder Firmenwert mit den Werten berechnet werden, die zum Zeitpunkt, als das Unternehmen Tochterunternehmen wurde, gültig waren (§ 301(2) HGB).

Bei späterer Verringerung der Anteile müssen Gewinne oder Verluste erfaßt werden. Das geschieht durch den Vergleich der Erträge aus dem jeweiligen Unternehmen und der Bewegung im Anteil am Vermögen einschließlich des Geschäfts- oder Firmenwertes, der noch nicht über die Gewinn- und Verlustrechnung abgeschrieben wurde (FRS 2).

If the new valuation method is used assets and liabilities are stated at their fair value except that:

(i) the fair value of the net assets may not exceed the cost of investment. (§ 301(1) HGB), i.e. under the new valuation method the minority's share of inner reserves is shown under the Minority interest account (SABI 2/1988).

If the book value method is used, the difference between the cost of investment and the net book values of the subsidiary should be allocated to the consolidated assets and liabilities, based on their fair value (§ 301(1) HGB).

However, under this method, the difference should only be allocated over the balance sheet headings, based on the proportion of the shares held (rather than the full difference in fair value). Any amount remaining is then recorded as goodwill (which can be either positive or negative). (SABI 2/1988), i.e. under the book value method the minority's share of inner reserves is not accounted for (SABI 2/1988).

The consolidation method used should be described in the notes to the accounts (§ 301(1) HGB).

1.11. Date of consolidation for acquisitions and disposals

The effective date of acquisition or disposal of a subsidiary is the date on which control is obtained or relinquished (FRS 2).

Subsidiaries should be consolidated on the basis of the values at the time of acquisition of the shares, or at the time the company is first consolidated into the consolidated financial statements (§ 301(2) HGB).

The time chosen should be disclosed (§ 301(2) HGB).

For subsequent increases in interest, goodwill should be calculated with reference to fair values at that time (FRS 2).

If shares are acquired at different times, goodwill should be calculated based upon the values at the time the enterprise becomes a subsidiary (§ 301(2) HGB).

For subsequent reductions in interest, should recognise in the profit and loss account the profit or loss arising on sale, (calculated by comparing the difference between the proceeds received and the movement in the group's interest in net assets at the time of the sale, including any goodwill not previously written off through the profit and loss account) (FRS 2).

1.12. Das Ausscheiden eines Tochterunternehmens aus dem Konsolidierungskreis

Wenn ein Unternehmen aufhört, eine Tochtergesellschaft zu sein, dann müssen in der Gewinn- und Verlustrechnung erfaßt werden (FRS 2):

(i) das Ergebnis bis zum Zeitpunkt des Ausscheidens;

(ii) jeder Gewinn oder Verlust, der aus der Beendigung des Konzernverhältnisses herrührt (Verkaufserlöse abzüglich Buchwerte der Vermögensgegenstände einschließlich des Geschäfts- oder Firmenwertes, der noch nicht über die Gewinn- und Verlustrechnung abgeschrieben wurde).

1.13. Anteile anderer Gesellschafter

Anteile anderer Gesellschafter sind in der Bilanz und in der Gewinn- und Verlustrechnung gesondert auszuweisen (FRS 2/§ 17 Sch 4A CA 1985).

Es ist eine Rückstellung zu bilden in dem Umfang, in dem eine wirtschaftliche oder rechtliche Verpflichtung zur Übernahme von Verlusten einer Tochtergesellschaft besteht, die nicht durch die anderen Gesellschafter gedeckt werden können (FRS 2).

Es ist den Anteilen anderer Gesellschafter kein Geschäfts- oder Firmenwert zuzuordnen (FRS 2).

Werden Anteile durch Tochtergesellschaften ausgegeben, die eine Verpflichtung zur Übertragung wirtschaftlicher Vorteile enthalten, dann sind sie als Verbindlichkeiten zu bilanzieren (FRS 4).

Anderenfalls sind Anteile von anderen Gesellschaftern an Tochtergesellschaften in der Bilanz getrennt auszuweisen nach (FRS 4):

(i) Eigenkapitalanteilen an der Tochtergesellschaft;

(ii) Non-equity Anteilen an der Tochtergesellschaft.

Die Veränderung im Jahresergebnis ist ähnlich getrennt auszuweisen (FRS 4).

Anteile anderer Gesellschafter werden in der Bilanz separat ausgewiesen (innerhalb des Eigenkapitals) (§ 307 HGB).

Bei der Anwendung der Buchwertmethode sind den Anteilen anderer Gesellschafter keine stillen Reserven zuzuordnen (§§ 301, 307(1) HGB).

Bei der Anwendung der Neubewertungsmethode ist der Anteil der anderen Gesellschafter an den stillen Reserven in dem Posten Anteile anderer Gesellschafter auszuweisen (§§ 301, 307(1) HGB).

1.12. Deconsolidation of a subsidiary

On ceasing to be a subsidiary, should include in the profit and loss account (FRS 2):

(i) its results up to the date of cessation.

(ii) any gain or loss arising on cessation (comprising sales proceeds less the book amount of the subsidiary's net assets, including any related goodwill not previously written off through the profit and loss account).

1.13. Minority interests

Minority interest should be shown separately in balance sheet and profit and loss account (FRS 2/ § 17 Sch 4A CA 1985).

Provision should be made to the extent of any commercial or legal obligation to bear a subsidiary's losses to the extent that may not be recoverable from the minority interest (FRS 2).

No goodwill should be attributed to the minority interest (FRS 2).

If shares issued by subsidiaries contain an obligation to transfer economic benefits, they should be accounted for as liabilities (FRS 4).

Otherwise, minority interests in subsidiaries should be analysed on the face of the balance sheet between (FRS 4):

(i) equity interests in subsidiaries;

(ii) non-equity interests in subsidiaries.

The profit and loss charge should be similarly analysed (FRS 4).

Minority interest should be shown separately in the balance sheet (within equity) (§ 307 HGB).

Under the book value method of consolidation, the minority's share of inner reserves is not accounted for (§§ 301, 307(1) HGB).

Under the new valuation method, the minority's share of inner reserves is shown under the Minority interest account (§§ 301, 307(1) HGB).

Non-equity Anteile der Minderheitsgesellschafter und deren Kapitalkosten sind auf die gleiche Weise zu berechnen wie Non-equity Anteile. Die Kapitalkosten sind in den Anteilen der anderen Gesellschafter in der Gewinn- und Verlustrechnung auszuweisen (FRS 4).

Die Rechte aus Non-equity Anteilen der anderen Gesellschafter sind zu beschreiben (FRS 4).

1.14. Wesentliche Beschränkungen der Gewinnverteilungsrechte der Tochtergesellschaft

Wenn die Gewinnverteilung durch die Tochtergesellschaft (oder das assoziierte Unternehmen - SSAP 1) erheblichen Beschränkungen unterliegt, so daß der Zugriff der Muttergesellschaft auf die verteilungsfähigen Gewinne beschränkt ist, dann sind Angaben über das Ausmaß und die Art der Beschränkung zu machen (FRS 2).

1.15. Vergleichszahlen

Die Vergleichszahlen für das Ergebnis aus fortbestehenden Geschäftsfeldern dürfen nur das Ergebnis jener Geschäftsfelder enthalten, die im gegenwärtigen Geschäftsjahr fortgeführt werden, (d.h., daß das Ergebnis von Geschäftsfeldern, die im Vorjahr erworben wurden sollte, für Vergleichszwecke umgegliedert werden) (FRS 3).

Die Vergleichszahlen für das Ergebnis aus aufgegebenen Geschäftsfeldern sollten das Ergebnis von im laufenden Geschäftsjahr aufgegebenen Geschäftsfeldern enthalten, gemeinsam mit dem Ergebnis von im Vorjahr aufgegebenen Geschäftsfeldern (FRS 3).

Haben sich die in den Konzernabschluß einbezogenen Unternehmen in ihrer Zusammensetzung wesentlich verändert, dann sind genügend Angaben zu machen, um einen sinnvollen Vergleich zu ermöglichen (§ 294(2) HGB).

Eine zulässige Methode für diese Angaben ist die Anpassung der entsprechenden Beträge des vorhergehenden Konzernabschlusses (§ 294(2) HGB).

1.16. Erläuterungs- und Ausweisvorschriften

Es müssen die Namen aller wichtigen Tochterunternehmen angegeben werden gemeinsam mit (FRS 2/§§ 1, 15 Sch 5 CA 1985):

(i) dem Anteil der durch den Konzern gehaltenen Stimmrechte (FRS 2);

(ii) einem Hinweis auf die Art der Geschäftstätigkeit (FRS 2);

(iii) dem Gründungsstaat (oder Adresse im Fall einer Personengesellschaft) (§§ 1,15 Sch 5 CA 1985);

(iv) der Beschreibung und des Prozentanteils am Nominalwert jeder Anteilsklasse (§§ 2, 16 Sch 5 CA 1985);

Es sollen die Namen aller wichtigen Tochtergesellschaften einschließlich solcher, die von der Konsolidierung ausgenommen worden sind, angegeben werden, zusammen mit (§ 313 HGB):

(i) dem Anteil am Kapital;

(ii) Sitz;

Non-equity minority interests and their associated finance cost should be calculated in the same manner as for non-equity shares. The finance cost should be included in minority interests in the profit and loss account (FRS 4).

The rights of non-equity minority interests should be described (FRS 4).

1.14. Significant restrictions on the ability of a subsidiary to distribute

Where significant restrictions on the ability of the subsidiaries (and associated undertakings - SSAP 1) to distribution materially limit the parents' access to distributable profits, should disclose the nature and extent of the restrictions (FRS 2).

1.15. Comparative financial information

Comparative figures for results from continuing operations should include only the results of those operations which are continuing in the current year. (i.e. results shown as arising from acquisitions in the previous year should be reclassified for comparative purposes) (FRS 3).

If the consolidated financial statements include material changes in the composition of the entities consolidated, then sufficient information should be given to enable proper comparison (§ 294(2) HGB).

Similarly, comparative figures for results arising from discontinued operations should include results of operations discontinued in the current year, together with previous year's results arising from discontinued operations (FRS 3).

A permitted method of showing this is to change the relevant comparative amounts from the preceding consolidated financial statements (§ 294(2) HGB).

1.16. Other disclosure requirements

Should disclose the names of all principal subsidiaries (FRS 2/§§ 1, 15 Sch 5 CA 1985) together with:

(i) proportion of voting rights held by the group (FRS 2);

(ii) an indication of the nature of its business (FRS 2);

(iii) country of incorporation (or address, if unincorporated) (§§ 1,15 Sch 5 CA 1985);

(iv) a description and the percentage of the nominal value of each class of share (§ 2, 16 Sch 5 CA 1985).

Should disclose the names of all principal subsidiaries, including those which may be excluded from consolidation, together with (§ 313 HGB):

(i) the amount of capital held;

(ii) registered address;

Eine Unterscheidung sollte getroffen werden zwischen Anteilen, die durch die Muttergesellschaft und solchen, die durch den Konzern gehalten werden.

(v) der Feststellung, ob sie in den Konzernabschluß einbezogen wurden oder nicht (§ 15 (4) Sch 5 CA 1985).

Ist eine Gesellschaft von der Erstellung eines Konzernabschlusses befreit, dann sind anzugeben:

(i) die Gründe dafür (§ 1 Sch 5 CA 1985);

(ii) (im Fall, daß die Gesellschaft von der Erstellung eines Konzernabschlusses befreit ist, weil der Jahresabschluß der Muttergesellschaft in den Konzernabschluß eines anderen Konzerns einbezogen wird (§ 228 CA 1985)), daß nach Meinung der Direktoren der Wert der Anteile an den nicht einbezogenen Tochterunternehmen nicht geringer ist als der Gesamtwert, mit dem sie in der Bilanz ausgewiesen sind (§ 5 Sch 5 CA 1985).

(iii) (in jedem anderen Fall) der Gesamtwert der Anteile an nicht einbezogenen Tochterunternehmen, ermittelt nach der Equity-Methode (§ 5 Sch 5 CA 1985).

Die Angaben gemäß Schedule 5 CA 1985 brauchen für alle Unternehmen, die außerhalb Großbritanniens ihren Sitz haben oder dort Geschäfte betreiben, nicht gemacht zu werden, wenn sie diesem Geschäft oder dem Konzern einen erheblichen Nachteil zufügen würden und eine Genehmigung vom Secretary of State eingeholt worden ist (§ 231(3) CA 1985).

Konzernabschlüsse haben die Ausweisvorschriften so auszulegen, als wäre der Konzern ein Einzelunternehmen (FRS 2/§ 1(1) Sch 4A CA 1985).

(iii) den Gründen für die Einbeziehung, falls die Einbeziehung nicht auf dem Besitz von Kapitalanteilen, die eine Mehrheit der Stimmrechte repräsentieren, beruht.

Diese Angaben brauchen dann nicht gemacht zu werden, wenn nach vernünftiger kaufmännischer Beurteilung damit gerechnet werden muß, daß durch diese Angaben erhebliche Nachteile entstehen können. Die Anwendung der Ausnahmeregelung ist im Konzernanhang anzugeben (§ 313(3) HGB).

N.B. distinguish between shares held by the parent, and those held by the group.

(v) whether or not consolidated (§ 15(4) Sch 5 CA 1985).

(iii) reasons for consolidation, if consolidation is not based on a capital holding giving a majority of the voting rights.

Where a company is exempt from submitting group accounts, should also give:

(i) the reasons (§ 1 Sch 5 CA 1985);

(ii) (where exempt from preparing group accounts because the parent company's accounts are consolidated into the accounts of another group - § 228 CA 1985) a statement that in the opinion of the directors, the value of investments in those subsidiary companies not consolidated is not less than the aggregate amount at which they are shown in the balance sheet (§ 5 Sch 5 CA 1985);

(iii) (in any other case) the aggregate value, on the equity method, of shares in subsidiary undertakings not consolidated (§ 5 Sch 5 CA 1985).

The information required by Sch 5 CA 1985 need not be disclosed in respect of an undertaking which is established, or carries on business, outside of the UK if disclosure would be seriously prejudicial to that business or to the group, and if permission is obtained from the Secretary of State (§ 231(3) CA 1985).

This information need not be given if, using sound business judgement, there are grounds to believe that material harm could result from such disclosures. The use of this exception must be disclosed in the notes to the accounts (§ 313(3) HGB).

Group accounts should comply with the disclosure requirements as if the group were a single entity (FRS 2/§ 1(1) Sch 4A CA 1985).

II. KONZERNRECHNUNGSLEGUNG

2. Kapitalkonsolidierung bei Interessenzusammenführung

2.1. Einleitung

Großbritannien:

Dieser Abschnitt beschreibt die Vorschriften in Bezug auf Unternehmenskäufe, Fusionen und Unternehmensverkäufe und die Bedingungen, unter denen die Konsolidierung als Interessenzusammenführung eine zulässige Alternative zur Kapitalkonsolidierung nach der Erwerbsmethode darstellt.

Deutschland:

Dieser Abschnitt behandelt die Umstände, unter denen die Kapitalkonsolidierung bei Interessenzusammenführung eine zulässige Alternative zur Kapitalkonsolidierung nach der Erwerbsmethode darstellt.

2.2. Bedingungen, unter denen diese Methode anwendbar ist

Großbritannien:

Eine Fusion muß nach der Interessenzusammenführungsmethode bilanziert werden, wenn (FRS 6/§§ 10 Sch 4A, 131 CA 1985):

(i) wenigstens 90% aller relevanten Kapitalanteile am erworbenen Unternehmen gehalten werden;

(ii) die Anteile aufgrund einer Vereinbarung erworben wurden, die die Ausgabe von Kapitalanteilen vorsieht;

(iii) der Zeitwert jeder Gegenleistung, die nicht in der Ausgabe von Kapitalanteilen besteht, 10% des Nennwertes der ausgegebenen Anteile nicht übersteigt;

(iv) auch die folgenden fünf Kriterien erfüllt werden (FRS 6):

- keine der beiden Parteien erscheint als Erwerber oder Erworbener.
- beide Parteien beteiligen sich am Aufbau der Management-Strukturen und bei der Auswahl des entsprechenden Personals, und die Entscheidungen werden auf der Grundlage eines Einverständnisses zwischen den Parteien und nicht nur durch die Ausübung von Stimmrechten getroffen.
- keine Partei wird durch die andere durch deren Größe beherrscht.

Deutschland:

Eine Muttergesellschaft braucht eine Tochtergesellschaft nicht nach der Erwerbsmethode einzubeziehen und darf die Anteile an der Tochtergesellschaft mit dem gezeichneten Kapital (anstelle mit dem Eigenkapital) verrechnen, wenn (§ 302 HGB):

(i) die zu verrechnenden Anteile wenigstens 90% des Nennwertes oder des rechnerischen Wertes der Anteile der Tochtergesellschaft betragen;

(ii) die Anteile aufgrund einer Vereinbarung erworben wurden, die die Ausgabe von Kapitalanteilen vorsieht;

(iii) eine Barzahlung 10% des Nenn- oder rechnerischen Wertes der ausgegebenen Anteile nicht übersteigt.

II. CONSOLIDATED FINANCIAL STATEMENTS

2. Acquisitions and Mergers

2.1. Introduction

UK: This section deals with the disclosure requirements in respect of acquisitions, mergers and disposals and with the circumstances in which merger accounting is permitted as an alternative to the acquisition method of consolidation.

Germany: This section deals with the circumstances in which the pooling of interest method is permitted as an alternative to the purchase method of consolidation.

2.2. Circumstances where merger accounting may be adopted

UK: A business combination should be accounted by using merger accounting if (FRS 6/§ 10 Sch 4A, 131 CA 1985):

(i) at least 90% of the relevant shares in the undertaking acquired are held;

(ii) the shares were acquired based upon an arrangement providing for the issue of equity shares;

(iii) the fair value of any consideration other than the issue of equity shares does not exceed 10% of the nominal value of the equity share issued;

(iv) where the following five criteria are also met (FRS 6):

- neither party is portrayed as being either the acquiror or the acquired.
- both parties participate in establishing the management structure and in selecting the management personnel, and such decisions are made on the basis of a consensus between the parties to the combination rather than purely by exercise of voting rights.
- neither party dominates the combined entity by virtue of its relative size.

Germany: A parent is not required to consolidate a subsidiary under the full purchase method and may eliminate the investment in subsidiary with the stated share capital of the subsidiary (as opposed to the net equity of the subsidiary) if (§ 302 HGB):

(i) the shares to be eliminated amount to at least 90% of the nominal or arithmetical value of the shares;

(ii) the shares were acquired based upon an arrangement providing for the issue of equity shares;

(iii) any cash consideration does not exceed 10% of the nominal value or arithmetical value of the shares issued.

- die durch die fusionierenden Parteien erhaltene Gegenleistung für ihre Kapitalanteile besteht im wesentlichen aus Kapitalanteilen an dem zusammengeführten Unternehmen.

  Jede Gegenleistung, die nicht in Kapitalanteilen besteht oder Kapitalanteile, die erheblich geringere Stimmrechte oder Dividendenansprüche repräsentieren, dürfen nur einen unwesentlichen Teil des Zeitwertes der erhaltenen Gegenleistung ausmachen.

  Hat eine der fusionierenden Gesellschaften innerhalb eines Zeitraumes von zwei Jahren vor der Fusion Kapitalanteile an der anderen Gesellschaft erworben, dann ist die Gegenleistung für diese Akquisition bei der Bestimmung, ob dieses Kriterium erfüllt worden ist, zu berücksichtigen.

- kein Teilhaber erhält in der Zukunft einen Anteil an der Leistung nur eines Teils des zusammengeführten Unternehmens.

2.3. Konzernrestrukturierung

Die Methode der Interessenzusammenführung kann auf eine Konzernrestrukturierung angewandt werden (obwohl es keine Fusion gibt, auf die die Definition einer Interessenzusammenführung zutrifft), wenn (FRS 6):

(i) die Anwendung der Methode der Interessenzusammenführung nicht gesetzlich verboten ist;

(ii) die Anteilseigner die gleichen bleiben und ihre anteiligen Rechte nicht berührt werden;

(iii) die Anteile von Minderheitsgesellschaftern am Nettovermögen des Konzerns durch die Übertragung nicht verändert werden.

2.4. Unternehmenszusammenführung unter Nutzung einer neuen Muttergesellschaft

Wird eine Fusion durch eine neugegründete Muttergesellschaft durchgeführt, dann hängt die Konsolidierungsmethode vom wirtschaftlichen Sinn der geschaffenen Unternehmenseinheit ab (FRS 6).

- the consideration received by each party to the combination in relation to their equity shareholding comprises primarily equity shares in the combined entity.

  Any non-equity consideration or any equity shares carrying substantially reduced voting or distribution rights should represent an immaterial proportion of the fair value of the consideration received.

  Where one of the combining entities has within the period of two years prior to the combination, acquired equity shares in the other combining entity, the consideration for this acquisition should be taken into account in determining whether this criteria has been met.

- no equity shareholders retain any material interest in the future performance of part only of the combined entity.

2.3. Group reconstructions

A group reconstruction may be accounted for by using merger accounting (even though there is no business combination meeting the definition of a merger) provided (FRS 6):

(i) the use of merger accounting is not prohibited by law;

(ii) the ultimate shareholders remain the same, and the relative rights of each are unchanged;

(iii) no minority's interest in the net assets of the group is altered by the transfer.

2.4. Combination using a new parent company

Where a combination is effected by using a newly formed parent company, the accounting treatment depends on the substance of the business combination being created (FRS 6).

Ist die Fusion im wirtschaftlichen Sinne eine Interessenzusammenführung, dann sind die neue Muttergesellschaft und die anderen Parteien durch die Methode der Interessenzusammenführung zu konsolidieren (FRS 6).

Kann anderenfalls eine Partei als Erwerber identifiziert werden, dann sind der Erwerber und die neue Muttergesellschaft zunächst nach der Methode der Interessenzusammenführung zu konsolidieren. Die andere Partei ist so zu behandeln, als wäre sie durch diese fusionierte Gesellschaft erworben worden, und die Kapitalkonsolidierung nach der Erwerbsmethode ist anzuwenden (FRS 6).

2.5. Grundlagen der Interessenzusammenführungsmethode

Bei der Bilanzierung von Interessenzusammenführungen (FRS 6/§ 11 Sch 4A CA 1985):

(i) ist es nicht notwendig, die Buchwerte der Vermögensgegenstände und Schulden an ihre Zeitwerte anzupassen (es sollten jedoch entsprechende Anpassungen vorgenommen werden, um die Einheitlichkeit der Bilanzierungs- und Bewertungsprinzipien zu erreichen);

(ii) müssen Gewinne oder Verluste und Cashflows für das gesamte Geschäftsjahr, in dem die Fusion stattfindet, in den Jahresabschluß der fusionierten Gesellschaft eingestellt und an die einheitlichen Bilanzierungs- und Bewertungsprinzipien angepaßt werden;

(iii) sind die Vorjahreszahlen unter Berücksichtigung der Ergebnisse der fusionierenden Gesellschaften des Vorjahres neu zu berechnen und an einheitliche Bilanzierungs- und Bewertungsprinzipien anzupassen;

(iv) sollte die Differenz, die aus der Gegenüberstellung der Gegenleistung, die den Nennwert der ausgegebenen Anteile und dem Zeitwert jeder anderen erbrachten Leistung umfaßt, und des Nominalwertes der im Austausch übertragenen Anteile entsteht, behandelt werden als:

- Erhöhung der "Anderen Rücklagen" (falls negativ);
- Verringerung der "Anderen Rücklagen" (falls positiv).

Ein sich ergebender Unterschiedsbetrag ist (§ 302(2) HGB):

- mit den Rücklagen zu verrechnen (falls aktivisch);
- zu den Rücklagen hinzuzurechnen (falls passivisch)

Where the substance is a merger, the new parent company and the other parties should all be combined by using merger accounting (FRS 6).

On the other hand, if one entity can be identified as having the role of the acquiror, the acquiror and the new parent company should first be combined by using merger accounting. The other party should be treated as acquired by this combined company, by using the acquisition method of accounting (FRS 6).

2.5. Basis of merger accounting

With merger accounting (FRS 6/§ 11 Sch 4A CA 1985):

(i) it is not necessary to adjust the carrying values of the assets and liabilities to fair value (although appropriate adjustments should be made to achieve uniformity of accounting policies);

(ii) the results and cashflows should be brought into the financial statements of the combined entity from the beginning of the financial year in which the combination occurs, adjusted to achieve uniformity of accounting policies;

(iii) the corresponding figures should be restated by including the results of all the combining entities for the previous period, adjusted to achieve uniformity of accounting policies;

(iv) the difference arising on consolidation between the nominal value of the shares issued plus the fair value of any other consideration given and the nominal value of shares received in exchange should be shown as:

- an increase in "Other reserves" (if negative).
- a reduction in "Other reserves" (if positive).

A difference arising on consolidation should be treated as (§ 302(2) HGB):

- deducted from reserves (if a debit balance).
- added to reserves (if a credit balance).

Ein bestehender Saldo in der Share Premium Rücklage oder im Tilgungsfond der neuen Tochtergesellschaft ist als Eigenkapitalbewegung auszuweisen.

Kosten der Fusion sind in der Gewinn- und Verlustrechnung als Reorganisations- oder Restrukturierungskosten zu erfassen (FRS 6).

2.6. Erläuterungs- und Ausweisvorschriften

2.6.1. *Unternehmenskäufe und Fusionen*

Die folgenden Angaben sind für alle wesentlichen Unternehmenszusammenführungen des Jahres zu machen (unabhängig davon, ob als Interessenzusammenführung oder als Kauf bilanziert) (FRS 6):

(i) die Namen der zusammengeführten Unternehmen (§ 13(2) Sch 4A CA 1985);

(ii) der Zeitpunkt der Zusammenführung (§ 13 (4) Sch 4A CA 1985);

(iii) die Anzahl und Klasse der für den Zweck der Zusammenführung ausgegebenen Wertpapiere und Einzelheiten über jede andere bewirkte Gegenleistung;

(iv) ob die Zusammenführung als Unternehmenskauf oder als Interessenzusammenführung behandelt worden ist (§ 13(2) Sch 4A CA 1985).

2.6.2. *Unternehmenskäufe*

Die folgenden Angaben sind für alle wesentlichen Unternehmenskäufe und in der Gesamtheit für alle Unternehmenszusammenführungen, die als Unternehmenskäufe behandelt werden, zu machen (FRS 6):

(i) die Zusammensetzung und der Zeitwert der bewirkten Gegenleistung (§ 13(3) Sch 4A CA 1985);

(ii) die Gründe für aufgeschobene oder an Bedingungen geknüpfte Kaufpreiszahlungen sowie zum Zweck der Betrachtung der Eventualverbindlichkeiten die verschiedenen möglichen Zahlungssituationen und die wichtigsten Faktoren, die diese Situationen beeinflussen;

(iii) eine detaillierte Aufgliederung der Zeitwertanpassungen (siehe Abschnitt II.4);

Wird die Methode der Interessenzusammenführung angewandt, dann sind im Anhang die folgenden Angaben zu machen (§ 302(3) HGB):

(i) Name und Sitz der konsolidierten Unternehmen;

(ii) die gewählte Bilanzierungsmethode;

(iii) die sich daraus ergebenden Veränderungen in den Rücklagen.

Any existing balance in the share premium account or capital redemption reserve of the new subsidiary undertaking should be shown as a movement in shareholders funds.

Merger expenses should be charged to the profit and loss account as reorganisation or restructuring expenses (FRS 6).

2.6. Disclosure requirements

2.6.1. *Both acquisitions and mergers*

The following information is required to be given for all material business combinations in the year (whether accounted for as acquisitions or mergers) (FRS 6):

(i) the names of the combining entities (§ 13 (2) Sch 4A CA 1985);

(ii) the date of the combination (§ 13 (4) Sch 4A CA 1985);

(iii) the number and class of the securities issued in respect of the combination, and the details of any other consideration given;

(iv) whether the combination has been accounted for as an acquisition or a merger (§ 13(2) Sch 4A CA 1985);

Where the pooling of interests method is used, should disclose in the notes to the accounts (§ 302 (3) HGB):

(i) the name and registered address of the undertakings consolidated;

(ii) the accounting treatment adopted;

(iii) the resulting change in reserves.

2.6.2. *Acquisitions*

Should disclose the following information, in respect of all material acquisitions and on aggregate, for business combinations accounted for as acquisitions (FRS 6):

(i) the composition and fair value of the consideration given (§ 13(3) Sch 4A CA 1985);

(ii) the nature of any deferred or contingent purchase consideration should be stated, including, for contingent consideration, the range of possible outcomes and the principal factors that affect the outcome;

(iii) a detailed analysis of fair value adjustments (See Section II.4);

(iv) Ergebnisse des erworbenen Unternehmens für den Zeitraum bis zum Zeitpunkt des Kaufs und für das vorherige Geschäftsjahr (§ 13(4) Sch 4A CA 1985);

(v) Ergebnis des erworbenen Unternehmens für den Zeitraum vom Tag des Kaufes bis zum Bilanzstichtag (FRS 3);

(vi) der Gesamtrestbuchwert des Nettovermögens für jede der an der Unternehmenszusammenführung beteiligten Parteien zum Zeitpunkt der Zusammenführung (FRS 6);

(vii) Aufwendungen, die nach dem Kauf für die Reorganisation, Restrukturierung und Integration des erworbenen Unternehmens entstehen, sind getrennt auszuweisen. Solche Aufwendungen sind Kosten, die (FRS 6):

- nicht entstanden wären, hätte der Kauf nicht stattgefunden;

- einem Projekt zugeordnet werden können, das durch das Management als Teil eines Reorganisations- oder Integrationsprogrammes identifiziert und kontrolliert wird, das zum Zeitpunkt des Kaufes oder als Ergebnis einer unmittelbar nach dem Kauf stattfindenden Untersuchung konzipiert worden ist.

2.6.3. *Wesentliche Unternehmenskäufe*

Weitere Angaben müssen im Jahresabschluß des zusammengeführten Unternehmens für jede Fusion gemacht werden, die unter Anwendung der Erwerbsmethode konsolidiert wurde (FRS 6), wenn:

(i) das Nettovermögen oder die Gewinne des erworbenen Unternehmens > 15% des Eigenkapitals des erwerbenden Unternehmens sind.

(ii) der Zeitwert der bewirkten Gegenleistung > 15% des Eigenkapitals des erwerbenden Unternehmens ist.

2.6.4. *Interessenzusammenführungen*

Für jede wesentliche Interessenzusammenführung müssen für das Geschäftsjahr, in dem die Interessenzusammenführung stattfand, angegeben werden:

(i) die Zusammensetzung und der Zeitwert der Gegenleistung (FRS 6/§ 13(3) Sch 4A CA 1985).

(iv) results of the undertaking acquired for the period to the date of acquisition, and for the previous financial year (§ 13(4) Sch 4A CA 1985);

(v) post acquisition results of the undertaking acquired for the period in which the acquisition occurs (FRS 3);

(vi) the aggregate book value of the net assets of each party to the merger at the date of the merger (FRS 6);

(vii) costs incurred following the acquisition for reorganising, restructuring, and integrating the acquisition should be separately disclosed. Such costs are those that (FRS 6):

- would not have been incurred had the acquisition not taken place, and

- relate to a project identified and controlled by management as part of a reorganisation or integration programme set up at the time of acquisition, or as a direct consequence of an immediate post-acquisition review.

2.6.3. *Substantial acquisitions*

Further information is required to be disclosed in the financial statements of the combining entity for each business combination accounted for by using acquisition accounting (FRS 6) where either:

(i) the net assets or profits of the acquired entity > 15% of those of the acquiring entity, or

(ii) the fair value of the consideration given > 15% of the net equity of the acquiring entities.

2.6.4. *Mergers*

Should disclose in respect of each material merger in the year in which the merger took place:

(i) the composition and fair value of the consideration given (FRS 6/§ 13(3) Sch 4A CA 1985).

(ii) eine Aufgliederung der Hauptbestandteile der Gewinn- und Verlustrechnung und die Darstellung aller realisierten Gewinne und Verluste des Geschäftsjahres nach (FRS 6/ § 13(4) Sch 4A CA 1985):

- Beträgen, die dem zusammengeführten Unternehmen für den Zeitraum nach dem Zeitpunkt der Zusammenführung zugeordnet werden und

- Beträgen, die jedem an der Zusammenführung beteiligten Unternehmen für den Zeitraum vor dem Zeitpunkt der Zusammenführung zugeordnet werden.

(iii) eine Aufgliederung der Hauptbestandteile der Gewinn- und Verlustrechnung und der Zusammenstellung der realisierten Gewinne und Verluste des Vorjahres auf die an der Zusammenführung beteiligten Unternehmen.

(iv) eine Darstellung der aus der Zusammenführung resultierenden Veränderungen in den Konzernrücklagen (FRS 6/§ 13(6) Sch 4A CA 1985).

(v) die Art und der Betrag wesentlicher bilanzieller Anpassungen im Nettovermögen von an der Zusammenführung beteiligten Unternehmen, um Einheitlichkeit in den Bilanzierungs- und Bewertungsmethoden zu erreichen und eine Erläuterung anderer wesentlicher Veränderungen am Nettovermögen solcher Unternehmen, die eine Folge der Zusammenführung sind (FRS 6).

(vi) den Gesamtrestbuchwert des Nettovermögens jedes an der Zusammenführung beteiligten Unternehmens zum Zeitpunkt der Zusammenführung (FRS 6).

2.6.5. *Befreiung von der Bildung einer Share Premium-Rücklage*

Wenn während des Geschäftsjahres eine Ausgabe von Anteilen erfolgte unter Bedingungen, bei denen § 131 CA 1985 (Befreiung von der Bildung einer Share Premium-Rücklage) zur Anwendung kommt, dann sollten angegeben werden (§§ 10, 29 Sch 5 CA 1985):

(i) der Name der anderen Gesellschaft;

(ii) die Anzahl, der Nennwert und der Typ der ausgegebenen Anteile;

(iii) die Anzahl, der Nennwert und der Typ der erworbenen Anteile an der anderen Gesellschaft;

(ii) an analysis of the principal components of the current year's profit and loss account and statement of recognised gains and losses between (FRS 6/§ 13(4) Sch 4A CA 1985):

- amounts relating to the merged entity for the period after the date of the merger, and

- amounts relating to each party to the merger for the period up to the date of the merger.

(iii) an analysis between the parties to the merger of the principal components of the profit and loss account and Statement of total recognised gains and losses for the previous financial year (FRS 6).

(iv) a statement of the adjustments to consolidated reserves resulting from the merger (FRS 6/§13(6) Sch 4A CA 1985).

(v) the nature and amount of significant accounting adjustments made to the net assets of any party to the merger to achieve consistency of accounting policies, and an explanation of any other significant adjustments made to the net assets of any party to the merger as a consequence of the merger (FRS 6).

(vi) the aggregate book value of the net assets of each party to the merger at the date of the merger (FRS 6).

2.6.5. Share premium relief

Where during the year a share issue has been made in the circumstances to which § 131 CA 1985 (share premium relief) applies, should give (§ 10,29 Sch 5 CA 1985):

(i) the name of the other company;

(ii) the number, nominal value and class of shares issued;

(iii) the number, nominal value and class of shares acquired in the other company;

(iv) Einzelheiten über die verwendete Bilanzierungsmethode;

(v) Einzelheiten darüber, wie das Konzernergebnis durch das Jahresergebnis der anderen Gesellschaft, das vor dem Erwerb erwirtschaftet wurde, beeinflußt wird.

Wenn in der Gewinn- und Verlustrechnung Gewinne oder Verluste enthalten sind, die aus dem Verkauf von Anteilen an einer Gesellschaft realisiert wurden, für die eine Befreiung von der Bildung einer Share Premium-Rücklage nach § 131 CA 1985 in diesem oder den zwei davorliegenden Geschäftsjahren in Anspruch genommen wurde, dann sollten diese Erträge oder Aufwendungen separat angegeben werden zusammen mit einer Erläuterung des Geschäftsvorfalls (§§ 10,29 Sch 5 CA 1985) .

(Diese Angabe ist ebenfalls erforderlich für Gewinne oder Verluste aus dem Abgang von Sachanlagen dieser Gesellschaft.)

2.7. Schließung, Beendigung oder Verkauf während des Geschäftsjahres

Hinsichtlich einer Schließung, Beendigung der Geschäftstätigkeit oder des Verkaufes eines zuvor erworbenen Unternehmens oder Geschäftsbereiches, oder wenn ein einbezogenes Unternehmen keine Tochtergesellschaft mehr ist, müssen ausgewiesen werden (FRS 2):

(i) der Name (§ 15 Sch 4A CA 1985);

(ii) Gewinn oder Verlust aus der Schließung, dem Verkauf oder der Beendigung;

(iii) Betrag des entsprechenden entgeltlich erworbenen Geschäfts- oder Firmenwertes und seine Berücksichtigung bei der Berechnung des Gewinns/Verlustes aus Abgang;

(iv) die Bilanzierungsmethode (falls kein Gewinn oder Verlust erfaßt wurde, weil die Erlöse gegen die Anschaffungskosten des erworbenen Unternehmens aufgerechnet wurden);

(v) das Jahresergebnis des Unternehmens bis zum Zeitpunkt der Schließung, Beendigung oder des Verkaufs (§ 15 Sch 4A CA 1985);

(vi) Ausmaß von weiterbestehendem Anteilsbesitz.

(iv) particulars of the accounting treatment adopted;

(v) particulars of how the group results are affected by the results of the other company which arose prior to the acquisition.

Where there is included in the profit and loss account any profit or loss realised in the financial year on the disposal of shares in a company, in respect of which an arrangement attracting § 131 share premium relief was made during that or the two preceding financial years, the net amount of that profit and loss should be shown, together with an explanation of the transaction (§ 10,29 Sch 5 CA 1985)

(This disclosure is also required on any profit or loss on the disposal of fixed assets of that company).

2.7. Closures, terminations or disposals during the year

In respect of a material closure, termination or disposal of a previously acquired business or business segment, or of an undertaking ceasing to be a subsidiary undertaking, should disclose (FRS 2):

(i) name (§ 15 Sch 4A CA 1985);

(ii) profit or loss on closure, termination, disposal or cessation;

(iii) amount of attributable purchased goodwill, and how treated in determining profit or loss on disposal;

(iv) (if no profit or loss is recorded because the proceeds are accounted for as a reduction in the cost of the acquisition) the accounting treatment adopted;

(v) the results of the business in the period to date of closure, termination or disposal (§ 15 Sch 4A CA 1985);

(vi) extent of any ownership interest retained.

II. KONZERNRECHNUNGSLEGUNG

3. Geschäfts- oder Firmenwert

3.1. Einleitung

GROSSBRITANNIEN

Das Gebiet der Bilanzierung des Geschäfts- oder Firmenwertes wird in Großbritannien derzeit strittig diskutiert. Ein Arbeitsentwurf ist dazu herausgegeben worden.

Die gegenwärtigen Vorschriften stellen sich wie folgt dar:

3.2. Ansatz des Geschäfts- oder Firmenwertes

GROSSBRITANNIEN

Ein entgeltlich erworbener Geschäfts- oder Firmenwert, der den Unterschiedsbetrag zwischen dem Zeitwert der bewirkten Gegenleistung und dem Zeitwert der erworbenen Vermögensgegenstände (einschließlich der einzeln veräußerbaren, immateriellen Vermögensgegenstände) darstellt, muß entweder (SSAP 22/§ 21 Sch 4 CA 1985):

(i) (üblicherweise) direkt mit den Rücklagen verrechnet werden, oder

(ii) systematisch über die Gewinn- und Verlustrechnung bei Zugrundelegung seiner wirtschaftlichen Nutzungsdauer amortisiert werden.

Bei dauernder Wertminderung ist eine sofortige Wertberichtigung vorzunehmen (SSAP 22).

DEUTSCHLAND

Ein entgeltlich erworbener Geschäfts- oder Firmenwert, der den Unterschiedsbetrag zwischen der bewirkten Gegenleistung und dem Wert der erworbenen einzelnen Vermögensgegenstände darstellt, darf aktiviert werden (§ 255(4) HGB).

Ein aus der Kapitalkonsolidierung resultierender Geschäfts- oder Firmenwert darf auch offen mit den Rücklagen verrechnet werden (§ 309(1) HGB).

Ein aktivierter Geschäfts- oder Firmenwert ist in jedem folgenden Geschäftsjahr zu mindestens einem Viertel durch Abschreibungen zu tilgen. Die Abschreibung kann jedoch auch planmäßig auf die Geschäftsjahre verteilt werden, in denen er voraussichtlich genutzt werden kann (§ 255(4) und § 309 (1) HGB).

In der Steuerbilanz ist der entgeltlich erworbene Geschäfts- oder Firmenwert zu aktivieren und über 15 Jahre abzuschreiben (§ 7 EStG).

Wird der Geschäfts- oder Firmenwert planmäßig über die voraussichtliche Nutzungsdauer abgeschrieben, so ist eine Begründung für die planmäßige Abschreibung anzugeben (§ 285 Nr. 13 HGB).

Die Nutzungsdauer darf 40 Jahre nicht überschreiten (SABI 2/1988).

Bei dauernder Wertminderung ist außerplanmäßig abzuschreiben (§ 253(2) HGB).

Personengesellschaften dürfen einen solchen niedrigeren Wert auch dann beibehalten, wenn die Gründe dafür nicht länger bestehen (§ 253(5) HGB).

II. CONSOLIDATED FINANCIAL STATEMENTS

3. Goodwill

3.1. Introduction

UK: The issue of accounting for goodwill is contentious in the UK and is currently under review. A discussion paper has been issued.

The present requirements are as follows:

3.2. Basis of goodwill

UK:

Purchased goodwill, comprising the difference between the fair value of the consideration given and the fair value of the net assets (including tangible assets) acquired should be either (SSAP 22/§ 21 Sch 4 CA 1985):

(i) (normally) immediately written off against reserves, or

(ii) amortised systematically through the profit and loss account, over its useful economic life.

Immediate provision should be made for permanent diminution in value (SSAP 22).

GERMANY:

Purchased goodwill, comprising the difference between the consideration paid and the value of the net assets acquired, may be capitalised (§ 255(4) HGB).

Goodwill arising on consolidation may also be deducted on the face of the balance sheet from reserves (§ 309(1) HGB).

If capitalised, it should be amortised in the following year by at least one quarter. Amortisation may however be spread systematically over the years which are likely to benefit (§ 255(4) and § 309(1) HGB).

In the tax accounts, purchased goodwill must be capitalised and amortised over 15 years (§ 7 EStG).

If goodwill amortisation is spread systematically over the years which are likely to benefit, the reasons for the systematic depreciation should be stated (§ 285 No. 13 HGB).

The useful life should not exceed 40 years (SABI 2/1988).

Exceptional depreciation should be provided for permanent diminution in value (§ 253(2) HGB).

Unincorporated businesses may retain such lower value even where the reasons therefor no longer exist (§ 253(5) HGB).

Im Fall von Kapitalgesellschaften gilt, daß, wenn die Gründe für die außerplanmäßige Abschreibung nicht länger bestehen, eine Zuschreibung vorzunehmen ist (§ 280(1) HGB).

Von der Zuschreibung kann abgesehen werden, wenn der niedrigere Wertansatz für steuerliche Zwecke nur dann zulässig ist, wenn er auch in der Handelsbilanz enthalten ist (§§ 279(2), 280(2) HGB).

Ist dies der Fall, dann ist der Betrag der aus steuerrechtlichen Gründen unterlassenen Zuschreibungen anzugeben und zu begründen (§ 280(3) HGB).

Die Nutzungsdauer kann verkürzt, jedoch nicht verlängert werden (SSAP 22).

Eine Änderung des Abschreibungssatzes ist zulässig. Eine Zuschreibung ist jedoch nicht zulässig (SABI 2/1988).

Ein entgeltlich erworbener Geschäfts- oder Firmenwert ist in der Bilanz nicht als feststehender Posten fortzuführen (SSAP 22).

Es ist nicht zulässig, den Geschäfts- oder Firmenwert als gleichbleibenden, nicht abzuschreibenden Vermögensgegenstand auszuweisen (§ 255(4), 309(1) HGB).

Es ist sowohl die Methode der sofortigen Verrechnung mit den Rücklagen als auch die der Amortisierung der Geschäfts- oder Firmenwerte, die aus verschiedenen Akquisitionen herrühren, zulässig (SSAP 22)

3.3. Negativer Unterschiedsbetrag aus der Kapitalkonsolidierung

Ein negativer Unterschiedsbetrag ist den Rücklagen direkt hinzuzurechnen (SSAP 22).

Der negative Unterschiedsbetrag aus der Kapitalkonsolidierung ist separat auszuweisen (§ 301(3) HGB).

Er darf ergebniswirksam nur aufgelöst werden, soweit (§ 309(2) HGB) :

(i) eine zum Zeitpunkt des Erwerbs oder der Erstkonsolidierung erwartete ungünstige Entwicklung der künftigen Ertragslage des Unternehmens eingetreten ist;

(ii) zum Zeitpunkt des Erwerbs oder der Erstkonsolidierung erwartete Aufwendungen zu berücksichtigen sind (z.B. notwendige Rationalisierungskosten - SABI 2/1988);

(iii) am Bilanzstichtag feststeht, daß er einem realisierten Gewinn entspricht.

3.4. Nicht entgeltlich erworbener Geschäfts- oder Firmenwert

Ein nicht entgeltlich erworbener Geschäfts- oder Firmenwert darf nicht aktiviert werden (SSAP 22).

Ein nicht entgeltlich erworbener Geschäfts- oder Firmenwert darf nicht aktiviert werden (§ 248(2) HGB).

For incorporated companies, if the reason for the exceptional depreciation is no longer valid, it should be reversed (§ 280(1) HGB).

However it need not be reversed if the lower value is only permitted for tax purposes provided it is maintained in the financial statements (§§ 279(2), 280(2) HGB).

If this is the case the effect of reversals not made for tax reasons should be disclosed and justified (§ 280 3) HGB).

Useful life may be shortened, but not increased (SSAP 22).

A change in the depreciation rate is permitted. However, a reversal of depreciation is not permitted (SABI 2/1988).

Purchased goodwill should not be carried in the balance sheet as a permanent item (SSAP 22).

It is not permitted to show goodwill as a permanent asset (§ 255(4), 309(1) HGB).

It is permissable to use both the immediate write off to reserves method, and the amortisation method, in respect of goodwill relating to different acquisitions (SSAP 22).

3.3. Negative goodwill

Negative goodwill should be credited directly to reserves (SSAP 22).

Negative goodwill arising on consolidation should be classified separately, as a Difference arising on consolidation (§ 301(3) HGB).

It may only be released to the profit and loss account (§ 309(2) HGB) if:

(i) an unfavourable future development in the future results of the company, which was expected at the time of acquisition or first consolidation, occurs;

(ii) future expenditure anticipated at the time of acquisition or first consolidation, is incurred (e.g. necessary rationalisation costs - SABI 2/1988);

(iii) it becomes clear at the balance sheet date that it corresponds to a realised profit.

3.4. Non purchased goodwill

Non purchased goodwill should not be capitalised (SSAP 22).

Non purchased goodwill should not be capitalised (§ 248(2) HGB).

3.5. Die Behandlung des Geschäfts- oder Firmenwertes beim Verkauf eines Unternehmens

Beim Verkauf eines zuvor erworbenen Geschäftszweiges, einer Tochtergesellschaft oder eines assoziierten Unternehmens hat die Berechnungsgrundlage für den Gewinn oder Verlust die Gesamtsumme des Geschäfts- oder Firmenwertes einzuschließen, der mit den Rücklagen verrechnet und nicht aufwandswirksam in der Gewinn- und Verlustrechnung erfaßt worden ist (UITF 3).

Dieser Grundsatz gilt auch für die Schließung von Unternehmensteilen und für negative Geschäfts- oder Firmenwerte (UITF 3).

Vergleichszahlen sind, falls zutreffend, neu auszuweisen (UITF 3).

Aktivische Unterschiedsbeträge dürfen mit passivischen verrechnet werden, jedoch sind die verrechneten Beträge im Anhang auszuweisen und zu erläutern (§ 301(3) HGB).

3.6. Unterschiedliche Regelungen für Personen- und Kapitalgesellschaften

Sowohl Personen- als auch Kapitalgesellschaften sollen Abschreibungen auf planmäßiger Grundlage vornehmen, es sei denn, eine dauernde Wertminderung ist zu berücksichtigen.

Personengesellschaften (jedoch nicht Kapitalgesellschaften) dürfen:

(i) außerplanmäßige Abschreibungen vornehmen, um den Geschäfts- oder Firmenwert mit dem niedrigeren Wert anzusetzen, der ihm am Bilanzstichtag beizulegen ist (§ 253(2) HGB);

(ii) Abschreibungen im Rahmen vernünftiger kaufmännischer Beurteilung vornehmen (§ 253(4) HGB).

3.7. Erläuterungs- und Ausweisvorschriften

Die gewählte Bilanzierungsmethode für den Geschäfts- oder Firmenwert ist anzugeben (SSAP 22/ § 36 Sch 4 CA 1985).

Für jede wesentliche Akquisition (oder Gruppe von Akquisitionen) müssen angegeben werden (SSAP 22):

(i) die Höhe des Geschäfts- oder Firmenwertes aus jedem Erwerbsvorgang;

(ii) die Zusammensetzung und der Zeitwert der zum Zwecke des Erwerbs erbrachten Gegenleistung (§ 13(3) Sch 4A CA 1985);

Die Bilanzierungsmethode für den Geschäfts- oder Firmenwert ist anzugeben (§ 313(1) Nr. 1 HGB).

Der Geschäfts- oder Firmenwert (sowohl aktivisch als auch passivisch) und Veränderungen im Vergleich zum Vorjahr sind im Anhang zu erläutern (§ 301(3) HGB).

3.5. Treatment of goodwill on disposal of a business

On the sale of a previously acquired business, subsidiary or associated undertaking, the profit or loss should be determined by including the total amount of related purchased goodwill which has been eliminated against reserves, and never previously charged in the profit and loss account (UITF 3).

The principle also applies to closure of businesses and to negative goodwill (UITF 3).

Comparative figures should be restated, if applicable (UITF 3).

Positive and negative goodwill may be netted off but analysed in a note to the accounts (§ 301(3) HGB).

3.6. Distinction between unincorporated businesses and incorporated companies

Both unincorporated businesses and incorporated companies should provide depreciation on a systematic basis unless it is necessary to make provision for permanent diminution in value.

Unincorporated businesses (but not incorporated companies) may:

(i) provide exceptional depreciation in order to state goodwill at such lower value as is appropriate at the balance sheet date, if there is a temporary diminution in value (§ 253(2) HGB);

(ii) provide depreciation within the framework of sound business judgement (§ 253(4) HGB).

3.7. Disclosure requirements

The accounting policy for goodwill should be disclosed (SSAP 22/§ 36 Sch 4 CA 1985).

The accounting policy for goodwill should be disclosed (§ 313(1) No. 1 HGB).

For each material acquisition (or group of acquisitions) should give (SSAP 22):

(i) the amount of purchased goodwill arising on each acquisition;

(ii) the composition and fair value of the consideration given for the acquisition (§ 13(3) Sch 4A CA 1985);

Goodwill (both positive and negative) and changes by comparison with the preceding year, should be explained in the notes to the accounts (§ 301(3) HGB).

(iii) die Bilanzierungsmethode für den Geschäfts- oder Firmenwert (d.h. Verrechnung mit den Rücklagen oder Aktivierung als immaterieller Vermögensgegenstand).

Der Gesamtbetrag des Geschäfts- oder Firmenwertes aus Akquisitionen des Geschäftsjahres und des Vorjahres, der abgeschrieben wurde, ist anzugeben (§ 14 Sch 4A CA 1985).

(iii) the method of dealing with goodwill arising (i.e. set off against a merger reserve, other reserves or carried forward as an intangible asset).

The cumulative amount of goodwill resulting from acquisitions in the year and in previous years which has been written off should be disclosed (§ 14 Sch 4A CA 1985).

II. KONZERNRECHNUNGSLEGUNG

4. Zeitwerte (im Zusammenhang mit der Bilanzierung von Acquisitionen)

4.1. Einleitung

FRS 2 und § 9 Sch 4 CA 1985 schreiben vor, daß bei Anwendung der Konsolidierung nach der Erwerbsmethode alle Vermögensgegenstände und alle Schulden einer Tochtergesellschaft mit ihren Zeitwerten zum Zeitpunkt des Erwerbs in den Konzernabschluß einbezogen werden. Die Differenz zwischen diesen und dem Kaufpreis ist als Geschäfts- oder Firmenwert (sowohl aktivisch als auch passivisch) auszuweisen.

Bei der Anwendung sowohl der Neubewertungs- als auch der Buchwertmethode ist es notwendig, den Zeitwert der Vermögensgegenstände, Verbindlichkeiten, Rechnungsabgrenzungsposten, Bilanzierungshilfen und Sonderposten zu ermitteln (§ 301(1) HGB).

4.2. Grundprinzip

Die anzusetzenden identifizierbaren Vermögensgegenstände und Schulden sind jene der erworbenen Gesellschaft, die zum Zeitpunkt des Kaufes bestanden. Sie sind mit Zeitwerten anzusetzen, die die Bedingungen zum Zeitpunkt des Kaufes widerspiegeln (FRS 7).

Die folgenden Ereignisse beeinflussen die Zeitwerte zum Zeitpunkt des Kaufs nicht und sind daher als nach dem Kauf entstehende Posten zu behandeln (FRS 2):

(i) Veränderungen, die durch Vorhaben oder zukünftige Aktionen des Erwerbers entstehen;

(ii) Wertminderungen oder andere Veränderungen, die aus Ereignissen nach dem Kauf resultieren;

(iii) Rückstellungen für zukünftige Verluste oder Reorganisations- und Integrationskosten, deren Entstehung als Ergebnis des Kaufes erwartet werden, unabhängig davon, ob sie der erworbenen Gesellschaft oder dem Erwerber zugeordnet werden.

Ein negativer Unterschiedsbetrag aus der Kapitalkonsolidierung darf erfolgswirksam in der Gewinn- und Verlustrechnung erfaßt werden (SABI 2/1988/§ 309 HGB), wenn:

(i) eine ungünstige Entwicklung in den zukünftigen Ergebnissen einer Gesellschaft, die zum Zeitpunkt des Kaufs oder der Erstkonsolidierung vorhergesehen werden kann, eintritt;

(ii) erwartete Kostensteigerungen - zum Beispiel notwendige Rationalisierungskosten - eintreten.

II. CONSOLIDATED FINANCIAL STATEMENTS

4. Fair Value (in the context of Acquisition Accounting)

4.1. Introduction

UK

FRS 2 and the § 9 Sch 4A CA 1985 require that under the acquisition method of consolidation accounting, the identifiable assets and liabilities of a subsidiary undertaking should be included in the consolidated financial statements at their fair values as at the date of acquisition. The difference between these and the cost of acquisition is recognised as goodwill or negative goodwill.

GERMANY

Under both the new valuation method of consolidation and the book value method of consolidation, it is necessary to determine the fair value of assets, liabilities, prepaid expenses and deferred income, accounting conveniences, and special accounts (§ 301(1) HGB).

4.2. General principle

UK

The identifiable assets and liabilities to be recognised should be those of the acquired entity that existed at the date of the acquisition. They should be recognised at fair values that reflect the conditions at the date of the acquisition (FRS 7).

The following do not affect fair value at the date of acquisition and should therefore be treated as post acquisition items (FRS 2):

(i) changes resulting from the acquirer's intentions or future actions;

(ii) impairments or other changes resulting from events subsequent to the acquisition;

(iii) provisions or accruals for future operating losses or for reorganisation and integration costs expected to be incurred as a result of the acquisition, whether they relate to the acquired entity or to the acquiror.

GERMANY

A negative difference arising on consolidation may be released to the profit and loss account if (SABI 2/ 1988/§ 309(2) HGB):

(i) an unfavourable development occurs in the future results of an undertaking which is foreseen at the time of acquisition or at the time the undertaking is first consolidated;

(ii) where an expected increase in expenditure which is anticipated occurs - for example, necessary rationalisation costs.

Diese Prinzipien sind auf die spezifischen Klassen der Vermögensgegenstände und Schulden wie folgt anzuwenden:

4.3. Identifizierbare immaterielle Vermögensgegenstände

Immaterielle Vermögensgegenstände sind zu ihren Wiederbeschaffungswerten anzusetzen, die üblicherweise ihrem geschätzten Marktwerten entsprechen (FRS 7).

4.4. Sachanlagevermögen

Gegenstände des Sachanlagevermögens sind anzusetzen zu (FRS 7):

(i) Marktwerten (wenn Vermögensgegenstände, die in Art und Beschaffenheit ähnlich sind, auf dem freien Markt gekauft und verkauft werden), oder

(ii) mit abgeschriebenen Wiederbeschaffungswerten.

Der Zeitwert darf den Erlöswert des Vermögensgegenstandes nicht überschreiten (FRS 7).

4.5. Vorräte und unfertige Erzeugnisse und Leistungen

Vorräte einschließlich von Waren, die die erworbene Firma in einem Markt handelt, in dem sie sowohl als Käufer als auch als Verkäufer auftritt, sind zu Marktpreisen anzusetzen (FRS 7).

Andere Vorräte und unfertige Erzeugnisse und Leistungen sind anzusetzen mit dem niedrigeren Wert entweder ihrer Wiederbeschaffungskosten oder ihren Nettoerlöswerten (FRS 7).

Wiederbeschaffungskosten sind im allgemeinen die current cost, die notwendig sind, um die Vorräte in ihren gegenwärtigen Zustand und an ihren gegenwärtigen Ort zu bringen (FRS 7).

4.6. Finanzanlagen

Anteile an börsennotierten Unternehmen sind zu ihren Marktpreisen anzusetzen, die, falls notwendig, wegen unüblicher Preisschwankungen oder wegen der Größe des Pakets angepaßt werden müssen (FRS 7).

These principles should be applied to specific classes of assets and liability as follows:

4.3. Identifiable intangible assets

Intangible assets should be valued at current replacement cost, which is normally their estimated value in the market (FRS 7).

4.4. Tangible fixed assets

The fair value of a tangible fixed asset should be based on (FRS 7):

(i) market value, (if assets similar in type and condition are bought and sold on an open market), or

(ii) depreciated replacement cost.

The fair value should not exceed the recoverable amount of the asset (FRS 7).

4.5. Stocks and work in progress

Stocks, including commodity stocks, that the acquired entity trades in a market in which it participates as both a buyer and a seller, should be valued at current market prices (FRS 7).

Other stocks and work in progress should be valued at the lower of replacement cost and net realisable value (FRS 7).

Replacement cost is normally the current cost of bringing the stocks to their present location and condition (FRS 7).

4.6. Investments

Quoted investments should be valued at market price, adjusted if necessary for unusual price fluctuations or for the size of the holding (FRS 7).

4.7. Geldposten

Die Zeitwerte monetärer Vermögensgegenstände und Schulden einschließlich von Rückstellungen (Geldposten) haben die Beträge, die voraussichtlich vereinnahmt oder ausgezahlt werden sowie deren zeitlichen Eintritt zu berücksichtigen (FRS 7).

Zeitwerte sind zu bestimmen unter Berücksichtigung von:

(i) Marktpreisen, falls verfügbar, oder

(ii) Preisen, zu dem das Unternehmen ähnliche Vermögensgegenstände erwerben oder ähnliche Verpflichtungen eingehen würde;

(iii) einer Abzinsung auf den Barwert.

4.8. Ungewisse Forderungen und Verbindlichkeiten

Ungewisse Forderungen und Verbindlichkeiten sind zu ihrem Zeitwert anzusetzen, falls dieser ermittelt werden kann. Zu diesem Zweck sind angemessene Schätzungen über den Betrag, zu welchem die ungewissen Forderungen und Verbindlichkeiten realisiert werden können, vorzunehmen (FRS 7).

4.9. Renten und andere Formen der Altersversorgung

Einen Fehlbetrag oder einen mit angemessener Sicherheit erwarteter Überschuß in einem gedeckten Renten- oder anderen Vorsorgefonds, oder aufgelaufene Verbindlichkeiten aus einem ungedeckten Rentenfonds, sind als Vermögensgegenstände oder Verbindlichkeiten des erwerbenden Konzerns zu bilanzieren (FRS 7).

Änderungen in Renten- und anderen Vorsorgevereinbarungen nach dem Erwerb sind als normaler Geschäftsvorfall nach dem Zeitpunkt des Erwerbs zu behandeln (FRS 7).

4.10. Latente Steuern

Aktivische und passivische latente Steuern, die durch den Ansatz von Zeitwerten entstehen, sind unter Berücksichtigung des Konzerns als Ganzes zu ermitteln (FRS 7).

4.7. Monetary assets and liabilities

The fair values of monetary assets and liabilities, including accruals and provisions, should take into account the amounts expected to be received and paid and their timing (FRS 7).

Fair values should be determined by reference to:

(i) market prices, where available, or

(ii) the current price at which the business would acquire similar assets or enter into similar obligations, or

(iii) by discounting to present value.

4.8. Contingent assets and liabilities

Contingent assets and liabilities should be valued at fair values where they can be determined. For this purpose, reasonable estimates of the outcome of contingencies should be used (FRS 7).

4.9. Pensions and other post-retirement benefits

The fair value of a deficiency or, to the extent that it is reasonably expected to be realised, a surplus in a funded pension or other post-retirement benefits scheme, or accrued obligations in an unfunded scheme, should be recognised as an asset or a liability of the acquiring group (FRS 7).

Changes in pension or other post-retirement arrangements following an acquisition should be accounted for as normal post acquisition items (FRS 7).

4.10. Deferred tax

Deferred tax assets and liabilities arising from the fair value exercise should be determined by considering the enlarged group as a whole (FRS 7).

4.11. Unternehmen, die zur Wiederveräußerung bestimmt sind

Werden Anteile an einem gesonderten Geschäftsbereich des erworbenen Unternehmens als Einheit innerhalb eines Jahres nach dem Zeitpunkt des Kaufes verkauft, dann sind diese Anteile als ein einheitlicher Vermögensgegenstand zum Zweck der Bestimmung des Zeitwertes zu betrachten (FRS 7).

Der Zeitwert ist mit dem unter Berücksichtigung der in das Unternehmen eingebrachten oder aus diesem veräußerten Vermögensgegenständen bestimmten Nettoverkaufserlös anzusetzen, es sei denn, dieser angepaßte Nettoverkaufserlös unterscheidet sich aufgrund eines Ereignisses nach dem Kauf deutlich vom Zeitwert zum Zeitpunkt des Erwerbs (FRS 7) .

Ist das Unternehmen zum Zeitpunkt der Feststellung des ersten Jahresabschlusses nach dem Erwerb noch nicht verkauft, dann ist der Zeitwert der Anteile an dem Unternehmen auf der Grundlage des geschätzten Nettoverkaufserlöses anzusetzen, unter der Voraussetzung, daß (FRS 7):

(i) ein Käufer identifiziert und angesprochen wurde;
(ii) der Verkauf voraussichtlich innerhalb eines Monats nach dem Zeitpunkt des Kaufes stattfinden wird.

Die Anteile an dem Unternehmen oder an den Vermögensgegenständen des Unternehmens sind im Umlaufvermögen auszuweisen. Wird der Verkaufspreis nachträglich bestimmt, dann ist die ursprüngliche Schätzung des Zeitwertes an die tatsächlichen Verkaufserlöse anzupassen (FRS 7).

Wird das Unternehmen nicht innerhalb eines Jahres nach dem Kauf verkauft, dann ist es auf übliche Weise zu konsolidieren, wobei den einzelnen Vermögensgegenständen und Schulden Zeitwerte zum Zeitpunkt des Kaufes zugeordnet und entsprechende Veränderungen am Geschäfts- oder Firmenwert vorgenommen werden (FRS 7).

4.12. Zeitpunkt für die Bestimmung des Zeitwertes

Die Erfassung und Bewertung der Vermögensgegenstände und Schulden sollte, wenn möglich, zu dem Zeitpunkt beendet sein, an dem der erste Jahresabschluß des erwerbenden Unternehmens nach dem Kauf durch die Direktoren festgestellt wird (FRS 7).

4.11. Business held exclusively with a view to subsequent resale

Where an interest in a separate business of the acquired entity is sold as a single unit within approximately one year of the date of acquisition, the investment in that business should be treated as a single asset for the purposes of determining fair values (FRS 7).

Its fair value should be based on the net proceeds of the sale, adjusted for the fair value of any assets or liabilities transferred into or out of the business (unless such adjusted net proceeds are demonstrably different from the fair value at the date of acquisition as a result of a post-acquisition event) (FRS 7).

Where the business has not been sold by the time of approval in the first financial statements after the date of acquisition, the fair value of the interest in the business should be based on the estimated net proceeds of the sale, provided (FRS 7):

(i) a purchaser has been identified and is being sought, and
(ii) the disposal is reasonably expected to occur within approximately one month of the date of the acquisition.

The interest in the business or in the assets of the business should be shown within current assets. When the sale price is subsequently determined, the original estimate of fair value should be adjusted to reflect the actual sale proceeds (FRS 7).

If the business is not in fact sold within one year of the acquisition, it should be consolidated normally, with fair values attributed to the individual assets and liabilities as at the date of acquisition, and corresponding adjustments made to goodwill (FRS 7).

4.12. Timing of determination of fair value

The recognition and measurement of assets and liabilities acquired should be completed, if possible, by the date on which the first post-acquisition financial statements of the acquiring undertaking are approved by the directors (FRS 7).

War es nicht möglich, die Bestimmung der Zeitwerte bis zu dem Zeitpunkt zu vollenden, an dem der erste Jahresabschluß nach dem Verkauf festgestellt wird, dann sind vorläufige Bewertungen vorzunehmen. Diese sind, falls notwendig, im nächsten Jahresabschluß anzupassen, gemeinsam mit einer entsprechenden Veränderung des Geschäfts- oder Firmenwertes (FRS 7).

Alle notwendigen Veränderungen an den vorläufigen Zeitwerten und an dem entgeltlich erworbenen Geschäfts- oder Firmenwert sind in den Jahresabschluß des ersten vollständigen Geschäftsjahres nach dem Erwerb einzubringen. Danach sind alle Veränderungen (ausgenommen solche, die zur Berichtigung wesentlicher Fehler dienen und daher als Veränderungen des Vorjahres behandelt werden sollten) als Erträge oder Aufwendungen in der Gewinn- und Verlustrechnung zu erfassen, wenn sie eintreten (FRS 7).

Nachträgliche wesentliche Anpassungen an die vorläufigen Zeitwerten und die entsprechenden Veränderungen des Geschäfts- oder Firmenwertes sind anzugeben und zu erläutern (FRS 7).

4.13. Der Zeitwert der Anschaffungskosten

Die Anschaffungskosten sind der bar gezahlte Betrag sowie der Zeitwert jeder anderen durch die erwerbende Gesellschaft bewirkten Gegenleistung zuzüglich der Nebenkosten des Kaufes (FRS 7/§ 39 Sch 4A CA 1985).

Interne Kosten sowie andere Kosten, die dem Kauf nicht direkt zugeordnet werden können, sind in der Gewinn- und Verlustrechnung zu erfassen (FRS 7).

Wird ein Tochterunternehmen stufenweise erworben, dann sind die Anschaffungskosten die gesamten Kosten für alle erworbenen Anteile, so wie sie zu dem Zeitpunkten jedes Geschäftsvorfalls ermittelt wurden (FRS 7).

Ist der Betrag der Gegenleistung abhängig von einem oder mehreren Ereignissen in der Zukunft, dann sollten die Anschaffungskosten der Akquisition eine vernünftige Schätzung des Zeitwertes der zukünftig zu zahlenden Beträge einschließen (FRS 7).

Die Anschaffungskosten sind anzupassen, wenn neue Schätzungen vorliegen, wobei so lange entsprechende Veränderungen am Geschäfts- oder Firmenwert vorgenommen werden, bis der endgültige Betrag bekannt ist (FRS 7).

If it has not been possible to complete the investigation for determining fair values by the date on which the first post acquisition statements are approved, provisional valuations should be made. These should be amended, if necessary, in the next financial statements with a corresponding adjustment to goodwill (FRS 7).

Any necessary adjustments to provisional fair values and to purchased goodwill should be incorporated in the financial statements for the first full financial year following the acquisition. Thereafter, any adjustments, (except for correction of fundamental errors, which should be accounted for as prior period adjustments), should be recognised in the profit and loss account as profits or losses when they are identified (FRS 7).

Subsequent material adjustments to provisional fair values, with consequent corresponding adjustments to goodwill, should be disclosed and explained (FRS 7).

4.13. Fair value of the cost of acquisition

The cost of acquisition is the amount of cash paid and the fair value of other purchase consideration given by the acquiring undertaking, together with the expenses of the acquisition (FRS 7/§ 39 Sch 4A CA 1985).

Internal costs and other expenses that cannot be directly attributed to the acquisition should be charged to the profit and loss account (FRS 7).

Where a subsidiary undertaking is acquired in stages the cost of acquisition is the total of the costs of the interests acquired, determined as at the date of each transaction (FRS 7).

Where the amount of purchase consideration is contingent on one or more future events, the cost of acquisition should include a reasonable estimate of the fair value of amounts expected to be payable in the future (FRS 7).

The cost of acquisition should be adjusted when revised estimates were made, with corresponding adjustments continuing to be made to goodwill until the ultimate amount is known (FRS 7).

4.14. Erläuterungs- und Ausweisvorschriften

Es ist eine Übersicht aufzustellen, die sowohl für jeden wesentlichen Erwerb als auch für die Gesamtsumme die folgenden Angaben enthält (FRS 6/§ 13 (5) Sch 4A CA 1985):

(i) die ursprünglichen Buchwerte vor der Anpassung an die Zeitwerte;

(ii) die Anpassungen an die Zeitwerte;

(iii) die Zeitwerte zum Zeitpunkt des Kaufes;

Die zu erläuternden Veränderungen sind aufzuteilen nach (FRS 6):

(i) Neubewertungen;

(ii) Anpassungen, um die Einheitlichkeit der Bilanzierungs- und Bewertungsprinzipien zu erreichen;

(iii) weitere wesentliche Veränderungen.

Die Übersicht muß außerdem - soweit dies für die zwölf Monate bis zum Zeitpunkt des Erwerbs zutrifft - getrennt ausweisen (FRS 6):

(i) Rückstellungen für Reorganisations- und Restrukturierungskosten, die in den Verbindlichkeiten der erworbenen Gesellschaft enthalten sind;

(ii) damit zusammenhängende Abschreibungen.

Die Übersicht muß eine Angabe über den Betrag des entgeltlich erworbenen Geschäfts- oder Firmenwertes bzw. über den negativen Geschäfts- oder Firmenwert, der durch den Kauf entsteht, enthalten (FRS 6/ § 13(5) Sch 4A CA 1985).

Es sind Angaben über die Bewegungen in den Rückstellungen, die in Bezug auf den Erwerb gebildet worden sind, zu machen, getrennt nach (FRS 6):

(i) Beträgen, die für den Zweck, für den sie zurückgestellt worden sind, in Anspruch genommen wurden;

(ii) Beträgen, die aufgelöst worden sind.

4.14. Disclosure requirement

A table should be prepared giving, for each material acquisition and in aggregate, the following disclosures (FRS 6,7/§ 13(5) Sch 4A CA 1985):

(i) the original book values before fair value adjustments;

(ii) the fair value adjustments;

(iii) the fair values at the date of acquisition.

The adjustments, which should be explained, should be analysed between (FRS 6):

(i) revaluations;

(ii) adjustments to achieve consistency of accounting policies;

(iii) any other significant adjustments.

The table should also separately identify, where made in the twelve months up to the date of acquisition (FRS 6):

(i) provisions for reorganisation and restructuring costs that are included in the liabilities of the acquired entity;

(ii) related write downs.

The table should include a statement of the amount of purchased goodwill or negative goodwill arising from the acquisition (FRS 6/§ 13(5) Sch 4A CA 1985).

Disclosure should be made of the movements on provisions or accruals for costs related to acquisitions, analysed between (FRS 6):

(i) the amounts used for the purpose for which they were created;

(ii) the amounts released unused.

II. KONZERNRECHNUNGSLEGUNG

5. Bilanzierung Assoziierter Unternehmen

5.1. Einleitung

Der Bereich der Bilanzierung assoziierter Unternehmen ist in der Diskussion. Es wurde dazu ein Arbeitspapier veröffentlicht.

5.2. Definition

Ein assoziiertes Unternehmen ist ein Unternehmen, das keine Tochtergesellschaft ist, in dem der investierende Konzern jedoch (SSAP 1/§ 20 Sch 4A CA 1985):

(i) eine langfristige Beteiligung hält und

(ii) sich in einer Position befindet, um einen wesentlichen Einfluß auf das Unternehmen auszuüben. (Wesentlicher Einfluß beinhaltet, die Beteiligung an den finanziellen und geschäftlichen Entscheidungen, jedoch nicht notwendigerweise die Kontrolle der Firmenpolitik).

Besitzt eine Konzerngesellschaft eine Beteiligung an einer anderen, nicht in den Konzernabschluß einbezogenen Gesellschaft (§ 271(1) HGB) und kann sie einen maßgeblichen Einfluß auf die Geschäfts- und Finanzpolitik dieser Gesellschaft ausüben, dann sollte letztere einzeln im Konzernabschluß als assoziiertes Unternehmen ausgewiesen werden (§ 311(1) HGB).

Werden 20% oder mehr der stimmberechtigten Kapitalanteile gehalten, dann wird ein wesentlicher Einfluß vorausgesetzt, es sei denn, das Gegenteil kann klar nachgewiesen werden. (Wird das Unternehmen nicht als assoziiertes Unternehmen bilanziert, dann sind Gründe dafür anzugeben) (SSAP 1/§ 20(2) Sch 4A CA 1985).

Ein maßgeblicher Einfluß wird angenommen, wenn die investierende Gesellschaft wenigstens 20% der Stimmrechte besitzt (§ 311(1) HGB).

Werden weniger als 20% gehalten, dann wird vorausgesetzt, daß ein wesentlicher Einfluß nicht besteht, es sei denn, das Gegenteil kann klar aufgezeigt werden. (Ist dies der Fall, dann sind Gründe anzugeben) (SSAP 1).

5.3. Bilanzierungsgrundlagen

Erträge aus assoziierten Unternehmen sind in der Konzerngewinn- und Verlustrechnung als anteiliger Gewinn bzw. anteiliger Verlust zu erfassen und getrennt auszuweisen (SSAP 1/§ 22 Sch 4A CA 1985).

Erträge von assoziierten Unternehmen, die sich als Anteil an den Eigenkapitalveränderungen des assoziierten Unternehmens darstellen, sind in der Konzern-Gewinn- und Verlustrechnung zu erfassen und getrennt auszuweisen (§ 312(4) HGB).

Die Beteiligung an dem assoziierten Unternehmen stellt sich in der Konzernbilanz dar als die Summe aus (SSAP 1):

Eine Beteiligung an einem assoziierten Unternehmen ist anfänglich in der Konzernbilanz anzusetzen, entweder (§ 312(1) HGB):

UK GERMANY

II. CONSOLIDATED FINANCIAL STATEMENTS

5. Associated Undertakings

5.1. Introduction

The issue of accounting for associated undertakings is under review and a discussion paper has been issued.

5.2. Definition of associated undertaking

An associated undertaking is an undertaking, not being a subsidiary, in which the interest of the investing group is (SSAP 1/§ 20 Sch 4A CA 1985):

(i) for the long term, and

(ii) the investing group is in a position to exercise a significant influence over the company. (Significant influence involves participation in the financial and operating policy decisions but necessarily control of those policies).

If an undertaking has a participation in another undertaking (§ 271(1) HGB) and can exercise a significant influence on the business and financial policies of the other undertaking (not being a subsidiary), then the latter should be shown separately as an associated undertaking in the consolidated accounts (§ 311(1) HGB).

If 20% or more is held of the equity voting rights, significant influence is presumed, unless it can clearly be demonstrated otherwise. (If the undertaking is not accounted for as an associate, should give reasons and the details of the accounting treatment adopted) (SSAP 1/§ 20 (2) Sch 4A 1985).

Significant influence is assumed if at least 20% of the voting rights are held (§ 311(1) HGB).

Where less than 20% is held, it is presumed that significant influence does not exist unless it can clearly be demonstrated otherwise. (If so, should give reasons.) (SSAP 1).

5.3. Basis of accounting

Income from associated undertakings, being the group's share of profits less losses, should be recognised, and separately disclosed, in the consolidated profit and loss account (SSAP 1/§ 22 Sch 4A CA 1985).

Income from associated undertakings, being the share of increase or decrease in net equity of the associated undertaking, should be recognised, and separately disclosed, in the consolidated profit and loss account (§ 312(4) HGB).

Interest in associated undertaking in the consolidated balance sheet should be the sum of (SSAP 1):

A participation in an associated undertaking should be initially stated in the consolidated balance sheet at either (§ 312(1) HGB):

(i) dem Anteil des investierenden Unternehmens am Vermögen (ausschließlich des Geschäfts- und Firmenwertes im Jahresabschluß des assoziierten Unternehmens) und

(ii) dem Unterschiedsbetrag zum Kaufpreis der Beteiligung an dem assoziierten Unternehmen (einschließlich des Geschäfts- oder Firmenwertes), nach Abzug der bereits planmäßig vorgenommenen Abschreibungen und dauerhaften Wertminderungen.

Diese sollten einzeln ausgewiesen werden.

Der Geschäfts- oder Firmenwert aus dem Erwerb des assoziierten Unternehmens sollte entweder offen mit den Rücklagen verrechnet oder aktiviert und abgeschrieben werden (§ 22(1) Sch 4A CA 1985).

(i) mit dem Betrag, der dem anteiligen Eigenkapital des assoziierten Unternehmens entspricht (der aber nicht höher als die Anschaffungskosten sein darf).

Bei dieser Methode ist das anteilige Eigenkapital unter Berücksichtigung der Zeitwerte zum Zeitpunkt des Erwerbs oder der Erstkonsolidierung zu ermitteln. (Es darf jedoch nicht höher sein als der Kaufpreis der Anteile) (§§ 312(1),(3) HGB).

Der Unterschiedsbetrag zwischen dem anteiligen Eigenkapital und dem Buchwert der Beteiligung ist bei erstmaligem Ansatz in der Konzernbilanz oder dem Konzernanhang getrennt auszuweisen (§ 312 (1) HGB).

Der Unterschiedsbetrag ist in jedem folgenden Geschäftsjahr zu mindestens einem Viertel abzuschreiben. Die Abschreibung kann jedoch auch planmäßig über die Geschäftsjahre verteilt werden, in denen der Unterschiedsbetrag vorraussichtlich genutzt werden kann. Die verwendete Methode ist anzugeben (§§ 312(2), 309(1), 313(1) HGB,

oder

(ii) mit dem Buchwert der Anteile.

Bei dieser Methode ist der Unterschiedsbetrag zwischen dem Buchwert der Beteiligung und dem anteiligen Eigenkapital des assoziierten Unternehmens bei erstmaliger Anwendung getrennt in der Konzernbilanz oder im Konzernanhang auszuweisen (§ 312(1) HGB).

Die verwendeten Methoden sind im Anhang anzugeben (§ 312 (4) HGB).

Gleich welche Methode verwendet wird, ist der Buchwert in der Bilanz in Folgejahren nur um den, dem Anteil der Muttergesellschaft entsprechendem, Betrag der Eigenkapitalerhöhungen oder -verminderungen nach Abzug von Dividenden, anzupassen (§ 312(4) HGB).

(i) share of net assets, excluding goodwill;

(ii) the premium or discount on acquisition of the investment in associated undertaking (including goodwill) (after deducting amortisation and provision for permanent diminution in value).

These should be separately disclosed.

Goodwill arising on the acquisition of an associated undertaking should either be eliminated against reserves, or capitalised and amortised over its useful economic life (§ 22(1) Sch 4A CA 1985).

(i) the proportionate share of its net equity (but not in excess of the purchase cost of the shares).

Under this method, the proportionate share of net equity should be determined by using the fair values at the time of acquisition or first consolidation. (However this should not be in excess of the purchase cost of the shares). (§§ 312 (1), (3) HGB)

The difference between the proportionate share of net equity and the book value of the participation should be stated separately when first consolidated either in the balance sheet or in the notes to the accounts (§ 312(1) HGB).

The difference should be amortised in each following yearly at least one quarter. Amortisation may however be spread systematically over the years which are likely to benefit. The method used should be disclosed (§§ 312(2), 309(1), 313(1), HGB),

or

(ii) the book value of the investment.

Under this method, the difference between the book value of participation and the proportionate share of equity of the associated undertaking should be stated separately when first included, either on the face of the balance sheet, or in the notes to the accounts (§ 312(1) HGB).

The method adopted should be stated in the notes to the accounts (§ 312(1) HGB).

Whichever method is adopted, the book amount in the balance sheet should be increased or decreased in subsequent years by the parent undertaking's share of increases or decreases in net equity after deduction of profit distributions (§ 312(4) HGB).

Für dauernde Wertminderungen eines Geschäfts- oder Firmenwertes (einschließlich eines gezahlten Aufschlages) ist eine Wertberichtigung vorzunehmen (SSAP 1/§ 22(1) Sch 4A CA 1985).

Bei dauernder Wertminderung sind außerplanmäßige Abschreibungen vorzunehmen (§ 253(2) HGB).

Personengesellschaften können einen solchen niedrigeren Wert auch dann beibehalten, wenn die Gründe hierfür nicht länger bestehen (§ 253(5) HGB).

Kapitalgesellschaften müssen, wenn die Gründe nicht mehr bestehen, Zuschreibungen in Höhe der vorgenommenen Abschreibungen vornehmen (§ 280 (1) HGB).

Von den Zuschreibungen kann abgesehen werden, wenn der niedrigere Wert für steuerliche Zwecke nur dann beibehalten werden darf, wenn er auch in der Handelsbilanz beibehalten wird (§§ 279(2), 280(2) HGB).

Ist dies der Fall, dann ist die Höhe der aus steuerlichen Gründen unterlassenen Zuschreibungen anzugeben und zu begründen (§ 280(3) HGB).

5.4. Zeitpunkt der Wirksamkeit eines Erwerbs oder eines Verkaufs

Der Zeitpunkt der Wirksamkeit eines Erwerbs oder Verkaufs ist jeweils der frühere Zeitpunkt entweder der Übergabe der Gegenleistung oder eines nicht durch Bedingungen eingeschränkten Angebotes (SSAP 1).

Dies trifft auch dann zu, wenn die erwerbende Gesellschaft einen Anspruch auf einen Anteil am Gewinn von einem früheren Zeitpunkt an hat (SSAP 1).

Der Wertansatz der Beteiligung und die Unterschiedsbeträge aus der Konsolidierung werden auf der Grundlage der Wertansätze zum Zeitpunkt des Erwerbs oder der erstmaligen Einbeziehung des assoziierten Unternehmens in den Konzernabschluß ermittelt (§ 312(3) HGB).

Der gewählte Zeitpunkt ist im Konzernanhang anzugeben (§ 312(3) HGB).

5.5. Einheitliche Bilanzierungs- und Bewertungsgrundsätze

Zum Zweck der Einheitlichkeit der Bilanzierungs- und Bewertungsprinzipien sind Anpassungen vorzunehmen (SSAP 1).

Nicht realisierte Zwischengewinne in den Vorräten aus Transfers zu oder von assoziierten Unternehmen sind zu eliminieren (SSAP 1).

Wird das assoziierte Unternehmen auf der Grundlage seiner eigenen, von denen des Mutterunternehmens abweichenden Bewertungsmethoden, konsolidiert, dann ist dies im Konzernanhang anzugeben (§ 312 (5) HGB).

Nicht realisierte Zwischengewinne in den Vorräten aus Transfers von oder zu assoziierten Unter-nehmen sind anteilig entsprechend den dem Mutterunternehmen gehörenden Anteilen am Kapital des assoziierten Unternehmens wegzulassen, soweit die maßgeblichen Sachverhalte bekannt oder zugänglich sind § 312(5) HGB).

Provision should be made for permanent impairment in the value of any goodwill (including any premium paid) (SSAP 1/§ 22(1) Sch 4A CA 1985).

Exceptional depreciation should be provided for permanent diminution in value (§ 253(2) HGB).

Unincorporated businesses may retain such lower value even where the reasons therefor no longer exist (§ 253(5) HGB).

For incorporated companies, if the reason for the exceptional depreciation is no longer valid, it should be reversed (§ 280(1) HGB).

However it need not be reversed if the lower value is only permitted for tax purposes provided it is maintained in the financial statements (§§ 279(2), 280(2) HGB).

If this is the case the effect of reversals not made for the tax reasons should be disclosed and justified (§ 280(3) HGB).

5.4. Effective date of acquisition or disposal

The effective date of acquisition or disposal of an associated undertaking is the earlier of the date on which consideration passes, or the date on which an offer becomes unconditional (SSAP 1).

This applies even if the acquiring company has the right to a share of profits from an earlier date (SSAP 1).

The carrying value of the participation and the difference arising on consolidation should be based on the values at the time of acquisition or at the time the associated undertaking is first consolidated in the consolidated accounts (§ 312(3) HGB).

The time chosen should be disclosed in the notes to the accounts (§ 312(3) HGB).

5.5. Consistent accounting policies

Adjustments should be made to achieve consistency with group accounting policies (SSAP 1).

Unrealised profits on stocks transferred to or from associated undertakings should be eliminated (SSAP 1).

If the associated undertaking is consolidated using its own accounting policies which differ from the parent company's undertaking's policies, then this should be described in the notes to the accounts (§ 312(5) HGB).

Unrealised profits on stocks transferred to or from associated undertakings should be eliminated, pro rata to the share of capital held in the associated undertaking, to the extent that the appropriate information is known or available (§ 312(5) HGB).

5.6. Konsolidierungspflichtige Jahresabschlüsse

Es sind Jahresabschlüsse der assoziierten Unternehmen einzubeziehen, die bis zu sechs Monate vor oder kurz nach dem Bilanzstichtag des erwerbenden Konzerns erstellt worden sind (SSAP 1).

5.7. Erläuterungs- und Ausweisvorschriften

Stimmen die Bilanzstichtage nicht überein, müssen die Gründe dafür und die entsprechenden Stichtage angegeben werden (SSAP 1).

Die Konzerngewinn- und Verlustrechnung hat bezüglich der assoziierten Unternehmen folgende Posten auszuweisen (SSAP 1):

(i) Ergebnis vor Steuern (§ 22(1) Sch 4A CA 1985);

(ii) Steuern;

(iii) außerordentliche Erträge und Aufwendungen;

(iv) Jahresüberschuß/-fehlbetrag.

Der Anteil des Konzerns an den Umsätzen oder den Abschreibungen ist nicht einzubeziehen (SSAP 1).

Für alle Unternehmen, an denen der Konzern wenigstens 10 % der Anteile hält, und für alle wichtigen assoziierten Unternehmen sind anzugeben (SSAP 1/ §§ 22,23 Sch 5 CA 1985):

(i) der Name und der Gründungsstaat (oder die Adresse von Personengesellschaften);

(ii) der Anteil an den ausgegebenen Kapitalanteilen jeder Klasse;

(iii) (im Zusammenhang mit assoziierten Unternehmen) einen Hinweis auf die Art des Geschäfts (SSAP 1).

Zusätzlich sind für jedes Unternehmen, das nicht als Tochtergesellschaft, assoziertes Unternehmen oder Joint Venture in den Konzernabschluß einbezogen worden ist, an dem ein Konzern jedoch 20% oder mehr des Nennwertes der Anteile besitzt, anzugeben (§§ 25,28 Sch 5 CA 1985):

Es ist jeweils der letzte Jahresabschluß des assoziierten Unternehmens zugrunde zu legen. Erstellt das assoziierte Unternehmen einen Konzernabschluß, dann ist dieser zu nutzen (§ 312(6) HGB).

Die Konzerngewinn- und Verlustrechnung muß die Ergebnisse der assoziierten Unternehmen gesondert ausweisen (§ 312(4) HGB).

Für jedes assoziierte Unternehmen sind auszuweisen (§ 313(2) HGB):

(i) Name und Sitz;

(ii) der Anteil am Kapital im Besitz des Konzerns.

Wurde eine Beteiligung an einem assoziierten Unternehmen aufgrund von Unwesentlichkeit nicht in den Konzernabschluß einbezogen (§ 311(2) HGB), dann muß dies angegeben und begründet werden (§ 313(2) HGB).

Zusätzlich sind für jedes Unternehmen, das nicht als Tochtergesellschaft, assoziertes Unternehmen oder Joint Venture in den Konzernabscluß einbezogen worden ist, an dem der Konzern jedoch wenigstens 20% der Anteile besitzt, auszuweisen (§ 313(2) HGB):

- Name und Sitz;

5.6. Accounts to be consolidated

Should consolidate financial statements of the associated undertaking which are coterminous, or up to 6 months preceding or made up shortly after the investing group's year end (SSAP 1).

The last available financial statements of the associated undertaking should be used. (If the associated undertaking prepares consolidated accounts, then these must be used.) (§ 312(6) HGB).

5.7. Disclosure requirements

Where dates of year ends are not coterminous, should give the facts and the dates concerned (SSAP 1).

The consolidated profit and loss account should show, in respect of associated undertakings, the group share of (SSAP 1):

(i) profit before tax (§ 22(1) Sch 4A CA 1985);

(ii) tax;

(iii) extraordinary items;

(iv) net profit.

The consolidated profit and loss account should separately show the results relating to associated undertakings (§ 312(4) (HGB).

It should not consolidate the group share of turnover or depreciation (SSAP 1).

Should disclose for all undertakings in which the group holds at least 10% and for all principal associated undertakings (SSAP 1/§ 22, 23 Sch 5 CA 1985):

(i) name and country of incorporation (or address if unincorporated);

(ii) the proportion of issued shares of each class of share held;

(iii) (in respect of associated undertakings) an indication of the nature of the business (SSAP 1).

Should disclose for each associated undertaking (§ 313(2) HGB):

(i) name and registered address;

(ii) the proportion of capital held.

Where a participation in an associated undertaking has not been consolidated on the grounds of immateriality (§ 311(2) HGB), this should be stated, and justified (§ 313(2) HGB).

Additionally, if not accounted for as a subsidiary, associated undertaking or joint venture in consolidated accounts, where a group holds 20% or more of the nominal value of the shares of another undertaking. should disclose for each undertaking (§ 25,28 Sch 5 CA 1985):

Additionally, if not accounted for as a subsidiary, associated undertaking or joint venture in consolidated accounts, where a group holds at least 20% of an undertaking, should disclose (§ 313(2) HGB):

- name and registered address;

- Eigenkapital (Stammkapital und Rücklagen) am Ende des letzten Geschäftsjahres;
- Gewinn oder Verlust für dieses Jahr.

Ausnahmen von den Pflichtangaben in Bezug auf eine Beteiligung von 20% oder mehr des Nennwertes der Kapitalanteile oder des Unternehmens (§§ 25, 28 Sch 5 CA 1985) gelten wenn:

(i) das Unternehmen, an dem ein Beteiligungsunternehmen Anteile hält, ihren Jahresabschluß nirgendwo einreichen oder veröffentlichen muß und weniger als 50% des Nennwertes der Anteile hält;

(ii) die Information unwesentlich ist;

(iii) der Jahresabschluß des Beteiligungsunternehmens in den konsolidierten Abschluß eines größeren Konzerns einbezogen ist und daher von der Pflicht zur Aufstellung eines Konzernabschlusses befreit ist (§ 228 CA 1985) und die Beteiligung im Jahresabschluß nach der Equity-Methode bilanziert (oder als Anhangangabe vermerkt) wurde.

Die Angaben, die durch Schedule 5 CA 1985 gefordert werden, brauchen für Unternehmen, die außerhalb Großbritanniens ihren Sitz haben oder dort Geschäfte machen, nicht gemacht zu werden, wenn solche Angaben dem Geschäft oder dem Konzern erhebliche Nachteile zufügen könnten und wenn eine Genehmigung des Secretary of State vorliegt (§ 231 (3) CA 1985).

Es sind einzeln auszuweisen:

(i) Darlehen von und an assoziierte Unternehmen (SSAP 1/§ 8 Sch 4 CA 1985);

(ii) wesentliche Salden aus der Geschäftstätigkeit mit assoziierten Unternehmen (SSAP 1/§ 8 Sch 4 CA 1985).

Es sind detaillierte Angaben zu den Vermögensgegenständen und Verbindlichkeiten des assoziierten Unternehmens zu machen, wenn diese Information sehr wesentlich ist (SSAP 1).

Es ist der Anteil des Konzerns an den nach dem Erwerb gebildeten Rücklagen und deren Bewegungen darzustellen (SSAP 1).

- der Anteil am Kapital im Besitz des Konzerns;
- Eigenkapital und Jahresergebnis des letzten Geschäftsjahres, für das ein Jahresabschluß aufgestellt worden ist.

Folgende Ausnahmen von den Pflichtangaben in Bezug auf Beteiligungen von mindestens 20% an einem Unternehmen (§ 313(2) HGB) gelten:

(i) Eigenkapital und Ergebnis brauchen nicht angegeben werden, wenn das in Anteilsbesitz stehende Unternehmen seinen Jahresabschluß nicht offenzulegen hat und das Mutterunternehmen weniger als 50% der Anteile an diesem Unternehmen besitzt;

(ii) wenn die entsprechenden Beträge unwesentlich sind.

Außerdem müssen die obengenannten durch § 313 HGB geforderten Angaben nicht gemacht werden, wenn nach vernünftiger kaufmännischer Beurteilung damit gerechnet werden muß, daß durch die Angaben erhebliche Nachteile entstehen. Die Anwendung dieser Ausnahmeregelung ist im Anhang anzugeben (§ 313(3) HGB).

Es sind einzeln auszuweisen (§ 266 HGB):

(i) Darlehen an Unternehmen, mit denen ein Beteiligungsverhältnis besteht;

(ii) Forderungen und Verbindlichkeiten gegenüber Unternehmen, mit denen ein Beteiligungsverhältnis besteht.

- its capital and reserves at the end of its latest financial year;
- its profit or loss for the year.

Exemptions from the requirement to disclose information in respect of a holding of 20% or more of the nominal value of the shares or undertaking (§§ 25, 28 Sch 5 CA 1985):

(i) if the investee is not required to file or publish its accounts and less than 50% of the nominal value of the shares is held;

(ii) if the information is not material;

(iii) if the investing company's accounts are consolidated into a larger group, and it is therefore exempt from preparing group accounts (under § 228 CA 1985), and the investment is included in the accounts (or shown in a note) under the equity method.

The information required by Sch 5 CA 1985 need not be disclosed in respect of an undertaking which is established or carries on business outside of the UK if disclosure would be seriously prejudicial to that business or to the group, and if permission is obtained from the Secretary of State (§ 231(3) CA 1985).

Should separately disclose:

(i) loans to/from associated undertakings (SSAP 1/§ 8 Sch 4 CA 1985).

(ii) material trading balances with associated undertakings (SSAP 1/§ 8 Sch 4 CA 1985).

More detailed information about the associated undertaking's tangible and intangible assets and liabilities should be given if very material (SSAP 1).

Should disclose the group's share of post acquisition accumulated reserves, and any movements therein (SSAP 1).

- the proportion of capital held;
- the equity and results of the last financial year for which financial statements have been prepared.

Exemptions from the requirement to disclose information in respect of a holding of at least 20% in an undertaking (§ 313(2) HGB):

(i) the equity and results need not be given if the investee is not required to publish financial statements, and less than 50% of its shares are held;

(ii) if not significant.

The above information required by § 313 HGB need not be given if, using sound business judgement, there are grounds to believe that material harm could result from such disclosures. The use of this exemption must be disclosed in the accounts (§ 313(3) HGB).

Should separately disclose (§ 266 HGB):

(i) loans to undertakings in which participations are held;

(ii) amounts owed by, and to, undertakings in which participations are held.

Das Ausmaß wesentlicher Beschränkungen auf die Verwendung des Jahresergebnisses des assoziierten Unternehmens ist anzugeben (SSAP 1).

Der Konzernabschluß sollte alle Pflichtangaben der Schedule 4 für den Konzern enthalten einschließlich der Haftungsverhältnisse und der finanziellen Verpflichtungen (§ 1(2) Sch 4A, § 50 Sch 4 CA 1985).

Der Anteil des Konzerns an den Haftungsverhältnissen und anderen finanziellen Verpflichtungen ist im Konzernanhang anzugeben (§ 314(1) Nr. 2 HGB).

The extent of significant restrictions on the ability of an associated undertaking to distribute its retained earnings should be disclosed (SSAP 1).

The group accounts should contain the disclosure requirements of Schedule 4, including contingent liabilities and financial commitments, on a group basis (§ 1(2) Sch 4A, § 50, Sch 4 CA 1985).

The group's share of contingent liabilities and other financial commitments should be disclosed in the notes to the accounts (§ 314(1) No. 2 HGB).

II. KONZERNABSCHLÜSSE

6. Joint Ventures

6.1. Einleitung

Großbritannien: Die Rechnungslegung für Joint Ventures wird gegenwärtig überarbeitet. Ein entsprechender Diskussionsentwurf wurde erstellt.

6.2. Definition

Großbritannien: Ein Joint Venture ist ein Unternehmen, das von zwei oder mehr Unternehmen kontrolliert wird und mit dem die Teilhaber einen gemeinsamen Zweck verfolgen (ASB Interim Statement).

Deutschland: Ein Joint Venture ist eine vertragliche Vereinbarung zwischen zwei oder mehr Parteien in Hinsicht auf gemeinsame wirtschaftliche Tätigkeiten (HFA 1/1993).

6.3. Bilanzierungsgrundlagen

Großbritannien: Die Konsolidierungsmethoden für Joint Ventures sind von ihrer Rechtsform abhängig. Es ist notwendig, zwischen Joint Ventures in der Rechtsform einer Kapitalgesellschaft und solchen in der Rechtsform einer Personengesellschaft zu unterscheiden (SSAP 1).

Deutschland: Die Konsolidierungsmethode für Joint Ventures ist abhängig von ihrer Rechtsform. Es ist notwendig, zwischen Kapital- und Personengesellschaften, BGB-Gesellschaften und Bruchteilsgemeinschaften zu unterscheiden (HFA 1/1993).

6.4. Joint Ventures in der Form einer Kapitalgesellschaft

Großbritannien: Eine Beteiligung an einem Joint Venture in der Form einer Kapitalgesellschaft ist entweder wie für Konzernabschlüsse (FRS 2) (siehe Abschnitt II.1) oder für assoziierte Unternehmen (SSAP 1) (siehe Abschnitt II.5) zu bilanzieren und auszuweisen.

Deutschland: Eine Beteiligung an einem Joint Venture in der Rechtsform einer Kapitalgesellschaft ist entweder wie unter "Konzernabschlüsse" (siehe Abschnitt II.1), oder wie unter "Assoziierte Unternehmen" (siehe Abschnitt II.5) beschrieben, zu bilanzieren und auszuweisen. Dies trifft auch für einen Joint Venture Partner in der Rechtsform einer Personengesellschaft zu, vorausgesetzt, die anderen Bedingungen sind erfüllt (HFA 1/1993).

6.5. Joint Ventures in der Form einer Personengesellschaft

Großbritannien: Ein Joint Venture, das weder eine Kapitalgesellschaft noch eine Tochtergesellschaft ist, darf anteilmäßig konsolidiert werden (§ 19 Sch 4A CA 1985).

Deutschland: In Bezug auf Joint Ventures in der Rechtsform einer Personengesellschaft, unabhängig davon, ob die Partner Personen- oder Kapitalgesellschaften sind, gilt (HFA 1/1993):

II. CONSOLIDATED FINANCIAL STATEMENTS

6. Joint Ventures

6.1. Introduction

UK: The issue of accounting for joint ventures is under review, and a discussion paper has been issued.

6.2. Definition

UK: A joint venture is an undertaking, controlled by two or more venturers, by which its participants expect to achieve some common purpose or benefit (ASB Interim Statement).

Germany: A joint venture is a contractual agreement between two or more parties in respect of common economic activities (HFA 1/1993).

6.3. Basis of accounting

UK: Consolidation accounting for joint ventures depends upon its legal status. It is necessary to distinguish between incorporated joint ventures and unincorporated joint ventures (SSAP 1).

Germany: Consolidation accounting of a joint venture depends upon its legal status. It is necessary to distinguish between incorporated companies, unincorporated businesses, entities constituted under civil law (BGB entities) and tenancies in common (HFA 1/1993).

6.4. Incorporated company joint ventures

UK: An investment in a joint venture that is a limited company should be accounted for and disclosed as described under Consolidated financial statements (FRS 2) (See Section II.1), or Associated Undertakings (SSAP 1) (see section II.5) as appropriate.

Germany: An investment in a joint venture that is an incorporated company should be accounted for and disclosed as described under Consolidated financial statements (see Section II.1) or Associated undertakings (see Section II.5) as appropriate. This relates also to a joint venture partner which is an unincorporated business, provided the other conditions are fulfilled (HFA 1/1993).

6.5. Unincorporated joint ventures

UK: A joint venture that is neither an incorporated company nor a subsidiary may be consolidated on a proportional basis (§ 19 Sch 4A CA 1985).

Germany: In respect of unincorporated joint ventures, whether the joint venture partner is an unincorporated business, or incorporated company (HFA 1/1993):

(Die Beteiligung an der Geschäftsführung des Joint Ventures ist nicht ausschlaggebend).

(i) wenn das Joint Venture unter gemeinsamer Leitung durch das Mutterunternehmen und ein oder mehrere andere nicht zum Konzern gehörende Unternehmen steht, dann dürfen Vermögensgegenstände, Schulden, Erträge und Aufwendungen auf der Basis der anteilmäßigen Konsolidierung in den Konzernabschluß einbezogen werden (HFA 1/1993/§ 310 HGB);

(ii) wenn das Joint Venture unter gemeinsamer Leitung steht und nicht auf der Basis der anteilmäßigen Konsolidierung einbezogen wird, dann muß es als assoziiertes Unternehmen bilanziert werden (HFA 1/1993/§§ 311, 312 HGB);

(iii) Steht das Joint Venture nicht unter gemeinsamer Leitung, das Mutterunternehmen übt jedoch einen beherrschenden Einfluß aus (dies ist anzunehmen, wenn sich wenigstens 20% der Stimmrechte im Besitz der Muttergesellschaft befinden), dann ist das Joint Venture als assoziiertes Unternehmen zu behandeln (HFA 1/1993).

6.6. Erläuterungs- und Ausweisvorschriften

Der Konzernabschluß hat die Ausweisvorschriften der Schedule 4 CA 1985, einschließlich der Haftungsverhältnisse und finanziellen Verpflichtungen, auf Konzernbasis zu erfüllen (§§ 1,2 Sch 4A, § 50 Sch 4 CA 1985).

Für Joint Ventures in der Rechtsform einer Personengesellschaft, die aufgrund der Equity-Methode bilanziert werden, sind die Ausweisvorschriften im Abschnitt II.5 enthalten.

Werden Joint Ventures in der Rechtsform einer Personengesellschaft in den Konzernabschluß über die Methode der anteilmäßigen Konsolidierung einbezogen, dann sind anzugeben (§ 21 Sch 5 CA 1985):

- Name und Sitz;
- die Bedingungen, auf denen das gemeinsame Management beruht;
- der Kapitalanteil;
- der Bilanzstichtag (falls nicht übereinstimmend).

Für jedes Unternehmen, das nicht als Tochtergesellschaft, assoziiertes Unternehmen, oder Joint Venture in den Konzernabschluß einbezogen worden ist, an dem ein Konzern jedoch 20% oder mehr des Nennwertes der Anteile besitzt, sind anzugeben (§§ 25, 28 Sch 5 CA 1985):

Haftungsverhältnisse und andere finanzielle Verpflichtungen des Joint Venture sind im Anhang anzugeben. Der ausgewiesene Betrag kann der entsprechende Anteil des Konzerns sein, wenn dies ausreichend erläutert ist (HFA 1/1993/ § 314(1) Nr. 2 HGB).

Für Joint Ventures in der Rechtsform einer Personengesellschaft, die aufgrund der Equity-Methode bilanziert werden, sind die Ausweisvorschriften im Abschnitt II.5 enthalten.

Für alle anteilmäßig konsolidierten Unternehmen sind anzugeben (§ 313(2) HGB):

- Name und Sitz;
- die Gründe für die anteilmäßige Konsolidierung;
- der im Besitz befindliche Anteil am Kapital.

Für jedes Unternehmen, das nicht als Tochtergesellschaft, assoziiertes Unternehmen, oder Joint Venture in den Konzernabschluß einbezogen worden ist, an dem ein Konzern jedoch wenigstens 20% der Anteile besitzt, sind anzugeben (§ 313 (2) HGB):

(Involvement in the management of the joint venture is not necessary.)

(i) if the joint venture is managed jointly then the assets, liabilities, income and expenditure may be consolidated on a proportional basis (HFA 1/1993/§ 310 HGB);

(ii) if the joint venture is managed jointly and is not consolidated on a proportional basis then it must be accounted for as an associated undertaking (HFA 1/1993/§§ 311, 312 HGB);

(iii) if the joint venture is not managed jointly but the company has a significant influence in the joint venture (which is presumed when at least 20% of the voting rights are held), then it should be accounted for as an associated undertaking (HFA 1/1993).

6.5. Disclosure requirements

The group accounts should contain the disclosure requirements of Schedule 4 CA 1985, including contingent liabilities and commitments, on a group basis (§ 1,2 Sch 4A, § 50 Sch 4 CA 1985).

Contingent liabilities and other financial commitments of the joint venture should be disclosed in the notes to the accounts. The amount disclosed may be the group's proportionate share, provided this is appropriately described (HFA 1/1993/ § 314(1) No. 2 HGB).

For unincorporated joint ventures dealt with in the accounts on the equity accounting basis, the disclosure requirements are as set out in Section II.5.

For unincorporated joint ventures dealt with in the accounts on the equity accounting basis, the disclosure requirements are as set out in Section II.5.

For unincorporated joint ventures dealt with in group accounts by the method of proportional consolidation, should give (§ 21 Sch 5 CA 1985):

- name and address;
- the factors on which the joint management is based;
- the proportion of capital held;
- the date of the last financial year (if not concurrent).

Should disclose for each undertaking consolidated on a proportional basis (§ 313(2) HGB):

- name and registered address;
- the reason therefore;
- the proportion of the capital held.

If not accounted for as a subsidiary, associated undertaking or joint venture in consolidated accounts, where a group holds 20% or more of the nominal value of the shares of another undertaking, should disclose for each undertaking (§§ 25, 28 Sch 5 CA 1985):

If not accounted for as a subsidiary, associated undertaking or joint venture in consolidated accounts, where a group holds at least 20% of an undertaking, should disclose (§ 313 (2) HGB):

- Eigenkapital (Stammkapital und Rücklagen) am Ende des letzten Geschäftsjahres;

- Ergebnis des Jahres.

Ausnahmen von den Pflichtangaben in Bezug auf eine Beteiligung von 20% oder mehr des Nennwertes der Kapitalanteile oder des Unternehmens (§§ 25, 28 Sch 5 CA 1985) gelten wenn:

(i) die investierende Gesellschaft ihren Jahresabschluß nirgendwo einreichen oder veröffentlichen muß und weniger als 50% des Nennwertes der Anteile hält;

(ii) die Information unwesentlich ist;

(iii) der Jahresabschluß des investierenden Unternehmens in den konsolidierten Abschluß eines größeren Konzerns einbezogen ist und daher von der Pflicht zur Aufstellung eines Konzernabschlusses befreit ist (§ 228 CA 1985) und die Beteiligung im Jahresabschluß nach der Equity-Methode bilanziert (oder als Anhangangabe vermerkt) wurde.

Ist ein Unternehmen Teilhaber an einer Personengesellschaft, deren Teilhaber haftungsbeschränkt sind, dann sind für dieses Unternehmen anzugeben (§ 28A Sch 5 CA 1985):

- sein Name und seine Rechtsform,

- die Adresse seines registrierten Firmensitzes.

Handelt es sich um ein Partnership, dann ist der Name wenigstens eines Partners anzugeben (dies kann auch die Gesellschaft selbst sein) bei dem der Jahresabschluß konsolidiert wurde. Ist dies nicht der Fall, dann ist anzumerken, daß eine Kopie des letzten Jahresabschlusses dieses Partnerships dem Jahresabschluß anhängt, der an den Registrar of Companies (Handelsregister) eingereicht wird.

Die Angaben gemäß Schedule 5 CA 1985 brauchen für alle Unternehmen, die außerhalb Großbritanniens ihren Sitz haben oder dort Geschäfte betreiben, nicht gemacht zu werden, wenn sie diesem Geschäft oder dem Konzern einen erheblichen Nachteil zufügen würden und eine Genehmigung vom Secretary of State eingeholt worden ist (§ 231(3) CA 1985).

- Name und Anschrift;

- die gehaltenen Anteile;

- das Eigenkapital und das Ergebnis des letzten Geschäftsjahres, für das ein Jahresabschluß erstellt worden ist.

Folgende Ausnahmen von den Pflichtangaben in Bezug auf Beteiligungen von mindestens 20% an einem Unternehmen (§ 313(2) HGB) gelten:

(i) Eigenkapital und Ergebnis brauchen nicht angegeben werden, wenn das in Anteilsbesitz stehende Unternehmen seinen Jahresabschluß nicht offenzulegen hat und das Mutterunternehmen weniger als 50% der Anteile an diesem Unternehmen besitzt;

(ii) wenn die entsprechenden Beträge unwesentlich sind.

Diese Angaben nach § 313(3) HGB brauchen nicht gemacht zu werden, wenn nach vernünftiger kaufmännischer Beurteilung erwartet werden muß, daß ein erheblicher Nachteil aus diesen Angaben erwächst. Die Anwendung dieser Ausnahmeregelung ist im Anhang anzugeben (§ 313(3) HGB).

- name and address;
- the proportion of capital held;
- the equity and results of the last financial year for which financial statements have been prepared.

- the capital and reserves at the end of its latest financial year;
- its profit or loss for the year.

Exemption from the requirement to disclose information in respect of a holding of 20% or more of the nominal value of the shares of an undertaking is permitted (§§ 25, 28 Sch 5 CA 1985):

(i) if the investee is not required to be or publish its accounts and less than 50% of the nominal value of the shares are held;

(ii) if the information is not material;

(iii) if the investing company's accounts are consolidated into a larger group and it is therefore exempt from preparing group accounts (under § 228 CA 1985) and the investment is included in the accounts (or shown in a note) under the equity method.

Exemption from the requirement to disclose information in respect of a holding of 20% of an undertaking (§ 313(2) HGB):

(i) the equity and results need not be given if the investee is not required to publish financial statements, and less than 50% of its shares are held;

(ii) if not significant.

If a company is a member of a partnership or unlimited company, all of whose partners have unlimited liability, then should disclose for the undertaking (§ 28A Sch 5 CA 1985):

- its name and legal form,
- the address of its registered office.

(If an investment in a partnership), the name of at least one partner (which may be the company) where the undertaking's accounts have been consolidated. (If not, should state that a copy of the latest accounts of the partnership is to be appended to the copy of the company's accounts sent to the Register of Companies.)

The information required by Sch 5 CA 1985 need not be disclosed in respect of an undertaking which is established or carries on business outside of the UK if disclosure would be seriously prejudicial to that business or to the group, and if permission is obtained from the Secretary of State (§ 231(3) CA 1985).

The information required by § 313 HGB need not be given if, using sound business judgement, there are grounds to believe that material harm could result from such disclosure. The use of this exemption must be disclosed in the accounts (§ 313(3) HGB).

II. KONZERNRECHNUNGSLEGUNG

7. Währungsumrechnung

7.1. Währungsumrechnung von Jahresabschlüssen ausländischer Konzernunternehmen

Die Regeln für die Währungsumrechnung sind in SSAP 20 beschrieben.

Die Jahresabschlüsse der Tochtergesellschaften, assoziierten Unternehmen und ausländischen Niederlassungen sind nach der Stichtags-/Nettoinvestment-Methode umzurechnen (SSAP 20).

Die Gewinn- und Verlustrechnung wird mit dem Stichtagskurs oder einem Durchschnittskurs umgerechnet (SSAP 20).

Kursdifferenzen, die aus der erneuten Umrechnung des Eröffnungsbilanzsaldos des Beteiligungsausatzes resultieren (und aus der Umrechnung der Gewinn- und Verlustrechnung mit einer Durchschnittsrate) sind als Veränderung in den Rücklagen auszuweisen (SSAP 20).

Ausnahme:

Ist die Geschäftstätigkeit der ausländischen Gesellschaft stärker auf das wirtschaftliche Umfeld der Währung der Muttergesellschaft angewiesen, als auf die seiner eigenen Währung, dann sollte die Zeitbezugsmethode (nach dem Zeitbezug der Jahresabschlußpositionen) genutzt werden (SSAP 20).

7.2. Beteiligungen, die durch Darlehen in ausländischer Währung finanziert werden

In dem Ausmaß, in dem Darlehen in ausländischer Währung dazu genutzt wurden, Kapitalanteile an ausländischen Unternehmen zu finanzieren, dürfen die entsprechenden Kursgewinne und -verluste als Rücklagenveränderungen gegeneinander verrechnet werden (SSAP 20).

7.3. Gebiete mit Hyperinflation

Operiert ein ausländisches Unternehmen in einem Land mit einer sehr hohen Inflationsrate, dann ist (UITF 9):

Grundsätzlich dürfen Unternehmen die Methode der Währungsumrechnung im Konzernabschluß frei wählen, solange bestimmte Grundsätze beachtet werden (AKW 1/1977).

Die Gewinn- und Verlustrechnung ist mit dem Stichtagskurs umzurechnen. Die daraus entstehende Wechselkursdifferenz ist zu neutralisieren, indem ein gleichhoher Betrag unter den "Sonstigen betrieblichen Aufwendungen" ausgewiesen wird (AKW 1/1977).

Wechselkursdifferenzen, die aus Vermögensgegenständen und Verbindlichkeiten in fremder Währung aufgrund von Wechselkursschwankungen entstehen, sollten die Gewinn- und Verlustrechnung nicht beeinflussen (AKW 1/1977).

II. CONSOLIDATED FINANCIAL STATEMENTS

7. Foreign Currency Translation

7.1. Translation of accounts of overseas undertakings in group financial statements

UK

The rules for foreign currency translation are set out in SSAP 20.

Should translate the accounts of subsidiary, associated undertakings and foreign branches using the closing rate/net investment method (SSAP 20).

The profit and loss account should be translated at either the closing rate or the average rate (SSAP 20).

Exchange differences arising from the retranslation of the opening net investment (or from translating the profit and loss account at the average rate) should be recorded as a movement on reserves (SSAP 20).

Exception:

Where the trade of the foreign undertaking is more dependent on the economic environment of the investing company's currency than its own currency, the temporal method should be used (SSAP 20).

GERMANY

Basically, companies are free to determine the method of foreign currency translation in the group accounts provided certain basic principles are observed (AKW 1/1977).

The profit and loss account should be translated at the closing rate. The exchange difference thus arising should be neutralised by recording an equalisation provision under Other expenses (AKW 1/ 1977).

Exchange differences arising from the foreign currency assets and liabilities particularly as a result of parity changes, should not influence the profit and loss account (AKW 1/1977).

7.2. Equity investment financed by foreign currency borrowings

To the extent that foreign currency borrowings have been used to finance group equity investments in foreign enterprises, exchange gains and losses may be offset as reserve movements.

7.3. Areas of hyperinflation

Where a foreign undertaking operates in a country with a very high rate of inflation (UITF 9):

(i) der Jahresabschluß in der lokalen Währung soweit wie möglich an die gegenwärtigen Preisniveaus anzupassen, bevor die Umrechnung stattfindet. Gewinne oder Verluste aus den Geldposten sind in der Gewinn- und Verlustrechnung zu erfassen oder

(ii) der Jahresabschluß des Unternehmens in eine relativ stabile Währung mit Hilfe der Zeitbezugsmethode umzurechnen.

Ist keine der beiden Methoden sinnvoll, dann sind die Gründe dafür anzugeben und alternative Methoden für die Eliminierung der Verzerrungen anzuwenden (UITF 9).

Die gewählte Methode zur Eliminierung der Verzerrungen durch Hyperinflation im Jahresabschluß des ausländischen Unternehmens ist anzugeben (UITF 9).

7.4. Erläuterungs- und Ausweispflichten

Es sind anzugeben (SSAP 20):

(i) die Methode der Währungsumrechnung;

(ii) der Saldo der Währungsgewinne und -verluste aus Krediten und Anzahlungen in fremder Währung (den mit den Rücklagen verrechneten Betrag und den in der Gewinn- und Verlustrechnung erfaßten Betrag getrennt ausweisend);

(iii) die Veränderung in den Rücklagen, die aus Währungsdifferenzen entstehen.

Die gewählte Grundlage für die Währungsumrechnung ist anzugeben (§ 313(1) HGB).

(i) either the local currency financial statements should be adjusted where possible to reflect current price levels before the translation process is undertaken. Any gain or loss on the net monetary position should be recognised in the profit and loss account;

(ii) or, first translate the undertakings's accounts into a relatively stable currency, using the temporal method.

If neither method is considered appropriate, the reasons should be stated and alternative methods to eliminate the distortions should be adopted (UITF 9).

The accounting policy adopted to eliminate the distortions of hyperinflation in foreign undertakings should be disclosed (UITF 9).

7.4. Disclosure requirements

Should disclose (SSAP 20):

(i) the foreign currency accounting policy;

(ii) the net amount of exchange gains and losses arising from foreign currency borrowings less deposits (separately identifying the amount offset in reserves and the net amount shown in the profit and loss account);

(iii) the net movement on reserves arising from exchange differences.

The basis adopted for foreign currency translation should be disclosed (§ 313(1) HGB).

III. VERPFLICHTUNG ZUR AUFSTELLUNG UND ZUR OFFENLEGUNG VON JAHRESABSCHLÜSSEN

1. Pflicht zur Aufstellung des Jahresabschlusses

1.1. Verpflichtung zur Aufstellung des Jahresabschlusses

Großbritannien: Jede Gesellschaft muß für jedes Geschäftsjahr eine Gewinn- und Verlustrechnung, eine Bilanz und einen Anhang aufstellen (§ 226(1)(3), § 228(1) CA 1985), die zusammen ein den tatsächlichen Verhältnissen entsprechendes Bild vermitteln müssen (§ 226(2) CA 1985).

Deutschland: Kapitalgesellschaften haben eine Bilanz und eine Gewinn- und Verlustrechnung aufzustellen, erweitert um einen Anhang (§ 264(1) HGB), die, unter Beachtung der Grundsätze ordnungsmäßiger Buchführung, ein den tatsächlichen Verhältnissen entsprechendes Bild zu vermitteln haben (§ 264(2) HGB).

1.2. Grundsätze ordnungsmäßiger Buchführung

Großbritannien: Das englische Recht enthält keine Hinweise auf Grundsätze ordnungsmäßiger Buchführung.

Deutschland: Die Grundsätze ordnungsmäßiger Buchführung (GoB) sind nicht umfassend festgeschrieben, sondern werden aus den Gesetzen, insbesondere dem Dritten Buch des HGB (d.h. § 238 - 265 für alle Unternehmen, § 264 - 289 für Kapitalgesellschaften und § 290 - 315 für Konzernabschlüsse) und der Rechtsprechung, der Bilanzierungstheorie, den Ankündigungen des Instituts der Wirtschaftsprüfer, als auch aus der Praxis (wie sie in den verschiedenen Kommentaren beschrieben wird) abgeleitet.

Großbritannien: Die Aufstellung eines Jahresabschlusses, der ein den tatsächlichen Verhältnissen entsprechendes Bild vermittelt, erfordert die Erfüllung der Vorschriften aller FRS, UITF, und SSAP, die durch den ASB oder seinen Vorgänger, den ASC, herausgegeben wurden.

Deutschland: Aktiengesellschaften müssen unter anderem auch die Vorschriften des § 58, § 150, § 152, § 158 und § 160 AktG erfüllen.

Großbritannien: Das Einhalten anderer Ankündigungen des ASB ist nicht verbindlich vorgeschrieben, kann aber als gute Bilanzierungspraxis angesehen werden.

Deutschland: Gesellschaften mit beschränkter Haftung müssen die Vorschriften der § 29 und § 42 GmbHG erfüllen.

1.3. True and fair view

Großbritannien: Die Pflicht zur Vermittlung eines den tatsächlichen Verhältnissen entsprechenden Bildes (true and fair view) hat Vorrang vor allen anderen Vorschriften des Companies Act (§ 226(5) CA 1985).

Großbritannien: Enthält der Jahresabschluß nicht genügend Informationen, um ein true and fair view zu zeigen, dann müssen die notwendigen Angaben gemacht werden (§ 226(4) CA 1985) oder, falls notwendig, muß von den übrigen Vorschriften des Companies Act in Bezug auf die Bilanz und die Gewinn- und Verlustrechnung abgewichen werden. Im Anhang müssen die Gründe dafür und die Auswirkungen angegeben werden (§ 226(5) CA 1985).

Deutschland: Führen besondere Umstände dazu, daß der Jahresabschluß ein den tatsächlichen Verhältnissen entsprechendes Bild nicht vermittelt, dann sind zusätzliche Angaben im Anhang zu machen (§ 264(2) HGB).

III. PREPARATION AND PUBLICITY REQUIREMENTS

1. Requirement to prepare Accounts

1.1. Requirement to prepare accounts

UK: Every company must prepare, in respect of each accounting reference period, a profit and loss account and balance sheet, together with notes to the accounts, (§ 226(1)(3) CA 1985) which should give a true and fair view. (§ 226(2) CA 1985)

Germany: Incorporated companies are required to prepare a balance sheet, profit and loss account, together with notes to the accounts (§ 264(1) HGB), which, in compliance with generally accepted accounting principles present a true and fair view (§ 264(2) HGB).

1.2. Generally accepted accounting principles

UK: English law does not refer to generally accepted accounting principles.

Germany: Generally accepted accounting principles ("GOB") are not comprehensively codified but are derived from statute (particularly the third book of the HGB (i.e. § 238 - 263 for all businesses, § 264 - 289 for limited companies, and § 290 - 315 for consolidated accounts) and case law, accounting theory, pronouncements of the Instituts der Wirtschaftsprüfer, as well as accounting practice (as described in the various accounting commentaries)).

UK: Preparation of accounts which show a true and fair view requires, for companies, compliance with all FRSs, UITFs, and SSAPs issued by the ASB or its predecessor, the ASC.

Germany: Public limited companies are also required to comply, inter alia, with § 58, § 150, § 152, § 158 and § 160 AktG.

UK: Compliance with other pronouncements of the ASB is not mandatory but can be considered as good accounting practice.

Germany: Private limited companies are required to comply, inter alia, with the requirements of § 29 and § 42 GmbHG.

1.3. True and fair view

UK: The requirement that the accounts show a true and fair view overrides the other requirements of the Companies Act (§ 226(5) CA 1985).

UK: If the financial statements do not include sufficient information to show a true and fair view, then any necessary information must be provided (§ 226(4) CA 1985), or, if necessary, to show a true and fair view, the other requirements of the Companies Act in respect of the balance sheet and the profit and loss account should be departed from, giving reasons and its effect in the notes to the accounts (§ 226(5) CA 1985).

Germany: If special circumstances result in the financial statements not showing a true and fair view, then additional disclosure is required in the notes to the accounts (§ 264(2) HGB).

Für solche Umstände ist das Ausmaß der notwendigen Informationen in UITF 7 beschrieben.

1.4. Zeitpunkt für die Aufstellung, die Feststellung und die Einreichung beim Handelsregister - Kapitalgesellschaften

Das Gesetz schreibt keinen Zeitraum für die Aufstellung und Genehmigung des Jahresabschusses als solches vor.

Gesellschaften sollten jedoch Jahresabschlüsse innerhalb der folgenden Zeiträume beim Handelsregister einreichen:

Üblicher Zeitraum (§ 244(1) CA 1985)	Bei fortgeführten Geschäften und Aktivitäten außerhalb Großbritanniens (§ 244(3) CA 1985)
Public limited companies: 7 Monate	10 Monate
Limited liability companies: 10 Monate	13 Monate

Kapitalgesellschaften müssen den Jahresabschluß innerhalb von drei Monaten nach dem Bilanzstichtag aufstellen, kleine Gesellschaften innerhalb von sechs Monaten (§ 264(1) HGB).

Die Gesellschafter der Gesellschaft mit beschränkter Haftung haben den Jahresabschluß und die Gewinnverwendung innerhalb von acht Monaten, oder, im Fall einer kleinen Gesellschaft, innerhalb von elf Monaten nach dem Bilanzstichtag festzustellen (§ 42a GmbHG).

1.5. Sprache und Währung

Der Jahresabschluß kann auch in einer anderen Sprache und einer anderen Währung aufgestellt werden. Falls dies geschieht, dann ist eine beglaubigte Übersetzung ins Englische beim Handelsregister mit einzureichen (§ 242(1) CA 1985).

Der Jahresabschluß muß in deutscher Sprache und in Deutscher Mark aufgestellt werden (§ 244 HGB).

1.6. Unterzeichnung des Jahresabschlusses

Der Jahresabschluß wird durch die Direktoren genehmigt und durch einen Direktor im Namen aller Direktoren unterzeichnet (§ 233(1) CA 1985).

Der Jahresabschluß ist vom Kaufmann unter Angabe des Datums zu unterzeichnen. Sind mehrere persönlich haftende Gesellschafter vorhanden, so haben sie alle zu unterzeichnen (§ 245 HGB).

Bei einer Kapitalgesellschaft haben die gesetzlichen Vertreter (d.h. alle Mitglieder des Vorstandes bzw. alle Geschäftsführer) zu unterzeichnen.

1.7. Ein Partnership, bei dem jeder Partner eine Kapitalgesellschaft ist

Partnerships, bei denen jeder Partner entweder (i) eine Kapitalgesellschaft oder (ii) eine Personengesellschaft, deren Teilhaber alle Kapitalgesellschaften sind, ist, müssen einen Jahresabschluß aufstellen, als ob sie Kapitalgesellschaften wären (§ 4(1) PUCAR 1993).

In such circumstances, the extent of the detail that should be given is described in UITF 7.

1.4. Deadline for preparation, approval and filing of accounts - incorporated companies

The law does not specify a time period for the preparation and approval of financial statements per se.

However, companies should file financial statements with the Registrar of companies within the following time scale:

Usual period	If carry on business or have interests outside UK
(§ 244(1) CA1985	(§ 244(3) CA 1985)
Public limited companies 7 months	10 months
Private limited companies 10 months	13 months

Incorporated companies are required to prepare financial statements within 3 months of the year end, or for small companies, within 6 months of the financial year end (§ 264(1) HGB).

The shareholders of private limited liability companies are required to approve the financial statements and the appropriation of profits at latest within 8 months, or, in the case of a small company, within 11 months of the year end (§ 42a GmbHG).

1.5. Language and currency

The financial statements may be prepared in another currency and in another language. If so, a certified translation into English should also be filed with the Registrar of Companies (§ 242(1) CA 1985).

The financial statements must be prepared in the German language and be expressed in Deutsche Marks (§ 244 HGB).

1.6. Signing of financial statements

The financial statements should be approved by the Directors, and signed on behalf of the Directors by one of the directors (§ 233(1) CA 1985).

The financial statements must be signed by the businessman and dated. If there are several personally liable partners, then they are all required to sign (§ 245 HGB).

For an incorporated company, the legal representatives (ie all members of the board of directors or alternatively all of the general managers) are required to sign.

1.7. Partnership where each partner is a limited company

Partnerships where each partner is either (i) a limited company or is (ii) an unlimited company each of whose members is a limited company, are required to prepare accounts as if they were limited companies (§ 4(1) PUCAR 1993).

Eine Ausnahme gilt, wenn der Jahresabschluß des Partnerships in den Konzernabschluß eines anderen Unternehmens einbezogen wurde, welches in der EU seinen Sitz hat und dessen Konzernabschluß nach den Vorschriften der Siebten EU-Richtlinie aufgestellt und geprüft wurde (§ 7(1) PUCAR 1993).

1.8. Andere Personengesesellschaften

Außer für Partnerships, bei denen alle Teilhaber Kapitalgesellschaften sind, gibt es keine gesetzliche Vorschrift, daß Personengesellschaften Jahresabschlüsse aufstellen müssen. Werden Jahresabschlüsse jedoch erstellt, um ein den tatsächlichen Verhältnissen entsprechendes Bild zu vermitteln, dann müssen alle FRS und SSAP eingehalten werden.

Personengesellschaften müssen einen Jahresabschluß nach den Grundsätzen ordnungsmäßiger Buchführung (GoB) (§ 243(1) HGB) aufstellen, der aus einer Bilanz (§ 242(1) HGB) und einer Gewinn- und Verlustrechnung (§ 242(2) HGB) besteht.

Der Jahresabschluß hat sämtliche Vermögensgegenstände, Schulden, Rechnungsabgrenzungsposten, Aufwendungen und Erträge zu enthalten, soweit gesetzlich nichts anderes bestimmt ist ("Vollständigkeit") (§ 246(1) HGB).

1.9. Zeitpunkt der Aufstellung des Jahresabschlusses - Personengesellschaften

Sind Partnerships, deren Teilhaber alle Kapitalgesellschaften sind, verpflichtet, Jahresabschlüsse aufzustellen, dann müssen sie dies innerhalb von zehn Monaten nach dem Bilanzstichtag tun (§ 4(2) PUCAR 1993).

Ansonsten gibt es keine gesetzliche Vorschrift für Personengesellschaften, einen Jahresabschluß aufzustellen.

Personengesellschaften haben den Jahresabschluß innerhalb der einem ordnungsmäßigen Geschäftsgang entsprechenden Zeit aufzustellen (§ 243(3) HGB).

1.10. Große Personengesellschaften

Eine Personengesellschaft, die zu ihrem Bilanzstichtag und zu den zwei darauf folgenden Bilanzstichtagen jeweils mindestens zwei der drei nachstehenden Merkmale erfüllt (§ 1 PublG):

Bilanzsumme	> DM 125 Millionen
Umsatzerlöse	> DM 250 Millionen
Durchschnittsanzahl der Arbeitnehmer	> 5000

hat einen Jahresabschluß innerhalb von drei Monaten nach dem Bilanzstichtag unter Beachtung von §§ 265, 266, 268-275, 277, 278, 281, und 282 HGB aufzustellen (§ 5(1) PublG).

Handelt es sich weder um einen Einzelkaufmann noch eine Offene Handelsgesellschaft, dann ist außerdem ein Anhang unter Beachtung von § 284/285 Nr 1-5, 7-13, 286, und 287 HGB aufzustellen (§ 5 (2) PublG).

They are, however, exempt from this requirement if the partnership's accounts have been consolidated into the group accounts of another undertaking registered in the EU whose group accounts have been prepared and audited in accordance with the Seventh EU Directive (§ 7(1) PUCAR 1993).

1.8. Other unincorporated businesses

Except for partnerships where each partner is a limited company, there is no statutory requirement for unincorporated businesses to prepare financial statements. However, if financial statements designed to show a true and fair view are prepared then they should comply with all FRSs and SSAPs.

Unincorporated businesses must prepare financial statements comprising a balance sheet (§ 242(1) HGB) and a profit and loss account (§ 242(2) HGB), in accordance with generally accepted accounting principles (§ 243(1) HGB).

The financial statements should include all assets, liabilities, prepaid expenses, deferred income, revenues and expenses, unless legal provisions provide otherwise (§ 246(1) HGB).

1.9. Deadline for preparation of accounts - unincorporated businesses

If partnerships where each partner is a limited company are required to prepare accounts, they should do so within 10 months of the year end (§ 4 (2) PUCAR 1993).

Otherwise, there is no statutory requirement for unincorporated businesses to prepare financial statements.

Unincorporated businesses are required to prepare financial balance sheets within a period which accords with orderly business conduct (§ 243(3) HGB).

1.10. Large unincorporated businesses

An unincorporated business which at its year end and for the two following year ends achieves two of the following three criteria (§ 1 PublG):

Balance sheet total	> DM 125 million
Annual turnover	> DM 250 million
Average number of employees	> 5000

should prepare accounts within three months of the year end, which should include the requirements of §§ 265, 266, 268-275, 277, 278, 281, and 282 HGB (§ 5(1) PublG).

If it is neither a sole proprietor nor unlimited partnership, it should also prepare notes to the accounts, which should include the requirements of §§ 284, 285 No. 1-5, 7-13, 286, and 287 HGB. § 5 (2) PublG.

Für den obigen Zweck gelten mehrere Handelsgeschäfte eines Einzelkaufmanns, auch wenn sie nicht unter der gleichen Firma betrieben werden, als ein Unternehmen (§ 1(5) PublG).

Verändert sich das Unternehmen durch eine Verschmelzung oder Umwandlung mit einem anderen Unternehmen, das die obengenannten Größenkriterien an den letzten zwei Abschlußstichtagen überschritt, dann gelten diese Vorschriften bereits für den ersten Abschlußstichtag (§ 2(1) PublG).

For the purposes of the above, several trading businesses belonging to a businessman, count as one business, even if they do not do business under the same name (§ 1(5) PublG).

If the business is formed through a merger or reconstruction with another business, which perviously exceeded the above size criteria at its two previous year ends, these rules apply immediately at the first year end (§ 2(1) PublG).

III. VERPFLICHTUNG ZUR AUFSTELLUNG UND ZUR OFFENLEGUNG VON JAHRESABSCHLÜSSEN

2. Verpflichtung zur Aufstellung eines Konzernabschlusses

2.1. Grundsatz

Ein Mutterunternehmen muß einen Konzernabschluß aufstellen, der ein den tatsächlichen Verhältnissen entsprechendes Bild der Vermögenslage und des Gewinns oder des Verlustes des Konzerns vermittelt, es sei denn, es nimmt eine der untenstehenden Ausnahmeregelungen in Anspruch (FRS 2/§ 227(1)(3) CA 1985).

Der Konzernabschluß umfaßt die Konzernbilanz, die Konzern-Gewinn- und Verlustrechnung und den Konzernanhang (§ 227(2)(4) CA 1985).

Ein Mutterunternehmen muß einen Konzernabschluß aufstellen (§ 290(1) HGB), es sei denn, es nutzt eine der untenstehenden Ausnahmeregelungen.

Der Konzernabschluß besteht aus einer Konzernbilanz, einer Konzerngewinn- und Verlustrechnung und einem Konzernanhang (§297(1) HGB).

2.2. Vermittlung eines den tatsächlichen Verhältnissen entsprechenden Bild

Die Pflicht, ein den tatsächlichen Verhältnissen entsprechendes Bild zu vermitteln, hat Vorrang vor allen anderen Vorschriften des Companies Act (§ 227(6) CA 1985).

Enthält der Jahresabschluß nicht genügend Angaben, um ein den tatsächlichen Verhältnissen entsprechendes Bild zu vermitteln, dann müssen die notwendigen Angaben gemacht werden (§ 227(6) CA 1985).

Anderenfalls muß, falls notwendig, um ein solches Bild zu vermitteln, von den anderen Vorschriften des Companies Act in Hinsicht auf die Bilanz und die Gewinn- und Verlustrechnung unter Angabe von Gründen und der Auswirkung der Abweichung im Konzernanhang abgewichen werden (§ 227(6) CA 1985).

Für solche Umstände ist das Ausmaß der notwendigen Informationen in UITF 7 beschrieben.

Der Konzernabschluß hat unter Beachtung der Grundsätze ordnungsmäßiger Buchführung ein den tatsächlichen Verhältnissen entsprechendes Bild der Vermögens-, Finanz- und Ertragslage des Konzerns zu vermitteln (§ 297(2) HGB).

Führen besondere Umstände dazu, daß der Konzernabschluß ein den tatsächlichen Verhältnissen entsprechendes Bild nicht vermittelt, so sind im Konzernanhang zusätzliche Angaben zu machen (§ 297(2) HGB).

2.3. Befreiung von der Pflicht zur Aufstellung eines Konzernabschlusses

Eine Muttergesellschaft ist von der Pflicht zur Aufstellung eines Konzernabschlusses befreit, wenn:

Eine Muttergesellschaft ist von der Pflicht zur Aufstellung eines Konzernabschlusses befreit, wenn:

III. PREPARATION AND PUBLICITY REQUIREMENTS

2. Requirement to prepare Consolidated Accounts

2.1. Requirement to prepare consolidated financial statements

UK: A parent undertaking is required to prepare consolidated financial statements which give a true and fair view of the financial position and profit or loss of the group, unless it uses one of the exemptions below (FRS 2/§ 227(1)(3) CA 1985).

Germany: A parent company is required to prepare consolidated financial statements (§ 290(1) HGB) unless it uses one of the exemptions below.

UK: The consolidated financial statements comprise the consolidated balance sheet, the consolidated profit and loss account, together with the notes to the accounts (§ 227(2)(4) CA 1985).

Germany: The consolidated financial statements comprise the consolidated balance sheet, the consolidated profit and loss account, together with notes to the accounts (§297(1) HGB).

2.2. True and fair view

UK: The requirement that the consolidated accounts show a true and fair view overrides the other requirements of the Companies Act (§ 227(6) CA 1985).

Germany: The consolidated financial statements should, in accordance with generally accepted accounting principles ("GoB"), give a true and fair view of the net worth, financial position, and results of the group (§ 297(2) HGB).

UK: If the consolidated financial statements do not include sufficient information to show a true and fair view, then any necessary information must be provided (§ 227(5) CA 1985).

Germany: If special circumstances result in the consolidated financial statements not showing a true and fair view, then additional disclosure is required in the notes to the accounts (§ 297(2) HGB).

UK: Alternatively, if necessary to show a true and fair view, the other requirements of the Companies Act in respect of the balance sheet and profit and loss account should be departed from, giving reasons and its effect in the notes to the accounts (§ 227(6) CA 1985).

In such circumstances, the extent of the detail that should be given is described in UITF 7.

2.3. Exemptions from the requirement to prepare consolidated financial statements

UK: A parent undertaking is exempt from the requirement to prepare consolidated financial statements where:

Germany: A parent undertaking is exempt from the requirements to prepare consolidated financial statements where:

(i) der Konzern von kleiner oder mittlerer Größe ist (§ 248 CA 1985) (es sei denn, eine Befreiung ist nicht zulässig), d.h. er erfüllt zwei der drei nachstehenden Merkmale im Geschäftsjahr und im vorhergehenden Geschäftsjahr (§ 249 CA 1985):

Klein

	Netto (£)	Brutto (£)
Umsätze	≤ 2.8 Mio	≤ 3.36 Mio
Bilanzsumme	≤ 1.4 Mio	≤ 1.68 Mio
Durchschnittliche Zahl der Arbeitnehmer	≤ 50	≤ 50

Mittelgroß

	Netto (£)	Brutto (£)
Umsätze	≤ 11.2 Mio	≤ 13.44 Mio
Bilanzsumme	≤ 5.6 Mio	≤ 6.72 Mio
Durchschnittlicher Zahl der Arbeitnehmer	≤ 250	≤ 250

(ii) die Muttergesellschaft selbst eine hundertprozentige Tochtergesellschaft ist und

- alle Tochtergesellschaften dürfen oder müssen aus der Konsolidierung ausgeschlossen werden gemäß § 229 CA 1985
- ihre Muttergesellschaft wurde nach EU Recht gegründet, der Jahresabschluß wurde in deren Konzernabschluß einbezogen und dieser Konzernabschluß wurde nach den Vorschriften der Siebten EU-Richtlinie aufgestellt und geprüft (§ 228 (1),(2) CA 1985).

Wird diese Ausnahmeregelung genutzt, dann ist im Anhang anzugeben (§ 228(2) CA 1985):

- Name und Gründungsstaat (oder Anschrift bei Personengesellschaften) des Mutterunternehmens, das den zur Befreiung führenden Konzernabschluß erstellt;
- einen Hinweis auf die Befreiung von der Vorschrift zur Aufstellung eines Konzernabschlusses.

Die Ausnahmeregelung (ii) kann nicht in Anspruch genommen werden, wenn:

(i) der Konzern nicht groß im Sinne des § 293(1) HGB ist (es sei denn, die Muttergesellschaft ist börsennotiert oder hat eine Börsennotierung beantragt (§ 293(5) HGB) d.h. wenigstens zwei der drei nachstehenden Merkmale treffen zum Bilanzstichtag und zum vorherigen Bilanzstichtag zu:

	Netto (DM)	Brutto (DM)
Umsätze	< 106.2 Mio	< 127.44 Mio
Bilanzsumme	< 53.1 Mio	< 63.72 Mio
Durchschnittliche Zahl der Arbeitnehmer	< 500	< 500

(ii) die Muttergesellschaft selbst eine Tochtergesellschaft einer Muttergesellschaft mit Sitz in der Europäischen Union ist, die ihren Konzernabschluß in deutscher Sprache offenlegt, wenn der Jahresabschluß des zu befreienden Unternehmens in diesen Konzernabschluß einbezogen wird und wenn dieser Konzernabschluß alle relevanten Vorschriften bezüglich der Aufstellung des Konzernabschlüsses und der Abschlußprüfer erfüllt (§ 291(1)(2) HGB).

Wird diese Ausnahmeregelung genutzt, dann sind im Anhang anzugeben (§ 291(2) HGB):

- Name und Anschrift der Muttergesellschaft, die den zur Befreiung führenden Konzernabschluß erstellt;
- ein Hinweis auf die Befreiung von der Pflicht zur Aufstellung eines Konzernabschlusses.

Die Ausnahmeregelung (ii) kann nicht in Anspruch genommen werden, wenn (§ 291(3) HGB):

(i) the group is small or medium sized in a financial year (§ 248 CA 1985) (unless it is ineligible for exemption). i.e. if it meets two of the following three conditions in both that financial year and in the previous year (§ 249 CA 1985):

Small

	Net basis (£)	Gross basis (£)
Turnover	≤ 2.8 m	≤ 3.36 m
Gross assets	≤ 1.4 m	≤ 1.68 m
Average numbers of employees	≤ 50	≤ 50

Medium

	Net basis (£)	Gross Basis (£)
Turnover	≤ 11.2 m	≤ 13.44 m
Gross assets	≤ 5.6 m	≤ 6.72 m
Average numbers of employees	≤ 250	≤ 250

(ii) the parent is itself a wholly owned subsidiary, and

- all subsidiaries are permitted or required to be excluded from consolidation by § 229 (5) CA 1985, or

- its immediate parent is established under EU law, if it accounts are consolidated into those consolidated accounts and if those consolidated accounts have been prepared and audited in accordance with the provisions of the Seventh EU directive. (§ 228 (1), (2) CA 1985)

If this exemption is used, should disclose in the notes to the accounts (§ 228(2) CA 1985):

- name and country of incorporation (or address if unincorporated) of the parent undertaking which is preparing the exempting consolidated financial statements;

- a reference to exemption from the need to prepare consolidated financial statements.

Exemption (ii) may not be claimed if:

(i) the group is not large as defined by § 293 (1) HGB (unless the parent company is publicly quoted, or has applied for a public quotation § 293(5) HGB) i.e. at least 2 of the following 3 criteria are not exceeded at the date of the financial statements and the preceding balance sheet date.

	Net (DM)	Gross (DM)
Sales	≤ 106.2 m	≤ 127.44 m
Balance sheet totals	≤ 53.1 m	≤ 63.72 m
Average number of employees	≤ 500	≤ 500

(ii) the parent is itself a subsidiary of a parent resident in the EU, which publishes its consolidated financial statements in German, if its accounts are consolidated into those consolidated financial statements and if those consolidated financial statements comply with the relevant rules regarding preparation of consolidated financial statements and auditors (§ 291 (1)(2) HGB).

If this exemption is used, should disclose in the notes to the accounts (§ 291(2) HGB):

- name and registered address of the parent undertaking which is preparing the exempting consolidated financial statements;

- a reference to exemption from the need to prepare consolidated financial statements.

Exemption (ii) may not be claimed if (§ 291(3) HGB):

(i) Gesellschafter, die wenigstens 5% der Anteile der Gesellschaft halten oder 50% der Minderheitsaktionäre mindestens 6 Monate vor dem Abschlußstichtag die Aufstellung eines Konzernabschlusses gefordert haben (§ 228(1) CA 1985);

(ii) die Aktien der Gesellschaft an einer Börse in der EU notiert sind (§ 228(3) CA 1985);

(i) Gesellschafter mit wenigstens 10 %/20 % der Anteile der Aktiengesellschaft/ Gesellschaft mit beschränkter Haftung mindestens 6 Monate vor dem Abschlußstichtag die Aufstellung eines Konzernabschlusses gefordert haben; oder

(ii) die Muttergesellschaft wenigstens 90% an der zu befreienden Muttergesellschaft besitzt - dann müssen die anderen Gesellschafter der Befreiung zustimmen;

(iii) die Muttergesellschaft eine Tochtergesellschaft einer anderen Muttergesellschaft mit Sitz außerhalb der EU ist, die einen Konzernabschluß in deutscher Sprache ver-öffentlicht, in deren Konzernabschluß der Jahresabschluß der Tochtergesellschaft ein-bezogen worden ist und deren Konzernabschluß nach den gesetzlichen Vorschriften eines Mitgliedsstaates der EU oder eines mit dem Recht eines EU-Mitgliedsstaates gleichgestellten Rechtes aufgestellt worden ist (§§ 1, 2 KonBefrV).

Wird diese Ausnahmeregelung in Anspruch genommen, dann sind im Anhang anzugeben (§§ 1, 2 KonBefrV):

- der Name und die Anschrift der Muttergesellschaft, die den relevanten Konzernabschluß aufgestellt hat;
- ein Hinweis auf die Befreiung von der Pflicht zur Aufstellung eines Konzernabschlusses.

2.4. Pflicht zur Aufstellung eines Konzernabschlusses

2.4.1. *Partnerships, bei denen jeder Teilhaber eine Kapitalgesellschaft ist*

Partnerships, bei denen jeder Partner entweder (i) eine Kapitalgesellschaft oder (ii) eine Personengesellschaft, deren Teilhaber alle Kapitalgesellschaften sind, ist, müssen einen Jahresabschluß aufstellen, als ob sie Kapitalgesellschaften wäre (§ 4(1) PUCAR 1993).

Eine Ausnahme gilt, wenn der Jahresabschluß des Partnerships in den Konzernabschluß eines anderen Unternehmens einbezogen wurde, das in der EU seinen Sitz hat und dessen Konzernabschluß nach den Vorschriften der Siebten EU-Richtlinie aufgestellt und geprüft wurde (§ 7(1) PUCAR 1993).

(i) shareholders holding at least 5% of the total shares, or 50% of the minority's shares have requested at least 6 months before the year end that consolidated accounts be prepared (§ 228(1) CA 1985);

(i) shareholders holding at least 10%/20% of public limited companies/limited liability companies respectively have requested at least 6 months before the year end that consolidated accounts be prepared; or

(ii) if the parent owns at least 90% of the parent to be exempted, only if the other shareholders have agreed to the exemption;

(ii) the company's shares are listed on any EU Stock Exchange (§ 228(3) CA 1985);

(iii) the parent is a subsidiary of a parent resident outside of the EU, which publishes consolidated financial statements in German, if its accounts are consolidated into those financial statements and if those financial statements have been prepared and audited in accordance with the law of an EU member state, or with law of a similar status to that of an EU member state (§§ 1, 2 KonBefrV)

If this exemption is claimed, the notes to the accounts should disclose (§§ 1,2 KonBefrV):

- the name and address of the parent company that has prepared the relevant consolidated financial statements
- reference to the exemption from the requirement to prepare consolidated financial statements.

2.4. Requirement to prepare consolidated financial statements

2.4.1. *Partnerships where each partner is a limited company*

Partnerships where each partner is either (i) a limited company or (ii) an unlimited company each of whose members is a limited company, are required to prepare consolidated accounts as if they were limited companies, unless use is made of one of the exemptions above (§ 4(1) PUCAR 1993) unless the partnership's accounts have been consolidated into the group accounts of another undertaking registered in the EU, whose group accounts have been prepared and audited in accordance with the Seventh EU Directive (§ 7(1) PUCAR 1993).

2.4.2. *Andere Personengesellschaften*

In jedem anderen Fall hat eine Personengesellschaft einen Konzernabschluß aufzustellen, wenn ein den tatsächlichen Verhältnissen entsprechendes Bild vermittelt werden soll, es sei denn, die Gesellschaft ist von kleiner oder mittlerer Größe (FRS 2), d.h. sie erfüllt nicht zwei der drei nachstehenden Merkmale im Geschäftsjahr und im vorhergehenden Geschäftsjahr (§ 248 CA 1985):

	Netto (£)	Bruttobasis (£)
Umsätze	> 11.2 Mio	> 13.44 Mio
Bilanzsumme	> 5.6 Mio	> 6.72 Mio
Durchschnitts-anzahl der Arbeitnehmer	> 250	> 250

Steht eine Personengesellschaft unter einheitlicher Leitung einer anderen Personengesellschaft mit Sitz in Deutschland, dann muß das Mutter-unternehmen einen Konzernabschluß dann aufstellen, wenn es groß ist (§ 11 PublG), d. h. wenn es für drei aufeinander folgenden Abschlußschlußstichtage mindestens zwei der folgenden drei Merkmale erfüllt (§ 11(1) PublG):

Bilanzsumme	> DM 125 Millionen
Konzernumsätze	> DM 250 Millionen
Durchschnitts-anzahl der Arbeitnehmer	> 5000

Es ist nicht notwendig, daß das Mutterunternehmen eine Beteiligung an dem betreffenden Unternehmen hält (§ 11 PublG).

Konzernabschlüsse müssen die Vorschriften von § 294-314 HGB erfüllen (§ 13(2) PublG). Es besteht keine Pflicht zur Erfüllung der Vorschriften der § 279(1), 280, 314 Nr 5, 6 HGB/(§ 13(3) PublG).

2.5. Zeitpunkt der Aufstellung, Feststellung und Einreichung des Konzernabschlusses beim Handelsregister

Das Gesetz schreibt keinen Zeitraum für die Aufstellung und Genehmigung des Konzernabschlusses als solches vor.

Gesellschaften sollten jedoch Konzernabschlüsse innerhalb der folgenden Zeiträume beim Handelsregister einreichen:

Üblicher Zeitraum (§ 244(1) CA 1985)	Bei fortgeführten Geschäften und Aktivitäten außerhalb Großbritanniens (§ 244(3) CA 1985)
Public limited companies: 7 Monate	10 Monate
Limited liability companies: 10 Monate	13 Monate

Müssen Partnerships, deren Teilhaber Kapitalgesellschaften sind, einen Konzernabschluß aufstellen, dann müssen sie das innerhalb von 10 Monaten nach dem Bilanzstichtag tun (§ 4(2) PUCAR 1993).

Müssen Muttergesellschaften und große Personengesellschaften Konzernabschlüsse aufstellen, dann hat dies innerhalb von fünf Monaten nach dem Abschlußstichtag zu erfolgen (§ 290(1) HGB/§ 13(1) PublG).

2.4.2. *Other unincorporated businesses*

Otherwise, an unincorporated business should prepare consolidated accounts if the financial statements are required to show a true and fair view unless it is small or medium sized (FRS 2), i.e. unless it does not meet two of the following three conditions for both the financial year and the previous financial year (§ 249 CA 1985):

	Net basis (£)	Gross basis (£)
Turnover	> 11.2 m	> 13.44 m
Gross assets	> 5.6 m	> 6.72 m
Average number of employees	> 250	> 250

If a business is under the uniform control of an unincorporated business, whose registered address is in Germany, then the parent business is required to prepare consolidated accounts if it is large (§ 11(1) PublG), i.e. for three consecutive year ends at least 2 of the following 3 criteria are applicable (§ 11(1) PublG):

Group balance sheet total	> DM 125 million
Group annual turnover	> DM 250 million
Average number of employees	> 5000

It is not necessary that the parent undertaking holds a participation in the business (§ 11 PublG).

Group accounts should include the requirements of §§ 294-314 HGB (§ 13(2) PublG). However, it is not mandatory to include the requirements of §§ 279 (1), 280, 314 No. 5, 6 HGB (§ 13(3) PublG).

2.5. Deadline for preparation, approval and filing of consolidated financial statements

The law does not specify a time period for the preparation and approval of consolidated financial accounts per se.

However, companies should file consolidated financial statements with the register of companies within the following time scale:

Usual period	If carry on business or have interests outside UK
(§ 244(1) CA 1985	(§ 244(3) CA 1985)
Public limited companies: 7 months	10 months
Private limited companies: 10 months	13 months

If partnerships where each partner is a limited company are required to prepare consolidated accounts, they should do so within 10 months of the year end (§ 4(2) PUCAR 1993).

If parent companies and large unincorporated businesses are required to prepare consolidated financial statements, then these should be prepared within 5 months of the year end (§ 290(1) HGB/§ 13 (1) PublG).

III. VERPFLICHTUNG ZUR AUFSTELLUNG UND ZUR OFFENLEGUNG VON JAHRESABSCHLÜSSEN

3. Lagebericht

3.1. Erforderliche Mindestangaben

GROSSBRITANNIEN	DEUTSCHLAND
Jedes Unternehmen muß einen Lagebericht erstellen, der mindestens enthalten soll (§ 234(1) CA 1985):	Jede Kapitalgesellschaft außer kleinen Gesellschaften (§ 264(1) HGB) und jede große Personengesellschaft (ausgenommen Einzelkaufleute und Offene Handelsgesellschaften) (§ 5(1) PublG) hat einen Lagebericht aufzustellen, der mindestens enthalten muß:
(i) eine angemessene Darstellung der Entwicklung der Geschäfte während des Jahres und der Lage zum Ende des Jahres;	(i) eine Beschreibung des Geschäftsverlaufes und der Lage der Gesellschaft in einer Weise, daß ein den tatsächlichen Verhältnissen entsprechendes Bild vermittelt wird (§ 289(1) HGB/Konzern - § 315(1) HGB).
(ii) die vorgeschlagene Ausschüttung;	
(iii) die vorgeschlagene Einstellung in die Rücklagen.	

3.2. Zusätzliche Pflichtangaben

GROSSBRITANNIEN	DEUTSCHLAND
Es sind zusätzlich anzugeben:	Er soll auch eingehen auf (§ 289(2) HGB/Konzern - § 315(2) HGB):
(i) Einzelheiten über Vorgänge von Bedeutung nach dem Abschlußstichtag (§ 6 Sch 7 CA 1985);	(i) Vorgänge von besonderer Bedeutung, die nach dem Schluß des Geschäftsjahres eingetreten sind;
(ii) ein Hinweis auf die wahrscheinliche zukünftige Entwicklung des Geschäfts (§ 6 Sch 7 CA 1985);	(ii) die voraussichtliche Entwicklung der Kapitalgesellschaft;
(iii) falls zutreffend, ein Hinweis auf die Aktivitäten bezüglich Forschung und Entwicklung (§ 6 Sch 7 CA 1985);	(iii) den Bereich Forschung und Entwicklung;
(iv) einen Vermerk über das Vorhandensein von Niederlassungen außerhalb Großbritanniens (§ 6 Sch 7 CA 1985);	(iv) einen Hinweis auf bestehende Niederlassungen der Muttergesellschaft (§ 289(2) HGB).
(v) beim Kauf eigener Anteile, alle Einzelheiten über die erworbenen Anteile (§§ 7,8 Sch 7 CA 1985);	
(vi) Einzelheiten über Spenden an politische Parteien in Großbritannien und die Gesamtsumme der Spenden für wohltätige Zwecke (§§ 3,4 Sch 7 CA 1985);	

III. PREPARATION AND PUBLICITY REQUIREMENTS

3. Director's Report

3.1. Minimum required contents

UK	GERMANY
Every company is required to prepare a directors' report, which should as a minimum contain (§ 234 (1) CA 1985):	All incorporated companies, except for small companies (§ 264(1) HGB) and all large unincorporated companies (except for sole proprietors and unlimited partnerships) (§ 5(1) PublG) should prepare a management report, which should as a minimum contain:
(i) a fair view of the development of the business during the year and of the position at the end of the year;	(i) a description of the development of the business and the situation of the company in such a manner as to provide a true and fair view (§ 289(1) HGB/Group - § 315(1) HGB).
(ii) the recommended dividend;	
(iii) proposed transfer to reserves.	

3.2. Disclosure requirements

UK	GERMANY
It should also disclose:	It should also comment on (§ 289(2) HGB/Group - § 315(2) HGB):
(i) particulars of any important events affecting the company since the year end (§ 6 Sch 7 CA 1985);	(i) post balance sheet events of particular importance;
(ii) an indication of the likely future developments in the business (§ 6 Sch 7 CA 1985);	(ii) the anticipated development of the company;
(iii) an indication of activities in the field of research and development, if any (§ 6 Sch 7 CA 1985);	(iii) the area of research and development;
(iv) an indication of the existence of branches outside the UK (§ 6 Sch 7 CA 1985);	(iv) an indication of existing registered branches of the parent company (§ 289(2) HGB);
(v) where a company purchases its own shares, should disclose various details of the shares purchased (§§ 7,8 Sch 7 CA 1985);	
(vi) details of UK political donations and total of charitable donations (§§ 3,4 Sch 7 CA 1985);	

(vii) eine Darstellung der Firmenpolitik bezüglich von Einstellungen, Ausbildung, Karriereförderung und die Unterstützung von Behinderten (§ 9 Sch 7 CA 1985);

(viii) eine Darstellung der unternommenen Anstrengungen zur Einführung, Beibehaltung und Weiterentwicklung von Vereinbarungen, die der Einbeziehung der Arbeitnehmer in die Angelegenheiten der Firma dienen (§ 11 Sch 7 CA 1985).

(N.B. Die obigen zwei Angaben sind nicht notwendig, wenn die Arbeitnehmeranzahl in Großbritannien 250 nicht überschreitet).

(ix) die Tatsache, daß eine Versicherung durch die Gesellschaft abgeschlossen worden ist (wie erforderlich nach § 310(3) CA 1985), um die Führungskräfte und Wirtschaftsprüfer gegen Haftungsfälle im Zusammenhang mit der Gesellschaft zu versichern (§ 5A Sch 7 CA 1985);

(x) der Name der Person, die den Lagebericht im Namen des Board unterzeichnet (§ 234 A(2) CA 1985);

Die folgenden Angaben sind ebenfalls zu machen:

(i) die Namen der Direktoren, die zu irgendeiner Zeit des Geschäftsjahres im Amt waren (§ 234(2) CA 1985);

Die Namen aller Mitglieder des Leitungsorgans und eines Aufsichtsrates sind im Anhang anzugeben (§ 285 Nr. 10 HGB).

(ii) die Hauptaktivitäten der Gesellschaft und wesentliche Veränderungen während des Geschäftsjahres (§ 234(2) CA 1985);

(iii) wesentliche Veränderungen im Anlagevermögen während des Geschäftsjahres (§ 1 (1) Sch 7 CA 1985);

(iv) falls wesentlich, der Unterschiedsbetrag zwischen den Marktwerten und den Buchwerten von Grundstücken und Gebäuden (§ 1(2) Sch 7 CA 1985);

(v) die Anteile im Besitz von Direktoren in Form von Kapitalanteilen oder Wandelschuldverschreibungen an Konzernunternehmen zu Beginn und zum Ende des Geschäftsjahres, für alle zum Ende des Jahres im Amt befindlichen Direktoren. (Diese Angabe kann auch im Anhang erfolgen) (§§ 2,2A Sch 7 CA 1985);

(vii) a statement as to policy for employment, training, career development and promotion of disabled people (§ 9 Sch 7 CA 1985);

(viii) a statement describing action taken during the year to introduce, maintain or develop arrangements aimed at involving employees in the company's affairs (§ 11 Sch 7 CA 1985).

(N.B. the above two are not necessary if the number of UK employees does not exceed 250).

(i) the fact that insurance has been taken out by the company (as required by § 310(3) CA 1985) for its officers or auditors against liabilities in relation to the company (§ 5A Sch 7 CA 1985);

(ii) the name of the person signing the directors' report on behalf of the board (§ 234A(2) CA 1985).

The following should also be disclosed:

(i) the names of the directors during any part of the year (§ 234(2) CA 1985);

The names of all members of the management body and of a supervisory board should be disclosed in the notes to the accounts (§ 285 No. 10 HGB).

(ii) the principal activities of the company and significant changes during the year (§ 234 (2) CA 1985);

(iii) significant changes in fixed assets during the year (§ 1(1) Sch 7 CA 1985);

(iv) if significant, should indicate the difference between market value and book amount of land and buildings (§ 1(2) Sch 7 CA 1985);

(v) directors' interests in shares or debentures of any member of the group at the beginning and the end of the year, to be given for directors at the end of the year. (This information may also be given in the notes to the accounts.) (§§ 2,2A Sch 7 CA 1985);

(vi) Einzelheiten über Optionen zum Erwerb von Kapitalanteilen oder Wandelschuldverschreibungen, die während des Geschäftsjahres einem Direktor (oder seinen engsten Familienmitgliedern) gewährt oder durch diese ausgeübt wurden; für alle Direktoren, die zum Ende des Jahres im Amt waren. (Diese Angabe kann auch im Anhang gemacht werden). (§ 2B Sch 7 CA 1985).

Unter der Maßgabe, daß es keinen formellen Beherrschungsvertrag gibt, haben die Vorstandsmitglieder einer abhängigen Aktiengesellschaft offiziell im Lagebericht zu erklären, ob die Gesellschaft eine angemessene Gegenleistung für alle Geschäftsvorfälle mit verbundenen Unternehmen erhalten hat und daß die Gesellschaft keinen Nachteil erlitten hat (oder daß der erlittene Nachteil ausgeglichen wurde) (§ 312(3) AktG).

3.3. Konzernlagebericht

Muttergesellschaften müssen einen Konzernlagebericht aufstellen, der die obengenannten Informationen für die Muttergesellschaft und ihre Tochterunternehmen als ganzes enthält (§ 234(1) und Sch 7 Ca 1985).

Muttergesellschaften in der Form von Kapitalgesellschaften oder großen Personengesellschaften müssen einen Konzernlagebericht erstellen (§ 290(1) HGB/ § 13(2) PublG).

Die Mindestangaben im Konzernlagebericht sind grundsätzlich die obengenannten für den Konzern als ganzes (abgesehen von den Angaben über die Niederlassungen) (§ 315 HGB).

(vi) details of share or debenture options granted during the year to, or exercised by, a director (or his immediate family) to be given in respect of directors at the end of the year. (This information may also be given in the notes to the accounts) (§ 2B Sch 7 CA 1985).

Unless there is a formal control contract, the directors of a dependent public company are required to formally declare in the director's report whether the company received adequate compensation for all transactions conducted with affiliated enterprises, and that the company was not disadvantaged (or that the disadvantage was compensated) (§ 312(3) AktG).

3.3. Group directors' report

Parent companies should prepare a directors report which should basically contain the above information for the company and its subsidiary undertakings as a whole (§ 234(1) and Sch 7 CA 1985).

Parent companies and parent large unincorporated businesses are required to prepare a group management report (§ 290(1) HGB/§ 13(2) PublG).

The minimum contents of the group management report are basically the same as the above, but for the group as a whole (except for the information about branches). (§ 315 HGB)

III. VERPFLICHTUNG ZUR AUFSTELLUNG UND ZUR OFFENLEGUNG VON JAHRESABSCHLÜSSEN

4. Bericht über die Beziehungen zu verbundenen Unternehmen (Abhängigkeitsbericht)

4.1. Einleitung

Entsprechend deutschen Gesetzen darf eine beherrschende Gesellschaft (solange kein formaler Beherrschungsvertrag besteht) keine Geschäftsbeziehungen zu Aktiengesellschaften (AG oder KGaA) unterhalten, die der Aktiengesellschaft zum Nachteil gereichen, es sei denn, der Nachteil wird ausgeglichen (§ 311 AktG).

Eine Gesellschaft ist abhängig, wenn eine beherrschende Gesellschaft mittelbar oder unmittelbar einen beherrschenden Einfluß ausüben kann (§ 17 AktG).

4.2. Pflicht zur Aufstellung des Berichtes

Es gibt in Großbritannien keine gesetzliche Vorschrift, einen Bericht über die Beziehungen zu verbundenen Unternehmen zu erstellen.

Solange kein formeller Beherrschungsvertrag besteht, hat der Vorstand einer abhängigen Aktiengesellschaft einen Bericht über die Verhältnisse mit verbundenen Unternehmen innerhalb von drei Monaten nach dem Abschlußstichtag zu erstellen (§ 312(1) AktG).

4.3. Inhalt des Berichts

Der Bericht hat alle Geschäfte offenzulegen, die im Geschäftsjahr zwischen der Gesellschaft und (§ 312 (1) AktG):

(i) einem beherrschenden Unternehmen;

(ii) einem herrschenden Unternehmens mit dem verbundenen Unternehmen

stattgefunden haben.

(iii) Außerdem sind Geschäfte anzugeben, die auf Anforderung oder im Interesse des beherrschenden Unternehmens abgeschlossen wurden, unter Angabe:

- der Gründe dafür;
- von Vor- oder Nachteilen für die Gesellschaft;
- wie Nachteile ausgeglichen worden sind.

III. PREPARATION AND PUBLICITY REQUIREMENTS

4. Report on relationships with Affiliated Undertakings

4.1. Introduction

GERMANY: In accordance with German law, unless there is a formal control contract, a controlling undertaking may not transact business with a public company (AG or KGaA) to that company's disadvantage, unless the disadvantage is compensated (§ 311 AktG).

A company is dependent, if a controlling undertaking is able directly or indirectly to exercise a controlling influence (§ 17 AktG).

4.2, Requirement to prepare report

UK: There is no requirement in the UK to prepare a separate report on relationships with affiliated companies.

GERMANY: Unless there is a formal control contract, the board of directors of a dependent public limited company is required to prepare a report on relationships with affiliated undertakings, within three months of the year end (§ 312(1) AktG).

4.3. Contents of the report

GERMANY: The report should disclose all business transacted in the financial year between the company and (§ 312 (1) AktG):

(i) a controlling undertaking;

(ii) an undertaking related to the controlling undertaking

(iii) Business transacted at the request, or in the interests of, the controlling undertaking, together with:

- the reasons therefore;
- any advantages or disadvantages to the company;
- how any disadvantages were compensated.

Die Vorstandsmitglieder haben im Abhängigkeitsbericht festzustellen, daß die Gesellschaft angemessene Gegenleistungen für alle Geschäftsabschlüsse mit dem verbundenen Unternehmen erhalten hat und daß die Gesellschaft keine Nachteile erlitten hat (oder daß Nachteile ausgeglichen wurden) (§ 312 (3) AktG).

The directors are required to formally declare in the management report whether the company received adequate compensation for all transactions conducted with the affiliated undertaking, and that the company was not disadvantaged (or that the disadvantage was compensated) (§ 312(3) AktG).

III. VERPFLICHTUNG ZUR AUFSTELLUNG UND ZUR OFFENLEGUNG VON JAHRESABSCHLÜSSEN

5. Publizitätsvorschriften

5.1. Pflicht zur termingerechten Einreichung beim Handelsregister

Großbritannien:

Gesellschaften müssen ihren Jahresabschluß beim Registrar of Companies (Handelsregister) einreichen (§ 242(1) CA 1985).

Die Termine sind (§ 244(1) CA 1985):

- für eine Public company: 7 Monate nach dem Bilanzstichtag
- für eine Private company: 10 Monate nach dem Bilanzstichtag.

Dies kann auf Antrag auf 10 bzw. 13 Monate verlängert werden, wenn die Gesellschaft ihre Geschäfte weiterhin fortführt und Interessen außerhalb Großbritanniens verfolgt (§ 244(3) CA 1985).

Deutschland:

Kapitalgesellschaften müssen ihren Jahresabschluß zusammen mit ihrem Lagebericht, dem Bericht des Abschlußprüfers, dem Bericht des Aufsichtsrates (falls zutreffend), dem Vorschlag zur Gewinnverwendung und dem entsprechenden Gesellschafterbeschluß ohne Verzögerung nach der Vorlage bei den Gesellschaftern und spätestens neun Monate nach dem Bilanzstichtag beim Handelsregister einreichen (§ 325(1) HGB).

Falls zutreffend, betrifft dies auch den Konzernabschluß (§ 325(1) HGB).

Gesellschaften sind von der Vorschrift zur Einreichung einer Gewinnverwendung befreit, wenn als Ergebnis dieser Angabe der Gewinnanteil einer Einzelperson, die gleichzeitig ein Gesellschafter ist, veröffentlicht werden würde (§ 325(1) HGB).

Sofort nach der Einreichung müssen die gesetzlichen Vertreter im Bundesanzeiger veröffentlichen, bei welchem Handelsregister und unter welcher Nummer die Dokumente eingereicht worden sind (§ 325(1) HGB).

Werden Angaben im Jahresabschluß in einer anderen Währung als Deutscher Mark gemacht, dann ist der Stichtagskurs für die Umrechnung zu nutzen und der Wechselkurs ist im Anhang zu vermerken (§ 328(4) HGB).

5.2. Vereinfachte Jahresabschlüsse für kleine und mittlere Gesellschaften

Großbritannien:

Kleine und mittlere Gesellschaften (die keine Public companies oder bestimmte andere spezielle Gesellschaften sind) dürfen vereinfachte Jahresabschlüsse einreichen (§ 246(1) und Sch 8 CA 1985).

Um als klein oder mittelgroß zu gelten, darf eine Gesellschaft zwei der drei nachstehenden Grenzen im Geschäftsjahr und im vorhergehenden Geschäftsjahr nicht überschreiten (§ 247 CA 1985):

Deutschland:

Kleine und mittlere Gesellschaften dürfen vereinfachte Jahresabschlüsse einreichen (§ 326, 327 HGB).

Eine Gesellschaft gilt als klein oder mittelgroß, wenn sie zwei der drei nachstehenden Bedingungen im Geschäftsjahr und im vorhergehenden Geschäftsjahr erfüllt (§ 267(1),(2) HGB), es sei denn, es handelt sich um eine börsennotierte Gesellschaft (§ 267(3) HGB):

III. PREPARATION AND PUBLICITY REQUIREMENTS

5. Publicity Requirements

5.1. Requirement to file financial statements including deadline

UK

Companies are required to file financial statements, directors report and auditors report with the Register of Companies (§ 242(1) CA 1985).

The deadlines are (§ 244(1) CA 1985):

- for a public company: 7 months after the balance sheet date
- for a private company: 10 months after balance sheet date

This may be extended, by application, to 10 and 13 months respectively if the company carries on business or has interests outside the UK (§ 244(3) CA 1985).

GERMANY

Limited companies are required to file with the Commercial Register the financial statements together with the management report, the auditors' report, the report of the supervisory board (if any), and the proposal for the appropriation of profits and the appropriate resolution, without delay following their presentation to the shareholders, and at latest nine months after the balance sheet date (§ 325(1) HGB).

This should also include the consolidated financial statements, if applicable (§ 325(3) HGB).

However, companies are exempt from the requirement to file the appropriation of profits if as a result of this information, the proportion of profits drawn by an individual who is also a shareholder would be disclosed (§ 325(1) HGB).

Immediately after filing, the legal representatives must publish in the Federal Gazette, in which Commercial Register and under which number these documents have been filed (§ 325(1) HGB).

If the information in the financial statements is given in another european currency other than DM, then the year end exchange rate should be the basis used, and the rate should be disclosed in the notes to the accounts (§ 328(4) HGB).

5.2. Modified accounts for small and medium-size companies

UK

Small and medium-sized companies (which are not public companies or certain other specialist companies) may file modified accounts (§ 246(1), and Sch 8 CA 1985).

To qualify as small or medium-sized, a company should be within at least 2 of the following 3 threshholds in its financial year and its financial preceding year (§ 247 CA 1985):

GERMANY

Small and medium-size companies (which are not public companies and certain other specialist companies) may file modified accounts (§ 326, 327 HGB).

A company qualifies as small or medium-sized in a financial year if it meets any two of the following three conditions in both that financial year and in the preceding year (§ 267(1),(2) HGB), unless it is a quoted company (§ 267(3) HGB):

	Klein	Mittelgroß
Umsätze	≤ £ 2.8 Mio	≤ £ 11.2 Mio
Bilanzsumme	≤ £ 1.4 Mio	≤ £ 5.6 Mio
Durchschnitts-anzahl der Arbeitnehmer	≤ 50	≤ 250

Die Abschlußprüfer haben dem vereinfachten Jahresabschluß einen Bericht beizufügen, in dem vermerkt wird, ob nach ihrer Meinung die Direktoren einen vereinfachten Jahresabschluß einreichen dürfen oder nicht (§ 24 Sch 8 CA 1985).

Für kleine Gesellschaften gilt (Sch 8 CA 1985):

(i) es gibt keine Pflicht, eine Gewinn- und Verlustrechnung oder einen Lagebericht einzureichen;

(ii) eine verkürzte Bilanz kann aufgestellt werden;

(iii) es werden nur verkürzte Angaben im Anhang gefordert;

(iv) Einzelheiten über die Bezüge der Direktoren sind nicht erforderlich.

Für mittelgroße Gesellschaften gilt (Sch 8 CA 1985):

(i) eine vereinfachte Gewinn- und Verlustrechnung ist einzureichen (beginnend mit dem Rohergebnis; Aufgliederungen des Umsatzes und des Gewinns müssen nicht vorgenommen werden);

(ii) die Bilanz, der Lagebericht und der Anhang sind vollständig einzureichen.

	Klein	Mittelgroß
Umsätze	≤ DM 10.62 Mio	≤ DM 42.48 Mio
Bilanzsumme	≤ DM 5.31 Mio	≤ DM 21.24 Mio
Durchschnitts-anzahl der Arbeitnehmer	≤ 50	≤ 250

Entsteht die Gesellschaft im Geschäftsjahr durch Fusion, Restrukturierung oder Neugründung, dann sind die obengenannten Merkmale bereits auf den ersten Bilanzstichtag anzuwenden (§ 267(4) HGB).

Kleine Gesellschaften brauchen nur eine abgekürzte Bilanz, einen Anhang, das Jahresergebnis (ohne eine ausführliche Gewinn- und Verlustrechnung), den Vorschlag zur Gewinnverwendung und den Beschluß zur Gewinnverwendung innerhalb von zwölf Monaten nach den Bilanzstichtag einreichen (§ 326 HGB).

Kleine Gesellschaften brauchen die Angaben gemäß §§ 284(2) Nr 4, 285 Nr. 2-5, Nr. 7, Nr. 8a, Nr. 9a, Nr. 9b und Nr. 12 HGB nicht zu machen (§ 288 HGB).

Mittelgroße Gesellschaften müssen die vollständigen Angaben einreichen außer wenn:

(i) eine abgekürzte Bilanz zulässig ist (§ 327 HGB);

(ii) die Aufgliederung nach Tätigkeitsbereichen und geographischen Märkten gemäß § 285 Nr. 4 HGB weggelassen werden kann (§ 288 HGB);

(iii) der Anhang nicht die Angaben enthalten muß, die laut § 285 Nr 2, 5, 8a und 12 HGB erforderlich sind (§ 327 HGB).

	Small	Medium
Turnover	≤ £ 2.8m	≤ £ 11.2m
Gross assets	≤ £ 1.4m	≤ £ 5.6m
Average number of employees	≤ 50	≤ 250

	Small	Medium
Sales	≤ DM 10.62m	≤ DM 42.48m
Gross assets	≤ DM 5.31m	≤ DM 21.24m
Average number of employees	≤ 50	≤ 250

However, when companies are merged, restructured, or newly formed, the above criteria are applied for the first balance sheet date (§ 267(4) HGB).

The auditors are required to attach a report to the modified accounts stating whether or not, in their opinion, the directors are entitled to file modified accounts (§ 24 Sch 8 CA 1985).

For small companies (Sch 8 CA 1985):

(i) there is no requirement to file a profit and loss account or directors' report;

(ii) an abbreviated balance sheet may be prepared;

(iii) only modified information is required in the notes to the accounts;

(iv) particulars of directors emoluments are not required.

For small companies, only an abbreviated balance sheet and notes to the accounts, together with the net results for the year (but not a detailed profit and loss account), the proposal for the appropriation of profits, and the appropriate resolution therefor, should be filed, within twelve months of the balance sheet date (§ 326 HGB).

Small companies do not need to disclose the information required by §§ 284 (2) No. 4, 285 No. 2, 8a, No. 9a, No. 9b, and No. 12 HGB (§ 288 HGB).

For medium companies (Sch 8 CA 1985):

(i) a modified profit and loss account is required (commencing with "gross profit" and segmental analyses of turnover and profit need not be given;

(ii) otherwise the balance sheet, directors' report and notes to the accounts are required in full.

For medium-sized companies, the full information is required to be filed, except that:

(i) an abbreviated (small company) balance sheet is permissable (§ 327 HGB);

(ii) they do not need to disclose the segmental information required by § 285 No. 4 HGB (§ 288 HGB);

(iii) they do not need to file the information in its notes to the accounts required by §§ 285 No. 2, 5, 8a, and 12 HGB (§ 327 HGB).

5.3. Besondere Vorschriften für Personengesellschaften

5.3.1. *Partnerships, bei denen jeder Teilhaber eine Kapitalgesellschaft ist*

Außer wenn der Jahresabschluß des Partnerships in den nach den Vorschriften der Siebten EU-Direktive aufgestellten und geprüften Konzernabschluß (§ 7(1) PUCAR 1993) eines anderen Unternehmens mit Sitz in der EU einbezogen worden ist:

(i) ist jeder Teilhaber in der Rechtsform einer Kapitalgesellschaft verpflichtet, ein Exemplar des Jahresabschlusses des Partnerships an seinen eigenen anzuhängen (§ 5(1) PUCAR 1993);

(ii) sind Partnerships, bei der jeder Partner eine Kapitalgesellschaft ist, die außerhalb Großbritanniens gegründet worden ist, verpflichtet, einen Jahresabschluß beim Handelsregister einzureichen. (Diese Vorschrift gilt nicht, wenn der letzte Jahresabschluß des Partnerships an den Jahresabschluß eines Teilhabers angehängt und nach dem Recht seines Heimatstaates und unter Beachtung der Vorschriften der vierten und siebten EU-Richtlinie veröffentlicht worden ist (§ 6 (1),(2) PUCAR 1993).

5.3.2. *Andere Personengesellschaften*

Ansonsten gibt es keine Vorschriften für Personengesellschaften, ihren Jahresabschluß bei Registrar of Companies (Handelsregister) einzureichen.

Große Personengesellschaften müssen das Handelsregister informieren (§ 2(2) PublG), wenn zwei der drei folgenden Größenkriterien im Geschäftsjahr und zu den beiden folgenden Abschlußstichtagen überschritten wurden (§ 1 PublG):

Umsätze	> DM 250 Millionen
Bilanzsumme	< DM 125 Millionen
Durchschnittsanzahl der Arbeitnehmer	> 5000

Entsteht das Unternehmen durch eine Fusion oder eine Umwandlung mit einem anderen Unternehmen, das die obigen Kriterien bereits zu den zwei vorhergehenden Bilanzstichtagen erfüllte, dann kommt die Vorschrift zum ersten Bilanzstichtag zur Anwendung (§ 2(1) PublG).

Der Jahresabschluß, zusammen mit dem Lagebericht, dem Bericht der Abschlußprüfer, dem Bericht des Aufsichtsrates, dem Vorschlag zur Gewinnverwendung und dem entsprechenden Gesellschafterbeschluß sind spätestens neun Monate nach dem Bilanzstichtag beim Handelsregister einzureichen (§ 9 (1) PublG).

5.3. Particular requirement for partnerships

5.3.1. *Partnerships where each partner is a limited company*

Except where the partnerships accounts have been consolidated into the group accounts of another undertaking registered in the EU, whose group accounts have been prepared and audited in accordance with the Seventh EU Directive (§ 7(1) PUCAR 1993):

(i) for partnerships where each partner is a limited company, each limited company partner is required to append a copy of the partnership's accounts to its own annual accounts (§ 5(1) PUCAR 1993).

(ii) partnerships where each partner is a limited company incorporated outside of the United Kingdom are required to file accounts with the Register of Companies, (unless the latest accounts of the partnership are appended to the accounts of one of its members and published under the law of the member's country of incorporation and in accordance with the provisions of the Fourth or Seventh EU Directive) (§ 6(1), (2) PUCAR 1993).

5.3.2. *Other unincorporated businesses*

There is no requirement for other unincorporated businesses to file financial statements with the Register of Companies.

Large unincorporated businesses are required to inform the Commercial Register (§ 2(2) PublG) once two of the following three size criteria have been exceeded for a year end and for the two following year ends (§ 1 PublG):

Annual turnover	> DM 250 million
Balance sheet total	> DM 125 million
Average number of employees	> 5000

If the business is formed through a merger or reconstruction with another business which previously exceeded the above criteria at its two previous year end, this rule applies immediately at the first year end. (§ 2(1) PublG)

The financial statements, together with the management report, the auditor's report, and the report of the supervisory board, and the proposal for the appropriation of profits, and the appropriate resolution, are required to be filed with the Commercial Register, at latest nine months after the balance sheet date (§ 9(1) PublG).

Große Personengesellschaften sind von der Offenlegung folgender Angaben befreit (§ 9(2) PublG):

(i) Gewinn- und Verlustrechnung;

(ii) der Vorschlag zur Gewinnverwendung und der entsprechende Gesellschafterbeschluß, vorausgesetzt, der Bilanz sind folgende Angaben beigefügt:

- Umsatzerlöse,
- Erträge aus Beteiligungen,
- Personalaufwand (bestehend aus Löhnen, Gehältern, Sozialversicherung und anderen Aufwendungen zur Altersversorgung),
- Bewertungs- und Abschreibungsmethoden und wesentliche Veränderungen,
- die Anzahl der Arbeitnehmer.

Für Personengesellschaften gibt es keine Pflicht zur Veröffentlichung des Jahresabschlusses.

Die gesetzlichen Vertreter haben im Bundesanzeiger bekanntzumachen, bei welchem Handelsregister und unter welcher Nummer diese Unterlagen eingereicht worden sind (§ 9(1) PublG).

Large unincorporated partnerships and businesses are exempted from filing (§ 9(2) PublG):

(i) the profit and loss account;

(ii) the proposal for the appropriation of profits and the appropriate resolution, provided, as an attachment to the balance sheet, the following information is disclosed:

- turnover,
- income from participations,
- personnel expenses (comprising wages and salaries, and social security and other pension costs),
- the valuation and depreciation methods, including important changes,
- the number of employees.

Equally, there is no requirement for unincorporated businesses to publish financial statements.

The legal representatives must publish in the Federal Gazette in which Commercial Register and under which number these documents have been filed (§ 9 (1) PublG).

IV. VORSCHRIFTEN UND RICHTLINIEN FÜR DIE ABSCHLUSSPRÜFUNG

1. Bestätigungsvermerk

1.1. Der Inhalt des Bestätigungsvermerkes

Großbritannien:

Im Gesetz ist vorgeschrieben, was der Abschlußprüfer in seinen Bestätigungsvermerk aufzunehmen hat (siehe (iii) unten) (§ 235(2)(3) CA 1985).

SAS 600 schreibt außerdem vor, daß der Bestätigungsvermerk zu enthalten hat:

- den Adressaten, den geprüften Jahresabschluß, das Datum des Berichtes und eine in Faksimile gedruckte Unterschrift des Abschlußprüfers;
- einzeln unterteilte Abschnitte betreffend:

(i) die Verantwortlichkeit der Direktoren und Abschlußprüfer, insbesondere

  - ein Vermerk, daß der Jahresabschluß in der Verantwortung der Direktoren liegt (oder Referenz zu einem solchen Vermerk);
  - ein Vermerk, daß die Verantwortung des Abschlußprüfers die Äußerung einer Meinung über diesen Jahresabschluß ist.

(ii) die Grundlage für die Meinung des Abschlußprüfers, insbesondere

- ein Vermerk über die Einhaltung von Prüfungsstandards;
- ein Vermerk, daß die Prüfung Schritte zur Überprüfung von Beträgen und den Ausweis, die Bewertung von Schätzungen und Beurteilungen der Direktoren und die Betrachtung der Angemessenheit der Bilanzierungsmethoden beinhaltet;
- ein Vermerk darüber, daß die Abschlußprüfung so geplant und durchgeführt wurde, um eine angemessene Sicherheit darüber zu erlangen, daß der Jahresabschluß frei von wesentlichen falschen Darstellungen (ob nun erzeugt durch Betrug, andere Unregelmäßigkeiten oder durch Fehler) ist und daß der Abschlußprüfer die Gesamtdarstellung des Jahresabschlusses bewertet hat.

Deutschland:

Der standardisierte Wortlaut eines uneingeschränkten Bestätigungsvermerks ist durch das Gesetz vorgeschrieben (§ 322(1) HGB).

IV. AUDITING REQUIREMENTS AND GUIDELINES

1. Audit Opinion

1.1. Content of audit opinion

UK

The law specifies what the auditor should include in his audit opinion. (See (iii) below) (§ 235(2),(3) CA 1985).

SAS 600 requires further that the audit opinion should include:

- the addressee, the financial statements audited, the date of the report, and a manuscript printed signature of the auditors;

- separate headed sections dealing with:

(i) the respective responsibilities of directors and auditors, i.e.

  - a statement that the financial statements are the responsibility of the directors (or reference to such a statement);

  - a statement that the auditor's responsibility is to express an opinion in the financial statements.

(ii) the basis of the auditor's opinion, i.e.

- a statement as to the auditor's compliance with Auditing Standards;

- a statement that the audit process includes test checking of amounts and disclosures, assessing directors' estimates and judgements, and considering the appropriateness of accounting policies;

- a statement that the audit was planned and performed so as to obtain a reasonable assurance that the financial statements are free from material misstatement, (whether caused by fraud, or other irregularity or error) and that the auditors have evaluated the overall presentation in the accounts.

GERMANY

The standard form of wording for unqualified audit opinion is prescribed by law (§ 322(1) HGB).

(iii) den Bestätigungsvermerk zum Jahresabschluß, insbesondere

- ob die Bilanz und die Gewinn- und Verlustrechnung der Gesellschaft (des Konzerns) unter Beachtung der Vorschriften des Companies Act 1985 aufgestellt worden sind (§ 235(2) CA 1985):
- ob ein den tatsächlichen Verhältnissen entsprechendes Bild der Vermögenslage zum Ende des Geschäftsjahres und des Jahresergebnisses der Gesellschaft (des Konzerns) in der Bilanz und in der Gewinn- und Verlustrechnung vermittelt wird (§ 235(2) CA 1985);
- der Abschlußprüfer hat auch anzugeben, daß die Informationen im Lagebericht mit dem Jahresabschluß in Einklang stehen (§ 235(3) CA 1985).

Der Abschlußprüfer hat, wenn er keine Einwendungen zu erheben hat, den folgenden Bestätigungsvermerk zu erteilen (§ 322(1) HGB):

(Bestätigungsvermerk ohne Einschränkungen)

"Die Buchführung und der Jahresabschluß entsprechen (Der Konzernabschluß entspricht) nach meiner (unserer) pflichtgemäßen Prüfung den gesetzlichen Vorschriften".

Der Jahresabschluß (Konzernabschluß) vermittelt unter Beachtung der Grundsätze ordnungsmäßiger Buchführung ein den tatsächlichen Verhältnissen entsprechendes Bild der Vermögens-, Finanz- und Ertragslage der Kapitalgesellschaft (des Konzerns).

Der Lagebericht (Konzernlagebericht) steht im Einklang mit dem Jahresabschluß (Konzernabschluß)."

1.2. Wesentlichkeit

Ein Sachverhalt ist wesentlich, wenn seine Auslassung oder falsche Darstellung die Entscheidungen der Leser des Jahresabschlusses wahrscheinlich beeinflussen würde (SAS 600).

Wesentlichkeit kann gesehen werden im Kontext (SAS 600):

- des Jahresabschlusses im ganzen;
- jedes einzelnen Hauptpunktes im Jahresabschluß;
- einzelner im Jahresabschluß oder in einem Hauptpunkt enthaltener Informationen.

Wesentlich sind Beanstandungen dann, wenn damit zu rechnen ist, daß der Fehler oder die Auslassung zu einer unzutreffenden Beurteilung der Rechnungslegung und der Vermögens-, Finanz- und Ertragslage des Unternehmens führen kann (FG3/1988).

1.3. Angenommenes Einverständnis des Abschlußprüfers

Ohne eine ausdrückliche Aussage über das Gegenteil wird angenommen, daß der Abschlußprüfer zufriedengestellt ist im Himblick darauf (§ 237(2),(6) CA 1985):

(i) daß die Bücher ordnungsmäßig geführt werden und wahrheitsgemäße Unterlagen von den Niederlassungen, die er nicht besucht hat, erhalten wurden;

Der Wirtschaftsprüfer muß im Prüfungsbericht ausdrücklich angeben (§ 321 (1) HGB):

(i) ob die Buchführung und der Jahresabschluß den gesetzlichen Vorschriften entsprechen ;

(iii) the auditor's opinion on the financial statements, i.e.

- whether the balance sheet and profit and loss account of the company (group) have been properly prepared in accordance with the Companies Act 1985 (§ 235(2) CA 1985);
- whether a true and fair view is given in the balance sheet of the state of the company's (group's) affairs at the end of the financial year and in the profit and loss account of the company's (group's) profit or loss for the financial year (§ 235(2) CA 1985);
- the auditor should also state whether the information given in the directors' report is consistent with the financial statements (§ 235(3) CA 1985).

The auditor should, if he has no objections, issue the following opinion (§ 322(1) HGB):

(**Audit opinion without objections**)

"The accounting and the annual financial statements (consolidated financial statements), which we have audited in accordance with professional standards, comply with the legal regulations".

With due regard to the generally accepted accounting principles, the financial statements (consolidated financial statements) give a true and fair view of the company's (group's) assets, liabilities, financial position and profit or loss.

The management report (group management report) is consistent with the annual financial statements (consolidated financial statements)."

1.2. Materiality

A matter is material if its omission or misstatement would reasonably influence the decisions of a user of the financial statements (SAS 600).

Materiality may be considered in the context of (SAS 600):

- the financial statements as a whole;
- any individual primary statement within the financial statements;
- individual items included in the financial statements, or individual primary statements.

An objection is material if the error or omission because of its relative importance could lead to an incorrect assessment of the accounts and of the net worth, financial position and results of the company (FG 3/1988).

1.3. Implied agreement by the auditors

In the absence of an express statement to the contrary, the auditors are presumed to be satisfied (§ 237(2)(6) CA 1985):

(i) as to the keeping of proper accounting records and the receipt of proper returns from branches not visited by them;

The auditor is required to state specifically in the long form audit report (§ 321(1) HGB):

(i) whether the accounting records and financial statements comply with the legal regulations;

(ii) daß der Jahresabschluß mit den Büchern und den erhaltenen Unterlagen übereinstimmt;

(iii) daß er alle für seine Prüfung notwendigen Informationen und Erläuterungen erhalten hat;

(iv) daß die Offenlegungsvorschriften im Hinblick auf die Bezüge der Direktoren, die Geschäftsverbindungen mit Direktoren und Führungskräften und den Verzicht auf Bezüge durch Direktoren eingehalten worden sind.

(ii) ob die gesetzlichen Vertreter die erforderlichen Angaben gemacht und Erläuterungen abgegeben haben.

1.4. Abweichung vom Wortlaut des Bestätigungsvermerkes

Der Bestätigungsvermerk soll entweder (SAS 600):

- uneingeschränkt;
- uneingeschränkt mit erläuternden Zusätzen;
- eingeschränkt aufgrund von:
  - Beschränkungen des Prüfungsumfanges;
  - Meinungsverschiedenheiten..

Abweichungen von der Kernfassung des Bestätigungsvermerkes (§ 322(1) HGB) sind nur zulässig in der Form von (FG3/1988):

- Ergänzungen;
- Einschränkungen;
- Versagungen.

1.5. Erläuternde Zusätze - Ergänzungen

Besteht ein wesentliches innewohnendes Risiko, das im Jahresabschluß angemessen bilanziert und ausgewiesen worden ist, dann sollte der Bestätigungsvermerk einen erläuternden Absatz mit Bezugnahme auf dieses grundlegende Risiko enthalten (SAS 600).

Ein innewohnendes Risiko ist wesentlich, wenn das Ausmaß seiner potentiellen Auswirkungen so groß ist, daß ohne klaren Ausweis des Wesens und der Auswirkungen des Risikos das durch den Jahresabschluß vermittelte Bild stark irreführend sein würde (SAS 600).

Innewohnende Risiken gelten als wesentlich, wenn ein bedeutender Grad an Besorgnis über die Unternehmensfortführung oder andere Probleme besteht, deren potentielle Auswirkung auf den Jahresabschluß unüblich groß sind (SAS 600).

Ein Beispiel für eine wesentliche Unsicherheit ist der Ausgang eines Rechtsstreites (SAS 600).

Der Bestätigungsvermerk ist durch Ergänzungen zu erweitern (§ 322(2) HGB), wenn zusätzliche Kommentare notwendig sind, um einen falschen Eindruck über den Inhalt der Prüfung und die Tragweite des Bestätigungsvermerkes zu vermeiden.

Beispiele für Ergänzungen im Bezug auf den Inhalt der Prüfung (FG 3/1988) schließen ein:

(ii) that the financial statements agree with the accounts and returns;

(iii) that they have obtained all of the information and explanations necessary for their audit;

(iv) that the disclosure requirements regarding directors' emoluments, transactions involving directors and officers, and waiver of directors' emoluments have been complied with.

(ii) whether the legal representatives have supplied the information and explanations required.

1.4. Departures from standard form of audit opinion

The auditor's opinion should be either (SAS 600):

- unqualified;
- unqualified, with explanatory paragraph;
- qualified, due to:
  - limitation of scope;
  - disagreement.

Departures from the standard form of wording of the audit opinion (§ 322(1) HGB) are only permitted in the form of (FG 3/1988):

- explanatory comments;
- qualifications;
- disclaimers.

1.5. Explanatory paragraph

When an inherent uncertainty exists which is fundamental and adequately accounted for and disclosed in the financial statements, the audit opinion should include an explanatory paragraph referring to the fundamental uncertainty (SAS 600).

An inherent uncertainty is fundamental when the magnitude of its potential impact is so great that, without clear disclosure of the nature and implications of the uncertainty, the view given by the financial statements would be seriously misleading (SAS 600) .

Inherent uncertainties are regarded as fundamental when they involve a significant level of concern about the going concern basis, or other matters whose potential effect on the financial statements in unusually great (SAS 600).

A common example of a fundamental uncertainty is the outcome of major litigation (SAS 600).

The audit opinion must be extended by further explanation (§ 322(2) HGB) if additional comments are necessary to avoid a wrong impression concerning the nature of the audit and scope of the opinion.

Examples of the need for explanatory comments in respect of the nature of the audit (FG3/1988) include:

(i) wenn der Vorjahresabschluß nicht geprüft bzw. der Bestätigungsvermerk versagt oder eingeschränkt wurde;

(ii) wenn die Inventurbeobachtung nicht möglich war (z.B., wenn der Wirtschaftsprüfer erst nach der Inventur berufen wurde);

(iii) wenn der Jahresabschluß Sachverhalte enthält, die eines Beschlusses des Aufsichtsrates (alles, was über die formale Feststellung des Jahresabschlusses hinausgeht) oder der Eintragung ins Handelsregister bedürfen.

Wenn der Vorjahresabschluß noch nicht festgestellt wurde, dann ist der Bestätigungsvermerk unter dem Vorbehalt der Feststellung des Vorjahresabschlusses zu erteilen (FG 3/1988).

Ein uneingeschränkter Bestätigungsvermerk deutet darauf hin, daß die Abschlußprüfer die Einschätzungen und Ausweise in Bezug auf wesentliche innewohnende Risiken im Jahresabschluß für angemessen halten (SAS 600).

Eine Ergänzung ist nur zulässig, wenn der Abschlußprüfer keine Beanstandungen hat (jedoch auf eine bestimmte Problematik hinweisen möchte) (FG 3/1988).

Ist die Fortführung der Unternehmenstätigkeit bedroht, dann ist eine Ergänzung nur dann zulässig, wenn der Abschlußprüfer keine Einwendungen gegen den Ausweis im Lagebericht und im Anhang hat (FG 3/1988).

Der Wortlaut hat klar anzuzeigen, daß der Bestätigungsvermerk nicht eingeschränkt ist (SAS 600).

Ergänzungen sind keine Einschänkungen (FG 3/1988).

1.6. Einschränkungen des Bestätigungsvermerks

Ein eingeschränkter Bestätigungsvermerk ist zu erteilen, wenn (SAS 600):

(i) es eine Beschränkung des Umfangs der Prüfung durch den Abschlußprüfer gibt (ein "außer daß" Bestätigungsvermerk).

Ist die mögliche Auswirkung der Beschränkung des Umfangs so wesentlich, daß der Abschlußprüfer nicht in der Lage war, genügende Informationen zur Unterstützung eines Bestätigungsvermerks zu finden, dann sollte der Bestätigungsvermerk versagt werden (d.h. "nicht in der Lage, einen Bestätigungsvermerk zu erteilen").

(ii) es eine Meinungsverschiedenheit über die Behandlung oder den Ausweis eines Sachverhalts im Jahresabschluß gibt, der wesentlich ist oder sein könnte (ein "außer daß" Bestätigungsvermerk);

Gibt es Einwendungen, dann muß der Abschlußprüfer den Bestätigungsvermerk einschränken oder versagen (§322(3) HGB).

(i) if the previous year financial statements have not been audited (or the previous audit opinion disclaimed or qualified);

(ii) if it was not possible to attend the inventory count (for example if the auditor was appointed after the physical count);

(iii) if the accounts have been prepared on the basis that requires a decision of the supervisory board (other than the formal approval of the accounts themselves) or require to be submitted to the Commercial Register.

If prior year accounts have not yet been adopted, the audit opinion may only be issued with the reservation that the previous year accounts have not yet been adopted (FG 3/1988).

An unqualified opinion indicates that the auditors consider that the estimates and disclosures relating to fundamental uncertainties in the financial statements are appropriate (SAS 600).

An explanatory comment is only permitted if the auditor has no objections (but wishes to point out a particular problem) (FG 3/1988).

Further, if going concern is threatened, an explanatory comment is only permitted if the auditor has no objections to the disclosure thereto in the management report and the notes to the financial statements (FG 3/1988).

The wording should clearly indicate that the opinion is not qualified (SAS 600).

Explanatory comments are not qualifications (FG 3/1988/§ 322(3) HGB).

1.6. Audit qualifications

A qualified opinion should be issued when (SAS 600):

(i) there is a limitation on the scope of the auditor's examination, (an "except for" opinion).

When the possible effect of a limitation in scope is so material that the auditors have not been able to obtain sufficient audit evidence to support an opinion, should issue a disclaimer of opinion (i.e. "unable to express and opinion.")

(ii) there is disagreement with the treatment or disclosure of a matter in the financial statements, which is or may be material (an "except for" opinion);

If there are objections, the auditor must qualify or disclaim his opinion (§ 322(3) HGB).

Ist dies der Fall, dann sollte der Wortlaut des Bestätigungsvermerkes so formuliert sein, daß er eingeschränkt ist in Bezug auf die möglichen Anpassungen an den Jahresabschluß, die möglicherweise als notwendig erkannt geworden wären, wenn die Beschränkung nicht bestanden hätte.

1.6.2. *Einschränkung aufgrund einer Meinungsverschiedenheit*

Ist der Abschlußprüfer mit der Bilanzierung oder dem Ausweis eines wesentlichen Sachverhaltes nicht einverstanden, dann (SAS 600) sollte der Bestätigungsvermerk enthalten:

(i) eine Beschreibung der Umstände, die zu der Meinungsverschiedenheit geführt haben;

(ii) die Auswirkungen auf den Jahresabschluß, möglichst mit der Angabe eines Betrages.

Der Bestätigungsvermerk kann entweder:

(i) ein versagter Bestätigungsvermerk;

(wenn die mögliche Auswirkung so wesentlich ist, daß sie grob irreführend sein könnte), oder

(ii) ein eingeschränkter Bestätigungsvermerk sein.

Ein eingeschränkter Bestätigungsvermerk ist mit dem Hinweis zu erteilen, daß er, ohne die Auswirkungen des Sachverhaltes über den die Meinungsverschiedenheit besteht, erteilt wird.

Ist ein Bestätigungsvermerk eingeschränkt, dann ist der Wortlaut:

"mit der Einschränkung, daß" oder "mit dieser Einschränkung"

zu verwenden (FG 3/1988).

1.7. Datum und Ort

Der Bestätigungsvermerk muß datiert sein. Um das Wiederfinden zu erleichtern, enthält der Prüfungsbericht normalerweise den Ort des Büros des Abschlußprüfers (SAS 600).

Das Datum des Bestätigungsvermerkes sollte der Tag sein, an dem der Abschlußprüfer unterzeichnet (SAS 600).

Der Bestätigungsvermerk ist nicht zu unterzeichnen, bevor der Jahresabschluß durch die Direktoren bestätigt worden ist (SAS 600).

Der Bestätigungsvermerk darf im Namen der Wirtschaftsprüfungsgesellschaft, persönlich oder mit beidem unterzeichnet werden.

Der Abschlußprüfer muß seinen Bestätigungsvermerk nach der Angabe von Datum und Ort unterzeichnen. Der Bestätigungsvermerk muß in dem ausführlichen Prüfungsbericht enthalten sein (§ 322(4) HGB).

Es wird empfohlen, den Prüfungsbericht und den Bestätigungsvermerk mit dem Datum des Prüfungsendes zu versehen (FG 3/1988).

If so, the wording of the opinion should indicate that it is qualified as to the possible adjustments to the financial statements that might have been determined to be necessary had the limitation not existed.

If the audit opinion is qualified, should use the wording (FG 3/1988):

"with the reservation that" or "with this reservation".

1.6.2. *Disagreement qualification*

Where the auditor disagrees with a material accounting treatment or disclosure (SAS 600), the audit opinion should contain:

(i) a description of the factors giving rise to the disagreement;

(ii) the implications for the financial statements, quantified wherever practicable.

The audit opinion should be either:

(i) an adverse opinion;

(when the possible effect is so material as to be seriously misleading), or

(ii) a qualified opinion.

Otherwise, should issue a qualified opinion, indicating that it is expressed except for the effects of the matter giving rise to the disagreement.

1.7. Date and place

The auditor's opinion should be dated. To assist identification, the auditor's report normally includes the location of the auditor's office (SAS 600).

The auditor must sign his opinion, giving date and place, and the opinion should be included in the long-form audit report (§ 322(4) HGB).

The date of the auditor's opinion should be the date when the auditor signed his opinion(SAS 600).

It is recommended that the long-form audit report and the audit opinion be dated on the same date, close to the completion of the audit (FG 3/1988).

The auditor's opinion should not be signed until financial statements have been approved by the directors(SAS 600).

The auditor's opinion may be signed in the name of the auditor's firm, the personal name of the auditor, or both.

1.8. Bescheinigung

Wurde die Prüfung nicht nach den Vorschriften für eine Pflichtprüfung einer Kapitalgesellschaft durchgeführt, dann darf nur eine Bescheinigung ausgestellt werden (FG 3/1988).

1.9. Gesetzlich nicht vorgeschriebene Prüfungen

Abschlußprüfer, die über den Jahresabschluß kleiner Gesellschaften (denen gestattet ist, eine Anzahl von Befreiungen von den vollen Vorschriften des Gesellschaftsrecht in Anspruch zu nehmen) berichten, dürfen (aber müssen nicht) einen Bestätigungsvermerk herausgeben, der (SAS 600):

(i) einen Hinweis, ob ein den tatsächlichen Verhältnissen entsprechendes Bild vermittelt wird, wegläßt;

(ii) sich nur auf die Aufstellung des Jahresabschlusses unter Beachtung des anzuwendenden Gesellschaftsrechts bezieht.

Da der Abschlußprüfer trotzdem weiterhin gesetzlich verpflichtet ist, zu beurteilen, ob der Jahresabschluß ein den tatsächlichen Verhältnissen entsprechendes Bild vermittelt, wird empfohlen, daß sich der Bestätigungsvermerk, wenn möglich, auf die Vermittlung eines solchen Bildes bezieht.

Die Grundsätze in Bezug auf Bestätigungsvermerke, die in FG 3/1988 festgelegt sind, gelten sowohl für gesetzlich vorgeschriebene als auch für freiwillige Prüfungen und enthalten ebenso Regeln für Bescheinigungen (FG 3/1988).

Bestätigungsvermerke, die laut § 6(1) PublG für große Personengesellschaften erforderlich sind, haben den gleichen Wortlaut, außer:

(ii) Satz 2 ist nicht zu verwenden, wenn der Jahresabschluß in Bezug auf Gliederung, Bewertungsprinzipien und Anhangsangaben unter Berücksichtigung der Grundsätze ordnungsmäßiger Buchführung kein den tatsächlichen Verhältnissen entsprechendes Bild vermittelt;

(iii) Satz 3 ist nicht zu verwenden, wenn es keinen Lagebericht gibt.

Unter diesen Umständen würde dies keine Einschränkung bedeuten (FG 3/1988).

1.8. Certification

If an audit has not been carried out according to the requirements in respect of a statutory audit of a limited liability company, then the auditor may only issue a certification (FG 3/1988).

1.9. Non statutory audits

Auditors reporting on the financial statements of small companies (which are permitted to take advantage of a number of exemptions from the full requirements of company law) are permitted (but not required) to issue an audit opinion which (SAS 600):

(i) omits reference to whether a true and fair view is given;

(ii) refers only to the proper preparation of those statements in accordance with applicable company law.

However, as the auditors are nevertheless still legally obliged by company law to consider whether the accounts show a true and fair view, it is recommended that wherever possible, the auditor's opinion should refer to the true and fair view.

The basic principles in respect of audit opinions set out in FG 3/1988 are relevant both for statutory year-end accounts and for voluntary audits and includes rules regarding certifications (FG 3/1988).

Audit opinions required by § 6(1) PublG for large unincorporated businesses should use the standard form of wording except that:

(ii) sentence 2 should not be included if the accounts with respect to classification accounting principles and disclosure in the notes to the accounts do not show a true and fair view in compliance with GoB;

(iii) sentence 3 should not be used if there is no management report.

Nevertheless, in these instances, it would not represent a qualification (FG 3/1988).

IV. VORSCHRIFTEN UND RICHTLINIEN FÜR DIE ABSCHLUSSPRÜFUNG

2. Prüfungsbericht

2.1. Pflicht zur Erstellung eines Prüfungsberichtes

Grossbritannien:

Es gibt keine Pflicht zur Erstellung eines Prüfungsberichtes.

Deutschland:

Der Abschlußprüfer muß schriftlich über die Ergebnisse seiner Prüfung berichten (§ 321(1) HGB).

Im einzelnen muß er angeben (§ 321(1) S. 2 HGB):

(i) ob die Buchführung, der Jahresabschluß, der Lagebericht, der Konzernabschluß und der Konzernlagebericht den gesetzlichen Vorschriften entsprechen;

(ii) ob die gesetzlichen Vertreter alle erorderlichen Angaben und Erklärungen erbracht haben.

Sein Bericht hat eine Aufgliederung und eine hinreichende Kommentierung der Posten des Jahresabschlusses zu enthalten, insbesondere (§ 321 (1) HGB) :

(i) nachteilige Veränderungen der Vermögens, Finanz- und Ertragslage im Vergleich zum Vorjahr;

(ii) Verluste, die das Jahresergebnis wesentlich beeinflußt haben.

2.2. Adressat des Berichtes

Der Abschlußprüfer hat seinen unterschriebenen Bericht an den gesetzlichen Vertreter einzureichen (§ 321 (3) HGB).

2.3. Grundsatz

Der Prüfungsbericht sollte in schriftlicher Form vorliegen und objektiv, vollständig, wahrheitsgemäß und genügend klar sein (FG 2/1988).

2.4. Zu berichtende Tatsachen

Der Abschlußprüfer muß berichten, falls er während der Prüfung Kenntnis von Tatsachen erlangt, die (§ 321(2) HGB):

(i) den Bestand des geprüften Unternehmens gefährden;

IV. AUDITING REQUIREMENTS AND GUIDELINES

2. Long-Form Audit Report

2.1. Requirement to prepare a long form audit report

UK: There is no requirement for a long form audit report in the UK.

Germany: In Germany, the auditor must report in writing (§ 321(1) HGB) on the results of his examination.

He must state specifically (§ 321(1), S2 HGB):

(i) whether the accounting records, financial statements, management report, consolidated financial statements and group management report comply with the legal regulations;

(ii) whether the legal representatives have supplied the information and explanations required.

His report should include analysis and adequate comment on the items in the financial statements, including in particular (§ 321(1) HGB):

(i) negative variances compared with prior year in net worth, financial position, and results;

(ii) losses which are material to net income for the year.

2.2. Addressee of report

Germany: The auditor must submit his signed report to the legal representatives (§ 321(3) HGB).

2.3. General principle

Germany: The audit report should be in writing and should be unbiased, complete, true and with the required clarity (FG 2/1988).

2.4. Matters to be reported

Germany: The auditor must report if during the course of his work he becomes aware of facts (§ 321(2) HGB):

(i) which endanger the continued existence of the undertaking being audited;

(ii) seine Entwicklung wesentlich beeinträchtigen können;

(iii) schwerwiegende Verstöße der gesetzlichen Vertreter gegen Gesetz, Gesellschaftsvertrag oder Satzung erkennen lassen.

Zusätzlich zu den gesetzlichen Vorschriften des § 321 HGB sollte der Bericht unter anderem folgende Angaben enthalten (FG 2/1988):

(i) den Prüfungsumfang;

(ii) daß die Prüfung unter Beachtung der Grundsätze der Abschlußprüfung (so wie sie in FG 1/1988 beschrieben worden sind) durchgeführt worden ist;

(iii) ob der Vorjahresabschluß festgestellt worden ist und ob ein Gesellschafterbeschluß zur Gewinnverwendung vorliegt;

(iv) einen Hinweis, falls die Gesellschaft die gesetzlichen Vorschriften zur Einreichung und Veröffentlichung des Jahresabschlusses nicht erfüllt hat. Es ist jedoch nicht die Aufgabe des Abschlußprüfers, sicherzustellen, daß er ordnungsgemäß eingereicht worden ist (FG 1/1953 idF 1990);

(v) den Zeitraum der Prüfung;

(vi) (empfohlen) die gültigen Bedingungen des Prüfungsauftrages, die als Anhang enthalten sein sollten;

(vii) einen Hinweis auf die dem Prüfer erteilte Vollständigkeitserklärung;

(viii) aufgrund der gesetzlichen Vorschrift zur Angabe von Veränderungen in den rechtlichen Verhältnissen, sind Veränderungen im Aufsichtsrat der Gesellschaft, wesentliche Veränderungen im Gesellschaftsvertrag und andere Veränderungen in Bezug auf rechtliche Verhältnisse (z.B. die Unterzeichnung von langfristigen Verträgen, Leasingverträgen, Treuhändervereinbarungen, anhängige Rechtstreite und Vereinbarungen zur Altersversorgung) zu vermerken;

(ix) eine Gesamtübersicht über die Art der Buchführung und das System interner Kontrollen sowie deren Veränderungen;

(x) Einwendungen, die, obwohl sie nicht zu Einschränkungen führen, trotzdem für den Leser des Jahresabschlusses von Bedeutung sind.

(ii) which could materially hinder its development;

(iii) which indicate serious violations by the legal representatives against the law, Articles of Association or the By-Laws.

In addition to the statutory requirements of § 321 HGB, the long form audit report should state, inter alia, the following (FG 2/1988):

(i) the scope of the audit;

(ii) that the audit has been performed in accordance with generally accepted standards for the audit of financial statements (as set out in FG 1/1988);

(iii) whether the previous years' accounts have been approved, and whether a decision has been taken as to distribution of the previous years' results;

(iv) if the company has not fulfilled the relevant legal requirements as regards filing or publishing of the accounts, it should be referred to. However it, is not the auditor's duty to ensure that they are properly filed (FG 1/1953 idF 1990);

(v) the time span of the audit;

(vi) (recommended) the conditions of the audit contract should be referred to, which should be attached as an appendix;

(vii) reference to the letter of representation;

(viii) in respect of the legal requirement to refer to the changes in legal circumstances, the auditor should refer to changes in the controlling body of the company, important changes to the Articles, and other legally important changes (e.g. signing of long-term contracts, leasing contracts, trustee arrangements, legal cases in process, and pension arrangements);

(ix) an overall summary of the form of bookkeeping and internal control system, and changes thereto;

(x) objections which, whilst not leading to a qualified audit opinion, are nevertheless of importance to the reader of the report.

Der Prüfungsbericht muß den Bestätigungsvermerk enthalten (FG 2/1988).

Der Jahresabschluß und der Lagebericht sind dem Prüfungsbericht als Anlage beizufügen (FG 2/1988).

Die gesetzliche Vorschrift, ungünstige Abweichungen zum Vorjahr in der Vermögens-, Finanz- und Ertragslage und wesentliche Verluste hinreichend zu erläutern, kann eine Cashflow-Rechnung und Bemerkungen zur wirtschaftlichen oder finanziellen Struktur erforderlich machen. Die Erläuterungen sollen auch, falls notwendig, Bezug nehmen auf (FG 2/1988) :

- Verluste in Höhe der Hälfte des Eigenkapitals;
- Überschuldung einer Gesellschaft;
- Rangrücktrittserklärungen.

In Bezug auf die gesetzliche Vorschrift, eine Darstellung und ausreichende Erläuterung der Posten des Jahresabschlusses vorzunehmen, hat der Prüfungsbericht eine Aufgliederung der wichtigen Bilanz- und Gewinn- und Verlustrechnungspositionen mit Erläuterungen bestimmter Zuordnungen, der Anwendung von Bilanzierungswahlrechten, der gewählten Bewertungs- und Abschreibungsmethoden und einer Erläuterung zu wichtigen Veränderungen gegenüber dem Vorjahr zu enthalten (FG 2/1988).

2.5. Freiwillige Prüfungen mit einem vollständigen Bestätigungsvermerk

Wurde ein Bestätigungsvermerk für eine freiwillige Prüfung erteilt, die nach Art und Umfang einer gesetzlichen Prüfung entspricht und wurde der standardisierte Wortlaut des Bestätigungsvermerkes verwendet, dann sollte ebenfalls ein Prüfungsbericht erstellt werden, der auf den oben ausgeführten Grundsätzen beruht (FG 2/1988).

Sofern gesetzliche Regelungen dem nicht entgegenstehen, kann mit dem Auftraggeber eine Berichtserstattung eines bestimmten, geringeren Umfangs vereinbart werden. In diesem Fall ist auf den Umfang der eingeschränkten Berichtserstattung im Bericht hinzuweisen (FG 2/1988).

Eine detaillierte Aufgliederung und Erläuterung der Bilanz und Gewinn- und Verlustrechnung ist nicht erforderlich (FG 2/1988).

The long form audit report should contain the auditor's opinion (FG2/1988).

The financial statements and the management report should be appended to the long form audit report (FG 2/1988).

The legal requirement to adequately explain negative variances compared with the prior year in the net worth, financial position and results and losses which are material might include a cashflow statement and comments as to economic structure, or to the financial structure. It should also include reference, if applicable, to (FG 2/1988):

- the loss of half of a company's share capital;
- the over-indebtedness of a company;
- any letter of subordination.

In respect of the legal requirement to present an analysis and adequate comment on the items in the financial statements, the long form audit report should provide a breakdown of the important balance sheet and profit and loss account positions, including an explanation of particular classifications, use of optional accounting methods, the valuation and depreciation methods used, and an explanation as to important changes as compared with the previous year (FG 2/1988).

2.5. Voluntary audit with full scope opinion

If an audit opinion has been issued in respect of a voluntary audit carried out in accordance with the scope of a statutory required audit where the standard form of audit opinion has been issued, then a long form audit report should also be prepared, containing the basic principles above (FG 2/1988).

However, unless otherwise legally required, a reduction on the scope of the long form audit report may be agreed with the reportee. If so, the extent of the reduction in scope should be referred to in the report (FG 2/1998).

It is not necessary to include a detailed analysis and explanation of the balance sheet and profit and loss account (FG 2/1988).

2.6. Freiwillige Prüfungen, für die eine Bescheinigung erteilt werden soll

Ist die Prüfung nicht nach der Art und dem Umfang einer gesetzlichen Prüfung entsprechend durchgeführt worden und ist nur eine Bescheinigung erteilt worden, dann ist es nicht notwendig, einen Prüfungsbericht zu erstellen (FG 2/1988).

2.7. PrüfungsberichtefürKonzernabschlüsse

Für Konzernabschlüsse sind Prüfungsberichte zu erstellen. Es gelten die gleichen allgemeinen Grundsätze (FG 2/1988).

2.6. Voluntary audit with certification

Where an audit has not been carried out in the sense of the scope of a statutory required audit, and only a certification has been issued, it is not necessary to issue a long form audit report (FG 2/1988).

2.7. Long form group audit report

A long form group audit report should be prepared in respect of statutory consolidated financial statements. The same general principles apply (FG 2/1988).

IV. VORSCHRIFTEN UND RICHTLINIEN FÜR DIE ABSCHLUSSPRÜFUNG

3. Pflicht zur Prüfung

3.1. Gesetzliche Pflicht zur Prüfung

Grossbritannien:

Die Jahresabschlüsse aller Kapitalgesellschaften sind zu prüfen (§ 235(1)/§ 384 CA 1985), mit der Ausnahme sehr kleiner und ruhender Gesellschaften (§§ 250, 249A, 388A CA 1985).

3.1.1 Sehr kleine Gesellschaften

Eine Gesellschaft (vorausgesetzt, es handelt sich nicht um eine Public Company oder bestimmte andere spezialisierte Gesellschaften) ist von der Vorschrift zur Prüfung des Jahresabschlusses befreit, wenn sie in einem Geschäftsjahr (§§ 249A, 249B CA 1985):

(i) die Merkmale einer kleinen Gesellschaft in diesem Jahr erfüllt;

(ii) die Umsätze in diesem Jahr nicht mehr als £ 350.000 betragen;

(iii) die Bilanzsumme für dieses Jahr nicht mehr als £ 1,4 Millionen beträgt.

Ist eine Gesellschaft von der Pflicht zur Prüfung befreit und ihre Umsätze betragen weniger als £ 350.000, aber mehr als £ 90.000, dann ist vorgeschrieben, daß der berichtende Accountant (§§ 249 A(2), 249C CA 1985) einen Bericht erstellt, in dem er seine Meinung ausdrückt, ob:

(i) der Jahresabschluß mit den Büchern in Einklang steht;

(ii) der Jahresabschluß auf eine mit dem Companies Act 1985 vereinbaren Weise erstellt worden ist;

(iii) die Gesellschaft von der Pflicht zur Prüfung befreit ist.

Gesellschafter, die wenigstens 10% des Nennwertes der ausgegebenen Kapitalanteile jeder Klasse der Gesellschaft besitzen, können die Prüfung des Jahresabschlusses fordern, wenn sie den Antrag nicht später als einen Monat vor dem Jahresende schriftlich einreichen (§ 249B(2) CA 1985).

Deutschland:

Der Jahresabschluß und der Lagebericht aller Kapitalgesellschaften müssen geprüft werden (§ 316(1) HGB), es sei denn, die Gesellschaft ist von kleiner Größe wie unter § 267(1) HGB definiert:

Sofern zwei der drei folgenden Merkmale in zwei aufeinander folgenden Jahre nicht überschritten werden, gibt es keine gesetzliche Pflicht für eine Prüfung, es sei denn, die Gesellschaft ist börsennotiert (§ 267(3) HGB), oder die Gesellschaft hat fusioniert, ist umgewandelt oder neu gegründet worden. In diesem Fall genügt die Überschreitung der Merkmale im ersten Jahr (§ 267(4) HGB).

Bilanzsumme	≤DM 5,31 Millionen
Umsätze	≤ DM 10,62 Millionen
Arbeitnehmer im Jahresdurchschnitt	≤ 50

Hat keine Prüfung stattgefunden, obwohl sie vorgeschrieben ist, dann kann der Jahresabschluß nicht festgestellt werden (§ 316(1) HGB).

IV. AUDITING REQUIREMENTS AND GUIDELINES

3. Requirements for Audited Accounts

3.1. Legal requirement for audited financial statements

UK

The financial statements of all incorporated companies should be audited (§ 235(1)/§ 384 CA 1985), with the exception of very small and dormant companies (§§ 250, 249A, 388A CA 1985).

3.1.1 *Very small companies*

A company (provided it is not a public company or certain other specialist company) is exempt from the requirement that its financial statements be audited if in respect of a financial year (§§ 249A, 249B CA 1985):

(i) it qualifies as a small company in relation to that year;

(ii) its turnover for that year is not more than £350,000;

(iii) its balance sheet total for that year is not more than £1.4 million .

If a company is exempt from an audit requirement but its turnover for the year is not more than £350,000, but more than £90,000 then it is required to have prepared by a reporting accountant (§§ 249 A(2), 249C, CA 1985) a report stating whether in his opinion:

(i) the accounts are in agreement with the accounting records;

(ii) the accounts have been drawn up in a manner consistent with the Companies Act 1985;

(iii) the company is exempt from an audit requirement.

Members holding at least 10% of the nominal value of the company's issued share capital or any class of it may, be giving notice in writing not later than one month before the end of the year, require that the financial statements be audited (§ 249B(2) CA 1985).

GERMANY

The financial statements and management report for all incorporated companies must be audited (§ 316 (1) HGB), unless the company is small as defined by § 267(1) HGB:

Provided two of the following three criteria are not exceeded for two successive years, there is no statutory requirement for an audit, unless the company is publicly quoted (§ 267(3) HGB) or has been merged, restructured, or newly formed, in which case, the first year suffices (§ 267(4)).

Balance sheet totals	≤ DM 5.31 million
Sales	≤ DM 10.62 million
Average annual employees	≤ 50

If no audit has taken place although required, the financial statements cannot be adopted (§ 316(1) HGB).

3.1.2 Ruhende Gesellschaften

Eine ruhende Gesellschaft - wenn sie nicht zu bestimmten spezialisierten Wirtschaftszweigen gehört - kann sich selbst durch einen speziellen Gesellschafterbeschluß auf einer Hauptversammlung der Gesellschaft von der Pflicht zur Prüfung befreien.

3.2. Prüfung von Konzernabschlüssen

Konzernabschlüsse müssen aufgestellt und geprüft werden, außer wenn:

(i) der Konzern während des Geschäftsjahres von kleiner oder mittlerer Größe ist (§ 248 CA 1985) (d.h. zwei der nachstehenden drei Merkmale werden im Geschäftsjahr und im Vorjahr nicht überschritten):

	Bruttobasis	Nettobasis
Konzern-Umsätze	≤ £ 11.2 Mio	≤ £ 13.44 Mio
Konzern-Bilanzsumme	≤ £ 5.6 Mio	≤ £ 6.72 Mio
Durchschnitts-anzahl der Arbeitnehmer	≤ 250	≤ 250

(ii) der Konzern berechtigt ist, die anderen Befreiungen, die unter Abschnitt II.1 beschrieben worden sind, in Anspruch zu nehmen.

Diese Befreiungen gelten nicht für Public companies (§ 248(1) CA 1985).

Solche Konzernabschlüsse sind zu prüfen (§ 235 CA 1985).

Konzernabschlüsse und Konzernlageberichte müssen aufgestellt und geprüft werden, außer wenn:

(i) der Konzern von kleiner oder mittlerer Größe ist, d.h. für den Konzern werden (gemäß § 293(1) HGB) zwei der drei folgenden Merkmale im Geschäftsjahr und im Vorjahr nicht überschritten:

	Bruttobasis	Nettobasis
Konzern-umsätze	≤ DM 127,44 Mio	≤ DM 106,2 Mio
Konzern-bilanzsumme	≤ DM 63,72 Mio	≤ DM 53,1 Mio
Jährlicher Durch-schnitt der Arbeitnehmer	≤ 500	≤ 500

(ii) der Konzern berechtigt ist, Befreiungen, wie sie in Abschnitt II.1 beschrieben werden, in Anspruch zu nehmen.

Die obengenannten Ausnahmeregelungen kommen nicht zur Anwendung, wenn die Aktien der Muttergesellschaft (oder einer in den Konzernabschluß der Muttergesellschaft einbezogenen Tochtergesellschaft) an einer Börse der EU oder im Freiverkehr gehandelt werden oder ein Antrag auf Zulassung zum Wertpapierhandel gestellt wurde (§ 293(5) HGB).

Müssen Konzernabschlüsse und Konzernlageberichte aufgestellt werden, dann sind sie zu prüfen (§ 316(2) HGB).

3.1.2 *Dormant companies*

A dormant company - provided it is not in one of certain specialist industries - may make itself exempt from the requirement for an audit by passing a special resolution at a general meeting of the company.

3.2. Audit of consolidated financial statements

Consolidated financial statements are required to be prepared unless:

(i) the group is small or medium-sized in a financial year (§ 248 CA 1985), i.e. two of the following three criteria are not exceeded for the period and for the previous period:

	Gross basis	Net basis
Consolidated turnover	≤ £ 11.2m	≤ £ 13.44m
Consolidated gross assets	≤ £ 5.6m	≤ £ 6.72m
Average number of employees	≤ 250	≤ 250

(ii) or the group is entitled to take advantage of the various other exemptions described in Section III.2

These exemptions do not apply if it is a public company (§ 248(1) CA 1985).

Such consolidated financial statements should be audited (§ 235 CA 1985).

Consolidated financial statements and the group management report are required to be prepared unless:

(i) the group is small or medium-sized, i.e. for the group (per § 293(1) HGB) two of the following three criteria are not exceeded, for the period and for the previous period:

	Gross basis	Net basis
Consolidated sales	≤ DM 127.44m	≤ DM 106.2m
Consolidated gross assets totals	≤ DM 63.72m	≤ DM 53.1m
Average annual employees	≤ 500	≤ 500

(ii) or unless the group is entitled to take advantage of the various other exemptions described in Section III.2.

The above exemptions do not apply if the shares of the parent undertaking (or of a subsidiary included in the consolidated accounts of the parent undertaking) are traded on an EU Stock Exchange, or over the counter, or where an application for official trading has been filed (§ 293(5) HGB).

If consolidated financial statements and group management report are required to be prepared, they should be audited (§ 316(2) HGB).

3.3. Prüfung von Jahresabschlüssen von Partnerships, bei denen alle Teilhaber Kapitalgesellschaften sind.

Die Jahresabschlüsse von Partnerships, bei denen jeder Teilhaber entweder (i) eine Kapitalgesellschaft oder (ii) eine Personengesellschaft - deren Gesellschafter alle Kapitalgesellschaften sind - ist, müssen geprüft werden (§ 4(1) PUCAR 1993). Diese Vorschrift trifft nicht zu, wenn der Jahresabschluß des Partnerships in den Konzernabschluß eines anderen, in der EU ansässigen Unternehmens, einbezogen worden ist und dieser nach den Regelungen der Siebten EU-Richtlinie aufgestellt und geprüft worden ist (§ 7(1) PUCAR 1993).

3.4. Prüfung von Jahresabschlüssen anderer Personengesellschaften

Es gibt keine Vorschrift, die Jahresabschlüsse anderer Personengesellschaften zu prüfen.

Der Jahresabschluß und Lagebericht großer Personengesellschaften müssen geprüft werden (§ 6(1) PublG).

Das umfaßt solche Gesellschaften, die am Bilanzstichtag und zu den zwei folgenden Abschlußstichtagen zwei der drei nachstehenden Merkmale erfüllen (§ 1 PublG):

Bilanzsumme:	> DM 125 Mio
Umsätze:	> DM 250 Mio
Durchschnittsanzahl der Arbeitnehmer:	> 5000

3.5. Prüfung des Konzernabschlusses einer Personengesellschaft

Es gibt keine Vorschrift, einen Konzern einer Personengesellschaft zu prüfen, außer für bestimmte Partnerships, deren Teilhaber alle Kapitalgesellschaften sind (§ 4(1) PUCAR 1993).

Der Konzernjahresabschluß und Konzernlagebericht großer Konzerne von Personengesellschaften (d.h. wenn der Konzern die gleichen Größenkriterien wie die einzelne große Personengesellschaft erfüllt (§ 11 (1) PublG) sind zu prüfen (§ 14(1) PublG).

3.3. Audit of accounts of partnerships where each partner is a limited company

The financial statements of partnerships where each partner is either (i) a limited company, or (ii) an unlimited company each of whose members is a limited company, are required to be audited. (§ 4(1) PUCAR 1993) unless the partnership's accounts have been consolidated into the group accounts of another undertaking registered in the EU, whose group accounts have been prepared and audited in accordance with Seventh EU Directive (§ 7(1) PUCAR 1993)

3.4. Audit of accounts of other unincorporated businesses

There is no audit requirement for other unincorporated businesses.

The financial statements and management report of large unincorporated businesses are required to be audited (§ 6(1) PublG):

i.e. those which at a year end and for the following two year ends achieve two of the following three criteria (§ 1 PublG):

Balance sheet total:	> DM 125 million
Annual turnover:	> DM 250 million
Average number of employees:	> 5000

3.5. Audit of consolidated financial statements - unincorporated businesses

Except for certain partnerships where each partner is an limited company (§ 4(1) PUCAR 1993) there is no group audit requirement for unincorporated businesses.

Group financial statements and group management reports of large unincorporated groups (- i.e. where the group achieves the same size criteria as above for single unincorporated businesses (§ 11(1) PublG), are required to be audited (§ 14(1) PublG).

IV. VORSCHRIFTEN UND RICHTLINIEN FÜR DIE ABSCHLUSSPRÜFUNG

4. Berechtigung zur Prüfung von Jahresabschlüssen

4.1. Definition

GROSSBRITANNIEN

Eine Person darf als Abschlußprüfer einer haftungsbeschränkten Gesellschaft berufen werden, wenn sie Mitglied in einer anerkannten berufsständischen Vereinigung ist und deren Regeln unterliegt (§ 25(1) CA 1989).

Abschlußprüfer kann eine Person oder eine Gesellschaft sein (§ 25(2) CA 1989).

Abschlußprüfer, die ihre Qualifikation aufgrund des Companies Act 1987 erhalten haben, dürfen nicht börsennotierte Gesellschaften nicht prüfen (§ 25, 34 CA 1989).

DEUTSCHLAND

Abschlußprüfer dürfen Wirtschaftsprüfer oder Wirtschaftsprüfungsgesellschaften sein (§ 319(1) HGB).

Abschlußprüfer des Jahresabschlusses und des Lageberichtes von kleinen und mittelgroßen Gesellchaften dürfen auch vereidigte Buchprüfer oder Buchprüfungsgesellschaften sein (§ 319(1) HGB).

Gemäß § 267(2) HGB ist eine Gesellschaft von mittlerer Größe, wenn sie in zwei aufeinander folgenden Jahren zwei der drei nachstehenden Merkmale nicht erfüllt :

Bilanzsumme	> DM 21,24 Millionen
Umsätze	> DM 42,48 Millionen
Jährliche Durchschnitt der Arbeitnehmer	> 250

Werden Gesellschaften fusioniert, umgewandelt oder neu gegründet, dann ist es nur erforderlich, daß zwei dieser drei Merkmale zum nächsten Abschlußstichtag zutreffen (§ 267(3) HGB).

IV. AUDITING REQUIREMENTS AND GUIDELINES

4. Entitlement to Audit Accounts

4.1. Persons entitled to audit accounts

UK

A person is eligible for appointment as auditor of a limited company only if he is a member of a recognised Supervisory body and is eligible for the appointment under their rules (§ 25(1) CA 1989).

An auditor may be an individual or a firm (§ 25(2) CA 1989).

Auditors who obtained their qualifications under CA 1987 may audit unquoted companies (§ 25, 34 CA 1989).

GERMANY

Auditors may be Wirtschaftsprüfer or Wirtschaftsprüfung companies or firms (§ 319(1) HGB).

Auditors of financial statements and management reports of small and medium-sized limited companies may also be registered bookkeepers or registered bookkeeping companies and firms (§ 319(1) HGB).

Per § 267(2) HGB, a company is medium-sized if it is not a public company (§ 267(3) HGB) and if for 2 consecutive years it does not fulfil two of the following three criteria:

Balance sheet totals	> DM 21.24 million
Sales	> DM 42.48 million
Average annual employees	> 250

When companies are merged, restructured or newly formed, it is only necessary that two of these three criteria apply on the next balance sheet date (§ 267 (3) HGB).

IV. VORSCHRIFTEN UND RICHTLINIEN FÜR DIE ABSCHLUSSPRÜFUNG

5. Bestellung zum Abschlussprüfer

5.1. Bestellung zum Abschlußprüfer

Die Abschlußprüfer werden durch die Gesellschafter auf der Jahreshauptversammlung berufen, den Jahresabschluß zu erhalten und ihre Funktion bis zur nächsten Jahreshauptversammlung zu erfüllen (§ 385 CA 1985).

Private Companies brauchen den Abschlußprüfer nicht in jedem Jahr neu zu berufen (§ 386 CA 1985).

Der Abschlußprüfer wird von den Gesellschaftern gewählt. (Bei Gesellschaften mit beschränkter Haftung kann der Gesellschaftsvertrag etwas anderes bestimmen) (§ 318(1) HGB).

Der Abschlußprüfer soll vor Ablauf des Geschäftsjahres gewählt werden (§ 318(1) HGB).

5.2. Kündigung und Abberufung von Abschlußprüfern

Ein Abschlußprüfer einer Gesellschaft darf seinen Auftrag schriftlich kündigen (§ 392 CA 1985).

Eine Gesellschaft kann einen Abschlußprüfer durch ordentlichen Gesellschafterbeschluß jederzeit abberufen (§ 391 CA 1985).

Gibt ein Abschlußprüfer aus irgendeinem Grund sein Amt auf, dann hat er eine Erklärung über alle Umstände der Aufgabe des Amtes abzugeben, von denen er glaubt, daß sie den Gesellschaftern oder Gläubigern zur Kenntnis gebracht werden sollten oder anderenfalls eine Erklärung, daß es solche Umstände nicht gibt (§ 394 CA 1985).

Ein von dem Abschlußprüfer angenommener Prüfungsauftrag kann nur aus wichtigem Grund gekündigt werden. Als wichtiger Grund ist nicht anzusehen, wenn Meinungsverschiedenheiten über den Inhalt des Bestätigungsvermerks bestehen (§ 318(6) HGB).

Ein Prüfungsauftrag kann nur rückgängig gemacht werden, wenn auf Antrag der gesetzlichen Vertreter, des Aufsichtsrates oder von Gesellschaftern (im Fall von AG und KGaA nur dann, wenn die Anteile dieser Gesellschafter zusammen 10% des Grundkapitals oder den Nennbetrag von zwei Millionen DM erreichen) das Gericht nach Anhörung der Beteiligten einen anderen Abschlußprüfer bestellt. Das Gericht hat dazu zunächst die Beteiligten und den Abschlußprüfer zu hören (§§ 318(1),(3) HGB).

IV. AUDITING REQUIREMENTS AND GUIDELINES

5. Appointment of Auditors

5.1. Appointment of auditors

UK: The auditors are appointed by the shareholders at the annual general meeting to receive the accounts, to hold office until the next annual general meeting (§ 385 CA 1985).

Germany: The auditor is appointed by the shareholders (in the case of limited liability companies, the Articles of Association can provide otherwise) (§ 318(1) HGB).

UK: However, private companies may dispense with the obligation to reappoint auditors annually (§ 386 CA 1985).

Germany: The auditor should be appointed each year prior to the year end (§ 318(1) HGB).

5.2. Resignation of, and removal of, auditors

UK: An auditor of a company may resign by giving notice in writing (§ 392 CA 1985).

Germany: An audit appointment accepted by the audit may only be rejected by the auditor for important reasons. An important reason does not include differences of opinion concerning the contents of the audit opinion (§ 318(6) HGB).

UK: A company may by ordinary resolution remove an auditor from office at any time (§ 391 CA 1985).

Germany: An audit appointment can only be revoked if upon application by the legal representatives, by the supervisory board, or by the shareholders (provided in the case of public limited companies and companies limited by shares that the application is by shareholders holding at least 10% of the stated capital or a nominal value of DM2 million) another auditor is appointed by the court. (The court is first required to hear both the parties to the application and the auditor) (§§ 318(1),(3) HGB).

UK: Where an auditor ceases for any reason to hold office, he is required to issue a statement of any circumstances connected with his ceasing to hold office which he considers should be brought to the attention of the members or creditors of the company, or, alternatively, a statement that there are none (§ 394 CA 1985).

IV. VORSCHRIFTEN UND RICHTLINIEN FÜR DIE ABSCHLUSSPRÜFUNG

6. Grundsätze zur Durchführung von Abschlussprüfungen

6.1. Bestimmungen von grundlegenden Prüfungsgrundsätzen und -prinzipien

Großbritannien

Die berufsständischen Richtlinien über grundlegende Prüfungsmethoden und -prinzipien, die durch den Abschlußprüfer befolgt werden müssen, unterscheiden sich im internationalen Maßstab.

Die Praxis in Großbritannien war bis vor kurzem durch die Prüfungsstandards und -richtlinien bestimmt, die durch zahlreiche nationale berufsständische Körperschaften herausgegeben wurden.

1991 wurde das Auditing Practices Board (APB) durch das Consultative Committee of Accounting Bodies gegründet. Seine Ankündigungen fallen in zwei Kategorien:

(i) Statements of Auditing Standards (SAS) (die durch die Abschlußprüfer bei der Durchführung jeder Prüfung befolgen müssen); und

(ii) Practice Notes (um die Auslegung der SAS zu unterstützen);

(iii) Bulletins (um Hilfestellung bei neuen oder an Wichtigkeit zunehmenden Sachverhalten zu leisten).

Das Auditing Practices Board befindet sich jetzt im Prozess der Überarbeitung und Erneuerung aller bestehenden Prüfungsstandards und -richtlinien. Bis zu dem Zeitpunkt, an dem sie ersetzt werden (dies wird voraussichtlich 1995 sein), sind sie ohne Einschränkung gültig.

Deutschland

Das Institut der Wirtschaftsprüfer hat die Verantwortung für die Herausgabe von Gutachten zu Grundsätzen der Abschlußprüfung.

6.2. Prüfungsstandards und -richtlinien

Großbritannien

Prüfungsstandards, die von den Councils der Accounting Bodies herausgegeben wurden, beschreiben die grundlegenden Methoden und Prinzipien, denen die Mitglieder bei der Durchführung einer Prüfung zu folgen haben. Sie sind für gesetzlich vorgeschriebene und freiwillige Prüfungen gleichermaßen gültig.

Audit Guidelines (=Prüfungsrichtlinien), die durch die Councils vor Herausgabe bestätigt werden, sind zur Unterstützung des Abschlußprüfers gedacht und sollen überzeugend und nicht beschreibend sein. Sie sind normalerweise anzuwenden und der Abschlußprüfer muß in der Lage sein, Abweichungen von ihnen zu erklären, falls er dazu aufgefordert wird.

Deutschland

Die Grundsätze ordnungsmäßiger Durchführung von Abschlußprüfungen, die in FG 1/1988 festgeschrieben sind, sind sowohl für gesetzlich vorgeschriebene als auch freiwillige Prüfungen gültig, für die der Bestätigungsvermerk im vorgeschriebenen Wortlaut erteilt wird (FG 1/1988).

IV. AUDITING REQUIREMENTS AND GUIDELINES

6. Basic Auditing Principles

6.1. Determinitation of basic auditing practices and principles

UK

Professional guidance on the basic principles and practices that auditors are expected to follow varies internationally.

The UK was, until recently, governed by the Auditing Standards and Guidelines issued by the various national auditing bodies in the UK.

In 1991, the Auditing Practices Board (APB) was established by the Consultative Committee of Accountancy Bodies. Its pronouncements fall into three main categories:

(i) Statements of Auditing Standards (SASs)(with which auditors are required to comply in the conduct of any audit); and

(ii) Practice Notes (to assist in the interpretation of SAS);

(iii) Bulletins (to provide auditors with guidance on new or emerging issues).

The Auditing Practices Board is in the process of reviewing and updating all existing Auditing Standards and Guidelines. Until such time as they are replaced however, (which is currently expected in 1995), they continue to be applicable.

GERMANY

The Institute of Wirtschaftsprüfer takes responsibility for issuing statements on auditing principles.

6.2. Auditing standards and guidelines

UK

Thus, Auditing Standards, which were issued by the Councils of the Accounting Bodies, prescribe the basic principles and practices which members are expected to follow in the conduct of an audit. They are relevant both for statutory audits and for non statutory audits.

Audit Guidelines, which are approved for issue by the Councils, give guidance to the auditor and are intended to be persuasive, not prescriptive. However, they should normally be followed, and the auditor should be prepared to explain departures if called upon to do so.

GERMANY

The basic auditing principles are set out FG 1/1988 and are relevant both for statutory year end audits and for those not legally required audits which would have the standard audit opinion wording (FG 1/1988)

Ein Gericht kann zur Einschätzung der Arbeit eines Abschlußprüfers alle Verlautbarungen (einschließlich Prüfungsstandards und -richtlinien) heranziehen, die es als "gute Praxis" für maßgebend hält.

Der Abschlußprüfer muß sorgfältig prüfen, ob die Grundsätze eines Fachgutachtens oder einer Stellungnahme für bestimmte Umstände relevant sind. Tut er das nicht, dann ist dies für ihn in einem Haftungsfall von Nachteil (FG 1/1988).

6.3. Internationale Prüfungsrichtlinien

Internationale Prüfungsrichtlinien sind in Großbritannien nur in dem Ausmaß binded, in dem sie in Britische Prüfungsstandards und -richtlinien eingeflossen sind.

Erklärungen, die durch internationale Körperschaften (z. B. IFAC, IASC) herausgegeben werden, sind an die nationalen Mitgliedsorganisationen gerichtet, um diese in nationale Grundsätze zu überführen, soweit dies unter Beachtung der gesetzlichen Vorschriften möglich ist. Solche internationalen Erklärungen haben daher keine bindende Wirkung auf den Abschlußprüfer (FG 1/1988).

6.4. Prüfungsgrundsätze

Die Prüfungsstandards erfordern, daß der Abschlußprüfer (AS 3.101):

(i) seine Arbeit angemessen plant, kontrolliert und dokumentiert;

(ii) das System der internen Kontrolle untersucht und seine Angemessenheit einschätzt;

(iii) genügend Anhaltspunkte sammelt, um vernünftige Schlußfolgerungen zu ziehen;

(iv) die internen Kontrollen bewertet und Prüfungshandlungen zur Feststellung ihrer Wirksamkeit vornimmt, wenn er sich auf sie stützen will;

(v) eine analytische Betrachtung des Jahresabschlusses vornimmt.

Die Prüfungsgrundsätze erfordern ordnungsgemäße Planung, einschließlich der Betrachtung der wirtschaftlichen Situation, des Rechnungswesens, des internen Kontrollsystems und eine Plausibilitätsbeurteilung (FG1/1988).

6.5. Verantwortlichkeit zur Aufdeckung von Betrug

Der Abschlußprüfer ist nicht dafür verantwortlich, Betrug aufzudecken. Prüfungshandlungen sind so anzulegen, daß der Abschlußprüfer mit angemessener Sicherheit erwarten kann, daß wesentliche Falschdarstellungen im Jahresabschluß aufgedeckt werden, ob sie nun durch Betrug, andere Unregelmäßigkeiten oder Fehler entstanden sind (AG 418).

Findet der Abschlußprüfer Hinweise auf möglichen Betrug oder Unregelmäßigkeiten, so hat er (AG 418):

(i) Führungskräfte einer entsprechenden Ebene zu informieren (und juristische Beratung in Betrachtung zu ziehen);

Eine Prüfung ist nicht darauf angelegt, ungesetzliche Handlungen aufzudecken. Der Abschlußprüfer ist für die Nicht-Aufdeckung solcher Handlungen nur dann verantwortlich, wenn er sie unter Anwendung üblicher Prüfungshandlungen entdeckt haben müßte (FG 1/1988).

Erlangt der Abschlußprüfer Kenntnis von Betrug oder anderen ungesetzlichen Handlungen, dann muß er sofort die entsprechende Führungsebene der Gesellschaft informieren (FG 1/1988).

A court of law may, when considering the auditor's work, take into account any pronouncements (including Auditing Standards and Guidelines) which it considers may be indicative of good practice.

The auditor must carefully check whether the basic principles of an Statement or Opinion are relevant to the particular circumstances. If he does not, then he must assume that this would be disadvantageous to him in a litigation situation (FG 1/1988).

6.3. International standards on auditing

International Standards on Auditing are authorative in the UK only to the extent that they are incorporated into the UK Auditing Standards and Guidelines.

Statements issued by international accounting organisations (e.g. IFAC, IASC) are directed to the national member organisations who have undertaken to transform these into national basic principles, in so far as this is possible under national requirements. Such international statements do not therefore obligate the auditor directly. (FG 1/1988)

6.4. Basic auditing principles

Audit Standards require that the auditor should (AS 3.101):

(i) adequately plan, control, and record his work;

(ii) review the system of internal control and assess its adequacy;

(iii) obtain sufficient evidence to enable him to draw reasonable conclusions;

(iv) evaluate internal controls, and perform compliance tests on their operation, if he wishes to place reliance on them;

(v) carry out an analytical review of the financial statements.

Generally accepted standards for the audit of financial statements require proper planning, including consideration of the economic situtation, or the accounting, and the internal control system and the analytical review (FG/1 1988).

6.5. Responsibilities in connection with the detection of fraud

The auditor is not responsible for preventing fraud. Audit procedures should be designed to give the auditor a reasonable expectation of detecting any material misstatement in the financial statements, whether caused by fraud, other irregularities or errors (AG 418).

An audit is not directed so as to detect illegal acts. The auditor is only responsible for their non-discovery if he should have been able to discover them using normal audit methods (FG 3/1988).

If the auditor identifies the possible existence of a fraud or irregularity, he should (AG 418):

(i) inform the appropriate level of management (and consider the need for legal advice);

If an auditor becomes aware of fraud or other illegal acts, then he must immediately inform the appropriate level of the company (FG 1/1988).

(ii) die sich seiner Meinung nach ergebende Auswirkung auf den Jahresabschluß zu ermessen;

(iii) unter besonderen Umständen in Betracht zu ziehen, ob das öffentliche Interesse an der Offenlegung gegenüber der passenden Behörde Vorrang gegenüber der Schweigepflicht aus dem Verhältnis zum Mandanten hat. (Er sollte zuerst die Unternehmensleitung dazu auffordern, die entsprechende Offenlegung zu veranlassen).

(ii) consider the impact on the financial statements, in his opinion;

(iii) consider in exceptional circumstances whether the public interest in disclosure to the proper authority outweighs the confidentiality of a client relationship. (He should first request the senior management to make the proper disclosure.)

GLIEDERUNG DER BILANZ VON KAPITALGESELLSCHAFTEN - GROSSBRITANNIEN (§ 8 Sch CA 1985)

AKTIVA

A. Gezeichnetes, nicht eingezahltes Kapital

B. Anlagevermögen

I. Immaterielle Vermögensgegenstände
1. Entwicklungskosten
2. Konzessionen, Patente, Lizenzen, Warenzeichen und ähnliche Rechte und Vermögensgegenstände
3. Geschäfts- und Firmenwert
4. Geleistete Anzahlungen

II. Sachanlagen
1. Land und Gebäude
2. Technische Anlagen und Maschinen
3. Einbauten, Ausstattung, Werkzeuge und Anlagen
4. Geleistete Anzahlungen und Anlagen im Bau

III. Beteiligungen
1. Anteile an verbundenen Unternehmen
2. Darlehen an verbundene Unternehmen
3. Beteiligungen
4. Darlehen an Unternehmen, mit denen ein Beteiligungsverhältnis besteht
5. Andere Anteile, die keine Darlehen sind
6. Andere Darlehen
7. Eigene Aktien

C. Umlaufvermögen

I. Vorräte
1. Roh- und Hilfsstoffen
2. Unfertige Erzeugnisse
3. Fertigerzeugnisse und Waren, die zum Wiederverkauf bestimmt sind
4. Geleistete Anzahlungen

II. Forderungen
1. Forderungen aus Lieferungen und Leistungen
2. Forderungen gegen verbundene Unternehmen

A. Stammkapital und Rücklagen

I. Gezeichnetes Kapital

II. Share-Premium Rücklage

III. Neubewertungsrücklage

IV. Andere Rücklagen
1. Tilgungsfond
2. Rücklagen für eigene Anteile
3. Satzungsmäßige Rücklagen
4. Andere Gewinnrücklagen

V. Gewinnrücklagen

B. Rückstellungen
1. Pensionsrückstellungen
2. Steuerrückstellungen einschließlich latenter Steuern
3. Sonstige Rückstellungen

C. Verbindlichkeiten
1. Anleihen
2. Bankkredite und Kontokorrentkredite
3. Erhaltene Anzahlungen
4. Verbindlichkeiten aus Lieferungen und Leistungen
5. Gezogene Wechsel

BALANCE SHEET CLASSIFICATION FOR SINGLE ENTITY INCORPORATED COMPANIES - UK (§ 8 Sch CA 1985)

ASSETS

A. Called up shares capital not paid

B. Fixed Assets

- I. Intangible assets
  1. Development costs
  2. Concessions, patents, licenses trade-marks and similar rights and assets
  3. Goodwill
  4. Payments on account
- II. Tangible assets
  1. Land and buildings
  2. Plant and machinery
  3. Fixtures, fittings, tools and equipment
  4. Payments on account and assets in the course of construction
- III. Investments
  1. Shares in group undertakings
  2. Loans to group undertakings
  3. Participating interests
  4. Loans to undertakings, in which the company has a participating interest
  5. Other investments other than loans
  6. Other loans
  7. Own shares

C. Current assets

- I. Stocks
  1. Raw materials and consumables
  2. Work in progress
  3. Finished goods and goods for resale
  4. Payments on account
- II. Debtors
  1. Trade debtors
  2. Amounts owed by group undertakings

A. Capital and reserves

- I. Called up share capital
- II. Share premium account
- III. Revaluation reserve
- ÍV. Other reserves
  1. Capital redemption reserve
  2. Reserve for own shares
  3. Reserves provided for by the articles of association
  4. Other reserves
- V. Profit and loss account

B. Provision for liabilities and charges
1. Pensions and similar obligations
2. Taxation including deferred taxation
3. Other provisions

C. Creditors
1. Debenture loans
2. Bank loans and overdrafts
3. Payments received on account
4. Trade creditors
5. Bill of exchange payable

3. Forderungen gegen Unternehmen, mit denen ein Beteiligungsverhältnis besteht
4. Sonstige Vermögensgegenstände
5. Eingefordete aber noch nicht eingezahlte ausstehende Einlagen
6. Rechnungsabgrenzungsposten.

III. Beteiligungen
1. Anteile an verbundenen Unternehmen
2. Eigene Anteile
3. Sonstige Wertpapiere

IV. Guthaben bei Kreditinstituten und Kassenbestand

D. Rechnungsabgrenzungsposten

6. Verbindlichkeiten gegenüber verbundenen Unternehmen
7. Verbindlichkeiten gegenüber Unternehmen, mit denen ein Beteiligungsverhältnis besteht
8. Sonstige Verbindlichkeiten einschließlich Steuern und Sozialversicherung

D. Rechnungsabgrenzungsposten

3. Amounts owed by undertakings in which the company has a participating interest
4. Other debtors
5. Called up share capital not paid
6. Prepayments and accrued income

III. Investments
1. Shares in group undertakings
2. Own shares
3. Other Investments

IV. Cash at bank and in hand

D. Prepayments and accrued income

6. Amounts owed to group undertakings
7. Amounts owed to undertakings in which the company has a participating interest
8. Other creditors including taxation and social security

D. Accruals and deferred income

GLIEDERUNG DER BILANZ VON KAPITALGESELLSCHAFTEN - DEUTSCHLAND (§ 266 HGB)

AKTIVA

A. Anlagevermögen:

I. Immaterielle Vermögensgegenstände
1. Konzessionen, gewerbliche Schutzrechte und ähnliche Rechte und Werte sowie Lizenzen an solchen Rechten und Werten
2. Geschäfts- oder Firmenwert
3. Geleistete Anzahlungen

II. Sachanlagen
1. Grundstücke,grundstückgleicheRechte und Bauten einschließlich der Bauten auf fremden Grundstücken
2. Technische Anlagen und Maschinen
3. Andere Anlagen, Betriebs- und Geschäftsausstattung
4. Geleistete Anzahlungen und Anlagen im Bau

III. Finanzanlagen
1. Anteile an verbunden Unternehmen
2. Ausleihungen an verbundene Unternehme
3. Beteiligungen
4. Ausleihungen an Unternehmen, mit denen ein Beteiligungsverhältnis besteht
5. Wertpapiere des Anlagevermögens
6. Sonstige Ausleihungen

B. Umlaufvermögen

I. Vorräte
1. Roh-, Hilfs- und Betriebsstoffe
2. Unfertige Erzeugnisse, unfertige Leistungen
3. Fertige Erzeugnisse und Waren
4. Geleistete Anzahlungen

II. Forderungen und sonstige Vermögensgegenstände
1. Forderungen aus Lieferungen und Leistungen
2. Forderungen gegen verbundene Unternehmen
3. Forderungen gegen Unternehmen, mit denen ein Beteiligungsverhältnis besteht
4. Sonstige Vermögensgegenstände

III. Wertpapiere
1. Anteile an verbundenen Unternehmen
2. Eingene Anteile
3. Sonstige Wertpapiere

IV. Scheck, Kassenbestand, Bundesbank- und Postgiroguthaben, Guthaben bei Kreditinstituten

C. Rechnungsabgrenzungsposten

PASSIVA

A. Eigenkapital

I. Gezeichnetes Kapital

II. Kapitalrücklagen

III. Gewinnrücklagen
1. Gesetzliche Rücklage
2. Rücklage für eigene Anteile
3. Satzungsmäßige Rücklagen
4. Andere Gewinnrücklagen

IV. Gewinnvortrag/Verlustvortrag

V. Jahresüberschuß/Jahresfehlbetrag

B. Rückstellungen
1. Rückstellungen für Pensionen und ähnliche Verpflichtungen
2. Steuerrückstellungen
3. Sonstige Rückstellungen

C. Verbindlichkeiten
1. Anleihen (davon konvertibel: x)
2. Verbindlichkeiten gegenüber Kreditinstituten
3. Erhaltene Anzahlungen auf Bestellungen
4. Verbindlichkeiten aus Lieferungen und Leistungen
5. Verbindlichkeiten aus der Annahme gezogener Wechsel und der Ausstellung eigener Wechsel
6. Verbindlichkeiten gegenüber verbundenen Unternehmen
7. Verbindlichkeiten gegenüber Unternehmen, mit denen ein Beteiligungsverhältnis besteht
8. Sonstige Verbindlichkeiten (davon aus Steuern: x), (davon im Rahmen der sozialen Sicherheit: x)

D. Rechnungsabgrenzungsposten

BALANCE SHEET CLASSIFICATION FOR SINGLE ENTITY INCORPORATED COMPANIES - GERMANY (§ 266 HGB)

ASSETS

A. Fixed assets:

I. Intangible assets
1. Concessions, industrial and similar rights and assets, and licenses in such rights and assets
2. Goodwill
3. Payments on account

II. Tangible assets
1. Land, land rights and buildings, including buildings on third party land
2. Technical equipment and machines
3. Other equipment, factory and office equipment
4. Payments on account and assets under construction

III. Financial assets
1. Shares in group undertakings
2. Loans to group undertakings
3. Participations
4. Loans to undertakings in which participations are held
5. Long term investments
6. Other loans

B. Current assets

I. Stocks
1. Raw materials and supplies
2. Work in progress
3. Finished goods and merchandise
4. Payments on account

II. Debtors and other assets
1. Trade debtors
2. Amounts owed by group undertakings
3. Amounts owed by undertakings in which participations are held
4. Other assets

III. Securities
1. Shares in group undertakings
2. Own shares
3. Other securities

IV. Cheques, cash-in-hand, central bank and postgrio balances, bank balances

C. Prepaid expenses

EQUITY & LIABILITIES

A. Equity

I. Subscribed capital

II. Capital reserves

III. Revenue reserves
1. Legal reserve
2. Reserve for own shares
3. Statutory reserves
4. Other revenue reserves

IV. Retained profits/accumulated losses brought forward

V. Net income/net loss for the year

B. Provisions
1. Provisions for pensions and similar obligations
2. Tax provisions
3. Other accruals and provisions

C. Liabilities
1. Loans (of which convertible: x)
2. Liabilities to banks
3. Payments received on account of orders
4. Trade payables
5. Liabilities on bills accepted and drawn
6. Payable to group undertakings
7. Payable to undertakings in which participations are held
8. Other liabilities (of which taxes: x), (of which relating to social security and similar obligations: x)

D. Deferred income

GLIEDERUNG DER GEWINN- UND VERLUSTRECHNUNG VON KAPITALGESELLSCHAFTEN (GROSSBRITANNIEN UND DEUTSCHLAND)

UK (FRS 3/§ 8 Sch 4 CA 1985) (Umsatzkostenverfahren)			**Deutschland (§ 275(3) HGB) (Umsatzkostenverfahren)**		
Umsatzerlöse:					
Fortbestehende Geschäftsbereiche	X				
Acquisitionen	X				
	X				
Aufgegebene Geschäftsbereiche	X				
		X	Umsatzerlöse		X
Herstellungskosten*		(X)	Herstellungskosten der zur Erzielung der Umsatzerlöse erbrachten Leistungen		(X)
Bruttoergebnis		X	Bruttoergebnis vom Umsatz		X
Vertriebskosten*	X		Vertriebskosten	X	
Verwaltungskosten*	X		Allgemeine Verwaltungskosten	X	
Sonstige betriebliche Erträge*	X		Sonstige betriebliche Erträge	X	
			Sonstige betriebliche Aufwendungen	X	
		(X)			(X)
Betriebsergebnis:					
Fortbestehende Geschäftsbereiche	X				
Acquisitionen	X				
	X				
Aufgegebene Geschäftsbereiche	X				
		X			
Gewinn oder Verlust aus dem Verkauf oder der Aufgabe von Geschäftsbereichen*	X				
Aufwendungen einer grundlegenden Reorganisation oder Restrukturierung*	X				
Gewinn oder Verlust aus dem Abgang von Anlagevermögen*	X				
		X			
Erträge aus Anteilen an verbundenen Unternehmen	X				
Erträge aus Beteiligungen	X		Erträge aus Beteiligungen (davon aus verbundenen Unternehmen: x)	X	
Erträge aus anderen Wertpapieren und Ausleihungen des Finanzanlagevermögens	X		Erträge aus anderen Wertpapieren und Ausleihungen des Finanzanlagevermögens, (davon aus verbundenen Unternehmen: x)	X	
Sonstige Zinsen und ähnliche Erträge	X		Sonstige Zinsen und ähnliche Erträge, (davon aus verbundenen Unternehmen: x)	X	
		X			X
Abschreibungen auf Finanzanlagen und auf Wertpapieren des Umlaufvermögens	X		Abschreibung auf Finanzanlagen und auf Wertpapieren des Umlaufvermögens	X	
Zinsen und ähnliche Aufwendungen	X		Zinsen und ähnliche Aufwendungen (davon aus verbundenen Unternehmen: x)	X	
		(X)			(X)
Ergebnis der gewöhnlichen Geschäftstätigkeit vor Steuern		X	Ergebnis der gewöhnlichen Geschäftstätigkeit		X

APPENDIX III

PROFIT AND LOSS ACCOUNT FOR SINGLE ENTITY INCORPORATED COMPANIES (UK AND GERMANY)

UK (FRS 3/§ 8 Sch 4 CA 1985) (Operational (cost of sales) format)			Germany (§ 275(3) HGB) (Cost of sales format)		
Turnover:					
Continuing operations	X				
Acquisitions	X				
	X				
Discontinued operations	X				
		X	Sales		X
Cost of sales*		(X)	Cost of sales		(X)
Gross profit		X	Gross profit on sales		X
Distribution costs*	X		Selling expenses	X	
Administration expenses*	X		General administration expenses	X	
Other operating income*	X		Other operating income	X	
			Other operating expenses	X	
		(X)			(X)
Operating profit:					
Continuing operations	X				
Acquisitions	X				
	X				
Discontinued operations	X				
		X			
Profits or losses on the sale or termination of an operation*	X				
Costs of a fundamental reorganisation or restructuring*	X				
Profits or losses on the disposal of fixed assets*	X				
		X			
Income from shares in group undertakings	X				
Income from participating interests	X		Income from participations (of which from group undertakings: X)	X	
Income from other fixed asset investments	X		Income from other investments and financial assets (of which relating to group undertakings: x)	X	
Other interest receivables and similar income	X		Other interest and similar income (of which from group undertakings: x)	X	
		X			X
Amounts written off investments	X		Amortisation of financial assets and investments classified as current assets	X	
Interest payable and similar charges	X		Interest and similar expenses (of which to group undertakings: x)	X	
		(X)			(X)
Profit on ordinary activities before tax		X	Results from ordinary activities		X

Steuern auf das Ergebnis der gewöhnlichen Geschäftstätigkeit		(X)			
Ergebnis der gewöhnlichen Geschäftstätigkeit nach Steuern		X			
Außerordentliche Erträge	X		Außerordentliche Erträge	X	
Außerordentliche Aufwendungen	(X)		Außerordentliche Aufwendungen	X	
Außerordentliches Ergebnis	X		Außerodentliches Ergebnis		X
Steuern auf das außerordentliche Ergebnis	(X)				
		X			
			Steuern vom Einkommen und Ertrag	X	
Sonstige Steuern		X	Sonstige Steuern	X	
					(X)
Jahresüberschuß/Jahresfehlbetrag		X	Jahresüberschuß/Jahresfehlbetrag		X

* Weitere Analyse zur Betriebsergebnis im Anhang, zwischen (siehe unten angeführtes Bsp.):
- fortbestehende Geschäftsbereiche
- Acquisitionen
- Aufgegebene Geschäftsbereiche

Zusammenstellung der realisierten Gewinne und Verlust
(Beispiel)

Jahresüberschuß	X
Unrealisierter Überschuß aus der Neubewertung von Anlagevermögen	X
Unrealisierter Gewinn/Verlust aus Wertpapieren des Umlaufvermögens	(X)
	X
Währungsdifferenzen aus ausländischen Beteiligungen	(X)
Gesamter realisierter Gewinn/Verlust bezüglich des Geschäftsjahres	X
Vorjahresanpassungen	(X)
Gesamter realisierter Gewinn/Verlust seit dem letzten Jahresabschluß	X

Historische Kosten von Gewinn und Verlusten
(Beispiel)

Ergebnis der gewöhnlichen Geschäftstätigkeit vor Steuern	X
Realisierung von Neubewertungen aus vergangenen Jahren	X
Differenzen zwischen Abschreibungsaufwand (historische Kosten), und des laufenden Jahres (basierend auf dem neubewerteten Betrag)	X

Tax on profit on ordinary activities		(X)			
Profit on ordinary activities after tax		X			
Extraordinary income	X		Extraordinary income	X	
Extraordinary charges	(X)		Extraordinary charges	X	
Extraordinary profit or loss	X		Extraodinary results		X
Tax on extraordinary profit or loss	(X)				
		X			
			Taxes on income	X	
Other taxes		X	Other taxes	X	
					(X)
Profit or loss for the financial year		X	Net income or loss for the year		X

* Analyse further in notes to the financial statements (see e.g. below):

- continuing operations
- acquisitions
- discontinued operations

Statement of total recognised gains and losses
(Example)

Profit for the financial year	X
Unrealised surplus on revaluation of properties	X
Unrealised (loss)/gain on trade investments	(X)
	X
Currency translation differences on foreign currency net investments	(X)
Total recognised gains and losses relating to the year	X
Prior year adjustments	(X)
Total gains and losses recognised since last financial statements	X

Note of historical cost profits and losses

(Example)

Reported profit on ordinary activities before taxation	X
Realisation of property revaluation gains of previous years	X
Difference between historical cost depreciation charge and the actual depreciation charge of the year calculated on the revalued amount	X

Historisches Ergebnis der gewöhnlichen Geschäftskätigkeit vor Steuern	X

Bewegungen im Eigenkapital (Beispiel)

Jahresüberschuß des Geschäftsjahres	X
Dividenden	(X)
	X
Sonstiger realisierter Gewinn/Verlust des Geschäftsjahres	X
Neues gezeichnetes Kapital	X
Abschreibung des Firmenwertes	(X)
Zuführung zum Eigenkapital	X
Anfangsbestand des Eigenkapitals	X
Endbestand des Eigenkapitals	X

* **Anhang (Beispiel)**

	Fortbestehende Geschäftsbereiche	Acquisitionen	Aufgegebene Geschäftsbereiche	Gesamt
Herstellungskosten	X	X	X	X
Vertriebskosten	X	X	X	X
Verwaltungskosten	X	X	X	X
Sonstige Erträge des operativen Geschäfts	X	X	X	X
	X	X	X	X

Historical cost profit on ordinary activities before taxation	X

Movement in shareholders' funds
(Example)

Profit for the financial year	X
Dividends	(X)
	X
Other recognised gains and losses relating to the year (net)	X
New share capital subscribed	X
Goodwill written off	(X)
Net addition to shareholders' funds	X
Opening shareholders' funds	X
Closing shareholders' funds	X

* **Note to the Financial Statements (Example)**

	Continuing operations	**Acquisitions**	**Discontinued operations**	**Total**
Cost of sales	X	X	X	X
Distribution costs	X	X	X	X
Administrative expenses	X	X	X	X
Other operating income	X	X	X	X
	X	X	X	X

VERGLEICH DER GEWINN- UND VERLUSTRECHNUNG NACH DEN GESAMTKOSTEN- UND UMSATZKOSTENVERFAHREN - GROSSBRITANNIEN

Gesamtkostenverfahren (FRS 3/§ Sch 4 CA 1985)			**Umsatzkostenverfahren (FRS 3/§ A Sch 4 CA 1985)**		
Umsatzerlöse:			Umsatzerlöse:		
Fortbestehende Geschäftsbereiche	X		Fortbestehende Geschäftsbereiche	X	
Acquisitionen	X		Acquisitionen	X	
	X				
Aufgegebene Geschäftsbereiche	X		Aufgegebene Geschäftsbereiche	X	
		X			X
Veränderung des Bestandes an fertigen und unfertigen Erzeugnissen*		X			
Aktivierte Eigenleistungen*		X			
			Herstellungskosten*		(X)
			Vertriebskosten*		X
			Verwaltungskosten*		X
Sonstige betriebliche Erträge*		X	Sonstige betriebliche Erträge*		X
Materialaufwand:					
- Aufwendunge für Roh- und Hilfsstoffe und für bezogene Waren*	X				
- Sonstige Aufwendungen*	X				
		X			
Personalaufwand:					
- Löhne und Gehälter*	X				
- Aufwendungen für soziale Abgaben*	X				
- Sonstige Pensionsverpflichtungen*	X				
		X			
Abschreibungen und Wertberichtigungen auf Sachanlagen und immaterielle Vermögensgegenstände*	X				
Sonderabschreibungen auf Vermögensgegenstände des Umlaufvermögens*	X				
		X			
Sonstige betriebliche Aufwendungen*		X			
Betriebsergebnis:			Betriebsergebnis:		
Fortbestehende Geschäftsbereiche	X		Fortbestehende Geschäftsbereiche	X	
Acquisitionen	X		Acquisitionen	X	
Aufgegebene Geschäftsbereiche	X		Aufgegebene Geschäftsbereiche	X	
		X			X
Gewinn oder Verlust aus dem Verkauf oder der Aufgabe von Geschäftsbereichen*	X		Gewinn oder Verlust aus dem Verkauf oder der Aufgabe von Geschäftsbereichen*	X	
Aufwendungen einer grundlegenden Reorganisation oder Restrukturierung*	X		Aufwendungen einer grundlegenden Reorganisation oder Restrukturierung*	X	
Gewinn oder Verlust aus dem Abgang von Anlagevermögen*	X		Gewinn oder Verlust aus dem Abgang von Anlagevermögen*	X	
		X			X
Erträge aus Anteilen an verbundenen Unternehmen	X		Erträge aus Anteilen an verbundenen Unternehmen	X	

COMPARISON OF TYPE OF EXPENDITURE FORMAT AND COST OF SALES (OPERATIONAL) FORMAT - UK

Type of expenditure format (FRS 3/§ Sch 4 1985)			Cost of sales (operational) format (FRS 3/§ Sch 4 CA 1985)		
Turnover:			Turnover:		
Continuing operations	X		Continuing operations	X	
Acquisitions	X		Acquisitions	X	
	X			X	
Discontinued operations	X		Discontinued operations	X	
		X			X
Changes in stock of finished goods and work in progress*		X			
Own work capitalised*		X			
			Cost of sales*		(X)
			Distribution costs*		X
			Administrative expenses*		X
Other operating income*		X	Other operating income*		X
Cost of materials:					
- raw materials and consumables*	X				
- other external charges*	X				
		X			
Staff costs:					
- wages and salaries*	X				
- social security costs*	X				
- other pension costs*	X				
		X			
Depreciation and other amounts written off tangible and intangible fixed assets*	X				
Exceptional amounts written off current assets*	X				
		X			
Other operating charges*		X			
Operating profit:			Operating profit:		
Continuing operations	X		Continuing operations	X	
Acquisitions	X		Acquisitions	X	
Discontinued operations	X		Discontinued operations	X	
		X			X
Profits or losses on the sale or termination of an operation*	X		Profits or losses on the sale or termination of an operation*	X	
Costs of a fundamental reorganisation or restructuring*	X		Costs of a fundamental reorganisation or restructuring*	X	
Profits or losses on the disposal of fixed assets*	X		Profits or losses on the disposal of fixed assets*	X	
		X			X
Income from shares in group undertakings	X		Income from shares in group undertakings	X	

Erträge aus Beteiligungen	X	
Erträge aus anderen Wertpapieren und Ausleihungen des Finanzanlagevermögens	X	
Sonstige Zinsen und ähnliche Erträge	X	
		X
Abschreibungen auf Finanzanlagen und auf Wertpapiere des Umlaufvermögens	X	
Zinsen und ähnliche Aufwendungen	X	
		X
Ergebnis der gewöhnlichen Geschäftstätigkeit vor Steuern		X
Steuern auf das Ergebnis der gewöhnlichen Geschäftstätigkeit		(X)
Ergebnis der gewöhnlichen Geschäftstätigkeit nach Steuern		X
Außerordentlicher Ertrag	X	
Außerordentliche Aufwendungen	(X)	
Außerordentliches Ergebnis	X	
Steuern auf das außerordentliche Ergebnis	(X)	
		X
Sonstige Steuern		X
Jahresüberschuß/Jahresfehlbetrag		X

* Weitere Analyse des Betriebsergebnises im Anhang
- fortbestehende Geschäftsbereiche
- Acquisitionen
- aufgegebene Geschäftsbereiche

Erträge aus Beteiligungen	X	
Erträge aus anderen Wertpapieren und Ausleihungen des Finanzanlagevermögens	X	
Sonstige Zinsen und ähnliche Erträge	X	
		X
Abschreibungen auf Finanzanlagen und auf Wertpapiere des Umlaufvermögens	X	
Zinsen und ähnliche Aufwendungen	X	
		X
Ergebnis der gewöhnlichen Geschäftstätigkeit vor Steuern		X
Steuern auf das Ergebnis der gewöhnlichen Geschäftstätigkeit		(X)
Ergebnis der gewöhnlichen Geschäftstätigkeit nach Steuern		X
Außerordentlicher Ertrag	X	
Außerordentliche Aufwendungen	X	
Außerordentliches Ergebnis	X	
Steuern auf das außerordentliche Ergebnis	(X)	
		X
Sonstige Steuern		X
Jahresüberschuß/Jahresfehlbetrag		X

* Weitere Analyse des Betriebsergebnises im Anhang
- fortbestehende Geschäftsbereiche
- Acquisitionen
- aufgegebene Geschäftsbereiche

Income from participating interests	X	
Income from other fixed asset investments	X	
Other interest receivables and similar income	X	
		X
Amounts written off investments	X	
Interest payable and similar charges	X	
		X
Profit on ordinary activities before taxation		X
Tax on profit on ordinary activities		(X)
Profit on ordinary activities after taxation		X
Extraordinary income	X	
Extraordinary charges	(X)	
Extraordinary profit or loss	X	
Tax on extraordinary profit or loss	(X)	
		X
Other taxes		X
Profit or loss for the financial year		X

* Analyse further in notes to the financial statements between:

- continuing operations
- acquisitions
- discontinued operations

Income from participating interests	X	
Income from other fixed asset investments	X	
Other interest receivables and similar income	X	
		X
Amounts written off investments	X	
Interest payable and similar charges	X	
		X
Profit on ordinary activities before taxation		X
Tax on profit on ordinary activities		(X)
Profit on ordinary activities after taxation		X
Extraordinary income	X	
Extraordinary charges	X	
Extraordinary profit or loss	X	
Tax on extraordinary profit or loss	(X)	
		X
Other taxes		X
Profit or loss for the financial year		X

* Analyse further in notes to the financial statements between:

- continuing operations
- acquisitions
- discontinued operations

VERGLEICH DER GEWINN- UND VERLUSTRECHNUNG NACH DEN GESAMTKOSTEN- UND UMSATZKOSTENVERFAHREN - DEUTSCHLAND

Gesamtkostenverfahren (§ 275(2) HGB)			**Umsatzkostenverfahren (§ 275(3) HGB)**		
Umsatzerlöse		X	Umsatzerlöse		X
Erhöhung oder Verminderung des Bestandes an fertigen und unfertigen Erzeugnissen		X			
Andere aktivierte Eigenleistungen		X			
			Herstellungskosten der zur Erzielung der Umsatzerlöse erbrachten Leistungen		(X)
			Bruttoergebnis vom Umsatz		X
			Vertriebskosten	X	
			Allgemeine Verwaltungskosten	X	
					(X)
					X
Sonstige betriebliche Erträge		X	Sonstige betriebliche Erträge		X
Materialaufwand:					
- Aufwendungen für Roh-, Hilfs- und Betriebsstoffe und für bezogene Waren	X				
- Aufwendungen für bezogene Leistungen	X				
		X			
Personalaufwand:					
- Löhne und Gehälter	X				
- soziale Abgaben und Aufwendungen für Altersversorgung und für Unterstützung (davon für Altersversorgung: x)	X				
		X			
Abschreibungen:					
- auf immaterielle Vermögensgegenstände des Anlagevermögens und Sachanlagen sowie auf aktivierte Aufwendungen für die Ingangsetzung und Erweiterung des Geschäftsbetriebs	X				
- auf Vermögensgegenstände des Umlaufvermögens, soweit diese die in der Kapitalgesellschaft üblichen Abschreibungen überschreiten	X				
		X			
Sonstige betriebliche Aufwendungen		X	Sonstige betriebliche Aufwendungen		X
Erträge aus Beteiligungen (davon aus verbundenen Unternehmen: x)	X		Erträge aus Beteiligungen (davon aus verbundenen Unternehmen: x)	X	
Erträge aus anderen Wertpapieren und Ausleihungen des Finanzanlagevermögens (davon aus verbundenen Unternehmen: x)	X		Erträge aus anderen Wertpapieren und Ausleihungen des Finanzanlagevermögens (davon aus verbundenen Unternehmen: x)	X	
Sonstige Zinsen und ähnliche Erträge (davon aus verbundenen Unternehmen: x)	X		Sonstige Zinsen und ähnliche Erträge (davon aus verbundenen Unternehmen: x)	X	
		X			X
Abschreibungen auf Finanzanlagen und auf Wertpapiere des Umlaufvermögens	X		Abschreibungen auf Finanzanlagen und auf Wertpapiere des Umlaufvermögens	X	
Zinsen und ähnliche Aufwendungen (davon an verbundene Unternehmen: x)	X		Zinsen und ähnliche Aufwendungen (davon an verbundene Unternehmen: x)	X	
		(X)			(X)

COMPARISON OF TYPE OF EXPENDITURE FORMAT AND COST OF SALES (OPERATIONAL) FORMAT - GERMANY

Type of expenditure format (275(2) HGB)			Cost of sales format (§ 275(3) HGB)		
Sales		X	Sales		X
Increase or decrease in finished goods and work in progress		X			
Own work capitalised		X			
			Cost of sales		(X)
			Gross profit on sales		X
			Selling expenses	X	
			General administration expenses	X	
					(X)
					X
Other operating income		X	Other operating income		X
Cost of materials:					
- Cost of raw materials, consumables and supplies and of purchased merchandise	X				
- Cost of purchased services	X				
		X			
Personal expenses:					
- Wages and salaries	X				
- Social security and other pension costs (of which in respect of old age pensions: X)	X				
		X			
Depreciation:					
- On intangible fixed assets and tangible assets as well as on capitalised start-up and business expenses	X				
- On current assets to the extent that it exceeds depreciation which is normal for the company	X				
		X			
Other operating expenses		X	Other operating expenses		X
Income from participations (of which from group undertakings: x)	X		Income from participations (of which from group undertakings: x)	X	
Income from other investments and long term loans (of which relating to group undertakings: x)	X		Income from other investments and long term loans (of which relating to group undertakings: x)	X	
Other interest and similar income (of which from group undertakings: x)	X		Other interest and similar income (of which from group undertakings: x)	X	
		X			X
Amortisation of financial assets and investments classified as current assets	X		Amortisation of financial assets and investments classified as current assets	X	
Interest and similar expenses (of which to group undertakings: x)	X		Interest and similar expenses (of which to group undertakings: x)	X	
		(X)			(X)

Ergebnis der gewöhnlichen Geschäftstätigkeit		X
Außerordentliche Erträge	X	
Außerordentliche Aufwendungen	X	
Außerordentliches Ergebnis		X
Steuern vom Einkommen und Ertrag	X	
Sonstige Steuern	X	
		(X)
Jahresüberschuß/Jahresfehlbetrag		X

Ergebnis der gewöhnlichen Geschäftstätigkeit		X
Außerordentliche Erträge	X	
Außerordentliche Aufwendungen	X	
Außerordentliches Ergebnis		X
Steuern vom Einkommen und Ertrag	X	
Sonstige Steuern	X	
		(X)
Jahresüberschuß/Jahresfehlbetrag		X

Results from ordinary activities		X
Extraordinary income	X	
Extraordinary expense	X	
Extraordinary results		X
Taxes on income	X	
Other taxes	X	
		(X)
Net income/loss for the year		X

Results from ordinary activities		X
Extraordinary income	X	
Extraordinary expense	X	
Extraordinary results		X
Taxes on income	X	
Other taxes	X	
		(X)
Net income/loss for the year		X